LES

CHASSEURS D'ABEILLES

PAR

GUSTAVE AIMARD

PARIS

ROY et GEFFROY, LIBRAIRES-ÉDITEURS,

222, BOULEVARD SAINT-GERMAIN, 222

—

1893

LES ROIS DE L'OCÉAN

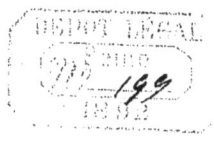

Le cavalier bondit sur sa selle.

LES CHASSEURS D'ABEILLES

I

UNE RENCONTRE DANS LE FAR-WEST

Depuis la découverte des riches placeres de la Californie et de la rivière Frazer, l'Amérique septentrionale est entrée dans une ère de transformation tellement active, la civilisation a si bien marché à pas de géant que, pour les poètes et les rêveurs amoureux des grands spectacles de la nature, il n'est plus qu'une contrée, encore aujourd'hui presque inconnue, où ils puissent jouir de l'aspect majestueux et grandiose des mystérieuses savanes américaines.

C'est là seulement que se dérouleront à leurs yeux éblouis, avec leurs émouvants contrastes et leurs harmonies saisissantes, ces immenses océans de verdure ou de sable qui s'étendent à l'infini, silencieux, sombres et menaçants, sous le regard tout-puissant du Créateur.

Cette contrée, dont les coups pressés de la pioche des squatters n'ont pas encore troublé les échos, est le Far-West, c'est-à-dire l'ouest lointain.

Là les Indiens règnent encore en maîtres, sillonnant dans tous les sens, au galop de mustangs aussi indomptés qu'eux-mêmes, ces vastes solitudes dont ils connaissent tous les mystères, chassant les bisons et les chevaux sauvages, guerroyant entre eux ou poursuivant à outrance les chasseurs et les trappeurs blancs assez téméraires pour oser s'aventurer dans ce dernier et formidable refuge des Peaux-Rouges.

Le 27 juillet 1858, trois heures environ avant le coucher du soleil, un cavalier, monté sur un magnifique mustang, suivait insoucieusement les rives du rio Vermejo, affluent perdu du rio Grande del Norte, dans lequel il se jette après un parcours de soixante-dix à quatre-vingts lieues à travers le désert.

Ce cavalier, revêtu du costume de cuir des chasseurs mexicains, était, autant qu'on en pouvait juger, un homme d'une trentaine d'années au plus ; il avait la taille haute et bien prise, les manières élégantes et les gestes gracieux. Les lignes de son visage étaient fières et arrêtées, et ses traits hardis, empreints d'une expression de franchise et de bonté, inspiraient, au premier coup d'œil, le respect et la sympathie.

Ses yeux bleus, au regard doux et voilé comme celui d'une femme, les épaisses boucles de ses cheveux blonds qui s'échappaient en larges touffes de dessous les ailes de son chapeau de poil de vigogne et ruisselaient en désordre sur ses épaules, la blancheur mate de sa peau, qui tranchait avec le teint olivâtre légèrement bronzé particulier aux Mexicains, donnaient à supposer qu'il n'avait pas vu le jour sous le climat de l'Amérique espagnole.

Cet homme, à l'apparence si paisible et si peu redoutable, cachait sous une enveloppe légèrement efféminée un courage de lion que rien ne pouvait non pas émouvoir, mais seulement étonner ; la peau fine et presque diaphane de ses mains blanches aux ongles rosés servait d'enveloppe à des nerfs d'acier.

Au moment où nous le mettons en scène, ce personnage semblait être à moitié endormi sur la selle et laissait aller à son gré son mustang, qui profitait de cette liberté, à laquelle il n'était pas accoutumé, pour s'arrêter presque à chaque pas et happer du bout des lèvres les brins d'herbes jaunis par le soleil qu'il rencontrait sur son chemin.

L'endroit où se trouvait notre cavalier était une plaine assez vaste, partagée en deux parties égales par le rio Vermejo, dont les rives étaient escarpées et semées çà et là de rochers pelés et grisâtres.

Cette plaine était encaissée entre deux chaînes de collines qui s'élevaient à droite et à gauche par des ondulations successives, jusqu'à former à l'horizon de hauts pics couverts de neige sur lesquels jouaient les lueurs purpurines du couchant.

Cependant, malgré la somnolence réelle ou affectée du cavalier, parfois ses yeux s'ouvraient à demi, et sans tourner la tête il jetait autour de lui un regard investigateur, sans que pour cela un muscle de son visage trahît une appréhension, bien pardonnable du reste, dans une région où l'ennemi le moins redoutable pour l'homme est le jaguar.

Le voyageur ou le chasseur, car nous ne savons encore qui il est, continuait sa route, d'une allure de plus en plus lente et insoucieuse; il venait de passer à une cinquantaine de pas environ d'un rocher qui s'élevait comme une sentinelle solitaire sur la rive du rio Vermejo, lorsque de derrière ce rocher, où il se tenait probablement en embuscade, sortit à demi un homme armé d'un rifle américain.

Cet individu examina un instant avec la plus profonde attention le voyageur, puis il épaula vivement son rifle, pressa la détente, et le coup partit.

Le cavalier bondit sur sa selle, poussa un cri étouffé, ouvrit les bras, abandonna les étriers et roula sur l'herbe, où, après quelques convulsions, il resta immobile.

Le cheval épouvanté se cabra, lança quelques ruades et partit à fond de train dans la direction des bois éparpillés sur les collines, au milieu desquels il ne tarda pas à disparaître.

Après avoir si adroitement abattu son homme, l'assassin laissa tomber à terre la crosse de son arme et, ôtant son chapeau de poil de vigogne, il s'essuya le front en murmurant avec une expression de vanité satisfaite :

— Canarios! pour cette fois, je crois que ce démon de partisan n'en reviendra pas : je dois lui avoir brisé la colonne vertébrale. Quel beau coup! Ces imbéciles qui me soutenaient, à la Venta, qu'il était sorcier et que, si je ne mettais pas une balle d'argent dans mon rifle, je ne parviendrais pas à le tuer, que diraient-ils maintenant en le voyant ainsi étendu? Allons, j'ai loyalement gagné mes cent piastres! Ce n'est pas malheureux! J'ai eu assez de peine à réussir! Que la Sainte Vierge soit bénie pour la protection qu'elle a daigné m'accorder! je ne manquerai pas de lui en être reconnaissant.

Tout en parlant ainsi, le digne homme avait rechargé son rifle, avec le soin le plus minutieux.

— Ouf! continua-t-il en s'asseyant sur une motte de gazon, je suis fatigué de l'avoir guetté si longtemps! Si j'allais m'assurer qu'il est bien mort? Ma foi! non, il n'aurait qu'à respirer encore et m'allonger une navajada! Pas si bête! j'aime mieux attendre ici tranquille en fumant une cigarette : si dans une heure il n'a pas bougé, c'est que tout sera fini, et alors je me risquerai! Rien ne me presse, moi, ajouta-t-il avec un sourire sinistre.

Alors, de l'air le plus calme, il prit du tabac dans sa poche, tordit un pajillo, l'alluma et commença à fumer avec le plus grand sang-froid du monde, tout en surveillant du coin de l'œil le cadavre couché à quelques pas de lui.

Nous profiterons de ce moment de répit pour faire faire au lecteur plus ample connaissance avec cet intéressant personnage.

C'était un homme d'une taille un peu au-dessous de la moyenne, mais la largeur de ses épaules et la grosseur de ses membres indiquaient qu'il devait être doué d'une grande force musculaire ; il avait un front déprimé et fuyant comme celui d'une bête fauve, son nez long et recourbé retombait sur une bouche large aux lèvres minces et garnie de dents blanches aiguës et mal rangées ; ses yeux gris, petits, et au regard louche, imprimaient à sa physionomie une expression sinistre.

Cet homme portait un costume de chasseur semblable à celui du cavalier, c'est-à-dire des calzoneras de cuir serrées à la hanche par une faja ou ceinture de soie, et tombant jusqu'au genou, attachées au-dessous des botas vaqueras destinées à garantir les jambes. Une espèce de jaquette ou de blouse aussi de cuir lui couvrait le haut du corps; cette blouse, ouverte comme une chemise, n'avait que des demi-manches ; un machete ou sabre droit passé sans fourreau dans un anneau de fer pendait sur sa hanche gauche, et une gibecière qui paraissait bien garnie était maintenue à son côté droit par une lanière de bison jeté en bandoulière ; un zarapé de fabrique indienne bariolé de couleurs voyantes était placé à terre auprès de lui.

Cependant le temps se passait ; une heure et demie était écoulée déjà sans que notre homme, qui fumait cigarette sur cigarette, parût se décider à aller s'assurer de la mort de celui qu'il avait si traîtreusement visé de derrière un rocher.

Pourtant, depuis sa chute, le cavalier avait conservé l'immobilité la plus complète; attentivement surveillé par son assassin, celui-ci ne lui avait pas vu faire le plus léger mouvement. Les zopilotes et les condors, attirés sans doute par l'odeur du cadavre, commençaient à tournoyer en longs cercles au-dessus de lui en poussant des cris rauques et discordants; le soleil, sur le point de disparaître, n'apparaissait plus que sous la forme d'un globe de feu presque au niveau de la ligne de l'horizon ; il fallait prendre un parti.

L'assassin se leva à contre-cœur.

— Bah! murmura-t-il, il doit être bien mort à présent, ou sinon il faut qu'il ait l'âme chevillée dans le ventre! Allons voir! Cependant, comme la prudence est la mère de la sûreté, soyons prudent!

Et, comme pour appuyer ce raisonnement, il sortit de sa jarretière le couteau affilé que tout Mexicain y porte afin de couper la reata, si un ennemi lui jette le lazo autour du cou; après avoir fait plier la lame sur une pierre et s'être assuré que la pointe n'était pas cassée, il se décida enfin à s'approcher du corps, toujours immobile, à l'endroit où il était tombé.

Mais dans les déserts américains il y a un axiome dont la justesse est reconnue de tous, c'est que d'un point à un autre le plus court chemin est la ligne courbe; notre homme se garda bien de ne pas le mettre en pratique en cette circonstance; au lieu de s'avancer tout droit vers celui qu'il voulait visiter, il fit au contraire un large circuit, ne s'approchant que peu à peu, doucement, s'arrêtant par intervalles pour examiner le corps, prêt à fuir au moindre mouvement qu'il lui verrait faire et le couteau levé pour frapper.

Mais ces minutieuses précautions furent inutiles ; le corps conserva son immobilité de statue, et l'inconnu s'arrêta presque à le toucher sans que rien décelât qu'un souffle de vie fût resté au malheureux étendu sur le sol.

L'assassin se croisa les bras sur la poitrine, et considérant le cadavre dont le visage était tourné vers la terre :

— Ma foi ! il est bien mort, se dit-il ; c'est dommage, car c'était un rude homme ; jamais je n'aurais osé l'attaquer en face ! Mais un honnête homme n'a que sa parole, j'étais payé, je devais remplir mes engagements ! C'est singulier, je ne vois pas de sang ! Bah ! l'épanchement se sera fait à l'intérieur ! Tant mieux pour lui ! de cette façon il aura moins souffert ; cependant, pour plus de sûreté, je vais lui planter mon couteau entre les deux épaules, de cette façon je serai sûr de mon fait, quoiqu'il n'y ait pas de danger qu'il en revienne ; mais il ne faut pas tromper ceux qui paient, un honnête homme n'a que sa parole.

Après ce monologue, il se mit à genoux, se pencha sur le cadavre en appuyant la main droite sur son épaule et il leva son couteau : mais tout à coup, par un mouvement d'une rapidité inouïe, le prétendu mort se redressa, bondit comme un jaguar et, renversant l'assassin stupéfait, il le saisit à la gorge, le coucha sur le sol, lui appuya à son tour le genou sur la poitrine et lui enleva son couteau avant même que l'autre se fût bien rendu compte de ce qui lui arrivait.

— Holà ! compadre, dit alors le cavalier d'une voix railleuse, un instant, s'il vous plaît, cuerpo de Cristo !

Tout cela s'était passé beaucoup plus vite qu'il ne nous a fallu de temps pour l'écrire.

Cependant, quelque brusque et inattendue que fût cette attaque, l'autre était trop habitué à ces étranges péripéties dans des situations à peu près semblables pour ne pas reprendre presque immédiatement son sang-froid.

— Eh ! compadre, reprit le cavalier, que dites-vous de cela ?

— Moi ? répondit-il en ricanant, caraï ! je dis que c'est bien joué.

— Vous vous y connaissez, hein ?

— Un peu, fit-il avec modestie.

— J'ai été aussi fin que vous.

— Plus fin ; cependant je croyais bien vous avoir tué.

« C'est singulier ! ajouta-t-il comme se parlant à soi-même ; les autres ont raison : c'est moi qui suis un imbécile ; la première fois, je prendrai une balle en argent, c'est plus sûr.

— Vous dites ?

— Rien.

— Pardonnez-moi, vous avez dit quelque chose.

— Vous tenez donc bien à le savoir ?

— Apparemment, puisque je vous le demande.

— Eh bien ! j'ai dit que la première fois je prendrais une balle en argent.

— Pourquoi faire ?

— Pour vous tuer, donc.

— Pour me tuer! Allons! vous êtes fou. Croyez-vous que je vous laisserai échapper?

— Je ne le suppose en aucune façon, d'autant plus que vous auriez le plus grand tort de le faire.

— Parce que vous me tueriez ?

— Ma foi! oui, le plus tôt possible.

— Vous me haïssez donc bien ?

— Moi? pas le moins du monde.

— Eh bien! alors, dans quel but?

— Dame! un honnête homme n'a que sa parole.

Le cavalier lui lança un long regard, tout en secouant la tête d'un air pensif.

— Hum! fit-il au bout d'un instant, me promettez-vous, si je vous laisse provisoirement libre, de ne pas chercher à vous échapper?

— Je vous le promets avec d'autant plus de plaisir, que je vous avoue que je me trouve dans une position très fatigante, et que je désirerais en changer.

— Levez-vous! dit le cavalier en se redressant.

L'autre ne se fit pas répéter l'invitation, en une seconde il fut debout.

— Ah! reprit-il avec un soupir de satisfaction, c'est bon d'être libre!

— N'est-ce pas! maintenant voulez-vous que nous causions un peu?

— Je ne demande pas mieux, caballero, je ne puis que gagner dans votre conversation, répondit-il en s'inclinant avec le plus charmant sourire.

Les deux ennemis prirent place auprès l'un de l'autre comme si rien d'extraordinaire ne se fût passé entre eux.

Ceci est un des traits distinctifs du caractère mexicain : le meurtre chez ce peuple est tellement passé dans les mœurs, qu'il n'a plus rien qui étonne, et que souvent l'homme qui a failli être victime d'un guet-apens ne se fait aucun scrupule de serrer la main à celui qui le lui a tendu, prévoyant qu'il peut un jour ou l'autre être appelé à jouer le rôle d'assassin à son tour.

Dans la circonstance présente, ce n'était nullement cette considération qui engageait le cavalier à agir comme il le faisait; il avait pour cela un puissant motif que bientôt nous connaîtrons, car malgré sa feinte indifférence, ce ne fut qu'avec un vif sentiment de dégoût qu'il s'assit auprès du bandit.

Quant à celui-ci, nous devons lui rendre cette justice de constater qu'il n'avait qu'un remords, celui d'avoir manqué son coup, mais il se promettait *in petto* de prendre sa revanche le plus tôt possible, et cette fois d'user de si grandes précautions qu'il réussirait.

— A quoi pensez-vous? lui demanda tout à coup le cavalier.

— Moi? Ma foi! à rien, caballero, répondit-il d'un air innocent.

— Vous me trompez, je sais à quoi vous pensez en ce moment.

— Oh! pour cela, permettez-moi de vous dire...

— Vous pensez à m'assassiner, reprit le cavalier en l'interrompant net.

L'autre ne répondit pas, seulement il murmura entre ses dent :

— Quel démon d'homme! il devine jusqu'aux pensées les plus cachées; on n'est pas en sûreté auprès de lui.

— Répondrez-vous avec honnêteté et franchise aux questions que je vous adresserai? reprit au bout d'un instant le cavalier.

— Oui, autant que cela me sera possible.

— C'est-à-dire autant que votre intérêt ne vous engagera pas à mentir.

— Dame! señor, nul n'aime faire la guerre à ses dépens; personne ne peut m'obliger à dire du mal de moi-même.

— C'est juste! Qui êtes-vous?

— Señor, reprit l'autre en se redressant avec fierté, j'ai l'honneur d'être Mexicain, ma mère était une Indienne Opata, mon père un caballero de Guadalupe.

— Très bien, mais cela ne m'apprend rien sur vous.

— Hélas! Seigneurie, répondit-il avec ce ton pleurard que savent si bien prendre les Mexicains, j'ai eu des malheurs.

— Ah! vous avez eu des malheurs, Seigneur... Ah! pardon! il me semble que vous avez oublié de me dire votre nom?

— Il est bien obscur, Seigneurie, mais, puisque vous désirez le savoir, voici : je me nomme Tonillo el Zapote, tout à votre service, Seigneurie.

— Merci! señor Zapote; maintenant continuez, je vous écoute.

— J'ai fait beaucoup de métiers dans ma vie; j'ai tour à tour été lepero, muletier, maromero, soldat. Malheureusement je suis un peu vif; quand je me mets en colère, j'ai la main fort légère.

— Ou fort lourde, observa en souriant le cavalier.

— C'est la même chose, si bien que j'ai eu le malheur de *couper* cinq ou six individus qui avaient eu l'imprudence de me chercher querelle; le juez de letras se fâcha, et, sous prétexte que je devais six morts, il prétendit que je méritais le garrotte; alors, voyant que mes concitoyens me méconnaissaient ainsi, que la civilisation ne savait pas m'apprécier à ma juste valeur, je me réfugiai au désert et je me fis chasseur.

— D'hommes? interrompit le cavalier d'un ton de sarcasme.

— Dame! Seigneurie, les temps sont durs, les *gringos* paient une chevelure 20 dollars, c'est une belle somme, et, ma foi! quand on est pressé par le besoin! Mais je n'ai jamais recours à ce moyen qu'à la dernière extrémité.

— Ah! ah! fort bien; maintenant, dites-moi, me connaissez-vous?

— Beaucoup de réputation, mais personnellement non.

— Avez-vous contre moi quelque sujet de haine?

— J'ai déjà eu l'honneur de vous dire que non.

— Alors pourquoi avez-vous voulu m'assassiner?

— Moi, s'écria-t-il avec les marques du plus grand étonnement, vous assassiner! jamais!

— Comment! drôle, fit le cavalier en fronçant les sourcils, vous osez soutenir une telle imposture, lorsque quatre fois déjà j'ai servi de cible à votre rifle et qu'aujourd'hui même vous avez tiré sur moi...

— Oh! permettez, Seigneurie, fit el Zapote avec feu; ceci n'est pas du tout la même chose; j'ai tiré sur vous, c'est vrai : il est même probable que j'y tirerai encore, mais jamais, je le jure sur ma part de paradis, je n'ai eu la pensée de vous assassiner; fi donc! moi, un caballero! pouvez-vous avoir une si mauvaise opinion de moi, Seigneurie?

— Que prétendiez-vous donc en tirant ainsi sur moi?

— Vous tuer, Seigneurie pas autre chose.

— Ainsi ce meurtre n'était pas un assassinat?

— Pas le moins du monde, seigneurie, c'était une affaire.

— Comment! une affaire? le drôle me fera devenir fou, sur mon âme!

— Dame! Seigneurie, un honnête homme n'a que sa parole, j'étais payé.

— Pour me tuer? s'écria le cavalier.

— Parfaitement, répondit el Zapote; vous comprenez que dans de telles conditions j'étais forcé de tenir mes engagements.

Il y eut un instant de silence. Évidemment ce raisonnement ne paraissait pas aussi concluant au cavalier qu'au lepero.

— Voyons! terminons-en, reprit au bout d'un instant le cavalier.

— Je ne demande pas mieux, Seigneurie.

— Vous reconnaissez sans doute que vous êtes en mon pouvoir?

— Il me serait difficile de soutenir le contraire.

— Bon! comme, de votre aveu, vous avez tiré sur moi avec l'intention évidente de me tuer?

— Je ne puis le nier, Seigneurie.

— En vous tuant, maintenant que je vous tiens entre mes mains, je ne ferais donc qu'user de représailles?

— Cela est parfaitement juste, caballero; je dois même avouer que vous aurez on ne peut plus raison d'agir ainsi.

Son interlocuteur le regarda avec surprise.

— Ainsi vous êtes satisfait de mourir? lui demanda-t-il.

— Entendons-nous, reprit vivement l'autre, je n'en suis pas satisfait du tout, au contraire; seulement je suis beau joueur, voilà tout; j'ai joué, j'ai perdu, je paie, cela est juste.

Le cavalier sembla réfléchir.

— Et si, au lieu de vous planter mon couteau dans la gorge, dit-il, ainsi que vous-même reconnaissez que j'en ai le droit...

El Zapote fit un signe d'assentiment.

— Je vous rendais la liberté, continua le cavalier, en vous laissant la faculté d'agir à votre guise, que feriez-vous?

Le bandit hocha tristement la tête.

— Je vous le répète, répondit-il, je vous tuerais : un homme n'a que sa parole, je ne peux pas tromper la confiance de ceux qui m'emploient, ce serait me perdre de réputation.

Le cavalier éclata de rire.

— On vous a donc payé bien cher pour cette expédition? dit-il.

— Pas beaucoup, mais le besoin fait faire bien des choses, j'ai reçu cent piastres.

— Pas davantage? fit l'étranger en allongeant les lèvres avec dédain : ce n'est guère, je croyais valoir mieux que cela.

LES CHASSEURS D'ABEILLES

Enfin les branches s'écartèrent et cinq personnes parurent.

— Beaucoup mieux, d'autant plus que l'expédition est difficile, mais la première fois, je prendrai une balle d'argent.
— Vous êtes idiot, compagnon, vous ne me tuerez pas plus cette fois que les autres ; réfléchissez à ce qui est arrivé aujourd'hui. Déjà à quatre reprises différentes j'avais entendu vos balles siffler à mes oreilles, cela m'a fatigué ; j'ai voulu enfin vous connaître ; vous voyez que j'ai réussi.

— C'est vrai. Après cela, peut-être ne vous doutiez-vous pas que j'étais si près de vous?

Le cavalier haussa les épaules.

— Je ne veux même pas vous demander, dit-il, le nom de l'homme qui vous a commandé ma mort. Tenez, voilà votre couteau, dont je n'ai que faire; allez-vous-en; je vous méprise trop pour vous craindre. Adieu!

En disant cela, le cavalier s'était levé et avait congédié le bandit d'un geste plein de majesté et de dédain.

Le lepero demeura un instant immobile, puis, saluant profondément son généreux ennemi:

— Merci! Seigneurie, dit-il d'une voix légèrement émue; vous valez mieux que moi; c'est égal, je vous prouverai que je ne suis pas aussi coquin que vous le supposez et qu'il y a encore quelque chose chez moi qui n'est pas complètement gâté.

Le cavalier ne lui répondit pas et lui tourna le dos en haussant les épaules.

Le lepero le regarda s'éloigner avec une expression dont ses traits farouches semblaient incapables; un mélange de tristesse et de reconnaissance imprimait à sa physionomie un cachet tout différent de celui qui lui était habituel.

— Il ne me croit pas, murmura-t-il, — nous avons déjà remarqué qu'il avait un goût prononcé pour les monologues, — il ne me croit pas; au fait pourquoi ajouterait-il foi à mes paroles? tant pis! ce sera dur, mais un honnête homme n'a que sa parole, je lui prouverai qu'il ne me connaît pas encore. En route!

Réconforté par ces paroles, le bandit retourna au rocher derrière lequel il s'était primitivement embusqué; en passant, il ramassa son rifle, puis, tournant le rocher, il détacha son cheval qu'il avait caché dans un enfoncement, lui remit la bride, sauta en selle et s'éloigna au galop après avoir jeté un regard en arrière en murmurant avec un accent de sincère admiration:

— Caraï! quel rude homme! quelle forte nature! quel malheur, si on le tuait derrière un buisson comme un antilope! Vive Dios! ce ne sera pas, si je puis l'empêcher, foi de Zapote!

Il traversa à gué le rio Vermejo et ne tarda pas à disparaître au milieu des hautes herbes qui bordaient la rive opposée.

Lorsque l'inconnu se fut assuré du départ du lepero, il calcula l'heure à l'ombre démesurément allongée des arbres, et, après avoir attentivement regardé autour de lui, il poussa un sifflement aigu et prolongé qui, bien que contenu, fut cependant répété par les échos de la rive, tant le son en était puissant.

Au bout de quelques secondes un hennissement éloigné se fit entendre, suivi presque immédiatement d'un galop précipité semblable aux roulements d'un tonnerre lointain.

Peu à peu le bruit se rapprocha, les branches craquèrent, les buissons furent écartés violemment, et le mustang de l'inconnu parut sur la lisière d'un bois peu éloigné.

Arrivé là, le noble animal s'arrêta, aspira l'air avec force en allongeant le cou et tournant la tête dans toutes les directions, puis il s'élança et vint, en faisant des courbettes, s'arrêter tout joyeux devant son maître, qu'il regarda d'un air intelligent.

Celui-ci le flatta doucement en lui parlant d'un ton avenant; puis, après s'être assuré que le lepero avait définitivement disparu et qu'il était bien seul, il rajusta les harnais un peu en désordre de son cheval, se mit en selle et partit à son tour.

Mais, au lieu de continuer à suivre les bords du rio Vermejo, il lui tourna le dos et s'éloigna dans la direction des montagnes.

L'allure de l'inconnu avait complètement changé; ce n'était plus cet homme que nous avons d'abord présenté au lecteur, à demi endormi, vacillant sur sa selle et se laissant mener au gré de sa monture; non, maintenant il se tenait droit et ferme sur son cheval, dont ses genoux serraient les flancs; son visage avait pris une expression sombre et réfléchie, ses regards erraient autour de lui comme s'ils eussent voulu percer les mystères de l'épaisse forêt dans laquelle il s'engageait; la tête légèrement penchée en avant, il prêtait l'oreille au moindre bruit avec une attention extrême, et son rifle placé en travers devant lui avait la batterie juste sous sa main droite, de façon à ce qu'il pût faire feu immédiatement si les circonstances l'exigeaient.

On aurait dit, tant cet homme avait subitement changé, que la scène étrange à laquelle nous avons fait assister le lecteur n'était pour lui qu'une des mille péripéties sans conséquence auxquelles l'exposait sa vie d'aventure au désert, mais que maintenant il se préparait à lutter contre des dangers réellement sérieux pour lui.

II

DANS LA FORÊT

L'inconnu s'était engagé dans une épaisse forêt dont les derniers contreforts venaient mourir presque sur les bords du rio Vermejo.

Les forêts américaines sont loin de ressembler à celles du vieux monde : là des arbres poussent au hasard, se croisant et s'enchevêtrant les uns dans les autres, laissant parfois de larges espaces complètement découverts et jonchés d'arbres morts renversés et amoncelés de la façon la plus bizarre.

Certains arbres, tout à fait ou en partie desséchés, présentent dans leurs lacunes les restes vigoureux d'un sol mâle et fécond, d'autres également antiques sont soutenus par des lianes entortillées qui, avec le temps, ont presque égalé la grosseur de leur premier appui; la diversité des feuilles y forme le plus agréable contraste; d'autres, recelant dans leur tronc creux un fumier qui, formé des débris de leurs feuilles et de leurs branches à demi-mortes, a échauffé les graines qu'ils ont laissées tomber, semblent par les arbrisseaux qu'ils renferment, promettre un dédommagement de la perte de leurs pères.

On croirait que la nature a voulu mettre à l'abri des injures du temps certains de ces vieux arbres affaissés sous le poids des siècles, en leur donnant un manteau d'une mousse grisâtre qui pend en larges festons depuis la cime des branches jusqu'à terre ; cette mousse, nommée *barbe d'Espagnol*, donne aux arbres qu'elle recouvre une apparence presque fantastique.

Le sol de ces forêts, formé par l'humus des arbres tombés depuis des siècles, est des plus accidentés, tantôt s'élevant en forme de montagne pour s'abaisser tout à coup en marécages fangeux, peuplés de hideux alligators qui se vautrent dans leurs boues verdâtres, et de millions de moustiques qui tournoient en bourdonnant au milieu des vapeurs fétides qu'ils exhalent, tantôt s'étendant à l'infini en plaines d'une régularité et d'une monotonie désespérantes.

Des rivières sans nom traversent ces déserts ignorés, n'emportant sur leurs eaux silencieuses que les cygnes noirs qui se laissent nonchalamment aller au courant, tandis que les flamants roses postés le long de leurs rives pêchent philosophiquement leur dîner, l'air béat et les yeux à demi fermés.

Bien que la vue soit bornée, parfois de fortuites éclaircies laissent entrevoir des points de vue pittoresques et délicieusement accidentés.

Des bruits incessants, des rumeurs sans nom, s'entendent sans interruption dans ces régions mystérieuses, grandes voix de la solitude, hymne solennelle des mondes invisibles créés par Dieu !

C'est au sein de ces forêts redoutables que se réfugient les fauves et les reptiles qui abondent au Mexique ; çà et là on aperçoit s'ouvrir les *sentes* séculaires suivies incessamment par les jaguars et les bisons et qui, après des méandres sans nombre, aboutissent toutes à des abreuvoirs ignorés.

Malheur au téméraire qui, sans être accompagné d'un guide sûr, s'engagerait dans le dédale inextricable de ces immenses océans de verdure ! Après des tortures inouïes, il succomberait et deviendrait la proie des bêtes fauves ; combien de hardis pionniers sont morts ainsi sans qu'il fût possible de soulever le voile mystérieux qui cachait leur fin misérable ! Leurs os blanchis retrouvés au pied d'un arbre, apprenaient seuls à ceux qui les rencontraient que là des hommes étaient morts en proie aux plus atroces souffrances et que le même sort les menaçait sans doute.

L'étranger devait être l'hôte habituel de la forêt dans laquelle il s'était si audacieusement engagé au moment où le soleil, abandonnant l'horizon, avait laissé les ténèbres envahir la terre, ténèbres rendues plus épaisses encore sous le couvert où les ramures touffues des arbres ne tamisaient qu'une incertaine et fugitive lumière, même au milieu de la journée.

Légèrement incliné en avant, l'œil et l'oreille au guet, l'inconnu s'avançait d'un pas aussi rapide que le lui permettait la nature du sol que foulait son cheval, suivant sans hésiter les capricieux détours d'une *sente* de bêtes fauves dont la trace disparaissait presque au milieu des hautes herbes qui tentaient continuellement de l'effacer.

Depuis plusieurs heures déjà il marchait ainsi sans avoir ralenti l'allure de son cheval, s'enfonçant de plus en plus dans la forêt.

Il avait traversé, à gué, plusieurs rivières, franchi des ravins escarpés, entendant à peu de distance à droite et à gauche les rauquements sourds des jaguars et les miaulements ironiques des chats-tigres qui semblaient le poursuivre de leurs menaçants hurlements.

Lui ne s'inquiétait pas de ces cris et de ces rumeurs, il avançait toujours, bien que d'instant en instant la forêt prît un aspect plus sauvage et plus désolé.

Les buissons et les arbres de basse futaie avaient disparu pour faire place à des mahoganys gigantesques, à des chênes-lièges séculaires et à des acajous dont les sombres ramures formaient des arceaux de verdure à quatre-vingts pieds au-dessus de sa tête; la sente s'était élargie et se dirigeait en pente douce vers une colline de médiocre élévation complètement dégarnie d'arbres.

Arrivé au pied de la colline, l'inconnu s'arrêta, puis, sans descendre de cheval, il jeta aux environs un regard circulaire et investigateur.

Le calme de la mort régnait autour de lui : les hurlements des bêtes fauves se perdaient dans le lointain; on n'entendait d'autre bruit que celui d'un mince filet d'eau qui suintait à travers les fentes d'un rocher et tombait d'une hauteur de trois à quatre mètres dans un réservoir naturel.

Le ciel, d'un bleu profond, était pailleté d'un nombre infini d'étoiles brillantes, et la lune, nageant au milieu d'un flot de nuages blanchâtres, déversait à profusion ses rayons argentés sur la colline, dont les pentes fantastiquement éclairées formaient un étrange et saisissant contraste avec le reste du paysage, plongé dans une obscurité complète.

Pendant quelques minutes, l'inconnu conserva une immobilité de statue, prêtant avec le plus grand soin l'oreille au moindre bruit, la main sur ses armes, prêt à faire feu à la plus légère apparence de danger.

Convaincu enfin probablement que tout était calme aux environs et que rien d'insolite ne troublait le silence de la solitude, il fit un geste pour mettre pied à terre, mais tout à coup son cheval releva la tête par un mouvement brusque, coucha les oreilles et respira l'air avec force à plusieurs reprises.

Soudain un craquement violent se fit entendre dans les broussailles, un élan magnifique se leva du milieu des buissons et, bondissant tout effarouché à peu de distance du cavalier, il traversa rapidement la sente en secouant ses ramures d'un air effaré et disparut dans l'obscurité.

Pendant quelques instants le bruit de sa course précipitée résonna sur les feuilles sèches qu'il foulait d'un pas de plus en plus agile.

L'inconnu, par un mouvement presque imperceptible de pression, fit peu à peu rétrograder son cheval jusqu'au pied du monticule, la tête toujours tournée vers la forêt comme une sentinelle vigilante qui se replie devant une force qu'elle suppose supérieure.

Arrivé à l'endroit qu'il voulait atteindre, l'inconnu sauta légèrement à terre et, se faisant un rempart du corps de son cheval, il épaula son rifle, en posa l'extrémité du canon sur la selle et attendit.

Son attente ne fut pas longtemps : au bout de quelques instants à peine le bruit de la marche de plusieurs personnes qui se rapprochaient du lieu où il se tenait en embuscade parvint à son oreille.

Sans doute, avant même d'apercevoir les personnes qui arrivaient ainsi, l'inconnu avait deviné qui elles pouvaient être, car il quitta son abri provisoire, passa la bride de son cheval à son bras, et, désarmant son rifle, il en laissa tomber la crosse à terre avec l'apparence de la plus entière sécurité, pendant qu'un sourire d'une expression indéfinissable se jouait sur ses lèvres.

Enfin les branches s'écartèrent et cinq personnes parurent.

De ces cinq personnes, quatre étaient des hommes ; deux d'entre eux soutenaient les pas chancelants d'une femme qu'ils portaient presque entre leurs bras. Et chose extraordinaire dans ces régions, ces étrangers, qu'à leur costume et à la couleur de leur peau il était facile de reconnaître pour des blancs, n'avaient pas de chevaux avec eux.

Ils continuèrent d'avancer sans s'apercevoir de la présence de l'inconnu, qui, toujours immobile, les regardait s'approcher de lui avec un mélange de pitié et de tristesse.

Soudain un des étrangers leva la tête par hasard.

— Dieu soit loué ! s'écria-t-il en mexicain avec une expression de vive satisfaction, nous sommes sauvés, voici enfin un homme.

Les étrangers s'arrêtèrent alors ; celui qui avait le premier aperçu l'inconnu s'avança rapidement vers lui avec la plus exquise politesse :

— Caballero, lui dit-il, permettez-moi de vous prier de m'accorder ce qui ordinairement ne se refuse pas au désert : aide et protection.

L'inconnu, avant de répondre, jeta un regard profond sur son interlocuteur.

Celui-ci était un homme d'une cinquantaine d'années ; ses traits étaient nobles, ses manières distinguées ; bien que ses cheveux commençassent à blanchir aux tempes, sa taille, droite et cambrée, n'avait pas perdu une ligne, et le feu de son œil noir était aussi vif que s'il n'eût eu que trente ans.

La richesse de son costume et l'aisance de ses manières montraient clairement qu'il appartenait aux rangs les plus élevés de la société mexicaine.

— Vous venez de commettre deux erreurs graves en quelques minutes, caballero, répondit l'inconnu : la première, c'est de vous être ainsi avancé vers moi à découvert, la seconde, de me demander sans me connaître aide et protection.

— Je ne vous comprends pas, señor, répondit l'étranger avec étonnement ; les hommes ne se doivent-ils pas une assistance mutuelle ?

— Dans la vie civilisée, cela peut être, fit l'inconnu avec sarcasme, mais au désert la vue d'un homme présage toujours un danger ; nous sommes des sauvages, nous autres.

L'étranger fit un geste de stupeur.

— Ainsi, dit-il, vous laisseriez, faute de secours, périr vos semblables dans ces horribles solitudes ?

— Mes semblables, reprit l'inconnu avec une mordante ironie, mes semblables sont les bêtes fauves de la prairie; qu'ai-je à faire avec vous autres hommes des villes, ennemis nés de tout ce qui respire l'air pur de la liberté? Il n'y a rien de commun entre vous et moi ; retirez-vous et ne me tourmentez pas davantage.

— Soit, répondit l'étranger avec hauteur, je ne vous importunerai pas plus longtemps. S'il ne s'agissait que de moi, je ne vous aurais adressé aucune prière; la vie ne m'est pas assez chère pour que je cherche à la prolonger par des moyens qui répugnent à mon honneur, mais ce n'est pas de moi seulement qu'il s'agit : il y a là une femme, presque une enfant, ma fille, qui réclame de prompts secours et qui mourra peut-être, si elle ne peut en recevoir.

L'inconnu ne répondit pas : il s'était détourné comme s'il lui répugnait de continuer plus longtemps l'entretien.

L'étranger rejoignit à pas lents ses compagnons, arrêtés sur la lisière de la forêt.

— Eh bien ? leur demanda-t-il avec inquiétude.

— La señorita s'est évanouie, répondit l'un d'eux avec tristesse.

L'étranger fit un geste de douleur; pendant quelques instants il demeura les yeux fixés sur la jeune fille, avec une expression de désespoir impossible à rendre.

Tout à coup il se détourna brusquement et courut vers l'inconnu.

Celui-ci s'était remis en selle et se préparait à s'éloigner.

— Arrêtez! s'écria l'étranger.

— Que me voulez-vous encore? répondit l'inconnu d'un ton de mauvaise humeur, laissez-moi partir, et remerciez Dieu que notre rencontre imprévue dans cette forêt n'ait pas eu pour vous des conséquences plus graves.

Il y avait dans ces paroles énigmatiques un ton de menace qui, malgré lui, inquiéta l'étranger. Cependant, il ne se rebuta pas.

— Il est impossible, reprit-il avec véhémence, que vous soyez aussi cruel que vous vous plaisez à le paraître : vous êtes bien jeune encore pour que tout sentiment soit mort dans votre cœur.

L'inconnu rit d'un rire étrange.

— Je n'ai pas de cœur, dit-il.

— Je vous en supplie au nom de votre mère, ne nous abandonnez pas !

— Je n'ai pas de mère.

— Eh bien! quel qu'il soit, au nom de l'être que vous aimez le plus au monde.

— Je n'aime plus personne.

— Personne! répéta l'étranger en frissonnant malgré lui, je vous plains alors, car vous devez bien souffrir.

L'inconnu tressaillit, une rougeur fébrile envahit son visage, mais se remettant presque aussitôt :

— Maintenant, dit-il, laissez-moi aller.

— Non, pas avant de savoir qui vous êtes.

— Qui je suis? ne vous l'ai-je pas déjà dit ? Une bête fauve, un être qui n'a d'humain que l'apparence et porte à tous les hommes une haine que rien ne pourra jamais rassasier. Priez Dieu de ne plus jamais me rencontrer sur votre route. Je suis comme le corbeau, moi : ma vue porte malheur, adieu !

— Adieu ! murmura l'étranger avec une profonde tristesse, que Dieu vous prenne en pitié et ne vous punisse pas de votre cruauté !

En ce moment une voix mourante, mais dont les ondulations tristes étaient aussi douces et aussi mélodieuses que celles du *Centzontle*, le rossignol américain, s'éleva dans le silence.

— Mon père ! mon père ! disait-elle, où êtes-vous ? ne m'abandonnez pas !

— Me voilà ! me voilà ! ma fille, s'écria l'étranger avec tendresse, en se détournant vivement pour accourir auprès de celle qui l'appelait ainsi.

Au son de cette voix harmonieuse, un nuage était passé sur le visage pâle de l'inconnu, son œil bleu avait lancé un fulgurant éclair, il avait en frissonnant porté la main à son cœur, comme s'il avait reçu une commotion électrique.

Après une hésitation de quelques secondes il fit tout à coup bondir son cheval en avant et, posant sa main droite sur l'épaule de l'étranger :

— Quelle est cette voix ? lui demanda-t-il avec un accent singulier.

— La voix de ma fille qui va mourir et qui m'appelle, répondit-il avec un ton de douloureux reproche.

— Mourir ! balbutia l'inconnu, en proie à une émotion étrange, mourir, *elle !*

— Laissez-moi me rendre auprès de mon enfant.

— Mon père ! mon père ! répéta la jeune fille d'une voix de plus en plus faible.

L'inconnu se redressa. Son visage avait pris subitement une expression d'implacable volonté.

— Elle ne mourra pas ! dit-il d'une voix sourde. Venez.

Ils rejoignirent le groupe.

La jeune fille étendue sur le sol avait les yeux fermés, son visage était pâle comme celui d'un cadavre, sa respiration faible et saccadée montrait seule que la vie ne l'avait pas encore complètement abandonnée.

Les personnes qui l'entouraient la considéraient avec une expression de tristesse profonde, pendant que de grosses larmes coulaient silencieusement sur leurs joues brunies.

— Oh ! s'écria le père en tombant à genoux auprès de la jeune fille, dont il saisit la main qu'il couvrit de baisers, tandis que son visage était inondé de larmes, ma fortune, ma vie à qui sauvera mon enfant chérie !

L'inconnu avait mis pied à terre, il fixait sur la jeune fille un regard sombre et pensif. Enfin, après quelques minutes de cette muette contemplation, il se tourna vers l'étranger.

— Quelle est la maladie de cette jeune fille ? lui demanda-t-il brusquement.

— Hélas ! répondit celui-ci, une maladie incurable, elle a été piquée par un serpent de verre.

L'inconnu fronça les sourcils presque à les joindre.

— Alors elle est perdue, dit-il d'une voix sourde.

— Perdue ! O mon Dieu ! Ma fille ! ma pauvre fille !

Le Chat-Tigre, bondissant avec l'agilité de l'animal dont il portait le nom, avait sauté du sommet d'une roche.

— Oui! A moins... puis se reprenant : Depuis combien de temps a-t-elle été piquée?

— Il n'y a pas encore une heure.

Le visage de l'inconnu s'éclaircit; il demeura un instant silencieux pendant que les assistants, anxieusement penchés vers lui, attendaient avec impatience l'arrêt qu'il allait probablement prononcer.

— Moins d'une heure? dit-il enfin, elle peut encore être sauvée.

L'étranger poussa un soupir de joie.

— Vous m'en répondez? s'écria-t-il.

— Moi, fit l'inconnu en haussant les épaules, je ne réponds de rien autre que de tenter l'impossible pour réussir à vous la rendre.

— Oh! sauvez-la! s'écria le père avec effusion; qui que vous soyez, je vous bénirai.

— Que m'importe ce que vous ferez? dit-il, ce n'est pas pour vous que je tenterai de sauver cette enfant; du reste, quels que soient les motifs qui m'y engagent, je vous tiens quitte de toute reconnaissance...

— C'est possible que vous pensiez ainsi, mais moi...

— Assez! interrompit rudement l'inconnu; nous n'avons que trop perdu de temps en paroles oiseuses; hâtons-nous, si nous ne voulons qu'il soit trop tard.

Tous se turent.

L'inconnu regarda alors autour de lui.

Nous avons dit que les étrangers s'étaient arrêtés à la lisière de la forêt; au-dessus de leur tête les derniers arbres du couvert étendaient leurs puissantes ramures.

L'inconnu s'approcha des arbres qu'il considéra avec soin, semblant chercher quelque chose qu'il ne trouvait pas. Soudain il poussa un cri de joie étouffé et, dégainant le long couteau attaché à son genou droit, il coupa une liane, ramassa le morceau qu'il avait détaché et revint auprès des étrangers, qui suivaient tous ses mouvements avec une avidité inquiète.

— Tenez, dit-il à l'un d'eux qui semblait être un peon, ôtez toutes les feuilles de cette branche, puis hachez-les. Surtout hâtez-vous : chaque seconde vaut un siècle pour celle que nous voulons sauver.

Le peon s'occupa activement de la tâche qui lui était donnée.

L'inconnu se tourna alors vers le père de la jeune fille.

— A quelle partie du corps cette enfant a-t-elle été piquée? lui demanda-t-il.

— Un peu au-dessous de la cheville gauche.

— Est-elle courageuse?

— Pourquoi cette question?

— Répondez, le temps presse.

— La pauvre enfant est bien accablée, bien faible.

— Enfin, il n'y a pas à hésiter, l'opération est nécessaire.

— Une opération? s'écria l'étranger avec effroi.

— Aimez-vous mieux qu'elle meure?

— Cette opération est-elle donc indispensable?

— Oui; nous n'avons perdu que trop de temps déjà.

— Faites, alors! Dieu veuille que vous réussissiez!

La jambe de la jeune fille était affreusement enflée, le tour de la piqûre faite par le serpent, horriblement tuméfié, prenait déjà une couleur verdâtre.

— Oh! oh! murmura l'inconnu, il n'y a pas une seconde à perdre; maintenez cette jeune fille pendant que je l'opérerai, de façon à ce qu'elle ne puisse faire un mouvement.

La voix de l'inconnu avait pris un tel accent de commandement que les étrangers obéirent sans hésiter.

Celui-ci s'assit à terre, posa l'extrémité de la jambe de la jeune fille sur son genou et se prépara.

Heureusement la lune répandait en ce moment une lumière telle qu'une vive clarté inondait le paysage et permettait de voir presque comme en plein jour.

Lorsque la jeune fille s'était sentie piquée, son premier mouvement avait été heureusement d'arracher son bas de soie; l'inconnu saisit son couteau à un pouce de la pointe, et, fronçant les sourcils avec une détermination terrible, il enfonça cette pointe dans la piqûre et pratiqua une incision cruciale profonde de près de dix lignes et longue de plus d'un pouce.

La pauvre enfant éprouva probablement une douleur horrible, car elle poussa un cri épouvantable et se tordit dans une crise nerveuse.

— Maintenez-la, cuerpo de Cristo! s'écria l'inconnu d'une voix tonnante, tandis qu'avec un sang-froid et une adresse inouïs il pressait les lèvres de la plaie avec force pour en faire sortir le sang noir et décomposé qu'elle contenait; à présent, les feuilles! s'écria-t-il.

Le peon accourut.

L'inconnu prit alors les feuilles, entr'ouvrit les lèvres de la blessure, et lentement, avec soin, il en exprima le suc sur les chairs palpitantes, puis il fit une espèce d'emplâtre de ces feuilles, les appliqua sur la piqûre, les y assujettit fortement au moyen d'une ligature, et, posant avec précaution le pied à terre, il se releva.

La jeune fille, aussitôt qu'une certaine quantité du suc de la liane fut tombée sur la plaie, parut éprouver une sensation de bien-être extrême; ses spasmes nerveux cessèrent peu à peu, ses yeux se fermèrent; enfin, elle se laissa aller en arrière, sans tenter plus longtemps de lutter contre les personnes qui continuaient à la tenir entre leurs bras.

— Maintenant, dit l'inconnu, vous pouvez la lâcher : elle dort.

En effet, la respiration mesurée, bien que faible, de la jeune fille, prouvait qu'elle était plongée dans un profond sommeil.

— Dieu soit loué! s'écria le pauvre père en joignant les mains avec extase: ainsi elle est sauvée?

— Oui, répondit lentement l'inconnu, à moins d'un accident imprévu, elle n'a plus rien à craindre.

— Mais quel remède extraordinaire avez-vous donc employé pour obtenir un si heureux résultat?

L'étranger sourit avec dédain et parut ne pas vouloir répondre; cependant, après une courte hésitation, cédant peut-être malgré lui à cette vanité secrète qui pousse à son insu tout homme à faire parade de sa science, il se décida à donner l'explication qui lui était demandée.

— Les moindres choses vous étonnent, vous autres gens des villes, dit-il avec ironie; l'homme dont la vie entière s'est écoulée dans le désert sait bien des choses que les habitants de vos brillantes cités ignorent, quoiqu'ils se plaisent à faire devant nous, pauvres sauvages, parade de leur fausse science dans le seul but de nous humilier; la nature ne conserve pas de secret pour celui qui sans cesse épie dans l'ombre de la nuit ou à la clarté du soleil, avec une patience à toute épreuve, sans se laisser décourager par l'insuccès, ses mystérieuses harmonies; l'Architecte sublime, quand il a créé cet immense univers, ne l'a laissé tomber de ses mains puissantes que lorsqu'il a été bien complet et que la dose du bien balança partout celle du mal, en plaçant, pour ainsi dire, l'antidote auprès du poison.

L'étranger écoutait avec une surprise croissante les paroles de cet homme, dont le caractère véritable était pour lui une énigme et qui, à chaque instant, se faisait connaître à lui sous des jours diamétralement opposés et des apparences entièrement distinctes.

— Mais, continua l'inconnu, l'orgueil et la présomption rendent l'homme aveugle; habitué à tout rapporter à soi-même, s'imaginant que tout ce qui existe a spécialement été créé pour sa convenance, il ne se donne la peine d'étudier les secrets de la nature que dans ce qu'ils paraissent avoir de directement en rapport avec son bien-être personnel, sans se soucier d'interroger ses actes les plus simples : ainsi, par exemple, la région où nous nous trouvons étant basse et marécageuse doit naturellement être infestée de reptiles, d'autant plus dangereux et plus redoutables qu'ils sont à demi calcinés et rendus furieux par les rayons d'un soleil torride. Or, la nature prévoyante a fait croître en abondance dans ces mêmes parages une liane nommée mikania, celle-là même dont je me suis servi, qui est contre la morsure des serpents un remède infaillible.

— Je n'en saurais douter, maintenant que j'en ai vu les effets, mais comment a-t-on découvert la propriété de cette liane? dit l'étranger, intéressé malgré lui au plus haut point.

— Un coureur des bois, continua l'inconnu avec une certaine complaisance, remarqua que le faucon noir, plus connu sous le nom de *guaco*, oiseau qui fait sa nourriture ordinaire des reptiles, semblait surtout se plaire à faire aux serpents une guerre acharnée; ce coureur des bois remarqua aussi que, si parfois, pendant la lutte, le serpent réussissait à piquer le guaco, celui-ci cessait aussitôt le combat et s'envolait vers cette liane dont il arrachait quelques feuilles qu'il broyait dans son bec, puis il retournait plus acharné au combat jusqu'à ce qu'il fût parvenu à vaincre son redoutable ennemi; ce coureur des bois était un homme sage et expérimenté qui savait que les animaux, étant dénués de raison, sont plus spécialement placés sous la surveillance de Dieu, et que tout ce qu'ils font a une cause réglée d'avance; après mûre réflexion, il se décida à tenter l'expérience sur lui-même.

— Et il exécuta son projet! s'écria l'étranger.

— Certes, il se fit piquer par un *corail*, le serpent le plus dangereux de tous; mais, grâce à la mikania, la piqûre fut aussi inoffensive pour lui que si elle avait été faite par une épine d'églantier; voilà de quelle façon a été trouvé ce précieux remède. Mais, ajouta l'inconnu en changeant subitement de ton, j'ai accédé à votre désir en portant secours à votre fille; elle est sauvée. Adieu! il est temps que je m'éloigne.

— Pas avant de m'avoir dit votre nom.

— A quoi bon cette insistance ?

— Parce que je veux conserver dans ma mémoire ce nom comme étant celui d'un homme auquel j'ai voué une reconnaissance qui ne finira qu'avec ma vie.

— Vous êtes fou ! répondit rudement l'inconnu ; il est inutile que je vous dise un nom que vous n'apprendrez peut-être que trop tôt.

— Soit, je n'insisterai pas, quelles que soient les raisons qui vous obligent à agir ainsi ; je ne chercherai pas à vous connaître malgré vous, mais, si vous refusez de me dire votre nom, vous ne pouvez m'empêcher de vous faire savoir le mien : je me nomme don Pedro de Luna. Bien que jamais je n'aie jusqu'à présent pénétré aussi loin dans les prairies, ma résidence n'en est cependant pas fort éloignée : je suis propriétaire de l'hacienda de las Norias de San-Antonio, située presque sur la frontière des Despoblados, auprès de l'embouchure du rio San-Pedro.

— Je connais l'hacienda de las Norias de San-Antonio ; l'homme qui la possède doit être un des heureux de la terre suivant vos opinions des villes ; tant mieux ! si elle est à vous, je ne vous envie nullement une richesse dont je n'ai que faire. Maintenant vous n'avez plus rien à me dire, n'est-ce pas ? Eh bien, adieu !

— Comment, adieu ! vous nous quittez ?

— Certes, pensiez-vous donc que je demeurerais avec vous la nuit entière ?

— J'espérais du moins que vous ne laisseriez pas inachevée l'œuvre que vous aviez entreprise.

— Je ne vous comprends pas, caballero.

— Eh quoi ! nous abandonnerez-vous ainsi, laisserez-vous ma fille dans l'état où elle se trouve, perdue dans le désert sans moyen d'en sortir, au milieu de cette forêt qui déjà a failli lui être fatale !

L'inconnu fronça les sourcils à plusieurs reprises ; il jeta à la dérobée un regard sur la jeune fille. Un violent combat semblait se livrer dans son esprit ; il demeura silencieux pendant quelques minutes, comme s'il eût hésité à prendre un parti quelconque. Enfin il releva la tête.

— Écoutez, dit-il d'une voix saccadée, je serai franc avec vous ; je n'ai jamais su mentir ; j'ai à peu de distance d'ici un *jacal*, comme vous appelez le misérable *calli* qui m'abrite, mais, croyez-moi, mieux vaut pour vous demeurer ici que de m'y suivre.

— Pour quelle raison ? dit l'étranger avec surprise.

— Je n'ai pas d'explication à vous donner et je ne vous en donnerai pas, seulement, je vous le répète, croyez-moi, restez ici. Cependant, si vous vous obstinez à me suivre, je ne m'y opposerai pas, je vous servirai de guide.

— Un danger nous menacerait-il sous votre toit ? Je ne puis m'arrêter à une telle hypothèse : l'hospitalité est sacrée dans la prairie.

— Peut-être ; je ne puis vous répondre ni oui ni non ; décidez-vous, seulement décidez-vous promptement, parce que j'ai hâte d'en finir.

Don Pedro de Luna jeta un regard douloureux sur sa fille, puis se tournant vers l'inconnu :

— Quoi qu'il advienne, je vous suivrai; ma fille ne peut demeurer ainsi, vous avez trop fait pour elle pour ne pas la sauver; je me fie à vous, indiquez-moi le chemin.

— Soit! répondit laconiquement l'inconnu, je vous avertis, c'est à vous d'être sur vos gardes.

III

LE CALLI

Autant l'inconnu semblait avoir mis d'hésitation à offrir un abri à don Pedro de Luna et à sa fille, — et nous savons dans quels termes cette offre avait à la fin été faite, — autant, dès qu'il eut pris son parti, il se montra pressé de quitter la partie de la forêt où s'était passée la scène que nous avons rapportée dans notre précédent chapitre. Ses yeux erraient continuellement autour de lui avec une inquiétude qu'il ne se donnait pas la peine de déguiser, tournant la tête du côté du monticule, comme s'il se fût attendu à voir surgir tout à coup au sommet de cette colline quelque effroyable apparition.

Dans l'état où se trouvait la jeune fille, la réveiller eût été commettre une grave imprudence qui aurait sérieusement compromis sa santé; sur les indications données d'une voix sèche par l'inconnu, les peones de don Pedro et l'haciendero lui-même se hâtèrent de couper des branches d'arbres, afin de confectionner un brancard qu'ils couvrirent de feuilles sèches par-dessus lesquelles ils étendirent leurs zarapés, dont ils se dépouillèrent afin de former à leur jeune maîtresse une couche moins dure.

Lorsque ces préparatifs furent terminés, la jeune fille fut soulevée avec la plus grande précaution et placée doucement sur le brancard.

Des trois hommes qui accompagnaient don Pedro, deux étaient des peones ou domestiques indiens; le troisième était le capataz de l'hacienda.

Ce capataz était un individu de cinq pieds huit pouces environ, aux épaules larges et aux jambes arquées par l'habitude d'être à cheval; il était d'une maigreur extraordinaire; mais on pouvait avec raison dire de lui qu'il n'était que muscles et nerfs; sa vigueur était extraordinaire; cet homme, âgé de quarante-cinq ans environ, se nommait Luciano Pedralva et était dévoué corps et âme à son maître, que sa famille servait sans interruption depuis près de deux siècles.

Ses traits, brunis par les intempéries des saisons, bien que vulgaires, avaient cependant une expression d'intelligence et de finesse à laquelle ses yeux noirs et bien ouverts imprimaient un cachet d'énergie et d'audace peu communes; don Pedro de Luna avait la plus grande confiance en cet homme, qu'il considérait plutôt comme un ami que comme un serviteur.

Lorsque la jeune fille eut été déposée sur le brancard, les peones le soulevèrent, tandis que don Pedro et le capataz se placèrent l'un à droite et l'autre à gauche de la malade, afin de veiller sur elle et de la garantir des branches d'arbres et des lianes.

Sur un signe muet de l'inconnu, qui était remonté à cheval, la petite troupe se mit lentement en marche.

Au lieu de rentrer dans la forêt, l'inconnu continua de s'avancer vers le monticule dont bientôt on atteignit le pied ; un étroit sentier serpentait le long de ses flancs par une pente assez douce. La petite troupe s'y engagea sans hésiter.

Ils montèrent ainsi pendant quelques minutes, suivant à une longueur de dix ou quinze mètres l'inconnu qui marchait seul en avant. Soudain, arrivé à un angle du chemin derrière lequel le guide avait déjà disparu, un sifflement tellement aigu s'éleva dans l'air que les Mexicains tressaillirent et s'arrêtèrent malgré eux, ne sachant s'ils devaient avancer ou reculer.

— Qu'est-ce que cela signifie ? murmura don Pedro avec inquiétude.

— Sans doute quelque trahison, répondit le capataz en jetant autour de lui un regard investigateur.

Mais tout était calme autour d'eux ; rien en apparence n'était changé dans le paysage, qui paraissait toujours aussi solitaire.

Cependant, à peine quelques minutes s'étaient-elles écoulées que plusieurs sifflements semblables au premier qu'ils avaient entendu, mais beaucoup plus éloignés, s'élevèrent dans différentes directions à la fois, répondant évidemment au signal qui leur avait été fait.

En ce moment, l'inconnu reparut ; son visage était en proie à une vive émotion.

— C'est vous qui l'avez voulu, dit-il, je me lave les mains de ce qui arrivera.

— Dites au moins quel péril nous menace ? répondit don Pedro avec agitation.

— Eh ! fit-il d'un ton de colère sourde, le sais-je moi-même ? D'ailleurs, à quoi cela vous avancerait-il de le savoir ? en seriez-vous moins perdu pour cela ? Vous avez refusé de me croire. Maintenant priez Dieu qu'il vous aide, car jamais danger plus terrible ne vous a menacé que celui qui en ce moment est suspendu sur votre tête !

— Pourquoi ces perpétuelles réticences ? Soyez franc ; nous sommes des hommes, vive Dios ! et, quelque grand que soit ce péril, nous saurons bravement l'affronter.

— Vous êtes fou : un homme en vaut-il cent ? vous succomberez, vous dis-je ? Mais vous n'avez de reproches à adresser qu'à vous-même, c'est vous qui vous êtes obstiné à braver le Chat-Tigre dans sa tanière.

— Oh ! s'écria l'haciendero avec un frisson de terreur, quel nom avez-vous prononcé là ?

— Celui de l'homme entre les mains duquel vous êtes en ce moment.

— Eh quoi ! le Chat-Tigre, ce redoutable bandit, dont les crimes sans nombre épouvantent le pays depuis si longtemps, cet homme qui semble doué d'un pouvoir diabolique pour l'accomplissement des forfaits odieux dont il se souille sans cesse, ce monstre est près d'ici.

— Oui, et, je vous en avertis, soyez prudent, car peut-être il vous entend en ce moment même, bien qu'invisible à vos yeux et aux miens.

— Que m'importe ! s'écria avec énergie don Pedro ; maintenant que mon mauvais destin m'a fait tomber au pouvoir de ce démon, je n'ai plus de ménagements à garder, car cet homme est sans pitié, et ma vie ne m'appartient déjà plus.

— Qu'en savez-vous, señor don Pedro de Luna? répondit une voix railleuse.

L'haciendero tressaillit et fit un pas en arrière en poussant un cri étouffé.

Le Chat-Tigre, bondissant avec l'agilité de l'animal dont il portait le nom, avait sauté du sommet d'une roche élevée qui surplombait le sentier à quelque distance, et était venu tomber légèrement à deux pas de lui.

Il y eut un instant d'un silence terrible. Les deux hommes placés ainsi face à face, les regards étincelants et les lèvres crispées par la colère, s'examinaient avec une ardente curiosité.

C'était la première fois que l'haciendero voyait le terrible partisan dont la sanglante renommée s'étendait jusque dans les bourgades les plus ignorées du pays, et qui depuis trente ans promenait la terreur sur les frontières mexicaines.

Nous donnerons en quelques mots le portrait de cet homme appelé à jouer un rôle important dans cette histoire.

Le Chat-Tigre était une espèce de colosse de près de six pieds ; ses épaules larges et ses membres sur lesquels se dessinaient des muscles d'une rigidité marmoréenne, montraient que, bien que depuis longtemps il eût dépassé le milieu de la vie, sa vigueur était encore dans toute son intégrité; ses longs cheveux blancs comme les neiges du Coatepec tombaient en désordre sur ses épaules et se mêlaient à sa barbe aux reflets argentés qui couvrait sa poitrine, son front était large et ouvert; il avait le regard de l'aigle sous des sourcils de lion; toute sa personne offrait, en un mot, le type complet de l'homme du désert, grand, fort, majestueux et implacable; bien que son teint flétri par les intempéries des saisons eût acquis presque la couleur de la brique, il était cependant facile de reconnaître aux lignes pures et accentuées de son visage que cet homme appartenait à la race blanche.

Son costume tenait le milieu entre celui des Mexicains et des Peaux-Rouges, c'est-à-dire que, bien qu'il portât le zarapé, ses *mitasses* en deux parties, cousus avec des cheveux attachés de place en place, et ses *moksens* de couleurs différentes brodés en piquants de porc-épic et garnis de verroteries et de grelots, témoignaient de sa préférence pour les Indiens, dont au reste il semblait avoir entièrement adopté les coutumes et le genre de vie.

Un large couteau à scalper, une hachette, un sac de plomb et une poire à poudre étaient pendus à une ceinture de cuir fauve qui lui serrait étroitement les flancs.

Détail singulier chez un Blanc, une plume d'aigle à tête blanche était plantée au-dessus de son oreille droite, comme si cet homme affichait la prétention d'être le chef d'une tribu indienne.

Immédiatement une éblouissante lumière jaillit de l'intérieur du souterrain.

Enfin il tenait à la main un magnifique rifle américain damasquiné et ciselé en argent avec le plus grand soin.

Voilà quel était au physique l'homme auquel chasseurs blancs et Peaux-Rouges avaient donné le nom de Chat-Tigre, nom que si sa renommée n'était pas fausse et si seulement la moitié des faits que l'on rapportait sur lui étaient vrais, il méritait à tous égards.

Cependant nous nous abstiendrons, quant à présent, de nous appesantir sur le caractère de cet être étrange ; les scènes qui suivront le feront, nous en sommes persuadé, suffisamment connaître.

Bien que frappé de surprise par l'apparition aussi subite qu'inattendue du redoutable partisan, don Pedro de Luna ne tarda pas cependant à reprendre toute sa présence d'esprit.

— Vous paraissez me connaître beaucoup mieux que je ne vous connais moi-même, répondit-il froidement ; pourtant, si la moitié des choses que j'ai entendu rapporter de vous sont vraies, je ne dois m'attendre de votre part qu'à des procédés semblables à ceux dont vous usez envers les malheureux qui tombent entre vos mains.

Le Chat-Tigre sourit avec ironie.

— Et ces procédés, vous ne les redoutez pas ? demanda-t-il avec sarcasme.

— Pour moi personnellement, non, répondit don Pedro avec dédain.

— Mais, reprit le partisan en jetant un regard de côté à la dame blessée, pour cette jeune fille ?

L'haciendero tressaillit, une pâleur livide couvrit soudain son visage.

— Vous ne pensez pas ce que vous dites, répondit-il, pour l'honneur de l'humanité je veux le croire ; les Apaches eux-mêmes, si féroces, sentent leur rage s'éteindre devant la faiblesse d'une femme.

— N'ai-je pas parmi les habitants des villes la réputation d'être plus farouche que les Peaux-Rouges et même les bêtes fauves ? fit-il avec sarcasme.

— Finissons-en, reprit avec hauteur don Pedro de Luna : puisque j'ai été assez fou, malgré des avertissements réitérés, pour venir me livrer entre vos mains, disposez de moi comme bon vous semblera, mais délivrez-moi de la torture de subir votre conversation.

Le Chat-Tigre fronça le sourcil ; il frappa avec violence la crosse de son rifle sur le sol en murmurant quelques paroles inintelligibles ; mais, par un effort de volonté extrême, ses traits reprirent presque instantanément leur impassibilité habituelle ; toute trace d'émotion disparut de sa voix et ce fut du ton le plus calme qu'il répondit :

— En commençant avec vous cette conversation dont vous semblez si peu vous soucier, caballero, je vous ai dit : « Qu'en savez-vous ? »

— Eh bien ? fit l'haciendero surpris et dominé malgré lui par le changement étrange de son redoutable interlocuteur.

— Eh bien ! reprit celui-ci, je vous répète cette phrase, non pas, comme vous pourriez le supposer, pour vous narguer, mais simplement pour avoir votre opinion franche sur moi.

— Cette opinion vous importe peu, j'imagine.

— Plus peut-être que vous ne le supposez : mais laissons cela et veuillez me répondre.

L'haciendero demeura un instant silencieux. Le Chat-Tigre, les yeux fixés sur lui, l'examinait attentivement.

Quant au chasseur qui presque malgré lui avait consenti à servir de guide à don Pedro de Luna, son étonnement était extrême ; croyant connaître à fond le caractère du partisan, il ne comprenait rien à cette scène et il se demandait intérieurement à quelle horrible tragédie aboutirait cette feinte mansuétude du Chat-Tigre.

Don Pedro, lui, jugeait tout autrement des sentiments du bandit : à tort ou à raison, il croyait avoir saisi un accent de sincérité triste dans le ton dont celui-ci lui avait en dernier lieu adressé la parole.

— Puisque vous le voulez absolument, lui dit-il, soit, je vous répondrai franchement : je crois que votre cœur n'est pas aussi cruel qu'il vous plaît de le faire supposer, et je suppose que cette conviction que vous en avez intérieurement vous rend extrêmement malheureux, car, malgré tous les actes odieux qu'on vous reproche, il en est d'horribles qui vous sont venus à la pensée, et devant l'exécution desquels vous avez reculé, malgré l'impitoyable férocité qu'on vous prête.

Le Chat-Tigre fit un geste.

— Ne m'interrompez pas ! continua vivement l'haciendero. Je sais que je marche sur un terrain brûlant : mais vous avez exigé que je vous parle avec franchise ; bon gré mal gré vous m'entendrez jusqu'au bout ! La plupart des hommes sont les artisans de leur bonne ou mauvaise fortune en ce monde ; vous n'avez pas échappé au sort commun. Doué d'un caractère énergique, de passions vives, au lieu de chercher à dompter ces passions, vous vous êtes laissé dominer par elles, et, de chute en chute, vous êtes parvenu au point où aujourd'hui vous en êtes réduit, et pourtant tout bon sentiment n'est pas mort en vous.

Un sourire de mépris erra sur les lèvres du vieux bandit.

— Ne souriez pas, continua l'haciendero, la question que vous m'avez faite en est une preuve : menant au fond d'un désert la vie d'un sauvage pillard haïssant la société qui vous a renié, vous tenez cependant à connaître l'opinion que cette société a de vous. Pour quelle raison ? je vous le dirai : c'est que à votre insu peut-être, ce sentiment de justice que Dieu a déposé au fond du cœur de tous les hommes se révolte en vous contre cette réprobation universelle qui pèse sur votre nom, vous avez honte de vous-même ! L'homme qui en arrive là, si criminel qu'il soit, est bien près du repentir, car cette voix qui parle ainsi dans son cœur, c'est le remords qui s'éveille.

Le Chat-Tigre, bien que don Pedro se fût tu depuis quelques instants déjà, semblait encore prêter l'oreille à ses paroles, mais tout à coup, relevant orgueilleusement la tête, il promena un regard railleur sur les personnes qui l'entouraient et éclata d'un rire sec et nerveux qu'on ne peut comparer qu'à celui que Gœthe prête à Méphistophélès.

Ce rire fit mal à l'haciendero, qui comprit que les mauvais instincts du partisan avaient repris le dessus sur les bonnes pensées qui, un instant, avaient semblé vouloir germer en lui.

Au bout d'un instant le visage du Chat-Tigre reprit sa gravité marmoréenne.

— Bien ! s'écria-t-il d'un ton de faux enjouement auquel ne se trompa nullement don Pedro ; je m'attendais à un sermon, je vois que je ne me suis pas trompé ! Eh bien ! au risque de déchoir dans votre opinion ou, pour être plus vrai, de vous donner un grain d'orgueil en vous laissant supposer que vous avez raison de me juger comme vous l'avez fait, je veux que vous et les vôtres rentriez dans votre hacienda de las Norias de San-Antonio, non seulement sans avoir perdu un cheveu, mais encore après avoir été bien traités par moi. Cette détermination vous étonne, n'est-il pas vrai? vous étiez loin de vous y attendre.

— Nullement, j'ai toujours pensé qu'il en serait ainsi.

— Ah! fit-il avec étonnement : ainsi, si je vous offrais l'hospitalité dans mon calli, vous accepteriez?

— Pourquoi non, si cette offre était sérieuse?

— Alors, venez sans crainte; je vous donne ma parole que vous et ceux qui vous accompagnent vous n'aurez à redouter de moi aucune insulte.

— Soit! fit don Pedro, je vous suis.

Mais l'inconnu avait, avec une anxiété croissante, suivi les péripéties singulières de cette conversation. En ce moment il s'élança brusquement en avant et, étendant les bras vers l'haciendero :

— Arrêtez! sur votre tête, s'écria-t-il d'une voix que l'émotion intérieure qu'il éprouvait faisait trembler malgré lui. Arrêtez! ne vous laissez pas tromper par la feinte bienveillance de cet homme, il vous tend un piège : son offre cache une trahison.

Le Chat-Tigre redressa sa haute taille et, lançant au jeune homme un regard dédaigneux :

— Tu divagues, garçon, répondit-il avec un accent empreint d'une majesté suprême, cet homme ne court aucun danger en se fiant à moi; s'il existe au monde beaucoup de choses que je ne respecte pas, il en est une au moins que toujours j'ai respectée et que je n'ai pas souffert qu'on mît en doute, c'est ma parole; cette parole, je l'ai donnée à ce caballero : allons! livre-nous passage, la jeune femme que tu as si à propos secourue n'est pas complètement sauvée encore, son état réclame des soins que tu serais impuissant à lui donner.

L'inconnu tressaillit; un sombre éclair jaillit de son œil bleu, sa bouche souriait comme pour une réponse; cependant il demeura muet, fit quelques pas en arrière et baissa la tête avec un mouvement de colère concentrée.

— D'ailleurs, continua imperturbablement le partisan, quelle que soit la force dont tu disposes dans d'autres parties du désert, tu sais qu'ici je suis tout-puissant et que ma volonté fait loi : laisse-moi donc agir à ma guise, sans me contraindre à employer des moyens qui me répugnent, je n'aurais qu'à faire un geste pour dompter ton fol orgueil.

— Bon! répondit le jeune homme d'une voix sourde, je sais que je ne puis rien ; mais prenez garde à la façon dont vous traiterez ces étrangers, qui se sont placés sous ma protection, car je saurais prendre ma revanche.

— Oui, oui, fit le Chat-Tigre avec mélancolie, je sais que tu n'hésiterais pas à te venger même de moi, si tu croyais avoir des motifs de le faire, mais peu m'importe; quant à présent, je suis le maître.

— Je vous suivrai jusque dans votre repaire, ne croyez pas que je laisse ainsi ces étrangers entre vos mains.

— Soit, je ne m'oppose pas à ce que tu nous accompagnes, loin de là, j'aurais été fâché qu'il en fût autrement.

L'inconnu sourit avec dédain, mais il ne répondit pas.
— Venez, reprit le Chat-Tigre en s'adressant à l'haciendero.
La caravane se remit à gravir le monticule sur les traces du vieux partisan, auprès duquel marchait d'un air sombre leur premier guide.

Le Chat-Tigre, après quelques tours et détours dans le sentier de plus en plus abrupt que les Mexicains ne gravissaient qu'avec une certaine difficulté, se tourna vers l'haciendero et, s'adressant à lui du ton le plus dégagé :

— Je vous prie de m'excuser de vous guider par d'aussi mauvais chemins, dit-il ; malheureusement ce sont les seuls qui conduisent à ma demeure ; du reste, nous approchons, et dans quelques minutes nous serons arrivés.

— Mais je ne vois aucune trace d'habitation, répondit don Pedro, dont le regard interrogeait vainement le paysage dans toutes les directions.

— C'est vrai, fit le Chat-Tigre en souriant, cependant nous sommes à peine à cent pas du but de notre voyage, et je vous certifie que l'endroit où je vous mène contiendrait facilement dix fois plus d'individus que nous ne sommes en ce moment.

— A moins que cette demeure ne soit un souterrain, ce que je ne saurais supposer, je ne vois pas trop où elle pourrait se trouver.

— Vous avez presque deviné : j'habite non pas un souterrain dans la véritable acception du mot, mais du moins une retraite placée au-dessous du sol ; bien peu y sont entrés qui comme vous en seront sortis sains et saufs.

— Tant pis, répondit nettement l'haciendero, tant pis pour eux et surtout pour vous !

Le Chat-Tigre fronça les sourcils, mais se remettant aussitôt :

— Tenez, dit-il en reprenant le ton léger et insouciant qu'il affectait depuis quelques minutes, je vais faire cesser ce mystère ; écoutez, ceci est assez intéressant : lorsque les Aztèques sortirent de l'Aztlan, c'est-à-dire de la terre des Hérons, pour conquérir l'Anahuac, ou pays entre les eaux, leur pérégrination fut longue, elle dura plusieurs siècles ; parfois, pris de découragement pendant cette longue course, ils s'arrêtaient, fondaient des villes dans lesquelles ils s'installaient comme s'ils ne devaient plus s'éloigner du lieu qu'ils avaient choisi, ou bien, dans le but peut-être de laisser derrière eux des traces ineffaçables de leur passage à travers les contrées désertes qu'ils traversaient, ils construisaient des pyramides : de là les ruines nombreuses qui jonchent le sol du Mexique et les teocalis que de loin en loin on rencontre, derniers et mornes vestiges d'un monde disparu. Ces teocalis, bâtis dans des conditions de solidité incroyable, loin de s'émietter sous la toute-puissante étreinte du temps, ont fini par former corps avec le sol qui les supporte, et cela si complètement, que souvent on a peine à les reconnaître ; je ne veux d'autre preuve de ce que j'avance que celle qui se trouve devant nous. Le monticule que nous gravissons en ce moment n'est pas, comme vous le pourriez supposer, une colline due à quelque perturbation du sol, mais un teocali aztèque.

— Un teocali ! s'écria don Pedro avec étonnement.

— Mon Dieu ! oui, continua le partisan, mais tant de siècles se sont écoulés depuis le jour où il fut construit que, grâce à la terre végétale incessamment transportée par le vent, la nature a en apparence repris ses droits, et la sentinelle aztèque est devenue une verte colline. Vous savez sans doute que tous les teocalis sont creux ?

— En effet, répondit l'haciendero.

— C'est dans les entrailles de celui-ci que j'ai placé ma demeure; mais nous voici arrivés, permettez-moi de vous servir d'introducteur.

En effet, les voyageurs arrivaient alors devant une espèce de portique grossier, construction cyclopéenne qui donnait entrée dans un souterrain où régnait une obscurité profonde qui empêchait d'en distinguer les dimensions.

Le Chat-Tigre se pencha en avant et siffla d'une façon particulière : immédiatement une éblouissante lumière jaillit de l'intérieur du souterrain et en illumina toute la profondeur.

— Venez, dit alors le partisan en précédant les voyageurs.

Sans hésiter don Pedro se prépara à le suivre après avoir fait à ses compagnons un geste pour les engager à renfermer dans leur cœur les craintes qu'ils pourraient éprouver.

Pendant quelques secondes l'inconnu se trouva pour ainsi dire seul avec l'haciendero ; il se pencha vivement vers lui, et d'une voix faible comme un souffle :

— Prudence ! murmura-t-il, vous entrez dans le repaire du Tigre.

Et il s'éloigna rapidement comme s'il craignait que le partisan ne s'aperçût du conseil que pour la dernière fois il donnait aux étrangers.

Mais, bon ou mauvais, cet avis venait trop tard, toute hésitation était une faute, car la fuite était impossible.

De toutes parts, comme par enchantement, sur chaque pointe de rochers apparaissaient les silhouettes sombres d'une foule d'individus qui avaient surgi autour de la caravane, sans qu'il fût possible de savoir comment, tant leur arrivée avait été silencieuse.

Les Mexicains entrèrent donc, bien qu'avec un secret serrement de cœur, dans l'antre terrible dont la bouche s'ouvrait béante devant eux.

Ce souterrain était vaste, les murs en étaient élevés.

Après avoir marché pendant environ dix minutes, les Mexicains atteignirent une espèce de rotonde au centre de laquelle un immense brasier était allumé; quatre longs corridors coupaient cette rotonde à angles droits.

Le Chat-Tigre, toujours suivi par les voyageurs, s'engagea dans l'un d'eux.

Arrivé à une porte fermée par une claie en roseaux, il s'arrêta.

— Vous voici chez vous, dit-il, votre appartement se compose de deux pièces sans communication avec les autres parties du souterrain; d'après mes ordres, vous aurez des rafraîchissements, du bois, pour faire du feu, et des torches d'ocote pour vous éclairer.

— Je vous remercie de ces attentions auxquelles j'étais loin de m'attendre, répondit don Pedro.

— Pourquoi donc cela? Croyez-vous donc que, lorsque cela me convient, je ne sache pas pratiquer l'hospitalité mexicaine dans toute son étendue ?

— Oh !... fit l'haciendero avec un geste de dénégation.

— Bref, vous êtes mes hôtes pour cette nuit; dormez en paix; nul ne troublera votre sommeil; dans une heure j'enverrai quelqu'un vous apporter une potion que vous ferez boire à la jeune dame. A demain !

Et s'inclinant avec une aisance et une courtoisie que don Pedro était loin d'attendre d'un pareil homme, le Chat-Tigre prit congé et se retira.

Pendant quelques instants, son pas retentit sous les voûtes sombres du corridor, puis il s'éteignit. Les voyageurs étaient seuls ; l'haciendero se décida alors à pénétrer dans les chambres préparées pour lui.

IV

RENSEIGNEMENTS SUPERFICIELS

Quoi qu'en aient dit certains auteurs mal renseignés, les haciendas de l'Amérique espagnole ne sont nullement des majorats, mais seulement de grandes exploitations agricoles, ainsi que l'indique assez clairement leur nom.

Ces haciendas, disséminées sur le sol mexicain à de grandes distances les unes des autres et entourées de vastes étendues de terrains inhabitées pour la plupart, s'élèvent ordinairement sur le sommet de collines abruptes, dans une position facile à défendre.

Comme l'hacienda proprement dite, c'est-à-dire l'habitation du propriétaire de l'exploitation, forme le centre de la colonie, et en sus des greniers et des écuries, renferme encore les granges, le logement des peones et surtout la chapelle, ses murs sont élevés, épais et entourés d'un fossé, afin de la mettre à l'abri d'un coup de main.

Ces haciendas fort nombreuses entretiennent souvent six à sept cents individus de tous métiers; les terrains qui dépendent de ces fermes sont la plupart plus étendus qu'un département entier de notre France.

C'est dans ces haciendas que se fait en grand l'élève des chevaux sauvages et des taureaux paissant en liberté dans les prairies, surveillés de loin par des peones vaqueros aussi indomptés qu'eux-mêmes.

L'hacienda de las Norias de San-Antonio, c'est-à-dire des puits de Saint-Antoine, s'élevait gracieusement au sommet d'une colline couverte de bois épais de mahoganys, d'arbres du Pérou et de mezquites qui lui formaient une éternelle ceinture de feuillage dont le vert un peu pâle tranchait avec la blancheur mate de ses hautes murailles couronnées d'almenas, espèces de créneaux destinés à faire connaître la noblesse du propriétaire de l'exploitation.

En effet, don Pedro de Luna était ce qu'on appelle un cristiano viejo et descendait en droite ligne des premiers conquérants espagnols, sans que jamais une goutte de sang indien se fût mêlée dans les veines d'un de ses ancêtres.

Aussi, bien que depuis la déclaration de l'indépendance les vieilles coutumes commençassent à tomber en désuétude, don Pedro de Luna était fier de sa noblesse et tenait aux almenas de ses murailles, marques distinctives dont au temps de la domination espagnole les gentilshommes seuls avaient le droit de faire parade.

Depuis l'époque où, à la suite de Fernand Cortez, l'aventurier de génie, un Lopez de Luna avait posé le pied en Amérique, la fortune de cette famille, — bien pauvre et bien réduite alors, car ce don Lopez ne possédait littéralement que la cape et l'épée, — la fortune de cette famille, disons-nous, avait pris un essor incroyable et était entrée dans une voie de prospérité que rien dans la suite des temps n'avait pu entraver : aussi don Pedro de Luna, le représentant actuel de cette ancienne maison, jouissait-il d'une richesse dont certes il eût été bien empêché de connaître le chiffre ; richesse qui s'était accrue encore de la part de don Antonio de Luna, son frère aîné, disparu depuis plus de vingt-cinq ans à la suite d'événements sur lesquels nous aurons à revenir, et que l'on supposait mort tragiquement dans les mystérieux déserts qui avoisinaient l'hacienda, soit qu'il eût succombé aux horribles atteintes de la faim, soit, ce qui était plus probable, qu'il fût tombé entre les mains des Apaches, ces implacables ennemis des Blancs auxquels ils font sans relâche une guerre acharnée.

Bref, don Pedro était le seul représentant de son nom et sa fortune était immense ; nul ne peut se figurer, s'il n'a visité l'intérieur du Mexique, les richesses enfouies dans ces contrées, presque ignorées, où certains propriétaires, s'ils se souciaient de mettre ordre à leurs affaires, se trouveraient cinq ou six fois plus riches que les plus gros capitalistes européens.

Bien que tout semblât sourire à l'opulent haciendero et qu'aux yeux superficiels du monde, il parût avec quelque apparence de raison jouir d'un bonheur sans mélange, cependant le front de don Pedro, creusé par deux rides profondes, la sévérité triste de son visage, son regard souvent fixé vers le ciel avec une expression de sombre désespoir, laissaient deviner que cette existence, que tous se figuraient si heureuse, était sourdement agitée par une douleur profonde que les années, en s'accumulant, augmentaient encore au lieu d'y apporter un soulagement.

Mais quelle était cette douleur ?

Quels orages avaient troublé le cours de cette vie si calme à la surface ?

Les Mexicains sont les hommes les plus oublieux de la terre ; cela tient sans doute à la nature de leur climat sans cesse bouleversé par les plus effrayants cataclysmes : le Mexicain, dont la vie se passe sur un volcan, qui sent le sol incessamment trembler sous ses pieds, ne songe qu'à vivre vite, au jour le jour ; pour lui hier n'existe plus, demain ne se lèvera peut-être jamais, car aujourd'hui seul lui appartient.

Les habitants de l'hacienda de las Norias, sans cesse exposés aux excursions de leurs redoutables voisins les Peaux-Rouges, sans cesse occupés à se défendre contre leurs attaques et leurs déprédations, étaient naturellement encore plus oublieux que le reste de leurs compatriotes d'un passé qui ne les intéressait pas.

Le secret de la douleur de don Pedro, si réellement un tel secret existait, appartenait donc à peu près à lui seul ; et comme jamais il ne se plaignait et

Tout à coup la jeune fille poussa un cri de douleur, un serpent l'avait piquée.

jamais il ne faisait allusion aux premières années de sa vie, les suppositions étaient impossibles, et partant l'ignorance complète.

Un seul être avait le privilège de dérider le front soucieux de l'haciendero et de faire épanouir un pâle et fugitif sourire sur ses lèvres.

Cet être privilégié était sa fille.

Doña Hermosa, âgée de quinze ans à peine, était admirablement belle.

L'arc de jais de ses sourcils, tracé comme avec un pinceau, relevait la grâce de son front un peu bas et d'une blancheur mate ; ses grands yeux bleus et pensifs, frangés de longs cils bruns, contrastaient harmonieusement avec ses cheveux d'un noir d'ébène qui se bouclaient autour d'un col délicat et sur lesquels des jasmins odorants se mouraient de volupté.

Petite comme toutes les Espagnoles de race, sa taille cambrée était d'une finesse extrême ; jamais pieds plus mignons n'avaient foulé en dansant les pelouses mexicaines, jamais main plus délicate n'avait effeuillé les dahlias d'un parterre. Sa démarche nonchalante comme celle de toutes les créoles avait des mouvements ondulés et serpentins pleins de désinvolture et de *salero*, comme on dit en Andalousie.

Cette délicieuse jeune fille répandait la joie et la gaîté dans l'hacienda, dont les échos, du matin au soir, répétaient amoureusement les modulations mélodieuses de sa voix cristalline, dont le timbre frais et pur faisait mourir de jalousie les oiseaux blottis sous la feuillée de la huerta.

Don Pedro idolâtrait sa fille, il éprouvait pour elle un de ces sentiments d'amour passionné et sans bornes dont ceux-là seuls qui sont pères dans la véritable acception du mot comprendront l'immense puissance.

Hermosa, élevée à l'hacienda, n'avait qu'à de longs intervalles fait de courtes apparitions dans les grands centres de la confédération mexicaine, dont elle ignorait complètement les mœurs ; habituée à mener la vie libre et sans entraves de l'oiseau, à penser tout haut, sa franchise et sa naïveté étaient extrêmes, sa douceur la faisait adorer de tous les habitants de l'hacienda, sur lesquels sa tendre sollicitude veillait sans cesse.

Cependant, par le genre même de l'éducation qu'elle avait reçue, exposée sur cette frontière éloignée à entendre souvent retentir à ses oreilles l'effroyable cri de guerre des Peaux-Rouges, et à assister à des scènes de carnage, son cœur s'était accoutumé de bonne heure à envisager, sinon froidement, le péril, du moins avec un courage et une force d'âme qu'on aurait été loin d'attendre d'une si frêle enfant.

Du reste, l'influence qu'elle exerçait sur tous ceux qui l'approchaient était incompréhensible : on ne pouvait la connaître sans l'aimer et sans éprouver le désir de risquer sa vie pour elle.

A plusieurs reprises, dans des attaques tentées sur l'hacienda par les Apaches et les Comanches, ces féroces pillards du désert, des Indiens blessés étaient tombés entre les mains des Mexicains.

Doña Hermosa, loin de souffrir qu'on maltraitât ces malheureux, les avait fait soigner avec soin, puis, une fois guéris, leur avait rendu la liberté.

De cette façon d'agir il était résulté que les Peaux-Rouges avaient peu à peu renoncé à leurs attaques contre l'hacienda et que la jeune fille, accompagnée seulement d'un homme avec lequel nous ferons bientôt faire connaissance au lecteur, exécutait insoucieusement de longues courses à cheval dans le désert et souvent, emportée par l'ardeur de la chasse, s'éloignait à de grandes distances de l'hacienda, sans que les Indiens qui la voyaient passer cherchassent à lui nuire ou seulement à entraver sa course : au contraire, ces hommes primitifs, qui avaient conçu pour elle une superstitieuse vénération, s'appliquaient, tout en demeurant invisibles, à éloigner de sa route les obstacles ou les dangers qui auraient pu l'entraver.

Les Peaux-Rouges, avec cette poésie native qui les distingue, l'avaient nommée le *Papillon blanc* [1], tant elle leur semblait légère et frêle lorsque, comme une jeune biche effarouchée, elle bondissait à travers les hautes herbes de la prairie, que le poids de son corps courbait à peine.

Un des buts de promenade les plus fréquents de la jeune fille était un *rancho* situé à environ cinq kilomètres de l'hacienda.

Ce rancho, bâti dans une charmante situation, entouré de terres bien entretenues et cultivées avec soin, était habité par une femme d'environ cinquante ans et son fils, grand et beau jeune homme de vingt-cinq à vingt-six ans, au regard fier et au cœur brûlant, nommé Estevan Diaz.

Na Manuela, ainsi qu'on appelait la vieille femme, et Estevan, avaient pour la jeune fille une amitié et un dévouement sans bornes.

Manuela avait nourri Hermosa de son lait et considérait presque sa jeune maîtresse comme son enfant, tant son attachement pour elle était grand.

Cette femme appartenait à cette classe de domestiques dont malheureusement pour nous la race est à tout jamais perdue en Europe, qui font pour ainsi dire partie de la famille et que leurs maîtres considèrent plutôt comme des amis que comme des serviteurs.

C'était sous l'escorte d'Estevan que Hermosa faisait ces longues promenades dont nous avons parlé plus haut; ces continuels tête-à-tête entre une jeune fille de quinze ans et un homme de vingt-cinq qui, dans nos contrées si hypocritement collet monté, paraîtraient compromettantes, n'avaient rien que de fort naturel aux yeux des habitants de l'hacienda, qui savaient le profond respect et la loyale amitié qui liaient Estevan à sa jeune maîtresse, que tout enfant il avait fait sauter sur ses genoux et dont il avait dirigé les premiers pas.

Hermosa, rieuse, folle et taquine comme toutes les jeunes filles de son âge, trouvait un plaisir extrême dans la société d'Estevan, qu'elle pouvait tourmenter et agacer sans que jamais celui-ci essayât de se regimber contre un des caprices extravagants de la jeune fille et qui endurait ses taquineries avec une patience à toute épreuve.

Don Pedro témoignait à Manuela et à son fils une affectueuse amitié, il avait en eux la plus grande confiance, et depuis deux ans il avait confié à Estevan l'emploi important de mayordomo, emploi qu'il partageait, vu l'étendue de la terre, avec Luciano Pedralva, qui cependant était placé sous ses ordres.

Estevan Diaz et sa mère étaient donc, après le propriétaire, les personnages les plus considérés de l'hacienda, dans laquelle, non seulement à cause du poste qu'ils occupaient, mais encore à cause de leur caractère apprécié de tous, ils jouissaient d'une grande considération.

Les haciendéros mexicains, dont les propriétés sont d'une immense

---

[1]. Le nom indien comanche, dont nous faisons grâce au lecteur, est *Iztacpapalotzin*, dont voici la racine : *iztac*, blanc; *papalotl*, papillon. G. A.

étendue, ont l'habitude, à certaines époques de l'année, de faire une tournée dans leurs fermes, afin de jeter sur leurs exploitations ce coup d'œil du maître qui, selon l'expression consacrée dans l'Amérique du Sud, fait mûrir les récoltes et engraisser les bestiaux. Don Pedro ne manquait jamais d'accomplir cette tournée annuelle anxieusement attendue par les employés inférieurs et les peones des haciendas, auxquels la présence fortuite de leur maître apportait un léger soulagement à leur existence misérable.

Au Mexique, l'esclavage, aboli en principe à la proclamation de l'indépendance, s'il n'existe plus de droit, existe cependant de fait dans toute l'étendue de la confédération.

Voici de quelle façon adroite la loi a été éludée par les riches possesseurs du sol :

Chaque hacienda emploie nécessairement un grand nombre d'individus, soit comme peones, vaqueros, tigreros, etc.; ces gens sont tous des Indiens mansos ou civilisés, c'est-à-dire que l'on a baptisés et qui pratiquent tant bien que mal une religion qu'ils ne se donnent pas la peine de comprendre et qu'ils entremêlent des pratiques les plus absurdes et les plus ridicules de leurs anciennes croyances.

Abrutis par la misère, les peones se louent pour des prix fort modiques aux haciendéros, afin de satisfaire leurs deux vices principaux, le jeu et l'ivrognerie; mais, comme les Indiens sont les êtres les moins prévoyants de la création, il arrive que leur modeste salaire ne leur suffit pas pour se nourrir et se vêtir, et que chaque jour ils sont exposés à mourir de faim, s'ils ne parviennent à se procurer les choses indispensables au maintien de leur vie.

Voilà où les attendent les riches propriétaires.

Dans chaque hacienda, d'après les ordres du maître, les mayordomos et les capataz ont des magasins remplis de vêtements, d'armes, d'ustensiles de ménage, etc., qu'ils mettent à la disposition des peones en leur avançant sur leur travail les objets dont ils ont besoin; bien entendu que ces objets sont toujours payés dix fois au moins plus chers qu'ils ne valent.

Il résulte de cette combinaison bien simple que, non seulement les pauvres diables de peones ne touchent jamais la plus minime partie du fantastique salaire qui leur est alloué, mais encore qu'ils sont continuellement à découvert vis-à-vis de leurs maîtres auxquels ils se trouvent, sans s'en douter, devoir en quelques mois des sommes énormes dont il leur est impossible de s'acquitter jamais; et comme la loi est positive à cet égard, les peones sont contraints de rester au service de celui qui les emploie jusqu'à ce que, à force de travail, ils soient parvenus à se liquider entièrement; malheureusement pour eux leurs besoins sont toujours aussi impérieux, leur position aussi précaire, la dette, au lieu de diminuer, s'accroît dans de formidables proportions, et après une vie passée dans d'incessants labeurs, les peones meurent insolvables c'est-à-dire qu'ils ont continuellement vécu esclaves, et fatalement attachés à la glèbe, exploités sans pudeur jusqu'à leur dernier soupir par des hommes dont leurs sueurs et leurs fatigues ont décuplé les richesses.

Doña Hermosa, bonne comme le sont généralement les jeunes filles lorsqu'elles ont été élevées sous l'aile protectrice de la famille, accompagnait ordinairement son père dans ses visites annuelles, heureuse de laisser parmi les pauvres peones des haciendas la trace lumineuse de son bienfaisant passage.

Cette année, comme les précédentes, elle avait suivi don Pedro de Luna, signalant sa présence dans chaque rancho par quelque secours donné aux infirmes, aux vieillards ou aux enfants.

Le jour où commence cette histoire, don Pedro avait depuis quarante-huit heures environ quitté une *bonanza* d'argent qu'il faisait exploiter à quelques lieues dans le désert et s'était remis en route pour Las Norias de San-Antonio.

Arrivé à une vingtaine de lieues environ de l'hacienda, don Pedro, convaincu que, si près de sa propriété, son escorte lui devenait inutile, avait expédié en avant don Estevan Diaz et les domestiques armés, afin d'annoncer son retour à l'habitation, et n'avait conservé auprès de lui que le capataz Luciano Pedralva et trois ou quatre peones.

Don Estevan avait cherché à dissuader son maître de demeurer ainsi presque seul dans le désert, lui faisant observer que les frontières indiennes étaient infestées de pirates et de maraudeurs de la pire espèce, qui sans doute embusqués dans les buissons épiaient le moment d'attaquer et de piller la caravane; mais, par une fatalité singulière, don Pedro, se croyant certain de n'avoir rien à redouter de ces gens sans aveu, qui jamais n'avaient montré d'intentions hostiles à son égard, avait insisté pour que le capataz s'éloignât, et force avait été à celui-ci d'obéir, bien qu'à contre-cœur.

L'escorte partie, l'haciendero continua doucement son voyage, causant avec sa fille et riant de l'air désappointé et des sinistres pressentiments que le mayordomo avait laissé voir sur son visage en prenant congé de son maître.

La journée s'écoula sans que rien vînt donner raison aux sombres préoccupations de don Estevan; nul accident ne troubla la monotone régularité de la marche; nul indice suspect n'éveilla les craintes des voyageurs; le désert était calme; aussi loin que la vue pouvait s'étendre, on n'apercevait que quelques troupes éparses d'elks et d'antilopes qui broutaient paisiblement l'herbe haute et touffue de la forêt.

Au coucher du soleil, don Pedro et ses compagnons atteignirent les premiers contreforts d'une immense forêt vierge qu'il leur fallait en partie traverser pour arriver à l'hacienda, éloignée à peine d'une douzaine de lieues.

L'haciendero résolut de camper sur la lisière du couvert, afin d'arriver aux Norias le lendemain avant les grandes chaleurs du milieu du jour.

En quelques minutes tout fut installé; un local en branchages fut construit pour doña Hermosa, des feux allumés et les chevaux entravés solidement, afin qu'ils ne pussent s'éloigner du campement.

Les voyageurs soupèrent gaîment, puis chacun s'installa le plus confortablement possible pour dormir.

Cependant le capataz, homme rompu aux ruses indiennes, jugea prudent de ne négliger aucune précaution, afin d'assurer le repos de ses compagnons; après avoir placé une sentinelle à laquelle il recommanda la plus extrême vigilance, il sella son cheval dans l'intention de faire une reconnaissance aux alentours du camp.

Don Pedro, déjà à moitié endormi, souleva la tête et demanda à don Luciano ce qu'il prétendait faire.

Lorsque le capataz lui eut expliqué ses intentions, l'haciendero se mit à rire et lui ordonna péremptoirement de laisser son cheval paître tranquillement et de s'étendre devant le feu, afin d'être le lendemain, au lever du soleil, prêt à se remettre en route.

Le capataz obéit en hochant la tête; il ne comprenait rien à la conduite de son maître, qui ordinairement usait de tant de prudence et de circonspection.

La vérité était que don Pedro de Luna, poussé par une de ces fatalités inexplicables qui souvent aveuglent, sans cause apparente, les hommes les plus intelligents, était convaincu que, si près de son habitation et pour ainsi dire sur son territoire, il n'avait rien à redouter des rôdeurs de frontières et des maraudeurs, qui y regarderaient à deux fois avant de s'attaquer à un homme de son importance, qui avait en main des moyens de leur faire payer cher le plus léger attentat à sa personne.

Cependant, malgré les injonctions de son maître, le capataz, agité par une secrète inquiétude qui le tenait éveillé, quelques efforts qu'il tentât pour s'endormir, résolut de faire bonne garde pendant toute la nuit.

Aussitôt qu'il vit don Pedro plongé définitivement dans un profond sommeil, il se leva doucement, prit son rifle et s'avança à pas de loup du côté de la forêt, afin de pousser une reconnaissance; mais à peine le capataz était-il sorti de la zone de lumière produite par la flamme des feux de veille et avait-il fait quelques pas sous le couvert, qu'il fut tout à coup saisi rudement par des mains invisibles, renversé sur le sol, bâillonné et garrotté, et cela si vivement, qu'il ne put faire usage de ses armes, ni même pousser un cri de détresse, afin de prévenir ses compagnons.

Cependant, particularité étrange dans les annales funèbres de la prairie, les gens qui s'étaient si brusquement emparés du capataz ne lui firent éprouver aucun mauvais traitement; ils se contentèrent de le lier solidement afin de le mettre dans l'impossibilité de tenter la moindre résistance et le laissèrent étendu sur le sol.

— Ma pauvre maîtresse! murmura en tombant le digne homme, qui ne songea pas un instant à lui.

Il demeura ainsi pendant un assez long laps de temps, prêtant avidement l'oreille aux bruits du désert, s'attendant à chaque instant à entendre les cris de désespoir de don Pedro ou de doña Hermosa. Mais aucun cri ne se fit entendre, rien ne troubla le calme de la prairie, sur laquelle semblait peser un silence de mort.

Enfin, au bout de vingt ou vingt-cinq minutes, on lui jeta un zarapé sur le visage afin probablement de l'empêcher de reconnaître ses agresseurs; il fut soulevé de terre avec une certaine précaution et deux hommes lui firent faire sur leurs bras un assez long trajet.

La situation se compliquait de plus en plus; vainement le capataz se creusait l'esprit pour deviner les intentions de ses ravisseurs, ceux-ci étaient muets et semblaient glisser sur la terre comme des spectres, tant leurs pas étaient légers et silencieux.

Les Mexicains sont en général fatalistes; le capataz, reconnaissant l'inutilité de ses efforts, prit philosophiquement son parti de ce qui lui arrivait et attendit patiemment le dénoûment de cette scène singulière.

Ce dénoûment ne se fit pas attendre longtemps : arrivés probablement à l'endroit qu'ils voulaient atteindre, les inconnus s'arrêtèrent et déposèrent le capataz sur le sol, puis tout redevint calme et silencieux autour du prisonnier.

Au bout de quelques minutes celui-ci, résolu à reconquérir sa liberté à tout risque, tenta un effort désespéré pour rompre ses liens.

Mais alors une surprise nouvelle lui était réservée : les cordes qui l'attachaient, si solides quelques moments auparavant, se rompirent après une légère résistance.

Le premier mouvement du capataz fut d'enlever le zarapé qui lui couvrait le visage et de se débarrasser de son bâillon.

Alors il regarda autour de lui avec une poignante anxiété, afin de se reconnaître et de savoir ce qu'étaient devenus ses compagnons.

Il poussa un cri d'étonnement et d'effroi; doña Hermosa, son père et les peones, étaient étendus non loin de lui, garrottés comme il l'avait été lui-même et la tête enveloppée dans des zarapés.

Le capataz s'empressa de voler au secours de la jeune fille et de son père, puis il coupa les cordes qui attachaient les peones.

L'endroit où les voyageurs avaient été transportés par leurs invisibles agresseurs différait complètement du site choisi par eux pour établir leur camp.

Ils se trouvaient au centre d'une épaisse forêt dont les arbres gigantesques formaient à une hauteur prodigieuse, au-dessus de leurs têtes, des dômes de verdure presque impénétrables aux lueurs du jour.

Les chevaux et les bagages des voyageurs avaient disparu.

Abandonnés, sans vivres et sans chevaux, dans une forêt vierge, la position des voyageurs était affreuse; tout espoir de salut leur était enlevé; ils se voyaient condamnés à une mort horrible après des souffrances intolérables.

Le désespoir de don Pedro ne se peut décrire; il reconnaissait, mais trop tard, combien sa conduite avait été folle; ses yeux baignés de larmes se fixaient sur sa fille avec une expression de tendresse et de douleur indicibles, s'accusant tout bas d'être la seule cause du malheur qui les accablait.

Doña Hermosa, dans cette circonstance critique, fut la seule qui ne se laissa pas aller au désespoir; après avoir, par de douces et consolantes paroles, cherché à rendre un peu de courage à son père, la première elle parla de quitter l'endroit où l'on se trouvait et de tâcher de retrouver la route perdue.

La détermination qui brillait dans l'œil de la jeune fille ranima le courage de ses compagnons, et, s'ils ne reprirent pas espoir, du moins ils sentirent renaître en eux les forces nécessaires pour soutenir la lutte qui se préparait.

Un dernier mot de la jeune fille fit cesser en eux toute hésitation et compléta l'heureuse réaction qu'elle avait opérée dans leur esprit.

— Nos amis, dit-elle, en ne nous voyant pas arriver, soupçonneront un malheur et se mettront immédiatement à notre recherche. Don Estevan, pour lequel le désert n'a pas conservé de secrets, retrouvera inévitablement notre piste : notre position est donc loin d'être désespérée; ne nous abandonnons pas nous-mêmes, si nous voulons que Dieu ne nous abandonne pas. Partons : bientôt, je l'espère, nous sortirons de cette forêt et nous reverrons le soleil.

On se mit en marche.

Malheureusement, à moins de la connaître à fond, il est impossible de se diriger dans une forêt vierge, où tous les arbres se ressemblent, où l'horizon manque et dans laquelle la seule science doit être l'instinct de la brute et non la raison de l'homme.

Les voyageurs errèrent ainsi à l'aventure pendant la journée entière, tournant sans s'en douter toujours dans le même cercle, marchant beaucoup sans avancer, et se fatiguant vainement à retrouver une route qui n'existait pas.

Don Pedro cherchait quelle raison avait pu exciter les hommes qui avaient volé leurs chevaux à les abandonner ainsi dans un labyrinthe inextricable, pourquoi on les avait ainsi froidement condamnés à une mort horrible et quel était l'ennemi assez cruel pour avoir eu la pensée d'une aussi atroce vengeance.

Mais l'haciendero avait beau se creuser l'esprit pour en faire jaillir la lumière, nul indice ne venait le mettre sur la voie et lui faire soupçonner l'auteur probable de cet inqualifiable attentat.

Depuis le matin les voyageurs marchaient; le soleil s'était couché, le jour avait fait place à la nuit, ils marchaient encore, errant machinalement à droite et à gauche sans tenir de direction fixe, marchant plutôt pour échapper à leurs pensées par la fatigue physique que dans l'espoir de sortir de l'infernale forêt qui leur servait de prison.

Doña Hermosa ne se plaignait pas; froide, résolue, elle poussait en avant d'un pas ferme, encourageant ses compagnons du geste et de la voix et trouvant encore en elle la force de les gourmander et de leur faire honte de leur peu de persévérance.

Tout à coup la jeune fille poussa un cri de douleur : un serpent l'avait piquée.

Ce nouveau malheur, qui semblait devoir achever de désespérer les voyageurs, leur causa, au contraire, une surexcitation fébrile telle qu'ils oublièrent tout pour ne plus songer qu'à sauver celle qu'ils appelaient leur ange gardien.

Cependant les forces humaines ont des limites qu'elles ne peuvent franchir; les voyageurs, accablés par la fatigue et les poignantes émotions de cette journée, convaincus en outre de l'inutilité de leurs efforts, étaient sur le point de succomber à leur désespoir, lorsque Dieu les avait tout à coup mis face à face avec le chasseur.

LES CHASSEURS D'ABEILLES 41

— Le louveteau sent les dents qui lui poussent, il voudrait mordre celui qui l'a nourri.

V

CONVERSATION INTIME

Après avoir conduit ses hôtes dans le compartiment qu'il leur avait destiné, le Chat-Tigre était revenu sur ses pas et s'était dirigé vers une espèce d'excavation assez vaste qui lui servait d'habitation à lui-même.

Le vieillard marchait d'un pas lent, la tête haute et les sourcils froncés sous la tension d'une pensée sérieuse; la flamme de la torche qu'il tenait de la main droite se jouait capricieusement sur son visage et imprimait à sa physionomie une expression étrange où se reflétaient tour à tour la haine, la joie et l'inquiétude.

Arrivé à son cuarto, s'il est permis de donner le nom de chambre à une espèce de trou de dix pieds de long sur sept de haut, dans lequel ne se trouvaient pour tous meubles que quelques crânes de bisons épars çà et là et une poignée de paille de maïs négligemment jetée dans un coin, destinée sans doute à servir de couche à l'habitant de ce triste refuge, le Chat-Tigre entra, fixa sa torche d'*ocote* dans un crampon de fer scellé dans le mur et, croisant les bras sur la poitrine, il redressa la tête d'un air de défi en murmurant ce seul mot :

— Enfin !

Mot qui résumait sans doute, dans sa pensée, une longue suite de sombres et hardies combinaisons.

Après avoir prononcé ce mot, le vieillard jeta un regard investigateur autour de lui, comme s'il eût redouté d'être entendu; un sourire railleur glissa sur ses lèvres pâles : il s'assit sur un crâne de bison, laissant tomber sa tête dans ses mains, et se plongea dans de profondes réflexions.

Un laps de temps assez prolongé s'écoula sans que cet homme changeât de position; enfin, un bruit assez léger frappa son oreille; il redressa vivement la tête, et, se tournant vers l'entrée de la cellule :

— Arrivez donc, dit-il; je vous attends avec impatience.

— J'en doute ! répondit une voix rude.

Et le jeune chasseur parut sur le seuil où il s'arrêta la tête haute et le regard fier et provocateur.

Un nuage passa sur le front du Chat-Tigre, mais se remettant aussitôt :

— Oh ! oh ! fit-il avec une feinte gaîté; en effet, ce n'était pas toi que j'attendais, muchacho; c'est égal, sois le bienvenu.

Le jeune homme ne bougea pas.

— Est-ce bien votre pensée que vous exprimez en ce moment? répondit-il en ricanant.

— Pourquoi ne serait-ce pas ma pensée, ai-je donc l'habitude de la déguiser?

— Dans certaines circonstances cela peut être utile.

— Je ne dis pas non; mais ici, ce n'est pas le cas. Allons! entre, assieds-toi et causons.

— Oui, répondit le jeune homme en faisant quelques pas en avant, d'autant plus que j'ai une explication sérieuse à vous demander.

Le Chat-Tigre fronça le sourcil et reprit avec un commencement de colère mal contenue :

— Est-ce à moi que tu parles ainsi, as-tu donc oublié qui je suis ?

— Je n'ai rien oublié de ce dont je doive me souvenir, dit nettement le chasseur.

— Hum! tu oublies trop, garçon, que je suis ton père.

— Mon père? Qu'est-ce qui me le prouve?
— Comment oses-tu dire? s'écria le vieillard d'un ton de menace.
— Après cela, que m'importe! fit le chasseur en haussant les épaules avec dédain, que vous soyez ou ne soyez pas mon père; que signifie cela? ne m'avez-vous pas vous-même répété mille fois que les liens de famille n'existaient pas dans la nature et que ce n'était qu'un sentiment factice inventé par l'égoïsme humain au profit des mesquines exigences d'une société avilie? Il n'y a ici que deux hommes égaux en force comme en courage, dont l'un vient demander à l'autre une explication claire et explicite.

Le vieillard fixait sur le jeune chasseur, tandis qu'il parlait, un regard qui étincelait sous ses prunelles métalliques; lorsqu'il se tut, il sourit avec ironie.

— Le louveteau sent les dents qui lui poussent, il voudrait mordre celui qui l'a nourri.

— Il le dévorera sans hésiter, s'il le faut, reprit nettement et avec violence le chasseur en laissant tomber rudement à terre la lourde crosse du rifle qu'il tenait à la main.

Au lieu d'entrer en fureur à cette menace si péremptoirement articulée, le visage du Chat-Tigre s'éclaircit subitement, sa physionomie austère prit une expression de bonne humeur que, bien rarement, elle revêtait, en frappant gaiement ses larges mains l'une contre l'autre :

— Bien rugi, mon lionceau! s'écria-t-il d'un air satisfait; vive Dios! Cœur-de-Pierre! tu es bien nommé; plus je te vois, plus je t'aime! je suis fier de toi, muchacho, car tu es mon ouvrage, et je n'osais me flatter d'avoir réussi à faire un monstre aussi complet; continue comme tu commences, mon fils, et tu iras loin, c'est moi qui te le prédis.

L'accent avec lequel ces paroles avaient été prononcées par le Chat-Tigre montrait clairement qu'elles étaient bien réellement l'expression de sa pensée tout entière.

Le Cœur-de-Pierre, puisque enfin nous savons le nom du jeune homme, écoutait son père en haussant les épaules, et en affectant un air froidement dédaigneux; lorsque celui-ci se tut, il reprit :

— Voulez-vous, oui ou non, m'écouter?

— Certes, mon enfant chéri; parle, dis-moi ce qui te chagrine.

— N'essayez pas de me tromper, vieux démon, je connais votre infernale méchanceté et votre fourberie sans pareille.

— Tu me flattes, muchacho, fit le Chat-Tigre d'un ton narquois.

— Répondez franchement et catégoriquement aux questions que je vous adresserai.

— Bah! bah! va toujours, que crains-tu?

— Rien, je vous le répète; seulement mes heures sont comptées, je n'ai pas le temps de vous suivre dans les circonlocutions indiennes qu'il vous plaira d'inventer. Voilà pourquoi je vous enjoins de me dire la vérité.

— Je ne puis m'engager à cela avant que de connaître les questions que tu me veux poser.

— Prenez garde, père! si vous me trompez, je m'en apercevrai, et alors...

— Alors... répéta le vieillard avec ironie.

— Je veux que le démon ait mon âme si je ne vous plante pas mon bowie-knife entre les deux épaules.

— Tu oublies que nous serons à deux de jeu.

— Tant mieux ! alors il y aura bataille : je préfère cela.

— Tu n'es pas dégoûté. Mais voyons ! parle, ou que la peste t'étouffe ! je t'écoute ; pas plus que toi je n'ai de temps à perdre.

Le Cœur-de-Pierre, qui, jusqu'à ce moment, était demeuré debout au milieu de la cellule, s'assit sur un crâne de bison et appuya son rifle sur ses genoux.

— N'est-ce pas le Zopilote que vous attendiez, dit-il, lorsque je suis venu vous troubler d'une manière si intempestive ?

— C'est en effet le Zopilote ; tu as deviné, garçon !

— Maintenant que vous avez terminé avec lui vos brigandages d'hier et d'aujourd'hui, vous vouliez, sans doute, préparer à vous deux les trahisons que vous projetez pour demain ?

— Sur mon âme ! garçon, je ne comprends pas.

— Diable ! vous avez donc maintenant l'intelligence bien rebelle !

— C'est possible, mais je te serais obligé de t'expliquer plus clairement.

— Soit ! du reste, ne cherchez pas à nier, j'ai été mis, il a quelques instants à peine, au courant de tout par les bavardages mêmes de ceux qui vous ont accompagné.

— Puisque tu sais tout, que me viens-tu demander ?

— Si cela est vrai, d'abord.

— On ne peut plus vrai, tu vois que je suis franc.

— Ainsi, vous avez réellement surpris ces voyageurs pendant leur sommeil ?

— Oui, muchacho, comme une couvée de chiens des prairies dans leur terrier.

— Vous avez volé leurs chevaux et leurs bagages ?

— J'ai effectivement fait tout cela.

— Puis vous les avez transportés dans l'intérieur de la forêt pour les condamner à une mort affreuse ?

— Je les ai fait transporter dans la forêt, oui, mais non pas, ainsi que tu affectes de le croire, dans le but de les faire mourir de faim.

— Dans quel but avez-vous agi ainsi, alors ? Je ne puis supposer que ce soit dans celui d'effacer les traces du vol. Vous vous souciez fort peu d'employer ces précautions, et une navajada ne vous coûte guère.

— Parfaitement raisonné, garçon. Je n'ai jamais eu l'intention de faire le moindre mal à ces voyageurs.

— Alors, que prétendiez-vous obtenir d'eux ? Votre conduite, que je ne comprends pas, m'étonne au dernier point.

— Elle t'intrigue bien, avoue-le, garçon ?

— C'est vrai, mais vous allez me l'expliquer, n'est-ce pas ?

— C'est selon, garçon, c'est selon. Promets-moi d'abord, à ton tour, de répondre à une seule question.

— A une seule, soit ! parlez, je vous écoute.
— Comment trouves-tu doña Hermosa? elle a de bien jolis yeux, n'est-ce pas? On croirait qu'elle a dérobé un morceau du ciel, tant ils sont azurés.

A cette question, faite ainsi à brûle-pourpoint, le jeune homme tressaillit, une rougeur fébrile envahit subitement son visage.

— Pourquoi me demandez-vous cela? fit-il d'une voix mal assurée.
— Que t'importe? réponds-moi, puisque tu t'es engagé à le faire.
— Je n'ai pas songé à la regarder, dit-il avec un embarras croissant.
— Tu mens, garçon, tu l'as fort bien regardée, au contraire, ou les jeunes gens d'aujourd'hui ressemblent bien peu à ceux de mon temps, ce que je ne saurais croire.
— Eh bien ! c'est vrai, peu m'importe qui le sache ! s'écria-t-il d'un ton où l'embarras et la mauvaise humeur se confondaient, j'ai regardé cette doña Hermosa, ainsi que vous la nommez, et je l'ai trouvée fort belle ; êtes-vous satisfait?
— A peu près ; c'est tout l'effet qu'a produit sur toi la vue de cette charmante créature?
— Je ne suis pas tenu de vous répondre, père ; ceci est une seconde question.
— C'est juste; du reste, je sais d'avance ta réponse : aussi je te dispense de me la faire.

Le jeune homme baissa la tête pour échapper au regard investigateur du Chat-Tigre.

— Maintenant, reprit-il au bout d'un instant, revenons à notre explication.
— Tu es un ingrat qui ne veux rien comprendre: comment n'as-tu pas deviné que, dans toute cette affaire, je n'ai agi que dans ton intérêt?

Le Cœur-de-Pierre fit un bond d'étonnement.

— Dans mon intérêt ! s'écria-t-il ; qu'y a-t-il de commun entre cette jeune fille et moi? vous voulez rire à mes dépens !
— Pas le moins du monde ; je parle au contraire fort sérieusement.
— S'il en est ainsi, je vous avoue que je n'y suis plus du tout.
— Allons, allons, c'est toi qui veux rire à mes dépens ! Comment ! dans toute cette affaire, je te ménage le plus beau rôle, je te rends intéressant, je te pose en sauveur, et tu ne me comprends pas?
— Ce rôle que vous dites m'avoir ménagé, je l'ai fort bien pris tout seul, sans aucune intervention de votre part.
— Tu crois cela, garçon? fit-il avec un rire railleur.

Le jeune homme ne jugea pas nécessaire d'insister sur ce point.

— J'admets, reprit-il, que tout se soit passé conformément à vos prévisions ; mais, maintenant que ces voyageurs sont au téocali, quelles sont vos intentions à leur égard?
— Ma foi ! garçon, je t'avoue que je ne suis pas encore décidé à ce sujet ; cela dépendra absolument de toi.
— De moi ! s'écria le jeune homme en tressaillant.
— Ma foi ! oui ; réfléchis, vois ce que tu veux en faire : je te promets de me conformer entièrement à tes désirs.

— Vous me le jurez? bien vrai, père?
— Oui, tu vois que je suis accommodant.
— Eh! c'est justement cette mansuétude si en dehors de votre caractère et de vos habitudes qui m'épouvante.
— Allons! te voilà encore avec tes injustes soupçons; le diable soit de toi! Comment! il m'arrive une fois par hasard de me souvenir que je suis homme, que je dois secourir mes semblables dans l'adversité, et tu t'obstines à ne pas vouloir ajouter foi à mes paroles!
— Eh! caspita! comment peut-il en être autrement? Vos menées sont si ténébreuses, les moyens que vous employez sont tellement en dehors de tout ce qui est usité en pareil cas, que, quelque connaissance que j'aie de votre caractère, le but réel de vos machinations m'échappe continuellement.

Un sourire de triomphe éclaira une seconde fois le visage du Chat-Tigre, mais disparut presque immédiatement, pour faire place à une physionomie paterne et pleine de bonhomie.

— Cependant, dans tout cela, mon but est bien facile à voir, un enfant le devinerait.

— Il faut alors que je sois un grand sot, car je ne le devine pas du tout, moi : aussi vous serai-je reconnaissant de me dire tout franchement ce que vous voulez.

— Te faire adorer de la petite, vive Cristo!

— Moi! s'écria le jeune homme, abasourdi par cette déclaration et en devenant pourpre.

— Et qui donc, si ce n'est toi? ce n'est pas moi, peut-être.

— Oh! non, reprit le jeune homme en hochant tristement la tête, cela est impossible, tout nous sépare ; vous n'avez pas songé à ce qu'elle est, et que je suis, moi, le Cœur-de-Pierre, l'homme dont le nom prononcé devant un habitant des frontières suffit pour le faire frissonner de terreur! Non, non, ceci est le rêve d'un fou; un tel amour serait une monstruosité; c'est impossible, je vous le répète.

Le Chat-Tigre haussa dédaigneusement les épaules.

— Tu as encore bien des choses à apprendre, mon fils, dit-il, sur cet être multiple, composé gracieux d'ange et de démon, cet assemblage bizarre de toutes les qualités et de tous les vices auquel on a donné le nom de femme : sache-le bien, garçon, depuis notre mère Ève, la femme n'a pas changé, c'est toujours les mêmes trahisons et les mêmes perfidies, toujours la nature féline du tigre mêlée à celle non moins tortueuse du serpent. Il faut que la femme soit domptée par les natures fortes ou qu'elle-même se berce de l'espoir de les dompter; elle méprisera toujours l'homme dont elle n'aura pas secrètement peur et pour lequel elle n'éprouva pas un involontaire respect. Tes chances sont nombreuses pour parvenir au cœur d'Hermosa et t'y installer en maître; tu es proscrit et ton nom est redouté; crois-moi, garçon, l'amour vit de contrastes, il ne connaît pas les distances et méprise les barrières élevées par la vanité humaine; l'homme le plus sûr de réussir auprès d'une femme est celui-là seul qui, aux yeux du monde, devrait être le plus fortement repoussé par elle.

— Assez sur ce sujet! s'écria violemment le jeune homme, vos horribles théories n'ont déjà que trop porté le trouble dans mes pensées et causé de ravages dans mon cœur; finissons-en, cette conversation me fatigue. Que prétendez-vous faire de vos prisonniers?

— Je te le répète, leur sort dépend uniquement de toi, il est entre tes mains.

— S'il en est ainsi, ils ne demeureront pas longtemps dans votre hideux repaire; demain, au point du jour, ils partiront.

— Je ne demande pas mieux, garçon.

— Moi-même, je leur servirai de guide; vous leur rendrez tout ce que vous leur avez pris, chevaux et bagages.

— Tu les leur rendras toi-même; il ne te sera pas difficile d'inventer une histoire pour les remettre en possession de ce qui leur appartient sans me compromettre à leurs yeux.

— Vous compromettre! fit Cœur-de-Pierre en ricanant.

— Dame! répondit le Chat-Tigre avec un sourire narquois, je tiens à la seule belle action que j'aie jamais faite, je ne veux pas en perdre le bénéfice.

— Ainsi tout est bien convenu entre nous, vous ne manquerez pas à la parole que vous me donnez?

— Je n'y manquerai pas, sois tranquille.

— Alors, bonne nuit, et à demain, je vais tout préparer.

— Bonne nuit, garçon, ne te donne pas cette peine, je m'en charge.

Les deux hommes se séparèrent.

Le Chat-Tigre écouta attentivement le bruit des pas de son fils, qui allaient de plus en plus en décroissant dans l'éloignement; lorsque le silence fut entièrement rétabli, son visage prit soudain une expression soucieuse, il hocha la tête à plusieurs reprises d'un air préoccupé.

— L'amour rend clairvoyant, murmura-t-il d'une voix étouffée; ne lui laissons pas le loisir de deviner mes projets, car le succès de cette vengeance que depuis tant d'années je prépare serait à jamais compromis, au moment même où je suis sur le point de l'atteindre.

Au lieu de s'étendre sur sa couche, le vieillard saisit la torche presque consumée et sortit de la cellule.

Cependant, malgré les inquiétudes que devait naturellement leur causer leur position précaire au milieu de gens dont l'aspect farouche et les manières brutales ne prévenaient que très médiocrement en leur faveur, les voyageurs avaient passé une nuit assez tranquille; nul bruit de mauvais augure n'était venu troubler leur repos, et après une courte conversation, abattus par la fatigue et accablés par les diverses émotions qu'ils avaient éprouvées pendant le cours de cette malheureuse journée, ils avaient fini par s'endormir.

Doña Hermosa, en s'éveillant au point du jour, s'était trouvée parfaitement remise de ses souffrances du jour précédent; grâce au remède que le chasseur avait appliqué sur la plaie, la piqûre du serpent, désormais sans danger, commençait déjà à se cicatriser, et la jeune fille sentait ses forces suffisamment revenues pour se tenir à cheval et pouvoir sans trop de fatigue continuer son voyage.

Cette bonne nouvelle acheva de dissiper les sombres nuages qui obscurcissaient le front de l'haciendero, et ce fut avec une vive impatience qu'il attendit la visite matinale que sans doute son hôte ne tarderait pas à lui faire.

En effet, lorsque le Chat-Tigre supposa que ceux auxquels il avait offert l'hospitalité devaient être éveillés, il se présenta à eux pour s'informer de la façon dont ils avaient passé la nuit.

L'haciendero le remercia avec effusion, l'assura qu'ils étaient tous frais et dispos et que doña Hermosa elle-même se sentait presque guérie.

— Tant mieux! répondit le Chat-Tigre en dardant un regard ardent sur la jeune fille. C'eût été dommage qu'une aussi charmante créature pérît ainsi misérablement. Maintenant que comptez-vous faire? Ne prenez pas en mauvaise part la question que je vous adresse, je serais heureux de vous conserver auprès de moi, et plus vous y resterez, plus vous me ferez plaisir.

— Je vous remercie de votre offre gracieuse, répondit don Pedro : malheureusement je ne puis l'accepter; on doit être fort inquiet de moi dans l'hacienda dont je suis propriétaire, et j'ai hâte d'aller moi-même rassurer ceux que mon absence peut douloureusement affecter.

— C'est juste ; ainsi votre intention est de partir?

— Le plus tôt possible, je vous l'avoue ; malheureusement je n'ai pas de chevaux pour accomplir ce voyage de quelques lieues à peine, aussi vous prierai-je de mettre le comble à votre gracieuse hospitalité, dont je ne sais réellement comment vous remercier, en consentant à me vendre les animaux qui me sont nécessaires pour retourner chez moi, en même temps que je vous serais obligé de me donner un guide qui me fasse traverser cette forêt qui a failli devenir mon tombeau, et me remette dans le bon chemin ; vous voyez, caballero, que j'exige beaucoup de votre courtoisie.

— Vous me demandez ce qui est juste, señor, je tâcherai de satisfaire vos désirs, mais comment se fait-il que vous vous soyez trouvé ainsi à pied, perdu dans une forêt vierge à une aussi grande distance des habitations?

L'haciendero lança à la dérobée un regard soupçonneux à son interlocuteur, mais le visage de celui-ci était froid et impassible.

Don Pedro lui raconta alors dans tous ses détails l'attentat extraordinaire dont il avait été victime.

Le Chat-Tigre l'écouta avec le plus grand calme sans l'interrompre, puis, lorsqu'il eut terminé son récit :

— Tout cela me semble incompréhensible, dit-il ; je suis fâché de ne pas avoir été informé hier au soir de cet événement ; il est bien tard maintenant; cependant laissez-moi faire, peut-être parviendrai-je à vous faire rentrer en possession de ce qui vous a été enlevé ; dans tous les cas, je vous fournirai les moyens de regagner sûrement votre habitation : ainsi ne conservez nulle crainte à cet égard. Je ne pense pas que vous ayez l'intention de vous mettre en route à jeun ; aussitôt après le déjeuner vous pourrez partir, je vous demande quelques instants afin de donner les ordres nécessaires à votre voyage ; avant une heure je vous ferai avertir.

Là-dessus il se retira, laissant les voyageurs fort étonnés et surtout fort

Son cheval portait sur son dos un lourd paquet de forme oblongue...

perplexes sur son caractère réel, tant cet homme changeait facilement de manières et de langage.

Une heure et demie s'écoula sans que don Pedro reçût aucune nouvelle de son hôte; enfin, au bout de ce temps, un Indien parut, et sans prononcer une parole, il fit aux voyageurs signe de le suivre.

Ceux-ci obéirent.

Après quelques minutes de marche, ils se trouvèrent au sommet du teocali, que le soir précédent, à la lueur argentée de la lune, ils avaient pris pour une colline.

De cette hauteur, les voyageurs dominaient un horizon immense et jouissaient d'un magnifique paysage à demi noyé encore dans les brumes du matin, mais éclairé par places par les éblouissants rayons du soleil, qui produisaient des effets de lumière saisissants au milieu de ce chaos d'arbres et de montagnes entrecoupé de prairies qui se déroulaient à l'infini.

Le repas du matin était préparé sur un tertre de gazon recouvert de larges feuilles de mahogany.

Le Chat-Tigre attendait ses convives debout auprès du tertre.

Quelques Peaux-Rouges, en petit nombre, disséminés çà et là sur la plate-forme, armés et peints en guerre, se promenaient d'un air indifférent et ne semblèrent pas remarquer la présence des étrangers.

— J'ai préféré, dit le Chat-Tigre, vous faire servir ici, d'où vous jouirez d'un magnifique coup d'œil.

Don Pedro le remercia, et, sur l'invitation réitérée du vieillard, il s'assit auprès du tertre avec sa fille et don Luciano.

Les peones mangeaient à part.

Le repas était frugal.

Il se composait de frijoles rouges au piment, de tasajo, de quelques tranches de venaison accompagnées de tortillas de maïs, le tout arrosé d'eau de smilax et de pulque.

C'était un vrai repas de chasseurs.

— Mangez et buvez, dit le Chat-Tigre, car vous avez une assez longue course à faire.

— Ne nous ferez-vous pas l'honneur de partager le repas que vous nous offrez si galamment? demanda don Pedro en voyant que le vieillard demeurait debout.

— Vous m'excuserez, caballero, répondit poliment, mais péremptoirement, le Chat-Tigre, j'ai déjeuné depuis longtemps déjà.

— Ah! fit l'haciendero, mécontent de cette réponse, c'est fâcheux; au moins vous consentirez à vider cette corne de pulque à ma santé.

— Je suis réellement désespéré de vous refuser, mais cela m'est impossible, reprit-il en s'inclinant.

Ces refus répétés jetèrent, malgré l'apparente gracieuseté de l'hospitalité du vieillard, un froid subit entre lui et ses hôtes; les Américains de la Nouvelle-Espagne ressemblent en cela aux Arabes, qu'ils ne consentent à manger ou à boire qu'avec leurs amis.

Un vague soupçon traversa l'esprit de don Pedro, et il jeta un regard investigateur sur le vieillard, mais rien dans les traits souriants de son hôte ne vint justifier ses appréhensions.

Le repas fut silencieux.

Seulement, lorsqu'il fut terminé, doña Hermosa, après avoir remercié le Chat-Tigre de sa généreuse hospitalité, lui demanda si, avant son départ, elle ne verrait pas le chasseur qui, la veille, lui avait rendu un si grand service.

— Il est absent en ce moment, señorita, répondit-il en souriant, absent pour votre service; mais je crois qu'il sera bientôt de retour.

La jeune fille se préparait à demander l'explication de ces paroles, lorsqu'un bruit ressemblant au roulement d'un tonnerre lointain s'éleva de la forêt, et d'instant en instant devint plus fort.

— Justement, señorita, reprit le Chat-Tigre, l'homme que vous désirez vous arrive, il sera ici dans quelques minutes. Le bruit que vous entendez est produit par le galop des chevaux qu'il amène.

VI

LE VOYAGE

En effet, au bout de quelques instants les voyageurs virent une troupe assez nombreuse de cavaliers émerger de la forêt.

Le Cœur-de-Pierre marchait en tête de cette troupe; don Pedro reconnut, avec un vif mouvement de satisfaction, que les chevaux et les mules de charge qui lui avaient été si audacieusement dérobés venaient à la suite du détachement.

— Ah! ah! fit-il, les voleurs ont été contraints de lâcher leur proie.

— Il paraît, répondit le vieillard avec un imperceptible sourire.

Cependant le chasseur avait fait arrêter sa troupe à peu de distance du teocali; lui-même avait mis pied à terre et s'était avancé vers les voyageurs, auprès desquels il arriva bientôt.

— Je vois que vous avez réussi dans votre expédition, lui dit le Chat-Tigre d'un ton railleur.

— Oui, répondit-il laconiquement en détournant la tête.

— Je suis heureux de cette circonstance, reprit le vieillard en s'adressant à don Pedro, vous rentrerez, grâce à elle, sur vos propres chevaux et sans avoir rien perdu, dans votre habitation.

— Je ne sais réellement comment reconnaître toutes les obligations que je vous ai, señor, répondit l'haciendero avec un accent pénétré.

— En ne me remerciant pas : ma conduite envers vous a été toute simple et dictée seulement par l'intérêt que m'inspirait votre malheureuse position.

Bien que l'intention évidente du Chat-Tigre fût de faire une réponse courtoise, ces paroles furent sifflées d'une voix si ironique, avec un accent de sarcasme si prononcé, que le Chat-Tigre produisit un effet tout contraire de celui qu'il voulait atteindre; sans en comprendre bien la raison, don Pedro se sentit blessé comme si au lieu d'un compliment on lui eût adressé une insulte.

— Finissons-en, dit brusquement le Cœur-de-Pierre, le soleil est haut déjà, et il est temps de partir si vous voulez traverser la forêt avant la nuit.

— En effet, reprit le Chat-Tigre, malgré le chagrin que j'éprouve de vous voir vous éloigner, il est de mon devoir de vous avertir que, si rien ne vous retient plus ici, vous ferez bien de vous mettre en route.

Don Pedro et ses compagnons se levèrent, et, accompagnés des deux chasseurs, ils descendirent dans la plaine.

Pendant les quelques mots qui avaient été échangés sur le teocali, les cavaliers indiens s'étaient éloignés en abandonnant les mules des Mexicains à l'endroit où primitivement ils s'étaient arrêtés.

L'haciendero, avant de se mettre en selle, tourna à plusieurs reprises la tête vers l'endroit où les Indiens avaient disparu.

— Que cherchez-vous, señor? lui demanda le vieillard, inquiet de la répétition de ce mouvement.

— Vous m'excuserez, répondit don Pedro, mais je crains de m'engager sans guide dans cette forêt inextricable, et je ne vois pas celui que vous aviez bien voulu me promettre.

— Il est devant vous cependant, señor, fit le Chat-Tigre en désignant le chasseur.

— Oui, dit alors celui-ci en jetant un regard de défi au vieillard, c'est moi qui vous guiderai, et je vous promets que, quelque obstacle qui se présente devant vous, qu'il vienne des hommes ou des bêtes fauves, vous arriverez sain et sauf à votre hacienda.

Le Chat-Tigre ne répondit pas à ces paroles évidemment prononcées pour lui; il se contenta de hausser les épaules, tandis qu'un sourire d'une expression indéfinissable glissa sur ses lèvres serrées.

— Oh! fit l'haciendero, si c'est vous qui nous devez conduire, señor, nous n'avons en effet rien à redouter, votre généreuse conduite passée est pour moi une sûre garantie pour l'avenir.

— Partons! dit-il d'une voix brève, nous n'avons perdu que trop de temps.

Les voyageurs se mirent en selle sans répliquer.

— Adieu! et bonne chance! leur dit le Chat-Tigre en les voyant sur le point de s'éloigner.

— Un mot, s'il vous plaît, caballero, répondit l'haciendero en se penchant légèrement vers son hôte.

Celui-ci s'approcha en s'inclinant poliment.

— Parlez, señor, dit-il, est-ce un nouveau service que je puisse vous rendre?

— Non, répliqua le Mexicain, je ne vous ai déjà que trop d'obligations; seulement, avant de me séparer de vous, peut-être pour toujours, je désirerais vous dire que sans vouloir chercher les motifs qui vous ont poussé à agir envers moi ainsi que vous l'avez fait, votre conduite a été en apparence trop cordiale et trop noble pour que je ne vous exprime pas toute ma reconnaissance; quoi qu'il arrive, señor, et jusqu'à preuve évidente du contraire, je me considère comme votre obligé, et, si l'occasion s'en présente, je saurai acquitter la dette que j'ai contractée envers vous.

Et avant que le Chat-Tigre, stupéfait de cet adieu qui lui prouvait que l'haciendero n'était pas complètement sa dupe, eût repris son sang-froid, le

Mexicain piqua des deux et s'éloigna rapidement pour rejoindre ses compagnons qui l'avaient devancé de quelques pas.

Le vieillard demeura immobile, les yeux fixés sur les voyageurs, jusqu'à ce que ceux-ci eussent enfin disparu dans la forêt; alors il regagna le teocali en murmurant d'une voix sourde :

— M'aurait-il deviné? Non, c'est impossible; pourtant ses soupçons sont éveillés, j'ai manqué de prudence.

Cependant les voyageurs étaient entrés dans la forêt à la suite de Cœur-de-Pierre; celui-ci marchait seul en avant, la tête basse et plongé en apparence dans de sombres réflexions.

Pendant près de deux heures ils s'avancèrent ainsi sans échanger une parole; le chasseur marchait comme s'il eût été seul, ne s'inquiétant nullement de ceux qu'il guidait; ne se donnant même pas la peine de tourner la tête vers eux pour s'assurer qu'ils venaient derrière lui.

Cette conduite n'étonnait que médiocrement l'haciendero, qui, d'après la façon dont la veille il avait fait connaissance avec le chasseur, s'attendait de sa part à certaines bizarreries de caractère; pourtant il était intérieurement blessé de la froideur et de l'indifférence qu'affectait cet homme dont par sa conduite il avait cherché à se concilier la bienveillance : aussi ne fit-il aucune tentative pour l'amener à rompre le silence et à se montrer plus sociable.

Un peu avant midi, les voyageurs atteignirent une clairière assez vaste, au centre de laquelle jaillissait des fissures d'un rocher qui s'élevait en forme de pyramide, à une assez grande hauteur, une source d'une eau claire et limpide comme le cristal qui fuyait en un mince ruisseau à travers d'épaisses touffes de glaïeuls.

Cette clairière, ombragée par les voûtes feuillues des arbres gigantesques qui l'entouraient, offrait à des voyageurs fatigués un lieu de repos délicieux.

— Nous attendrons ici que la plus forte chaleur du soleil soit tombée, dit le guide en prenant la parole pour la première fois depuis son départ du teocali.

— Soit, répondit l'haciendero en souriant; du reste, l'endroit ne pouvait être mieux choisi.

— Une des mules de charge porte des vivres et des rafraîchissements dont il vous est loisible d'user, si bon vous semble, ils ont été pris pour votre usage, répliqua-t-il.

— Et vous, ne nous tiendrez-vous pas compagnie? lui demanda l'haciendero.

— Je n'ai ni faim ni soif, ne songez pas à moi, d'autres soins me réclament.

Jugeant inutile d'insister davantage, don Pedro mit pied à terre, puis il enleva sa fille dans ses bras et la déposa sur le gazon au bord du ruisseau.

Les chevaux furent entravés et chacun ne songea plus qu'à prendre quelques instants de repos.

Le Cœur-de-Pierre, après avoir silencieusement aidé les peones à décharger la mule qui portait les vivres et les avoir étalés devant don Pedro et sa fille, s'était éloigné à grands pas et s'était enfoncé dans la forêt.

— Singulier homme! murmura le capataz, tout en faisant honneur aux provisions placées devant lui.

— Sa conduite est incompréhensible, répondit don Pedro.

— Malgré ses manières brusques, je le crois bon, observa doucement doña Hermosa; jusqu'à présent ses procédés ont été irréprochables à notre égard.

— C'est vrai, dit son père, cependant il semble affecter une froideur qui, je l'avoue, m'inquiète malgré moi.

— Nous ne pouvons mal penser d'un homme qui, malgré tout, jusqu'à présent, ne nous a fait qeu du bien, reprit la jeune fille avec une certaine chaleur, nous lui devons la vie, moi surtout qu'il a sauvée d'une mort certaine et horrible.

— C'est vrai, tout cela est fort difficile à concilier.

— Pas le moins du monde, mon père : cet homme, habitué à vivre parmi les Indiens, en a malgré lui pris le mutisme et les manières réservées; ce qui vous semble de la froideur n'est probablement que de la timidité vis-à-vis de personnes avec lesquelles il n'est sans doute pas accoutumé à se trouver et auxquelles, dans l'ignorance où il est de nos usages, il ne sait comment parler.

— C'est possible, après tout, peut-être as-tu raison, mon enfant, cependant j'en veux avoir le cœur net, et certes je ne me séparerai pas de lui sans chercher à le faire un peu causer.

— A quoi bon le tourmenter, mon père? nous ne pouvons exiger de lui autre chose que de nous guider fidèlement jusqu'à l'hacienda : laissons-le donc agir à sa guise, s'il remplit la promesse qu'il nous a faite.

— Oui, señorita, objecta le capataz, mais avouez que nous serions bien embarrassés en ce moment, s'il lui plaisait de ne pas revenir.

— Cette supposition est inadmissible, don Luciano, son cheval broute avec les nôtres; d'ailleurs, dans quel but commettrait-il cette indigne trahison?

— Cet homme, malgré la blancheur de sa peau, est plutôt un Indien qu'un individu de notre couleur, et à tort ou à raison, señorita, je me méfie extraordinairement des Peaux-Rouges.

— D'ailleurs, appuya don Pedro, je ne vois pas quel motif assez urgent l'a engagé à nous laisser ainsi seuls et à s'enfoncer dans la forêt.

— Qui sait, mon père?. dit finement la jeune fille, peut-être est-ce dans l'intention de nous rendre un service.

— Dans tous les cas, señorita, reprit le capataz, ce que je vois de plus positif dans tout ceci, c'est que, si cet homme ne revient pas, notre position sera encore plus affreuse que celle dont il nous a tirés hier, car alors nous avions des fusils, et aujourd'hui nous sommes complètement désarmés et incapables de nous défendre, si nous étions attaqués, soit par des hommes, soit par des bêtes fauves.

— En effet, s'écria en pâlissant l'haciendero, nos armes nous ont été enlevées pendant notre sommeil; je n'y avais pas songé encore; qu'est-ce que cela veut dire? Serions-nous tombés dans un piège, et cet homme serait-il véritablement un traître?

— Non, mon père, répondit vivement la jeune fille; il est innocent, j'en suis convaincue : bientôt vous reconnaîtrez l'injustice de vos soupçons.

— Dieu le veuille! murmura don Pedro avec un soupir étouffé.

En ce moment, un sifflement aigu et prolongé se fit entendre à une assez grande distance.

A ce bruit, le cheval du chasseur, qui jusque-là avait broyé paisiblement sa provende, s'arrêta, releva la tête, dressa les oreilles, puis tout à coup, s'élançant du côté où le sifflet était parti, il bondit en poussant un hennissement de plaisir et disparut dans la forêt.

— Que vous disais-je, señorita! s'écria le capataz, me croyez-vous maintenant?

— Non, répondit-elle avec énergie, je ne vous crois pas, cet homme n'est pas un traître! Si fortes que soient les présomptions qui s'élèvent contre lui, vous verrez bientôt que vous vous êtes trompé.

— Pour cette fois, ma fille, je partage entièrement l'avis de don Luciano : il est évident que, pour une raison ou pour une autre, ce malheureux nous a abandonnés.

L'haciendero continua :

— Que faire? Il nous faut prendre un parti, nous ne pouvons demeurer dans cette position et attendre ici la nuit.

— Je crois, dit le capataz, que nous n'avons pas d'autre alternative que de partir immédiatement. Qui sait si ce misérable ne se prépare pas en ce moment à fondre sur nous à la tête d'une troupe de bandits de son espèce?

— Oui, mais où aller? Nul de nous ne connaît la route, objecta l'haciendero.

— Les chevaux ont un instinct infaillible et qui ne les trompe jamais pour se diriger vers les habitations; abandonnons-leur la bride sur le cou et laissons-les aller à leur guise.

— C'est une chance à tenter; peut-être réussira-t-elle. Mettons-nous en route sans plus tarder.

— Mon père! au nom du ciel! s'écria doña Hermosa avec prière, réfléchissez à ce que vous allez faire; n'agissez pas avec une précipitation que bientôt vous regretteriez, j'en suis certaine; attendez encore : à peine est-il midi, une heure de plus ou de moins est de peu d'importance.

— Je n'attendrai pas une minute, pas une seconde! s'écria l'haciendero en se levant avec violence. Allons! muchachos, sellez les chevaux vivement, nous partons.

Les peones se mirent en devoir d'obéir.

— Prenez garde, mon père, dit la jeune fille, j'entends le pas d'un cheval dans le fourré, votre guide revient.

Ébranlé malgré lui par l'accent de conviction de sa fille, l'haciendero se laissa aller de nouveau sur le gazon en faisant signe à ses compagnons de l'imiter.

Doña Hermosa ne s'était pas trompée, le bruit qu'elle avait entendu était bien le pas, non point d'un cheval, car il était lent et lourd, mais du moins celui d'un animal d'une grande espèce; du reste, il se rapprochait sensiblement.

— Peut-être est-ce un ours gris, murmura l'haciendero.

— Ou un cougouar en quête d'une proie, répondit à voix basse le capataz.

Cependant l'anxiété des voyageurs était vive : abandonnés sans armes pour se défendre dans cette forêt, ils comprenaient que, si effectivement une bête féroce les attaquait, leur perte était certaine, car la fuite même leur était impossible à cause de leur ignorance des lieux.

— Vous vous trompez, dit la jeune fille, qui seule avait conservé son sang-froid et sa présence d'esprit, nul danger ne nous menace : voyez, les chevaux continuent à paître sans témoigner la moindre inquiétude.

— C'est vrai, observa don Pedro; s'ils avaient senti l'âcre fumet d'une bête fauve, ils seraient fous de terreur et auraient déjà pris la fuite.

Soudain les buissons s'écartèrent, et le chasseur parut conduisant son cheval par la bride.

— J'en était sûre! s'écria la jeune fille avec un accent de triomphe, pendant que son père et le capataz, honteux de leurs soupçons, baissaient la tête en rougissant.

Le visage du chasseur était froid et aussi impassible que lorsqu'il avait quitté la clairière, seulement sa physionomie était plus sombre.

Son cheval portait sur le dos un lourd paquet de forme oblongue fait d'une peau de bison soigneusement ficelée.

— Vous m'excuserez de vous avoir aussi brusquement quittés, dit-il d'une voix empreinte d'une certaine émotion, mais je me suis aperçu trop tard que vos armes vous avaient été enlevées, à moins, ce que je ne suppose pas, que vous les ayez oubliées au teocali, et, comme il est plus que probable que vous aurez à vous défendre avant de sortir du désert, je suis allé chercher ces armes qui vous manquaient.

— Ainsi, c'est pour cela que vous nous avez quittés?

— Pourquoi l'aurais-je fait? répondit-il simplement. Je vous ai amenés en ce lieu parce que, à quelques pas d'ici, je possède une de ces *caches* que nous autres chasseurs nous disséminons dans le désert, afin de nous servir au besoin; mais, ajouta-t-il avec un sourire amer, elle a été découverte et pillée, j'ai été contraint de me rendre à une seconde plus éloignée, voilà pourquoi j'ai sifflé mon cheval, dont le secours me devenait indispensable; sans ce contretemps, je serais de retour depuis une demi-heure au moins.

Cette explication fut donnée par le chasseur sans emphase et du ton d'un homme convaincu qu'il n'a fait qu'une chose toute simple.

Il déchargea le cheval et ouvrit le ballot : il contenait cinq rifles américains, des couteaux, des sabres droits nommés machetes, de la poudre, des balles et des haches.

— Armez-vous; ces rifles sont bons, ils ne vous failliront point quand l'heure sonnera de vous en servir.

Les Mexicains ne se firent pas répéter l'invitation; bientôt ils furent armés jusqu'aux dents.

— Maintenant, au moins, dit le chasseur, vous pourrez vous défendre comme des hommes, au lieu de vous laisser égorger comme des antilopes.

— Oh murmura la jeune fille, je savais bien, moi, qu'il agirait ainsi.

Le capataz tenait dans sa main les brides des chevaux qui suivaient à la nage...

— Merci! señorita, répondit-il, merci d'avoir eu foi en moi!
En prononçant ces paroles, ses traits s'étaient animés, et un éclair était passé dans son regard, mais, reprenant aussitôt son impassibilité marmoréenne :
— J'ai promis de vous conduire sains et saufs à votre habitation, dit-il, et je vous y conduirai.
— Craignez-vous donc quelque danger? lui demanda don Pedro.

— Le danger existe toujours, répondit-il avec amertume, dans le désert surtout.

— Serions-nous menacés d'une trahison?

— Ne m'adressez pas de questions, je n'y répondrais pas; seulement, faites votre profit de mes paroles : si vous tenez à conserver votre chevelure, il faut, quoi que vous me voyiez faire ou dire, quelle que soit ma conduite, avoir en moi la plus entière confiance et m'obéir, sans hésitation et sans crainte, en tout ce que je vous ordonnerai, car toutes mes actions n'auront qu'un but : vous sauver. Consentez-vous à ces conditions?

— Oui, s'écria vivement doña Hermosa, quoi qu'il arrive, nous ne mettrons pas en doute votre loyauté et nous n'agirons que d'après vos conseils.

— Je vous le jure, appuya l'haciendero.

— C'est bien, maintenant je réponds de tout; n'ayez nulle inquiétude; ne me parlez plus, j'ai besoin de me recueillir quelques instants.

Après s'être incliné légèrement, il s'éloigna de quelques pas et s'assit au pied d'un arbre.

Cependant la curiosité des Mexicains était fortement excitée; ils comprenaient qu'un danger sérieux, sans doute, planait sur leur tête, et que le chasseur cherchait dans son esprit les moyens de le leur faire éviter; mais maintenant qu'ils avaient de bonnes armes, des cornes pleines de poudre et de balles, ils envisageaient leur position sous un tout autre aspect, et, bien que leur inquiétude fût grande, ils ne désespéraient pas de parvenir à échapper aux pièges tendus sous leurs pas.

Le chasseur, après être demeuré pendant environ une demi-heure immobile comme une statue, redressa la tête, calcula la longueur de l'ombre des arbres et, se levant avec une certaine vivacité :

— A cheval, dit-il, il est temps de partir.

En un tour de main les chevaux furent garnis et les voyageurs en selle.

— En route, reprit le chasseur, en file indienne, suivez attentivement mes mouvements.

Dans les prairies on appelle marcher en file indienne s'avancer l'un derrière l'autre, afin de laisser moins de traces de son passage.

Mais, au lieu de continuer à s'avancer dans la direction qu'il avait suivie jusqu'alors, le chasseur fit entrer son cheval dans le ruisseau, dont il descendit le courant jusqu'à un endroit peu éloigné, où deux affluents lui apportaient le tribut de leurs eaux; le Cœur-de-Pierre prit l'affluent de gauche qu'il descendit à son tour.

Les Mexicains avaient ponctuellement exécuté cette manœuvre, le suivant, la tête de chaque cheval sur la croupe de celui qui marchait en avant.

La chaleur était étouffante sous le couvert, où la circulation de l'air, arrêtée par le feuillage, était presque insensible. Le calme le plus profond régnait dans la forêt, les oiseaux tapis sous la feuillée avaient cessé leurs chants, on n'entendait que les bourdonnements monotones des innombrables myriades de moustiques qui tournoyaient au-dessus des marécages.

Cependant le ruisseau que suivaient les voyageurs s'élargissait de plus en plus et se changeait peu à peu en rivière; déjà çà et là apparaissaient de noirs *chicots* [1] sur lesquels étaient perchés sur une patte des flamants roses et des hérons ; les rives s'escarpaient à droite et à gauche et les chevaux s'étaient depuis quelques instants mis à la nage.

Cette rivière inconnue, dont les eaux bleues n'avaient jamais reflété que l'azur du ciel ou le dôme de verdure que lui formaient les arbres capricieusement penchés sur ses rives, offrait un aspect grandiose et majestueux qui imprimait au cœur une espèce de mélancolie douce et de crainte religieuse.

Les voyageurs avançaient toujours, silencieux comme des fantômes, nageant lentement dans le lit de la rivière, à la suite de leur guide, dont le regard d'aigle explorait les rives.

Arrivé à un certain endroit où un immense rocher s'élevait comme une sentinelle solitaire et s'avançait en une voûte énorme au-dessus de l'eau, le Cœur-de-Pierre obliqua légèrement, et, se glissant à bas de son cheval, dont il confia la bride à don Pedro, qui venait immédiatement après lui, il se jeta à la nage et s'enfonça sous la voûte, après avoir d'un geste ordonné à ses compagnons de continuer leur route.

Bientôt le chasseur reparut ; il était dans une de ces pirogues indiennes faites de l'écorce du bouleau enlevée au moyen de l'eau chaude et dont la légèreté est sans pareille.

En quelques coups de pagaie il atteignit les voyageurs ; ceux-ci montèrent dans la pirogue et les chevaux, débarrassés de leurs cavaliers, purent nager plus facilement.

Doña Hermosa fut heureuse de ce changement. Encore souffrante de sa blessure, elle commençait à éprouver une extrême difficulté à se tenir à cheval, malgré tous ses efforts pour cacher sa fatigue.

Mais l'œil clairvoyant du chasseur avait deviné la lassitude de la jeune fille, aussi était-ce pour la soulager qu'il avait été chercher la pirogue.

Ils continuèrent à avancer ainsi pendant une heure à peu près sans que rien vînt exciter leur inquiétude et leur faire soupçonner la présence d'un ennemi ; enfin ils atteignirent un endroit de la rivière où la plage, dans une longueur assez étendue, s'escarpait à une hauteur prodigieuse et encaissait profondément la rivière entre deux murs de rochers taillés à pic.

Au centre de la rivière s'élevait un bloc de granit grisâtre d'environ soixante mètres de tour ; ce fut vers ce rocher que le chasseur dirigea la pirogue.

Les Mexicains, d'abord étonnés de cette manœuvre, ne tardèrent pas à la comprendre ; lorsqu'ils ne furent plus qu'à une courte distance du rocher, ils reconnurent qu'une de ses faces s'abaissait en pente douce et que sur cette face s'ouvrait la bouche béante d'une caverne.

La pirogue accosta ; les voyageurs débarquèrent ; lorsqu'ils eurent mis le pied sur le rocher, ils se hâtèrent d'y amener les chevaux ; les pauvres animaux étaient rendus de fatigue.

— Venez, dit le chasseur en chargeant la pirogue sur ses épaules.

---

1. On nomme chicots des arbres déracinés et entraînés par les fleuves et les rivières ; ces chicots offrent souvent de sérieux dangers à la navigation. (G. A.)

Les Mexicains le suivirent.

La caverne était spacieuse et paraissait s'étendre sous l'eau à une grande distance.

Les chevaux furent parqués dans un compartiment éloigné, où on leur donna la provende.

— Ici, dit le chasseur, nous sommes en sûreté autant qu'il est possible de l'être au désert; si rien ne vient nous troubler, nous y passerons la nuit afin de donner à nos chevaux le repos qui leur est indispensable; vous pouvez allumer du feu sans crainte, les fissures qui vous donnent la clarté divisent la fumée et la rendent invisible; bien que je croie avoir dépisté ceux qui se sont mis à notre poursuite, je vais cependant pousser une reconnaissance au dehors. Soyez sans inquiétude : de près ou de loin je veille sur vous; dans une heure je reviendrai; surtout ne vous montrez pas : dans les forêts vierges, on ne sait jamais par quels yeux on risque d'être vu. A bientôt.

Il sortit laissant ses compagnons en proie à une anxiété d'autant plus vive que, bien qu'ils devinassent qu'un grand danger les menaçait, ils ne pouvaient prévoir ni d'où ni de quelle façon ce danger fondrait sur eux, et qu'ils étaient complètement à la merci d'un homme dont il leur était impossible de découvrir le véritable caractère et les intentions positives.

VII

L'ESCARMOUCHE

Cependant la nature a des droits qu'elle n'abdique jamais : quelle que fût l'inquiétude des Mexicains, les fatigues qu'ils avaient endurées pendant cette longue journée leur faisaient sentir le besoin impérieux de reprendre des forces; aussi, après quelques sombres réflexions sur la position critique et presque désespérée dans laquelle ils se trouvaient, don Pedro donna l'ordre aux peones d'allumer du feu et de préparer le repas du soir.

Il est à remarquer que les hommes dont la vie est plutôt physique que morale ne laissent jamais, quelle que soit la situation dans laquelle les place le hasard, de manger et de dormir; l'appétit et le sommeil ne leur manquent jamais; la raison en est simple : exposés à chaque minute à soutenir des luttes gigantesques soit contre les hommes, soit contre les éléments, il faut que leurs forces soient en rapport avec les efforts qu'ils auront à faire pour surmonter les obstacles qu'ils auront à vaincre ou les périls dont ils seront menacés.

Le repas fut triste et silencieux, chacun était trop vivement impressionné par l'approche de la nuit, moment que choisissent d'habitude les Peaux-Rouges pour attaquer leurs ennemis à la faveur des ténèbres, pour que les Mexicains songeassent à échanger entre eux quelques paroles.

L'absence du chasseur fut longue; déjà depuis près de deux heures le soleil avait disparu derrière les hautes cimes des montagnes ; d'épaisses ténèbres enveloppaient la terre comme d'un sinistre linceul ; pas une étoile ne scintillait au ciel ; de gros nuages noirs couraient dans l'espace et voilaient complètement le disque de la lune.

L'haciendero n'avait voulu s'en remettre qu'à lui-même du soin de veiller à la sûreté commune : couché à plat ventre sur la plate-forme afin que, si quelque ennemi invisible était aux aguets, il ne pût l'apercevoir, il interrogeait anxieusement la ligne noire de la rive, ayant à ses côtés le capataz qui, pas plus que lui, n'avait consenti à chercher un repos que l'inquiétude qui le dévorait devait rendre impossible.

Les hautes falaises des rives étaient nues et désertes ; seulement, à un endroit où la plage se faisait accessible, on voyait par intervalles des ombres noires s'agiter quelques instants avec de sourds grondements de colère, puis disparaître.

Ces ombres étaient évidemment des bêtes fauves qui regagnaient leurs repaires après s'être désaltérées à la rivière.

— Venez ! dit tout à coup une voix basse et accentuée à l'oreille du Mexicain.

Don Pedro se retourna en étouffant un cri d'étonnement : le chasseur était près de lui, appuyé sur son rifle.

Les trois hommes entrèrent dans la caverne.

Les restes du feu allumé pour le repas du soir répandaient une lueur suffisante pour distinguer les objets.

— Vous avez bien tardé ! dit l'haciendero.

— J'ai fait six lieues depuis que je vous ai quittés, répondit le chasseur, mais il ne s'agit pas de cela : un homme, qu'il est quant à présent inutile que vous connaissiez, a résolu de vous empêcher d'atteindre les plantations ; un parti apache est à notre poursuite ; malgré mes précautions je n'ai pu parvenir à dérober nos traces à ces démons rusés dont l'œil perçant découvrirait dans l'air la trace du passage de l'aigle ; les Indiens sont campés près d'ici, ils préparent des radeaux et des pirogues pour vous attaquer.

— Sont-ils nombreux ? demanda l'haciendero.

— Non, une vingtaine tout au plus, dont cinq ou six seulement ont des fusils ; les autres n'ont que des flèches et des lances. On vous sait désarmés, ou du moins on croit que vous l'êtes, on compte s'emparer de vous sans coup férir.

— Mais quel est l'homme qui s'acharne ainsi après nous ?

— Que vous importe ? C'est un être étrange et mystérieux, dont l'existence est une suite continuelle de machinations ténébreuses ; son cœur est un abîme que nul n'a osé sonder et dont peut-être lui-même redouterait d'entrevoir le fond, lui qui cependant ne craint rien au monde. Mais laissons cela. Dans deux heures vous serez attaqués. Trois moyens s'offrent à vous pour tenter d'échapper au sort qu'on vous prépare.

— Quels sont ces moyens ? demanda vivement l'haciendero.

— Le premier est de rester ici, d'attendre l'attaque et de combattre vigoureusement : les Apaches, effrayés de voir armés et sur leurs gardes des hommes qu'ils supposaient surprendre sans défense, perdront peut-être courage et se retireront.

Doña Hermosa, éveillée par le bruit des voix, s'était rapprochée et écoutait avec anxiété.

L'haciendero secoua la tête.

— Ce moyen me semble hasardeux, dit-il, car, si nos ennemis parviennent à prendre pied sur le rocher, ils finiront par nous accabler par le nombre et s'emparer de nous.

— C'est ce qui arrivera probablement, dit froidement le chasseur.

— Voyons le second moyen; ce que vous m'avez proposé me semble impraticable.

— Ce rocher communique, par un souterrain sous le lit de la rivière, à un rocher assez éloigné de l'endroit où nous sommes. Je vous conduirai à ce rocher; arrivés là nous monterons dans la pirogue : une fois débarqués sur l'autre rive, nous prendrons nos chevaux et nous confierons notre salut à la rapidité de leur course.

— Je préférerais ce moyen, si nos chevaux n'étaient pas aussi fatigués et si une fuite de nuit à travers le désert n'était pas une chose à peu près impossible.

— Les Peaux-Rouges connaissent aussi bien que moi le rocher sur lequel nous sommes réfugiés; peut-être ont-il gardé déjà l'issue par laquelle nous espérons fuir.

— Oh! oh! fit tristement l'haciendero; malgré toute votre bonne volonté pour nous servir, les moyens que vous me proposez ne sont pas heureux.

— Je le sais; malheureusement il ne dépend pas de moi qu'il en soit autrement.

— Enfin, murmura don Pedro avec résignation, voyons le dernier.

— Le dernier, vous le trouverez, j'en ai bien peur, plus impraticable encore que les deux autres. C'est une tentative folle et désespérée qui offrirait peut-être des chances de succès, si nous n'avions pas avec nous une femme qu'il ne nous est pas permis d'exposer à un péril pour la faire échapper à un autre.

— Alors il est inutile d'en parler, fit l'haciendero en jetant un regard douloureux sur sa fille.

— Pardonnez-moi, mon père, s'écria vivement doña Hermosa; voyons ce moyen, au contraire, peut-être est-ce le seul qui soit réellement bon. Expliquez-vous, señor, continua-t-elle en s'adressant au chasseur. Après ce que vous avez fait pour nous, nous serions ingrats de ne pas suivre vos conseils. Ce que vous hésitez à nous dire par égard pour moi est, j'en suis convaincue, la seule voie de salut qui nous soit ouverte.

— Peut-être, répondit le chasseur; mais, je vous le répète, señorita, ce moyen est impraticable avec vous.

La jeune fille se redressa, un sourire railleur plissa ses lèvres roses, et, reprenant la parole d'une voix légèrement ironique :

— Vous me croyez donc bien faible et bien pusillanime, señor, que vous n'osez parler? Je ne suis qu'une femme, il est vrai, débile comme nous le sommes toutes, mais je pense vous avoir prouvé, depuis les quelques heures que nous voyageons de compagnie, que mon cœur est au-dessus d'une crainte vulgaire et que, si chez moi la force physique ne répond pas à l'énergie morale, ma volonté triomphe de cette débilité, qui malheureusement appartient à mon sexe, et me place toujours à la hauteur des événements, quels qu'ils soient.

Le Cœur-de-Pierre avait attentivement écouté la jeune fille; le masque d'impassibilité qui couvrait ses traits s'était fondu au son de cette voix mélodieuse, et une ardente rougeur avait envahi son visage.

— Pardonnez-moi, señorita, répondit-il d'une voix que l'émotion intérieure qui l'agitait faisait tremblante, j'ai eu tort, je vais parler.

— Bien ! fit-elle avec un doux sourire; je savais bien que vous me répondriez.

— Les Apaches, ainsi que je vous l'ai dit, sont campés à peu de distance sur le bord de la rivière; certains de ne pas être inquiétés, ils ne se gardent pas, ils dorment, boivent de l'eau de feu ou fument en attendant l'heure de vous attaquer. Nous sommes six hommes bien armés et déterminés, car nous savons que notre salut dépend de la réussite de notre expédition : débarquons sur l'île, surprenons les Peaux-Rouges, attaquons-les vigoureusement, peut-être réussirons-nous à nous ouvrir un passage, et alors nous serons sauvés, car, après leur défaite, ils n'oseront pas se mettre à notre poursuite. Voilà ce que je voulais vous proposer.

Il y eut un assez long silence; ce fut doña Hermosa qui le rompit.

— Vous aviez tort d'hésiter à nous faire part de ce projet, dit-elle vivement, c'est en effet le seul praticable; mieux vaut marcher bravement au-devant du danger que de trembler lâchement en l'attendant; partons, partons, nous n'avons pas une seconde à perdre.

— Ma fille, s'écria don Pedro, vous êtes folle, songez que nous nous exposons à une mort presque certaine.

— Soit ! mon père, répondit-elle avec une énergie fébrile, notre sort est entre les mains de Dieu, sa protection a été trop évidente jusqu'à ce moment pour qu'il nous abandonne.

— La señorita a raison, s'écria le capataz, allons enfumer ces démons dans leur repaire; d'ailleurs, ce chasseur, auquel je fais mes très humbles excuses d'avoir un instant soupçonné sa loyauté, nous fournira, j'en suis persuadé, les moyens d'arriver sans être découverts jusqu'au camp des Apaches.

— Du moins j'y emploierai tous mes efforts, répondit simplement le chasseur.

— Allons donc, puisque vous le voulez, dit en soupirant l'haciendero.

Les peones, bien qu'ils ne se fussent pas mêlés à la conversation, saisirent leurs rifles d'un air déterminé qui montra qu'ils étaient résolus à faire leur devoir.

— Suivez-moi, dit le chasseur en allumant une torche de bois d'ocote, afin d'éclairer la route.

Sans plus de discussion, les Mexicains s'enfoncèrent dans le souterrain.

En passant, ils reprirent leurs chevaux, auxquels les quelques heures de repos qu'on leur avait données avaient rendu toutes leurs forces.

Les voyageurs continuèrent alors à s'avancer dans le souterrain. Au-dessus de leur tête ils entendaient le bruit sourd et continu des eaux; des milliers d'oiseaux de nuit, éblouis par la clarté subite de la torche, s'éveillaient sur leur passage et tournoyaient autour d'eux en poussant des cris lugubres et discordants.

Après avoir marché ainsi rapidement pendant environ vingt-cinq minutes, le chasseur s'arrêta :

— Attendez-moi, dit-il, et, remettant la torche au capataz, il s'éloigna en courant.

Son absence fut courte, bientôt il fut de retour.

— Venez, dit-il, tout va bien.

Ils le suivirent de nouveau; soudain un air frais et piquant les frappa au visage et devant eux dans l'obscurité ils virent briller deux ou trois points lumineux; ils avaient atteint le second rocher.

— Maintenant il faut redoubler de prudence, dit le chasseur. Ces points que vous apercevez dans le brouillard sont les feux de campement des Apaches; ils ont l'oreille fine, le bruit le plus léger révélerait notre présence.

La pirogue fut remise à l'eau, les Mexicains s'embarquèrent; le capataz, placé à l'arrière de la frêle embarcation, tenait réunies dans sa main les brides des chevaux qui suivaient à la nage.

La traversée dura quelques minutes à peine; bientôt l'avant de la pirogue grinça sourdement sur le sable de la plage.

L'endroit avait été habilement choisi par le chasseur : une roche élevée projetait sur l'eau, à une assez grande distance, une ombre tellement épaisse qu'à dix pas il eût été impossible de distinguer les voyageurs.

Le couvert de la forêt éloigné de vingt pas à peine de la plage offrit immédiatement la protection de ses broussailles aux fugitifs.

— La señorita demeurera ici avec un peon pour garder les chevaux, dit rapidement le chasseur, pendant que nous tenterons notre coup de main.

— Non, répondit résolument la jeune fille, je n'ai besoin de personne; l'homme que vous laisseriez avec moi vous ferait faute; donnez-moi un pistolet pour me défendre au cas peu probable où je serais attaquée, et partez.

— Cependant, objecta le jeune homme, señorita...

— Je le veux ! dit-elle péremptoirement; allez ! et que Dieu nous protège !

L'haciendero serra convulsivement sa fille sur sa poitrine.

— Du courage ! mon père, lui dit-elle en l'embrassant, tout finira bien !

Elle lui enleva un pistolet et s'éloigna rapidement en lui faisant un signe d'adieu.

Le chasseur recommanda une dernière fois la prudence à ses compagnons, et la petite troupe s'engagea sur ses traces dans la forêt.

Après avoir marché en file indienne pendant environ un quart d'heure, ils aperçurent briller à peu de distance les feux des Apaches.

Sur un signe du chasseur, les Mexicains s'allongèrent sur le sol et commencèrent à ramper silencieusement, n'avançant qu'avec une extrême pré-

Don Fernando lui tordit le poignet si rudement que le misérable laissa échapper son arme avec un cri de douleur.

caution, pouce à pouce, l'oreille au guet, prêts à faire feu au moindre mouvement suspect de leurs ennemis.

Mais rien ne bougea; les Apaches dormaient, pour la plupart plongés, ainsi qu'il était facile de le deviner, dans l'ivresse brutale causée par l'abus des liqueurs fortes.

Seulement trois ou quatre guerriers que la plume de vautour, plantée dans leur chevelure au-dessus de l'oreille, faisait reconnaître pour des chefs, étaient accroupis devant un feu et fumaient avec cette gravité automatique qui caractérise les Indiens.

Sur l'ordre du chasseur, les Mexicains se relevèrent doucement, et chacun d'eux s'abrita derrière le tronc d'un arbre.

— Je vous laisse, dit le chasseur à voix basse; je vais entrer dans le camp. Demeurez immobiles, et quoi qu'il arrive ne faites pas feu avant de m'avoir vu jeter mon bonnet à terre.

Les Mexicains inclinèrent silencieusement la tête et le chasseur disparut au milieu des broussailles.

De l'endroit où les voyageurs étaient embusqués ils pouvaient voir facilement tout ce qui se passait dans le camp des Peaux-Rouges et entendre même ce qui s'y disait, car une distance de quelques dizaines de mètres les séparait seulement du feu autour duquel étaient gravement accroupis les sachems.

Le corps penché en avant, le doigt sur la détente du rifle et les yeux fixés sur le camp, les Mexicains attendaient avec une impatience fébrile le signal de faire feu.

Les quelques minutes qui précèdent une attaque sont solennelles; l'homme livré seul dans la nuit à ses pensées, sur le point de jouer sa vie dans une lutte sans pitié, se sent, si brave qu'il soit, envahir malgré lui par une terreur instinctive qui fait courir un frisson dans tous ses membres; à cette heure suprême, il voit avec une rapidité vertigineuse sa vie tout entière passer devant lui comme dans un songe et, chose étrange, la pensée qui frappe son esprit avec le plus de force est l'appréhension de ce qui l'attend au delà de la mort, l'*inconnu*.

Une dizaine de minutes s'étaient écoulées depuis le départ du chasseur, lorsqu'un léger bruit se fit entendre dans les broussailles, du côté opposé où les Mexicains étaient embusqués.

Les chefs apaches tournèrent nonchalamment la tête, les buissons s'écartèrent, et le Cœur-de-Pierre parut dans la zone de lumière produite par les flammes des feux de veille.

Le chasseur s'avança à pas lents vers les chefs. Arrivé auprès d'eux, il s'arrêta et s'inclina cérémonieusement, mais sans parler.

Les sachems lui rendirent son salut avec cette politesse innée chez les Peaux-Rouges.

— Mon frère est le bienvenu, dit un chef, veut-il s'asseoir au feu du conseil?

— Non, répondit sèchement le chasseur, le temps me presse.

— Mon frère est prudent, reprit le chef; il a abandonné les Visages-Pâles parce qu'il sait que le Chat-Tigre les a livrés aux longues flèches cannelées des guerriers apaches.

— Je n'ai pas abandonné les Visages-Pâles, mon frère se trompe: j'ai juré de les défendre, je les défendrai.

— Les ordres du Chat-Tigre s'y opposent.

— Je n'ai pas à obéir au Chat-Tigre; je hais la trahison; je ne laisserai pas les guerriers Peaux-Rouges accomplir celle qu'ils méditent.

— Ooah! fit le sachem, mon frère parle bien haut. J'ai entendu le milan narguer l'aigle, mais du bout de son aile l'oiseau tout-puissant l'a pulvérisé.

— Trêve de railleries, chef; vous êtes un des guerriers les plus renommés de votre tribu, vous ne consentirez pas à vous faire l'agent d'une infâme trahison. Le Chat-Tigre a reçu ces voyageurs sous son calli, il leur a donné l'hospitalité; vous le savez, l'hospitalité est sacrée dans la prairie.

L'Apache se mit à rire avec mépris.

— Le Chat-Tigre est un grand chef, il n'a voulu ni boire ni manger avec les faces pâles.

— Ceci est une fourberie indigne.

— Les faces pâles sont des chiens voleurs, les Apaches prendront leurs chevelures.

— Misérable! s'écria le chasseur avec colère, moi aussi je suis une face pâle : prends-moi donc ma chevelure!

Et d'un mouvement rapide comme la pensée, en même temps qu'il jetait à terre le bonnet de fourrure qui lui couvrait la tête, il se précipita sur le chef indien et lui plongea son couteau dans le cœur.

Soudain cinq coups feu éclatèrent, et les autres chefs réunis autour du feu roulèrent agonisants sur la terre.

Ces chefs étaient les seuls qui eussent des armes à feu.

— En avant! en avant! cria le chasseur en saisissant son rifle par le canon et se ruant au milieu des Apaches effarés.

Les Mexicains, aussitôt après leur premier feu, s'étaient élancés dans le camp au secours du guide.

Alors commença une mêlée terrible de six hommes contre une quinzaine, mêlée d'autant plus horrible et d'autant plus acharnée que chacun d'eux savait qu'il n'avait pas de merci à attendre.

Heureusement pour eux, les Blancs avaient des pistolets; ils les déchargèrent à bout portant dans la poitrine de leurs ennemis, puis les attaquèrent à coups de sabre.

Les Indiens avaient été si complètement surpris, ils étaient si loin de s'attendre à être si vigoureusement pressés par des hommes qui semblaient sortir de dessous terre et dont ils étaient loin de soupçonner le nombre, que la moitié d'entre eux étaient morts avant que les autres eussent entièrement repris leur sang-froid et songé sérieusement à se défendre. Lorsqu'ils voulurent essayer une résistance sérieuse, il était trop tard, les Mexicains les serraient de si près qu'une plus longue lutte devenait impossible.

— Arrêtez! cria le chasseur.

Blancs et Peaux-Rouges baissèrent leurs armes comme d'un commun accord.

Le chasseur reprit :

Guerriers apaches, jetez vos armes!

Ils obéirent.

Sur un signe du guide, les Mexicains les garrottèrent sans qu'ils opposassent la moindre résistance.

Les Peaux-Rouges, lorsqu'ils reconnaissent qu'ils sont vaincus, se courbent avec une apathie et un fatalisme extrêmes à la loi, si dure qu'elle soit, qu'il plaît au vainqueur de leur imposer.

Des vingts guerriers apaches, huit seulement vivaient encore, les autres avaient été massacrés.

— Au lever du soleil je viendrai moi-même vous rendre la liberté, dit le chasseur; d'ici là n'essayez pas de rompre vos liens : vous me connaissez, je pardonne une fois, jamais deux.

Les Mexicains ramassèrent les armes jetées par les Indiens, et s'éloignèrent.

Les chevaux des Apaches étaient entravés à une extrémité du camp, le Cœur-de-Pierre les chassa dans la forêt où ils disparurent en bondissant.

— Maintenant, dit le chasseur, retournons auprès de la señorita.

— Reviendrez-vous réellement rendre la liberté à ces hommes? demanda l'haciendero.

— Certes : voulez-vous que je les expose à être dévorés tout vivants par les bêtes fauves?

— Ce ne serait pas un grand malheur, observa le rancuneux capataz.

— Ne sont-ils pas des hommes comme nous?

— Oh! fit le capataz, ils le sont si peu, que ce n'est vraiment pas la peine d'en parler.

— Ainsi, vous oserez vous livrer entre les mains d'hommes féroces exaspérés par leur défaite? reprit l'haciendero, vous ne craignez pas qu'ils vous assassinent?

— Eux! répondit le chasseur avec un dédain superbe, ils n'oseraient.

Don Pedro ne put retenir un geste d'étonnement.

— Les Peaux-Rouges sont les plus vindicatifs des hommes, dit-il.

— Oui, répondit-il, mais je ne suis pas un homme pour eux.

— Qu'êtes-vous donc?

— Un mauvais génie, murmura-t-il d'une voix sourde.

En ce moment ils arrivèrent à l'endroit où ils avaient laissé les chevaux.

Le bruit du combat était arrivé jusqu'à doña Hermosa, mais la valeureuse jeune fille, abandonnée ainsi seule au milieu d'une forêt vierge, loin de se laisser dominer par la frayeur bien naturelle qu'elle éprouvait, comprenant l'importance de la garde qui lui était confiée, était demeurée ferme à la même place, un pistolet de chaque main, écoutant anxieusement les bruits du désert, prête à se défendre, et résolue à mourir plutôt que de tomber dans les mains des Indiens.

Son père lui expliqua en quelques mots ce qui s'était passé, puis on partit à fond de train.

La nuit entière s'écoula dans une course dont la rapidité ne se peut décrire.

Au lever du soleil, la forêt était franchie; le désert nu s'étendait à l'horizon.

Ils coururent encore deux heures sans ralentir l'allure des chevaux; enfin, on fit halte.

— Nous nous séparons ici, dit le chasseur d'une voix ferme, avec un sentiment de tristesse qu'il ne parvint pas à dissimuler complètement.
— Déjà! dit naïvement la jeune fille.
— Merci de ce regret que vous exprimez, señorita, mais il le faut, vous n'êtes plus qu'à quelques milles de votre hacienda ; la route vous est facile, mon secours vous devient inutile désormais.
— Nous ne nous séparerons pas ainsi, señor, fit l'haciendero en lui tendant la main, j'ai contracté envers vous des obligations.
— Oubliez-les, caballero, interrompit vivement le jeune homme, oubliez-moi, nous ne devons plus nous revoir ; vous retournez à la vie civilisée, moi je retourne au désert ; nos voies sont différentes ; pour vous et pour moi souhaitez que le hasard ne nous remette plus en présence. Seulement, ajouta-t-il en levant les yeux sur la jeune fille, j'emporte de vous un souvenir qui ne s'effacera jamais! Maintenant, adieu! Voici là-bas des vaqueros de votre hacienda qui s'avancent à votre rencontre ; vous êtes en sûreté.
Il s'inclina jusque sur le cou de son cheval, tourna bride et partit au galop.
Mais en relevant la tête il vit doña Hermosa qui galopait auprès de lui.
— Arrêtez, lui dit-elle.
Il obéit machinalement.
— Tenez, reprit-elle avec émotion en lui présentant un mince anneau d'or, voici ce que je possède de plus précieux ; cette bague a appartenu à ma mère, que je n'ai pas eu le bonheur de connaître ; conservez-la en souvenir de moi, señor.
Et, lui laissant l'anneau dans la main, la jeune fille partit sans lui donner le temps de répondre.

VIII

LE PUEBLO

Lorsque la domination espagnole fut assurée sans conteste dans le Nouveau-Monde, le gouvernement, dans le but de maintenir les Indiens, fonda de distance en distance, sur l'extrême limite de ses possessions, des postes auxquels il donna le nom de *presidios*, qu'il peupla des criminels de toutes sortes dont il jugea prudent de débarrasser la mère-patrie.

Le presidio de San-Lucar, sur le rio Vermejo, fut un des premiers établis.

A l'époque de la fondation du presidio de San-Lucar, ce poste consistait seulement en un fort bâti sur la rive nord, au sommet d'une falaise escarpée qui domine la rivière, les plaines du sud et la campagne environnante.

Sa forme est carrée, il est construit de murs épais, de pierres de taille, et flanqué de trois bastions, deux sur la rivière à l'est et à l'ouest, et le troisième sur la plaine.

L'intérieur renferme la chapelle, le presbytère et le magasin aux poudres ;

sur les autres côtés se prolongent les anciennes habitations des condamnés, les logements spacieux pour le commandant, le trésorier, les officiers en garnison et un petit hôpital.

Toutes ces constructions, hautes d'un rez-de-chaussée seulement, se terminent en azoteas plates à l'italienne; le gouvernement avait en outre établi au dehors de vastes greniers, une boulangerie, un moulin, deux ateliers de serrurerie et de menuiserie et deux *ranchos* approvisionnés de chevaux et de têtes de bétail.

Aujourd'hui le fort est presque ruiné, les murailles, faute de réparations, croulent de toutes parts, seuls les bâtiments d'habitation sont en bon état.

Le presidio de San-Lucar se divise en trois groupes, deux au nord et un au sud de la rivière.

L'aspect général en est triste, à peine quelques arbres croissent-ils de loin en loin et seulement sur le bord de la rivière, témoignant de l'existence que leur donne à regret un sol ingrat. Les rues sont pleines d'un sable pulvérulent qui obéit au vol du vent.

Trois jours après les événements que nous avons rapportés dans notre précédent chapitre, vers deux heures de l'après-midi, cinq ou six *vaqueros* et leperos attablés dans la boutique d'un pulquero du nouveau San-Lucar, situé sur la rive sud de la rivière, discutaient vivement, en avalant à longs traits du pulque dans des *cuis* qui circulaient à la ronde.

— Canarios! s'écria un grand gaillard maigre et efflanqué, qui avait la mine et la tournure d'un effronté coquin, ne sommes-nous pas des hommes libres? Si notre gouverneur, le señor don Luis Pedrosa, s'obstine à nous rançonner de la sorte, le Chat-Tigre n'est pas si loin qu'on ne puisse s'entendre avec lui. Quoique chef Indien aujourd'hui, il est de race blanche sans mélange et caballero jusqu'au bout des ongles.

— *Calla la boca!* (tais-toi!) Pablito, reprit un autre; tu ferais mieux d'avaler tes paroles avec ton pulque que de lâcher de telles sottises!

— Je veux parler, moi! fit Pablito, qui s'humectait le gosier plus que les autres.

— Ne sais-tu pas que, autour de nous, dans l'ombre, rôdent des yeux invisibles qui nous épient, et que des oreilles s'ouvrent pour recueillir nos paroles et en profiter?

— Allons donc! dit le premier en haussant les épaules, tu as toujours peur, toi, Carlocho! je me soucie des espions comme d'une vieille *cuarta* (bride).

— Pablito! fit l'autre en mettant un doigt sur sa bouche.

— Quoi! n'ai-je pas raison? Pourquoi don Luis nous veut-il tant de mal?

— Vous vous trompez, interrompit un troisième en riant, don Luis ne veut au contraire que votre bien, et la preuve, c'est qu'il vous le prend le plus possible.

— Ce diable de Verado a de l'esprit comme un coquin qu'il est, s'écria Pablito en riant aux éclats. Bah! après nous la fin du monde!

— En attendant, buvons, dit le Verado.

— Oui, reprit Pablito, buvons, noyons les soucis; d'ailleurs don Fernando Carril n'est-il pas là pour nous aider au besoin?

— Encore un nom qui doit rester dans ta gorge, ici surtout, exclama Carlocho en frappant le comptoir d'un poing irrité. Ne peux-tu retenir ta langue, chien maudit?

Pablito fronça le sourcil, et regardant son compagnon de travers :

— Prétendrais-tu me faire la leçon, par hasard? Canarios ! tu commences à me remuer le sang, s'écria-t-il avec colère.

— Une leçon? pourquoi pas, si tu la mérites ! répondit l'autre sans autrement s'émouvoir. Çaraï! depuis plus de deux heures tu bois comme une éponge, tu es plein comme une outre et tu extravagues comme une vieille femme : tais-toi ou va dormir.

— *Mil rayos !* hurla Pablito en plantant vigoureusement son couteau dans le comptoir, tu m'en rendras raison !

— *Vive Dios !* une saignée te fera du bien; la main me démange de te donner un *navajada* sur ton vilain museau.

— Vilain museau ! as-tu dit?

Et Pablito se précipita sur Carlocho qui l'attendait de pied ferme.

Les autres vaqueros et leperos se jetèrent entre eux pour les empêcher de se joindre.

— Holà! caballeros, fit le pulquero, jugeant urgent d'intervenir dans le débat, la paix, au nom de Dieu ou du diable! Pas de querelles chez moi; si vous voulez vous expliquer, la rue est libre.

— Le pulquero a raison, dit Pablito, allons, viens, si tu es un homme.

— Avec plaisir.

Les deux vaqueros, suivis de leurs camarades, s'élancèrent dans la rue.

Quant au digne pulquero, debout sur le seuil de sa porte, les mains dans les poches de ses calzoneras, il sifflotait une *jarana* en attendant la bataille.

Pablito et Carlocho, qui déjà avaient ôté leurs chapeaux et s'étaient salués avec affectation, après avoir enroulé autour de leur bras gauche leur *zarapé* en guise de bouclier, tirèrent de leur ceinture leurs longs couteaux, et, sans échanger une parole, ils tombèrent en garde avec un sang-froid remarquable.

Dans ce genre de duel, le seul du reste connu au Mexique, l'honneur consiste à toucher son adversaire au visage : un coup porté au-dessous de la ceinture passe pour une trahison indigne d'un vrai caballero.

Les deux adversaires, solidement plantés sur leurs jambes écartées, le corps affaissé, la tête en arrière, se regardaient fixement pour deviner les mouvements, parer les coups et se balafrer.

Les autres vaqueros, la fine cigarette de maïs à la bouche, suivaient le combat d'un œil impassible et applaudissaient le plus adroit.

La lutte se soutenait avec un succès égal de part et d'autre depuis quelques minutes, lorsque Pablito, dont la vue était sans doute obstruée par ses copieuses libations, arriva une seconde en retard à la parade et sentit la pointe du couteau de Carlocho lui découdre la peau du visage dans toute sa longueur.

— Bravo! bravo! s'écrièrent à la fois tous les vaqueros, bien touché!

Les combattants, flattés de cette approbation, reculèrent d'un pas, saluèrent l'assistance, rengaînèrent leurs couteaux, s'inclinèrent l'un devant l'autre avec une exquise courtoisie, et, après s'être serré la main, ils rentrèrent dans la pulqueria.

Les vaqueros forment une espèce d'hommes à part, dont les mœurs sont complètement inconnues en Europe.

Ceux de San-Lucar peuvent servirent de type : nés sur la frontière indienne, ils ont contracté des habitudes sanguinaires et un grand mépris de la vie. Joueurs infatigables, il ont sans cesse les cartes en main ; le jeu est une source féconde de querelles où le couteau joue le plus grand rôle.

Insoucieux de l'avenir et des peines présentes, durs aux souffrances physiques, ils dédaignent la mort autant que la vie et ne reculent devant aucun danger.

Eh bien ! ces hommes qui abandonnent souvent leur famille pour aller vivre plus libres au milieu des hordes sauvages, qui de gaîté de cœur et sans émotion versent le sang de leurs semblables, qui sont implacables dans leurs haines, ces hommes sont capables d'ardente amitié, de dévouement et d'abnégation extraordinaires.

Leur caractère offre un mélange bizarre de bien et de mal, de vices sans frein et de véritables qualités.

Ils sont tour à tour et à la fois paresseux, joueurs, querelleurs, ivrognes, cruels, fiers, témérairement braves et dévoués à un ami ou à un patron de leur choix.

Dès leur enfance le sang coule comme de l'eau à travers leurs doigts dans les haciendas, à l'époque de la *matanza del ganado* (abattage des bestiaux), et ils s'habituent ainsi à la couleur de la pourpre humaine.

Du reste, leurs plaisanteries sont grossières comme leurs mœurs : la plus délicate et la plus fréquente est de se menacer du couteau sous le plus frivole prétexte.

Pendant que les vaqueros, rentrés après la querelle chez le pulquero, arrosaient la réconciliation et noyaient dans des flots de pulque et de mezcal le souvenir de ce petit incident, un homme *embossé* dans un épais manteau et les ailes du chapeau rabattues sur les yeux entra dans la pulqueria sans souffler un mot, s'approcha du comptoir, jeta autour de lui un regard en apparence indifférent, alluma une cigarette au brasero, et avec une piastre forte qu'il tenait à la main, il frappa trois coups secs sur le comptoir.

A ce bruit inattendu qui ressemblait à un signal, les vaqueros, qui causaient vivement entre eux, se turent comme saisis par une commotion électrique.

Pablito et Carlocho tressaillirent, essayant du regard de soulever les plis du manteau qui cachait les traits de l'étranger, tandis que le Verado détourna un peu la tête pour dissimuler un sourire narquois.

L'inconnu jeta sa cigarette à demi consumée et se retira du bouge comme il y était venu.

Un instant après, Pablito, qui s'essuyait la joue, et Carlocho, feignant tous deux de se rappeler une affaire importante, quittèrent la pulqueria. Le Verado se glissa le long du mur jusqu'à la porte et courut sur leurs talons.

— Hum ! murmura le pulquero, voilà trois *picaros* qui me font l'effet de

Dès qu'ils furent à une certaine distance, les broussailles s'agitèrent d'où s'avança une tête pâlie par la peur.

manigancer quelque chienne de besogne où il y aura plus de têtes cassées que de *duros* ; ma foi ! ça les regarde.

Les autres vaqueros, complètement absorbés par une partie de *monté* et penchés sur les cartes, n'avaient pour ainsi dire pas pris garde au départ de leurs camarades.

L'inconnu, à une certaine distance de la pulqueria, se retourna.

Les deux vaqueros marchaient presque derrière lui et causaient négligemment comme deux oisifs qui se promènent.

Le Verado avait disparu.

Après avoir fait un signe imperceptible aux deux hommes, l'étranger se remit en marche et suivit un chemin qui, par une courbe insensible, s'éloignait du cours de la rivière et s'enfonçait peu à peu dans les terres. Ce chemin, à la sortie du pueblo, tournait par un coude assez raide et se rétrécissait tout à coup en un sentier qui, comme tous les autres, semblait se perdre dans la plaine.

A l'angle du sentier passa près des trois hommes un cavalier qui, au grand trot, se dirigeait vers le presidio ; mais, préoccupés sans doute par de sérieuses pensées, ni l'étranger, ni les vaqueros ne le remarquèrent. Quant au cavalier, il lança sur eux un coup d'œil rapide et perçant, et ralentit insensiblement l'allure de son cheval qu'il arrêta à quelques pas de là.

— Dieu me pardonne! se dit-il à lui-même, c'est don Fernando Carril, ou c'est le diable en chair et en os : cet imbécile de Zapote l'a donc manqué encore! Que peut-il avoir affaire par là en compagnie de ces deux bandits qui m'ont tout l'air de suppôts de Satan? Que je perde mon nom de Torribio Quiroga si je n'en ai le cœur net et si je ne me mets à leurs trousses.

Et il sauta vivement à terre.

Le señor don Torribio Quiroga était un homme de trente-cinq ans au plus, d'une taille au-dessous de la moyenne et un peu replet. Mais, en revanche, la carrure de ses larges épaules et ses membres trapus indiquaient sa force musculaire. Un petit œil gris vif et pétillant de malice et d'audace éclairait sa physionomie peut-être un peu chafouine. Son costume était celui de tous les Mexicains d'un certain rang.

Dès qu'il eut mis pied à terre, il regarda autour de lui, mais il ne vit personne à qui confier sa monture, car à San-Lucar et surtout dans le nouveau pueblo, c'est presque un miracle de rencontrer en même temps deux passants dans la rue. Il frappa du pied avec colère, passa la bride dans son bras, conduisit son cheval à la pulqueria, d'où les vaqueros venaient de sortir, et le confia à l'hôte.

Ce devoir accompli, car le meilleur ami d'un Mexicain est son cheval, don Torribio revint sur ses pas avec les précautions les plus minutieuses, comme un homme qui veut surprendre et n'être pas aperçu.

Les vaqueros avaient de l'avance sur lui et disparaissaient derrière une dune mouvante de sable, au moment où il tournait le coude du chemin ; néanmoins, il ne tarda à les revoir gravissant un sentier raide qui aboutissait à un bouquet de bois touffu. Quelques arbres avaient poussé dans ces sables arides, par hasard ou par un caprice de la nature.

Sûr désormais de les retrouver, don Torribio marcha plus lentement, et, pour se donner une contenance en cas de surprise, ou écarter de lui tout soupçon, il alluma une cigarette.

Les vaqueros, par bonheur, ne se retournèrent pas une seule fois et pénétrèrent dans le bois à la suite de l'homme que don Torribio avait reconnu pour être don Fernando Carril.

Lorsqu'à son tour don Torribio arriva devant la marge du bois, au lieu d'y entrer immédiatement, il fit un léger circuit sur la droite, puis, se courbant sur le sol, il commença à ramper des pieds et des mains avec la plus grande précaution, afin de n'éveiller par aucun bruit l'attention des vaqueros.

Au bout de quelques minutes des voix arrivèrent jusqu'à lui ; il leva alors doucement la tête et dans une clairière, à dix pas de lui environ, il vit les trois hommes arrêtés et causant vivement entre eux. Il se releva de terre, s'effaça derrière un érable et prêta l'oreille.

Don Fernando Carril avait laissé retomber son manteau ; l'épaule appuyée contre un arbre et les jambes croisées, il écoutait avec une impatience visible ce que lui disait en ce moment Pablito.

Les mains de don Fernando étaient parfaitement gantées et petites, son pied, de race, se cambrait dans des bottes vernies, luxe inouï sur cette frontière éloignée ; son costume, d'une grande richesse, était absolument pareil par la forme à celui des vaqueros. Un diamant d'un prix immense serrait le col de sa chemise, et le fin tissu de son zarapé valait plus de cinq cents piastres.

Quant à présent, nous bornerons là ce portait. Deux ans avant l'époque où commence ce récit, don Fernando Carril était arrivé à San-Lucar, inconnu de tout le monde, et chacun s'était demandé : d'où vient-il, de qui tient-il sa fortune ? où sont ses propriétés ? Don Fernando avait acheté à quelques lieues de San-Lucar une hacienda, et, sous prétexte de défense contre les Indiens, il l'avait fortifiée, entourée de palissades et de fossés, et munie de petites pièces de canon. Il avait ainsi muré sa vie et déjoué la curiosité. Quoique son hacienda ne s'ouvrît jamais devant aucun hôte, il était accueilli par les premières familles de San-Lucar, qu'il visitait assidûment ; puis soudain, au grand étonnement de tous, il disparaissait pendant des mois entiers.

Les dames avaient perdu leurs sourires et leurs œillades, les hommes leurs questions adroites, pour faire parler don Fernando. Don Luis Pedrosa, à qui son poste de gouverneur donnait droit à la curiosité, ne laissa pas d'avoir quelques inquiétudes au sujet de l'étranger, mais de guerre lasse il en appela au temps, qui déchire tôt ou tard les voiles les plus épais.

Voilà quel était l'homme qui écoutait Pablito dans la clairière et tout ce qu'on savait sur son compte.

— Assez ! fit-il tout à coup avec colère en interrompant le vaquero, tu es un chien et fils d'un chien.

— Señor ! dit Pablito, qui redressa la tête.

— J'ai envie de te briser comme un misérable que tu es.

— Des menaces à moi ! s'écria le vaquero pâle de rage et dégaînant son couteau.

Don Fernando lui saisit le poignet avec sa main gantée et le lui tordit si rudement que le misérable laissa échapper son arme avec un cri de douleur.

— A genoux ! et demande pardon, reprit don Fernando ; et il jeta le misérable sur le sol.

— Non, tuez-moi plutôt.

— Va, retire-toi, tu n'es qu'une bête brute.

Le vaquero se releva en chancelant; le sang injectait ses yeux, ses lèvres étaient bleues, tout son corps tremblait; il ramassa son couteau et s'approcha de don Fernando, qui l'attendait les bras croisés.

— Eh bien! oui, dit-il, je suis une bête brute, mais je vous aime, après tout. Pardonnez-moi ou tuez-moi, ne me chassez pas.

— Va-t'en, te dis-je!

— C'est votre dernier mot, n'est-ce pas?

— Oui, laisse-moi tranquille.

— Ah! c'est ainsi? eh bien, au diable, alors!

Et le vaquero, d'un mouvement prompt comme la pensée, leva son arme pour se frapper.

— Je te pardonne, reprit don Fernando, qui avait arrêté le bras de Pablito, mais, si tu veux continuer à me servir, sois muet comme un cadavre.

Le vaquero tomba à ses pieds et couvrit sa main de baisers, semblable à un chien qui lèche son maître par qui il a été battu.

Carlocho était resté témoin impassible de cette scène.

— Quel pouvoir a donc cet homme étrange pour être ainsi aimé? murmura don Torribio, toujours caché derrière son érable.

Après un court silence don Fernando Carril reprit la parole :

— Je sais que tu m'es dévoué et j'ai en toi une entière confiance, mais tu es un ivrogne, et la boisson conseille mal.

— Je ne boirai plus, répondit le vaquero.

Don Fernando sourit avec mépris.

— Bois, mais sans tuer ta raison : dans l'ivresse, comme tu l'as fait tantôt, on lâche des mots sans remède plus meurtriers que le poignard. Ce n'est pas le maître qui parle ici, c'est l'ami; puis-je compter sur vous deux?

— Oui, répondirent les vaqueros.

— Je pars pour quelques jours, ne quittez pas les environs : à peu de distance du pueblo se trouve l'hacienda de las Norias de San-Antonio, la connaissez-vous?

— Qui ne connaît pas don Pedro de Luna? fit Pablito.

— Bien, surveillez attentivement cette hacienda au dehors et au dedans; s'il arrive quelque chose d'extraordinaire à don Pedro ou à sa fille doña Hermosa, un de vous me viendra immédiatement prévenir; vous savez où me trouver?

Les deux hommes baissèrent affirmativement la tête.

— Chacun de mes ordres, si incompréhensible qu'il soit, me promettez-vous de l'exécuter avec promptitude et dévouement?

— Nous vous le jurons, maître.

— C'est bien. Un dernier mot : liez-vous avec le plus de vaqueros que vous pourrez; tâchez, sans éveiller le soupçon, qui ne dort jamais que d'un œil, de réunir une troupe d'hommes déterminés. Ah! à propos, méfiez-vous du Verado, c'est un traître; j'ai la preuve qu'il sert contre moi d'espion au Chat-Tigre.

— Faut-il le tuer? demanda froidement Carlocho.

— Peut-être serait-ce prudent, mais il faudrait s'en débarrasser sans bruit.

Les deux vaqueros se lancèrent un regard à la dérobée, mais don Fernando feignit de ne pas le voir.

— Avez-vous besoin d'argent? leur demanda-t-il encore.

— Non, maître, répondirent-ils, nous en avons encore un peu.

— N'importe, prenez toujours cela, mieux vaut avoir trop que pas assez.

Il jeta dans la main de Carlocho une longue bourse en filet, au travers des mailles de laquelle étincelaient un grand nombre d'onces.

— Maintenant, Pablito, amène mon cheval.

Le vaquero entra dans le bois et reparut presque aussitôt tenant en bride un magnifique coureur sur lequel don Fernando s'élança.

— Adieu! leur dit-il, prudence et fidélité, une indiscrétion vous coûterait la vie.

Et ayant fait un salut amical aux vaqueros, il donna de l'éperon dans les flancs du cheval, et s'éloigna dans la direction du presidio. Les deux vaqueros reprirent le chemin du pueblo.

Dès qu'ils furent à une certaine distance, dans un coin de la clairière s'agitèrent les broussailles d'où s'avança par degré une tête pâlie par la peur.

Cette tête appartenait au corps du Verado qui, son couteau d'une main et un pistolet de l'autre, se dressa sur ses pieds en regardant autour de lui d'un air effaré et en murmurant à demi-voix :

— Canarios! me tuer sans bruit, nous verrons, nous verrons, santa Virgen del Pilar! Quels démons! Eh! eh! on a raison d'écouter.

— C'est le seul moyen d'entendre, dit une voix railleuse.

— Qui va là? s'écria le Verado, qui fit un bond de côté.

— Un ami, reprit don Torribio Quiroga en sortant de derrière l'érable et entrant dans la clairière.

— Ah! ah! señor don Torribio Quiroga, soyez le bienvenu. Vous écoutiez donc aussi?

— Cuerpo de Cristo! si j'écoutais! Je le crois bien! J'ai profité de l'occasion pour m'édifier sur don Fernando.

— Eh bien! maintenant que vous avez entendu sa conversation, qu'en pensez-vous?

— Ce caballero me paraît un assez ténébreux scélérat, mais, Dieu aidant, nous ruinerons ses trames pleines d'ombre.

— Ainsi soit-il! murmura le Verado avec un soupir.

— Et d'abord, que comptez-vous faire, vous?

— Moi, ma foi! je l'ignore; j'ai des bourdonnements dans les oreilles; comprenez-vous qu'ils veulent me tuer sans bruit? A mon avis, Pablito et Carlocho sont sans contredit les plus hideux sacripants de la prairie.

— Bah! je les connais de longue date; à cette heure ils m'inquiètent médiocrement.

— Moi, je vous avoue qu'ils m'inquiètent beaucoup, au contraire.

— Allons donc, vous n'êtes pas encore mort, que diable!

— Ma foi! je n'en vaux guère mieux, je suis littéralement entre le diable et la mort.

— Ta, ta, ta! auriez-vous peur, vous le plus hardi chasseur de jaguars que je sache?

— Un jaguar n'est après tout qu'un jaguar, on en a raison avec une balle, mais les deux *birbones* que don Fernando m'a si sournoisement lâchés aux jambes sont de véritables démons sans foi ni loi, qui *couperaient*[1] leur père pour une petite mesure de pulque.

— C'est vrai : allons donc au plus pressé. Pour des raisons qu'il est inutile de vous faire connaître, je porte énormément d'intérêt à don Pedro de Luna et surtout à sa charmante fille. Don Fernando Carril, d'après ce que nous avons appris, ourdit contre cette famille quelque infernal complot que je veux déjouer : êtes-vous décidé à me prêter main-forte? Deux hommes peuvent beaucoup, qui à eux deux n'ont qu'une volonté.

— Ainsi, c'est une association que vous me proposez, don Torribio?

— Donnez à cela le nom que vous voudrez, mais répondez-moi promptement.

— Alors, franchise pour franchise, don Torribio, reprit le Verado après un instant de réflexion. Ce matin, j'aurais refusé net votre proposition, ce soir je l'accepte, car je n'ai plus rien à ménager. La position est complètement changée pour moi. Me tuer sans bruit, vive Dios! je me vengerai! Je suis à vous, don Torribio, comme mon couteau est à son manche; à vous corps et âme, foi de vaquero!

— A merveille! Je vois que nous nous entendrons facilement.

— Dites que nous nous entendons déjà, et vous n'avancerez rien de trop.

— Soit, mais il faut bien prendre nos précautions pour réussir; le gibier que nous voulons chasser n'est pas facile. Connaissez-vous un lepero nommé Tonillo el Zapote?

— Si je connais Tonillo! s'écria le vaquero; je le crois bien! c'est mon compère!

— De mieux en mieux; ce Tonillo est un homme résolu auquel on peut se fier sans crainte.

— Pour cela, c'est la vérité pure, et de plus un caballero qui a d'excellents principes.

— En effet; cherchez-le, puis ce soir, rendez-vous avec lui une heure après le coucher du soleil au Callejon de las Minas.

— Parfaitement, je vois cela d'ici, nous y serons.

— Alors, entre nous trois, nous dresserons notre plan de contre-mine.

— Oui, et soyez tranquille, Tonillo et moi nous trouverons un moyen de vous délivrer de cet homme qui veut me tuer sans bruit.

— Il paraît que cela vous tient au cœur, hein?

— Dame! mettez-vous à ma place; enfin, qui vivra verra, don Fernando n'en est pas où il croit avec moi.

— Ainsi voilà qui est convenu, ce soir au Callejon avec Tonillo.

— Quand je devrais l'amener de force, nous nous y trouverons tous deux.

---

1. Les Mexicains emploient cette expression énergique pour dire assassiner. (G. A.)

— Maintenant, il ne nous reste plus qu'à aller chacun à nos affaires.
— C'est juste; de quel côté vous dirigez-vous?
— Je me rends tout droit à l'hacienda de don Pedro de Luna.
— Croyez-moi, don Torribio, ne lui parlez de rien.
— Pourquoi me dites-vous cela, Verado?
— Parce que don Pedro, bien que ce soit un excellent homme et un parfait caballero, a peut-être un peu les idées arriérées, et que probablement il chercherait à vous dissuader de votre projet.
— Vous pourriez avoir raison; mieux vaut qu'il ignore le service que je veux lui rendre.
— Oui, oui, cela vaut mieux. Ainsi, don Torribio, à ce soir, alors.
— A ce soir, au Callejon; adieu et bonne chance!

Les deux hommes se séparèrent. Don Torribio Quiroga descendit à grands pas le chemin du pueblo pour aller reprendre sa monture chez le pulquero, à qui il l'avait confiée, tandis que le Verado, dont le cheval était caché aux environs, se mettait en selle et s'éloignait en galopant avec fureur, tout en grommelant entre ses dents serrées par la colère :

— Me tuer sans bruit! A-t-on jamais vu une idée pareille! Nous verrons, *mil rayos!*

IX

DOÑA HERMOSA

Le Cœur-de-Pierre ne s'était pas trompé lorsqu'il avait annoncé à ceux qu'il guidait que la poussière soulevée au loin dans le désert l'était par des serviteurs de leur hacienda; en effet, à peine le chasseur s'était-il éloigné depuis quelques minutes que le nuage de poussière qui se rapprochait rapidement se fendit tout à coup et laissa voir une nombreuse troupe de vaqueros et de peones bien armés qui accouraient de toute la vitesse de leurs chevaux.

A deux longueurs de cheval en avant galopait don Estevan Diaz, qui ne cessait de gourmander ses compagnons et de les exciter à redoubler encore la célérité de leur allure.

Bientôt les deux troupes se joignirent et se confondirent en une seule.

Estevan Diaz, ainsi que l'avait prévu don Pedro, s'était inquiété de l'absence prolongée de son maître; redoutant qu'il ne lui fût arrivé malheur, il avait en toute hâte rassemblé les hommes les plus résolus de l'hacienda, et, se mettant à leur tête, il avait immédiatement commencé des recherches et exploré le désert dans toutes les directions.

Cependant, sans l'heureux hasard qui avait fait rencontrer aux voyageurs le Cœur-de-Pierre au moment où les forces et le courage leur manquaient à la fois, il est probable que ces recherches n'auraient produit aucun résultat et que les sombres annales de la prairie auraient enregistré une lugubre et horrible tragédie de plus.

La joie de don Estevan et de ses compagnons fut grande en retrouvant ceux qu'ils craignaient de ne plus revoir, et l'on reprit gaîment le chemin de l'hacienda on l'on arriva deux heures plus tard.

A peine eut-elle mis pied à terre que, prétextant la fatigue qu'elle avait éprouvée, doña Hermosa se retira dans son appartement.

Lorsqu'elle fut enfin dans sa fraîche chambre à coucher de jeune fille, si calme et si gaie, doña Hermosa salua d'un regard ces meubles qu'elle chérissait, et, par un mouvement d'instinctive reconnaissance, elle alla s'agenouiller près de la statue de la Vierge qui, placée dans un angle de l'appartement et entourée de fleurs, semblait veiller sur elle.

La prière que la jeune fille adressa à la Vierge fut longue, bien longue ; pendant près d'une heure elle demeura ainsi agenouillée et murmurant des paroles que nul, si ce n'est Dieu, ne pouvait entendre.

Enfin elle se releva lentement comme à regret, fit un dernier signe de croix, et traversant la salle, elle se laissa tomber sur un canapé où elle se blottit dans un flot de mousseline comme un bengali dans un lit de mousse.

Alors elle réfléchit profondément.

Qui pouvait si sérieusement absorber l'esprit jusqu'alors si gai et si insoucieux de cette jeune fille, dont la vie n'avait été depuis sa naissance qu'une suite non interrompue de joie douce, pour laquelle le ciel toujours avait été sans nuage, le passé sans regrets et l'avenir sans appréhensions ? Pourquoi ses bruns sourcils se fronçaient-ils si opiniâtrément, creusant sur son front pur une imperceptible ride, que la pensée rendait d'instant en instant plus profonde ?

Nul n'aurait pu le dire, Hermosa elle-même aurait peut-être été fort embarrassée de l'expliquer.

C'est que, sans se rendre compte de la métamorphose qui se faisait en elle, doña Hermosa s'éveillait comme d'un long sommeil, son cœur battait plus vite, son sang coulait plus rapide dans ses artères, un flot de pensées inconnues lui montait du cœur au cerveau et lui causait une espèce de vertige ; en un mot, la jeune fille se sentait devenir femme !

Une inquiétude vague, sans cause apparente, une irritabilité fébrile, l'agitaient tour à tour ; parfois un sanglot étouffé lui déchirait la gorge, et une larme brûlante perlait au coin de sa paupière ; puis soudain ses lèvres purpurines s'écartaient sous l'effort d'un charmant sourire, reflet de ces pensées qu'elle ne pouvait définir et qui l'obsédaient sans qu'il lui fût possible de les chasser et de retrouver ce calme et cette insouciante gaieté qu'elle avait perdus peut-être pour toujours.

— Oh ! s'écria-t-elle tout à coup en faisant un bond de biche effarouchée, je veux le connaître !

La jeune fille venait enfin, à son insu, de laisser échapper le mot de l'énigme ; sous l'obsession de son agitation intérieure, elle aimait, ou du moins l'amour était sur le point de se révéler à elle.

A peine eut-elle laissé échapper les paroles que nous avons rapportées, qu'elle rougit, baissa les yeux et, se levant, alla en courant, par un mouve-

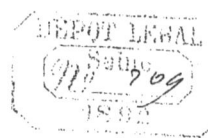

Après quelques minutes de marche ils aperçurent la grotte naturelle dont il leur avait parlé.

ment plein d'une naïve pudeur de jeune fille, tirer devant la statue de la Vierge le voile destiné à la cacher.

La Vierge, confidente habituelle des pensées de la jeune fille, ne devait plus savoir les secrets de la femme ! Cette nuance délicate pleine de sainte croyance, Hermosa l'avait immédiatement saisie; peut-être doutait-elle d'elle-même, et le sentiment qui s'était si soudainement révélé dans son cœur avec une si grande violence ne lui semblait-il pas assez pur pour qu'elle en confiât les désirs et les espoirs à celle à qui jusqu'alors elle avait tout avoué ?

Plus calme après cette action que, dans sa superstitieuse ignorance, elle croyait devoir la dérober à l'œil clairvoyant de sa céleste protectrice, doña Hermosa regagna sa place après avoir appuyé son doigt mignon sur un timbre.

A cet appel, la porte s'entr'ouvrit doucement, et une charmante chola[1] passa sa figure mutine dans l'entre-bâillement, d'un œil interrogateur.

— Entre, chica, dit sa maîtresse en lui faisant signe de s'approcher.

La chola, svelte jeune fille à la taille cambrée et à la peau légèrement bistrée, comme toutes les métisses, vint s'agenouiller gracieusement aux pieds de sa maîtresse, et, fixant sur elle son grand œil noir :

— Que désirez-vous, niña? demanda-t-elle en souriant.

— Rien, Clarita, répondit évasivement celle-ci, te voir, causer avec toi un instant.

— Oh ! quel bonheur ! fit la folle enfant en frappant joyeusement ses mains l'une contre l'autre, il y a si longtemps que je ne vous ai vue, niña !

— As-tu été bien inquiète de mon absence, Clarita?

— Pouvez-vous le demander, señorita? moi qui vous aime comme une sœur ; il paraît que vous avez couru de grands dangers ?

— Qui dit cela ? fit-elle distraitement.

— Tout le monde, on ne parle que de ce qui vous est arrivé dans la prairie ; tous les peones ont quitté le travail pour avoir des nouvelles ; l'hacienda est en révolution.

— Ah !

— Pendant les deux jours où vous avez été absente, nous ne savions à quel saint nous vouer ; j'ai fait vœu d'un anneau d'or à ma bonne patronne santa Clara.

— Merci ! répondit-elle en souriant.

— C'est surtout don Estevan Diaz qu'il fallait voir : il ne pouvait tenir en place ; le pauvre jeune homme était comme fou ; il s'accusait de ce qui vous était arrivé, il se frappait la poitrine en soutenant qu'il aurait dû désobéir à votre père et demeurer auprès de vous malgré ses ordres.

— Pauvre Estevan ! dit la jeune fille, qui pensait à autre chose et que le bavardage de sa camériste commençait à fatiguer, il m'aime comme un frère.

— Ça, c'est vrai ! aussi il a juré sur sa tête que cela ne vous arriverait plus et qu'il ne vous quitterait jamais maintenant.

— Oh ! oh ! il a donc eu bien peur pour moi?

— Vous ne pouvez vous l'imaginer, niña ! d'autant plus qu'il paraît que vous étiez tombés entre les mains du plus féroce pirate de la prairie.

— Cependant, je t'assure, chica, que l'homme qui nous a abrités nous a comblés de soins et d'attentions.

— C'est ce que dit votre père ; mais don Estevan soutient qu'il connaît cet

---

1. Femme de couleur, presque blanche. (G. A.)

homme de longue date, que sa bonté était feinte et qu'elle cachait quelque infernale trahison.

Doña Hermosa était subitement devenue rêveuse.

— Don Estevan est un fou, dit-elle; son amitié pour moi l'égare; je suis convaincue qu'il se trompe. Mais tu me fais songer qu'à peine arrivée je me suis échappée sans lui adresser un mot de remerciement; je veux réparer cet oubli involontaire. Est-il encore à l'hacienda?

— Je crois que oui, señorita.

— Va t'en assurer, et, s'il ne s'est pas encore retiré, prie-le de me venir trouver.

La cameriste se leva et sortit.

— Puisqu'il le connaît, murmura la jeune fille dès qu'elle fut seule, il faudra bien qu'il parle et qu'il m'apprenne ce que je veux savoir.

Et elle attendit impatiemment le retour de sa messagère.

Celle-ci semblait avoir deviné l'impatience de sa maîtresse, tant elle mit de hâte à s'acquitter de sa commission; dix minutes à peine s'étaient écoulées depuis sa sortie lorsqu'elle annonça don Estevan.

Nous l'avons dit, don Estevan était un beau jeune homme, au cœur de lion, à l'œil d'aigle, dont les manières pleines de grâce et de désinvolture décelaient la race.

Il entra en saluant la jeune fille avec une familiarité de bon goût autorisée par ses longues et intimes relations avec elle, puisqu'il l'avait pour ainsi dire vue naître.

— Ah! Estevan, mon ami, lui dit-elle en lui tendant joyeusement la main, je suis bien heureuse de vous voir; asseyez-vous et causons.

— Causons, répondit le jeune homme en s'associant avec joie à la gaîté de doña Hermosa.

— Donne un siège à Estevan, chica, et va-t'en, je n'ai pas besoin de toi.

La cameriste obéit sans répliquer.

— Oh! que j'ai de choses à vous dire, mon ami! reprit la jeune fille.

Estevan Diaz sourit.

— D'abord, continua-t-elle, excusez-moi de m'être échappée; j'avais besoin d'être seule afin de remettre un peu d'ordre dans mes idées.

— Je comprends cela, ma chère Hermosa.

— Ainsi, vous ne m'en voulez pas, Estevan?

— Pas le moins du monde, je vous assure.

— Bien vrai? fit-elle avec une petite moue semi-sérieuse.

— Ne parlons plus de cela, je vous en prie, ma chère enfant; on n'est pas exposé à des dangers comme ceux que vous avez courus sans que l'esprit s'en ressente longtemps après.

— Oh! maintenant, c'est fini, je vous assure; d'ailleurs, entre nous, mon bon Estevan, ces dangers n'ont pas été aussi grands que votre amitié pour moi vous le fait supposer.

Le jeune homme hocha la tête d'un air peu convaincu.

— Vous vous trompez, niña, dit-il, ces dangers ont été, au contraire, beaucoup plus sérieux que vous ne sauriez le croire.

— Mais non, Estevan, je vous assure, les gens que nous avons rencontrés nous ont offert la plus cordiale hospitalité.

— J'admets cela, mais je ne vous répliquerai que par une seule question.

— Faites, et, si je le puis, j'y répondrai.

— Savez-vous le nom de l'homme qui vous a offert cette cordiale hospitalité? dit-il en appuyant avec affectation sur les derniers mots.

— Je vous avoue que je l'ignore et que, qui plus est, je n'ai pas songé à le lui demander.

— Vous avez eu tort, señorita, car il vous eût répondu qu'il se nommait le Chat-Tigre.

— Le Chat-Tigre ! s'écria-t-elle en pâlissant, cet effroyable scélérat qui, depuis tant d'années, répand la terreur sur ces frontières ! Oh! vous vous méprenez, Estevan, ce ne peut être lui.

— Non, señorita, je ne me méprends pas, je suis certain de ce que j'avance; les renseignements que votre père m'a donnés ne me laissent aucun doute à cet égard.

— Mais comment se fait-il alors que cet homme nous ait si bien reçus et qu'il n'ait pas cherché à profiter de l'occasion qui nous livrait en son pouvoir?

— Nul ne peut sonder les replis ténébreux du cœur de cet homme. D'ailleurs, qui vous prouve qu'il ne vous ait pas tendu un piège? n'avez-vous pas été poursuivis par les Peaux-Rouges?

— C'est vrai, mais nous leur avons échappé, grâce au dévouement de notre guide, dit-elle avec un léger tremblement dans la voix.

— Vous avez raison, fit le jeune homme avec ironie; mais ce guide lui-même, savez-vous qui il est?

— Malgré les plus instantes prières de mon père, il a constamment refusé de lui dire son nom.

— Il a eu certes raison d'agir ainsi, niña, parce que ce nom vous eût fait frissonner de terreur.

— Mais qui est donc cet homme, alors?

— C'est le fils du Chat-Tigre, celui qu'on nomme le Cœur-de-Pierre.

La jeune fille se recula avec un mouvement instinctif de frayeur en se cachant le visage dans ses mains.

— Oh! mais c'est impossible ! s'écria-t-elle, cet homme ne peut être un monstre, lui qui s'est montré si fidèle, si dévoué, qui m'a sauvé la vie, enfin !

— Comment! fit vivement le jeune homme, que voulez-vous dire? il vous a sauvé la vie?

— Ne le saviez-vous donc pas? mon père ne vous l'a pas raconté?

— Non, don Pedro ne m'a rien dit de cela.

— Alors je vous le dirai, moi, Estevan, car, quel que soit cet homme, justice lui doit être rendue; si je ne suis pas morte dans des souffrances horribles, c'est à lui, à lui seul que je le dois.

— Expliquez-vous, au nom du ciel, Hermosa!

— Lorsque nous errions dans la forêt, reprit-elle avec une agitation extrême, en proie à un violent désespoir, attendant la mort qui ne devait pas tarder à venir, je me sentis tout à coup piquée au pied par un serpent de la plus dangereuse espèce; dans le premier moment, je surmontai ma douleur, afin de ne pas augmenter le découragement de mes compagnons.

— Oh! s'écria-t-il, je vous reconnais bien là, niña, forte et courageuse.

— Oui, reprit-elle avec un sourire triste, mais écoutez : bientôt la douleur devint si aiguë que, malgré ma résolution, les forces me manquèrent; ce fut à ce moment que Dieu nous envoya celui que vous nommez le Cœur-de-Pierre. Le premier soin de cet homme fut de venir à mon secours.

— C'est étrange! murmura Estevan Diaz d'un air pensif.

— Au moyen de je ne sais quelles feuilles il parvint à neutraliser si bien l'effet du poison que, quelques heures à peine après avoir été piquée, je ne souffrais plus de ma blessure, et aujourd'hui je suis complètement guérie. Nierez-vous maintenant que je lui doive la vie?

— Non, répondit-il avec une loyale franchise, car il vous a sauvée, en effet; seulement dans quel but, voilà ce que je ne puis deviner.

— Mais dans celui de me sauver, par humanité tout simplement; du reste, sa conduite postérieure l'a suffisamment prouvé : si nous avons échappé aux Apaches qui nous poursuivaient, c'est à lui seul que nous le devons.

— Tout ce que vous me dites, niña, me semble un rêve incompréhensible; je ne sais, en vous écoutant, si je dors ou si je veille.

— Mais cet homme a donc commis des actions bien infâmes, que vous en ayez une si mauvaise opinion?

Estevan Diaz ne répondit pas, il sembla embarrassé. Il y eut un instant de silence.

— Parlez, mon ami, reprit-elle avec une certaine animation, dites-moi ce que vous savez de cet homme envers lequel j'ai contracté une aussi importante obligation : j'ai le droit de le connaître.

— Je serai franc avec vous, Hermosa, répondit enfin le jeune homme; il faut, en effet, que vous connaissiez votre sauveur; je vous en dirai tout ce que j'en sais moi-même; peut-être, plus tard, ces renseignements vous seront-ils utiles, si la fatalité vous remet en présence de cet homme extraordinaire.

— Parlez, mon ami, parlez, je vous écoute.

— Hermosa, reprit-il, prenez garde, ne vous laissez pas imprudemment entraîner aux élans de votre cœur. Ne vous préparez pas de cuisants chagrins pour l'avenir. Le Cœur-de-Pierre est, ainsi que je vous l'ai dit, le fils du Chat-Tigre. De son père, je n'ai rien à vous apprendre. Ce monstre à face humaine s'est fait une trop sanglante renommée pour qu'il soit nécessaire d'entrer dans aucun détail à son sujet. La renommée du père a naturellement rejailli sur le fils et répandu autour de lui une auréole de meurtre et de pillage qui l'a fait presque aussi redouté que son père; pourtant, pour être juste envers ce jeune homme, je dois avouer que, bien qu'on l'accuse d'une foule de méfaits et de crimes odieux, cependant il a été jusqu'à présent impossible d'articuler contre lui aucune accusation positive, et que tout ce qui se raconte sur lui est enveloppé d'un impénétrable mystère; chacun, sans pouvoir l'affirmer avec certitude, rapporte sur son compte les plus odieuses histoires.

— Ah! fit-elle en respirant avec force, elles ne sont pas vraies.

— Ne vous hâtez pas de l'innocenter, Hermosa ; souvenez-vous qu'au fond de toute supposition se cache une vérité. D'ailleurs, le métier même de cet homme pourrait à la rigueur servir de preuve contre lui et témoigner de son naturel farouche.

— Je ne vous comprends pas, Estevan. Quel est donc ce métier si affreux ?

— Le Cœur-de-Pierre est chasseur d'abeilles.

— Comment ! chasseur d'abeilles, interrompit-elle en riant : mais je ne vois là rien que de très inoffensif.

— Oui, le nom est doux à l'oreille, le métier en lui-même est en effet des plus inoffensifs, mais les abeilles, ces sentinelles avancées de la civilisation qui, au fur et à mesure que les Blancs envahissent l'Amérique, s'enfoncent dans les prairies et se réfugient dans les plus inabordables déserts, exigent dans les hommes qui leur donnent la chasse une organisation toute spéciale, un cœur de bronze dans un corps de fer, une résolution à toute épreuve, un courage indomptable et une implacable volonté.

— Pardonnez-moi de vous interrompre, Estevan, mais dans tout ce que vous me dites là je ne vois rien que de très honorable pour les hommes qui se dévouent à faire un aussi périlleux métier.

— Oui, répondit-il, votre observation serait juste si ces hommes, à demi sauvages à cause de la vie qu'ils mènent, sans cesse en butte aux plus grands dangers, obligés de lutter continuellement pour défendre leur vie contre les Peaux-Rouges et les bêtes fauves qui les menacent continuellement, n'avaient pas contracté, malgré eux peut-être, une telle habitude de verser le sang, une si froide cruauté, en un mot, que le mépris de la vie humaine est arrivé chez eux à un si extrême degré, qu'ils tuent un homme avec autant d'indifférence qu'ils enfument un arbre d'abeilles, et que souvent, par passe-temps, par plaisir, ils tirent sur le premier individu venu, blanc ou rouge, comme sur une cible : aussi les Indiens les redoutent-ils bien plus que les animaux les plus féroces, et, à moins qu'ils ne soient en grand nombre, fuient-ils devant un chasseur d'abeilles avec plus de frayeur et de précipitation qu'ils ne le feraient devant un ours gris, cet hôte si redouté des forêts américaines. Croyez bien, niña, que je n'exagère rien ; il résulte de ce que je vous ai dit que, lorsque ces hommes reparaissent sur les frontières, leur arrivée cause une panique générale, car ils ne marchent que dans une voie sanglante et jalonnée de cadavres, tombés la plupart sous les plus frivoles prétextes ; en un mot, chère enfant, les chasseurs d'abeilles sont des êtres complètement en dehors de l'humanité, qui ont tous les vices des Blancs et des Peaux-Rouges, sans avoir aucune des qualités de ces deux races, qui toutes deux les renient et les repoussent avec horreur.

— Estevan, répondit la jeune fille avec gravité, j'ai sérieusement écouté les explications que vous m'avez données ; je vous en remercie ; seulement je vous avoue que dans mon opinion elles ne prouvent rien, ni pour, ni contre, à l'égard de l'homme sur le compte duquel je vous interroge. Que les chasseurs d'abeilles soient des demi-sauvages d'une profonde cruauté, cela est possible, cela est vrai même, je vous l'accorde ; mais ne peut-il pas se trouver parmi eux des cœurs grands et loyaux, des caractères généreux ? Vous m'avez parlé de la généralité : qui me dit que le Cœur-de-Pierre n'est pas l'exception ? Sa conduite m'oblige à le supposer. Je ne suis qu'une jeune fille ignorante et sans expérience, mais, s'il m'était permis de parler à cœur ouvert, de dire franchement mon opinion, je vous répondrais :

« — Mon ami, cet homme, fatalement condamné depuis sa naissance à une vie de honte et d'épreuves, a vaillamment lutté contre le courant qui l'entraînait et l'enivrement des mauvais exemples qui sans cesse l'assaillaient de toutes parts ; fils d'un père criminel, associé malgré lui à des bandits pour lesquels tout frein est insupportable et qui ont rejeté loin d'eux tout sentiment d'honneur, au lieu d'imiter leur conduite, de piller, d'incendier et d'assassiner à leur suite, il a préféré embrasser une carrière de périls continuels ; son cœur est resté bon, et, lorsque le hasard lui a fourni l'occasion de faire une bonne action, il l'a saisie avec empressement et avec joie : voilà ce que je vous dirais, Estevan, et, si comme moi vous aviez pendant deux jours entiers étudié cet homme étrange, vous seriez, j'en suis convaincue, de mon avis, et vous reconnaîtriez qu'il est plus digne de pitié que de blâme, car, entouré de bêtes féroces, il a su rester un homme.

Le jeune homme demeura un instant pensif, puis il se pencha vers la jeune fille, prit sa main qu'il serra dans la sienne et, la regardant avec une tendre pitié :

— Je vous plains et vous admire, Hermosa, lui dit-il doucement : vous êtes bien telle que je vous ai jugée, moi qui, depuis votre naissance, suis avec tant d'intérêt les développements de votre caractère ; la femme tient toutes les promesses de la jeune fille et de l'enfant ; vous avez le cœur noble, les sentiments élevés, vous êtes enfin une créature complète, une âme d'élite. Je ne vous blâme pas de suivre les élans de votre cœur, vous obéissez à cet instinct du beau et du bon qui vous maîtrise malgré vous ; mais hélas ! chère enfant, je suis votre frère aîné, j'ai plus que vous l'expérience ; l'horizon me semble bien noir ; sans rien préjuger de ce que nous prépare l'avenir, laissez-moi vous adresser une prière.

— Une prière, vous, Estevan ! répondit la jeune fille avec émotion, oh ! parlez, ami, parlez, je serais si heureuse de faire quelque chose qui vous plaise !

— Merci ! Hermosa, mais la prière que je vous adresse ne se rapporte aucunement à moi, elle est toute dans votre intérêt.

— Raison de plus pour que je vous l'accorde alors, fit-elle avec un gracieux sourire.

— Écoutez, enfant : les événements de ces deux jours ont complètement changé votre vie et fait germer dans votre âme des sentiments dont, jusqu'à présent, vous ignoriez l'existence ; toujours vous avez eu en moi la confiance la plus entière, je vous demande la continuation de cette confiance ; je n'ai d'autre désir que celui de vous voir heureuse ; toutes mes pensées, toutes mes actions tendent à ce but ; ne croyez pas que je songe jamais à vous trahir ou à contrarier vos projets ; si je tiens à être votre confident, c'est afin de vous aider de mes conseils et de mon expérience, de vous sauvegarder contre vous-même et de vous faire échapper aux pièges qui, dans un avenir prochain, seront peut-être tendus à votre naïve loyauté : me promettez-vous de faire ce que je vous demande?

— Oui, reprit-elle sans hésitation en le regardant bien en face, je vous le promets, Estevan, mon frère, car vous êtes bien réellement un frère pour moi; quoi qu'il arrive, je n'aurai jamais de secrets pour vous.

— Merci! Hermosa, dit le jeune homme en se levant; j'espère vous prouver bientôt que je suis digne de ce nom de frère que vous me donnez. Venez après-demain, dans l'après-dîner, au rancho de ma mère, j'y serai; peut-être pourrai-je alors vous apprendre certaines choses que je n'ai pu aujourd'hui que vous laisser entrevoir.

— Que voulez-vous dire, Estevan? s'écria-t-elle avec agitation.

— Rien, quant à présent, chère enfant; laissez-moi agir à ma guise.

— Quel est votre projet? que voulez-vous faire? Oh! mon ami, n'attachez pas à ce que je vous ai dit une plus grande importance que je n'en attache moi-même; je me suis, malgré moi, laissé entraîner à vous dire des choses dont vous auriez grand tort de tirer des conséquences...

— Rassurez-vous, Hermosa, interrompit-il en souriant, je ne tire aucune conséquence fâcheuse pour vous de notre conversation; j'ai compris que vous aviez voué une grande reconnaissance à l'homme auquel vous devez la vie, que vous seriez heureuse de savoir que cet homme n'est pas indigne du sentiment qu'il vous inspire, pas autre chose.

— C'est cela en effet, mon ami; je crois que ce désir est naturel et que nul ne le peut blâmer.

— Certes, chère enfant, je ne le blâme pas pour ma part, loin de là; seulement, comme je suis un homme, que je puis faire bien des choses qui, à vous femmes, vous sont interdites, eh bien! je vais tâcher de soulever le voile mystérieux qui recouvre la vie de votre libérateur, afin de pouvoir vous dire positivement s'il est ou s'il n'est pas digne de l'intérêt que vous lui portez.

— Oh! faites cela, Estevan, et je vous en remercierai du fond du cœur.

Le jeune homme ne répondit que par un sourire à cet élan passionné de doña Hermosa, et, après l'avoir saluée, il ouvrit la porte et sortit.

Dès qu'elle fut seule, elle cacha sa tête dans ses mains et fondit en larmes.

Regrettait-elle la confidence à laquelle elle s'était laissé entraîner?

Ou bien avait-elle peur d'elle-même?

C'est aux femmes seules, et aux femmes hispano-américaines, si impressionnables, et dans les veines desquelles coule la lave de leurs volcans, qu'il est permis de décider cette question.

Don Fernando Carril, ainsi que nous l'avons dit, après sa conversation avec les deux vaqueros, prit au galop de son cheval le chemin qui conduisait au pueblo, mais, arrivé à cent pas environ des premières maisons, au lieu de continuer son chemin, il avait peu à peu ralenti l'allure de sa monture et ne s'était plus avancé qu'au pas, en jetant à droite et à gauche des regards inves-

Il appuya froidement l'anneau du pistolet sur sa tempe droite.

tigateurs, comme s'il se fût attendu à rencontrer quelqu'un qu'il espérait voir.

— Mais, si telle était sa pensée, elle ne semblait pas devoir se réaliser, car le chemin était complètement désert aussi loin que la vue pouvait s'étendre dans toutes les directions.

X

EL AS DE COPAS

Don Fernando serra la bride, et pendant quelques minutes il demeura immobile comme une statue équestre sur son socle de marbre.

— Il ne viendra pas, murmura-t-il au bout d'un instant. M'aurait-on trompé ? oh ! non, c'est impossible.

Jetant alors comme par acquit de conscience un dernier regard autour de lui, il lâcha la bride à son cheval, mais aussitôt, par un mouvement brusque, il le retint et lui fit exécuter une courbette et se cabrer de douleur : don Fernando venait d'apercevoir deux cavaliers qui se dirigeaient vers lui : l'un venait du pueblo, l'autre suivait la route que quelques instants auparavant lui-même avait parcourue.

— Allons, allons, tout va bien, murmura-t-il, voici don Torribio Quiroga ; mais quel est cet autre cavalier ? ajouta-t-il en se tournant vers l'homme qui sortait du pueblo.

Ses sourcils se froncèrent, il sembla hésiter un instant, mais bientôt il se redressa, sourit avec ironie et, tout en disant à demi-voix : « Il vaut mieux qu'il en soit ainsi, » il fit exécuter une demi-conversion à son cheval, et se plaça en travers juste au milieu de la route, de façon à barrer complètement le passage.

Les deux arrivants, qui suivaient avidement chacun de ses gestes, remarquèrent fort bien l'apparence hostile de la position prise par don Fernando, mais aucun d'eux ne sembla s'en inquiéter, et ils continuèrent à s'avancer du même pas qu'auparavant.

Le cavalier sortant du pueblo était beaucoup moins éloigné que don Torribio de don Fernando : aussi bientôt se trouva-t-il tout auprès de lui.

Les Mexicains, quel que soit le rang qu'ils occupent dans la société et l'éducation qu'ils aient reçue, possèdent tous un instinctif sentiment des convenances qui ne les trompe jamais et une politesse raffinée qui ferait envie à bien des habitants du vieux monde.

Aussitôt que don Fernando vit l'étranger à portée de voix, il dérangea légèrement la position de son cheval, mit le chapeau à la main, et s'inclinant profondément :

— Señor caballero, dit-il, daignez me permettre de vous adresser une question.

— Caballero, répondit l'étranger avec non moins de politesse, c'est trop d'honneur que vous me faites.

— Je me nomme don Fernando Carril.

— Et moi don Estevan Diaz.

La présentation était faite, les deux cavaliers se saluèrent de nouveau et remirent leurs chapeaux.

— Señor don Estevan, je suis heureux de vous connaître ; avez-vous dix minutes à perdre dans ma compagnie ?

— Señor don Fernando, quelque pressé que je fusse, je m'arrêterais afin de jouir de votre charmante société.

— Vous êtes mille fois bon, caballero, et je vous en remercie, voici en deux mots ce dont il s'agit : le caballero qui vient là-bas est le señor…

— Don Torribio Quiroga, je le connais, interrompit don Estevan.

— Tant mieux alors, cela ira tout seul. Donc cette personne, fort honorable, du reste, se trouve par une étrange fatalité être mon ennemi intime.

— Voilà qui est fâcheux.

— N'est-ce pas ? Enfin, que voulez-vous ? c'est ainsi : tellement mon ennemi intime, que quatre fois il a déjà cherché à me faire assassiner, et m'a contraint de servir à mon insu de cible à des bandits.

— C'est fâcheux, il joue de malheur avec vous, señor don Fernando.

— C'est la réflexion que j'ai faite, et, comme je désire en finir avec lui, j'ai pris la résolution de lui offrir un moyen de sortir d'embarras.

— Ceci est véritablement l'acte d'un caballero.

— Dame ! je comprends combien il doit être furieux. Je serai charmé que vous consentiez à être témoin de la transaction que je suis résolu à lui proposer.

— Avec bonheur, caballero.

— Mille grâces, à charge de revanche. Mais voici notre homme.

En effet, pendant ce court entretien, don Torribio Quiroga avait continué à s'avancer, et il ne se trouvait plus qu'à une courte distance des deux interlocuteurs.

— Valga me Dios ! s'écria-t-il de l'air le plus joyeux, je ne me trompe pas, c'est bien mon cher ami don Fernando Carril que j'ai la bonne fortune de rencontrer.

— Moi-même, cher ami, aussi heureux de ce hasard que vous-même pouvez l'être, répondit en s'inclinant don Fernando.

— Vive Dios ! puisque je vous tiens, je ne vous lâche plus ; nous allons marcher jusqu'au pueblo.

— Je le désirerais, don Torribio, mais, avant tout, j'ai, si vous me le permettez, quelques mots à vous dire qui, peut-être, s'opposeront à ce qu'il en soit ainsi.

— Parlez, parlez, cher seigneur ; vous ne pouvez me dire que des choses agréables que je serai heureux d'entendre devant mon ami Estevan.

— Don Fernando m'a en effet prié de demeurer auprès de lui afin d'assister à votre conversation, répondit le jeune homme.

— Voilà qui est on ne peut mieux ; parlez donc, cher seigneur.

— Si nous mettions pied à terre, señores ? observa don Estevan, la conversation risque de se prolonger.

— Parfaitement raisonné, caballero, répondit don Fernando. Je connais ici près une grotte où nous serons on ne saurait plus à notre aise pour causer ; ce n'est qu'à deux pas.

— Rendons-nous-y le plus tôt possible, dit en souriant don Torribio.

Les trois cavaliers quittèrent alors la route frayée, et, faisant un crochet sur la droite, ils se dirigèrent vers un petit bois de platanes et de mezquites peu éloigné.

Celui qui les eût vus marcher ainsi côte à côte, causant et souriant entre eux, les eût pris incontestablement pour des amis intimes charmés de se rencontrer; cependant il n'en était rien, ainsi que le lecteur le verra bientôt.

Ainsi que l'avait annoncé don Fernando, après quelques minutes de marche ils atteignirent le bois et aperçurent la grotte naturelle dont il leur avait parlé.

Cette grotte s'ouvrait sur le penchant d'une colline peu élevée, ses proportions étaient assez étroites ; tapissée de verdure à l'extérieur ainsi qu'à l'intérieur, c'était un délicieux lieu de repos pour laisser passer la chaleur étouffante du milieu du jour.

Les cavaliers mirent pied à terre, ôtèrent la bride de leurs chevaux afin de les laisser paître en liberté, puis ils entrèrent dans la grotte et respirèrent avec un sentiment de bien-être indicible la fraîcheur qu'y entretenait un mince filet d'eau qui suintait entre ses parois avec un mélancolique murmure, fraîcheur qui contrastait avec l'atmosphère ardente à laquelle ils étaient précédemment exposés.

Ils jetèrent leurs zarapés sur le sol, s'étendirent confortablement et allumèrent leurs pajillos de maïs.

— Ah ! fit don Torribio, je vous suis réellement reconnaissant, don Fernando, d'avoir pensé à cette délicieuse retraite; maintenant, s'il vous plaît de vous expliquer, je vous écouterai avec le plus grand plaisir.

— Señor don Torribio Quiroga, répondit don Fernando, je suis réellement confus de tant de courtoisie, et, si je n'étais pas votre ennemi le plus implacable, le ciel m'est témoin que je serais votre ami le plus cher.

— Hélas ! le ciel en a disposé autrement ! soupira don Torribio.

— Je le sais, cher seigneur, et je le regrette de toute mon âme.

— Pas plus que moi, je vous jure !

— Enfin, puisqu'il en est ainsi, il nous faut tous deux en prendre notre parti.

— Hélas ! c'est ce que je tâche de faire, cher seigneur.

— Je le sais; aussi, dans votre intérêt comme dans le mien, ai-je résolu d'en finir.

— Je ne vois pas trop comment nous atteindrons ce résultat, à moins que l'un de nous ne consente à mourir.

— Cette haine a dû vous coûter assez d'argent déjà.

— Quatre cents piastres, que les coquins m'ont volées, puisque vous vivez encore, sans compter deux cents autres que je me propose d'offrir ce soir à un picaro qui m'a juré qu'il vous tuerait.

— C'est vraiment désolant : si cela continue ainsi, vous finirez par vous ruiner.

Don Torribio soupira sans répondre.

Don Fernando continua, en jetant sa cigarette consumée et se préparant à en tordre une autre :

— Pour ma part, cher seigneur, je vous avoue que, malgré la maladresse exemplaire des hommes que vous employez, je commence à me lasser de leur servir de cible au moment où j'y songe le moins.

— Je comprends cela ; c'est réellement fort désagréable.

— N'est-ce pas ? Alors, désirant, tout en conciliant nos intérêts communs, en finir une fois pour toutes, à force de me creuser la tête, je suis parvenu, je crois, à trouver un moyen d'arranger parfaitement les choses à notre satisfaction mutuelle.

— Ah ! ah ! voyons ce moyen, don Fernando ; je vous sais homme d'imagination, il doit être ingénieux.

— Mais non, il est fort simple au contraire ; jouez-vous quelquefois ?

— Peuh ! si rarement que ce n'est vraiment pas la peine d'en parler.

— C'est absolument comme moi ; voici donc la proposition que j'ai à vous faire ; il est évident que vous ne parviendrez pas à me faire assassiner.

— Vous croyez, cher seigneur ? dit don Torribio toujours souriant.

— J'en suis sûr, sinon vous auriez déjà réussi.

— Je l'admets, alors vous me proposez ?

— Ceci : nous allons prendre un jeu de cartes : le premier as de copas qui sortira, celui à qui il tombera aura gagné, il sera maître de la vie de son adversaire, qui sera obligé séance tenante de se brûler la cervelle.

— Eh, mais ! le moyen est assez ingénieux, en effet.

— Ainsi vous l'acceptez señor, don Torribio ?

— Pourquoi pas, cher seigneur, c'est une partie comme une autre, seulement elle est sans revanche ; voyons les cartes.

Alors il se trouva que ces trois honorables caballeros qui ne jouaient jamais avaient chacun un jeu de cartes dans la poche ; ils les étalèrent devant eux avec une telle spontanéité, qu'ils ne purent résister à éclater d'un rire homérique.

Nous avons dit quelque part que la passion du jeu est poussée au Mexique jusqu'à la frénésie ; la facilité de don Torribio à accepter la partie proposée par son ennemi n'a donc rien qui doive étonner ceux qui connaissent cet étrange peuple mexicain, si extrême en tout et pour lequel l'imprévu et l'extraordinaire ont toujours un attrait irrésistible.

— Un instant, señores ! dit don Estevan, qui, jusqu'alors, avait écouté sans prendre part à la conversation ; peut-être y a-t-il un autre moyen encore.

— Lequel ? s'écrièrent-ils ensemble en se tournant vivement vers lui.

— Votre haine est-elle si forte qu'elle ne puisse être satisfaite que par la mort de l'un de vous ?

— Oui ! répondit sourdement don Torribio.

Don Fernando répondit seulement par un signe de tête.

— Alors, reprit don Estevan, pourquoi, au lieu de vous en rapporter à l'aveugle hasard, ne vous battez-vous pas plutôt l'un contre l'autre ?

Les deux hommes firent un geste de dédain.

— Oh ! fit don Torribio, nous battre comme de misérables leperos, risquer de nous défigurer ou de nous estropier, ce qui serait pire que la mort ! pour ma part je n'y consentirai jamais.

— Ni moi non plus, il vaut mieux que le hasard décide.

— A votre aise, caballeros, fit don Estevan, agissez donc comme bon vous semblera.

— Mais, objecta don Torribio, qui tiendra les cartes?

— Ah! diable! c'est juste, répondit don Fernando, je n'avais pas songé à cela.

— Moi, si vous voulez, dit le jeune homme, d'autant plus que je suis, à part mon amitié pour vous deux, señores, complètement désintéressé dans la partie.

— En effet; seulement, afin d'éviter toute contestation, vous choisirez au hasard le jeu qui devra vous servir, observa don Torribio.

— Soit, placez les trois jeux sous un chapeau, je prendrai le premier venu.

— C'est cela! Quel malheur que vous n'ayez pas songé plus tôt à cette partie, don Fernando!

— Que voulez-vous, cher seigneur, l'idée ne m'en était pas venue.

Don Estevan se leva et sortit de la grotte, afin de donner aux deux adversaires toute facilité pour disposer les jeux sous le chapeau; ils rappelèrent le jeune homme au bout d'un instant.

— Ainsi, dit-il, vous êtes bien résolus à jouer cette partie?

— Oui, répondirent-ils.

— Vous jurez par ce qu'il y a au monde de plus sacré, quel que soit celui que le sort favorise, de subir dans toute sa rigueur l'arrêt du destin?

— Nous le jurons, don Estevan, *á fe* de caballeros!

— C'est bien, señores, reprit-il en passant la main sous le chapeau et prenant un jeu de cartes; et maintenant recommandez votre âme à Dieu, car d'ici à quelques minutes un de vous comparaîtra en sa présence.

Les deux hommes firent dévotement le signe de la croix et fixèrent anxieusement leurs regards sur le jeu fatal.

Don Estevan mêla les cartes avec le plus grand soin, puis il les fit successivement couper aux deux adversaires.

— Attention! señores, dit-il, je commence.

Ceux-ci, nonchalamment appuyés sur le coude, fumaient leur pajillo avec une insouciance parfaitement simulée, mais que venait soudain démentir l'éclair de leur regard.

Cependant les cartes continuaient à tomber l'une après l'autre sur le zarapé, don Estevan n'en tenait plus qu'une quinzaine dans la main; il s'arrêta.

— Caballeros, dit-il, pour la dernière fois réfléchissez.

— Allez! allez! s'écria fiévreusement don Torribio, c'est à moi la première carte.

— La voilà! répondit don Estevan en la retournant.

— Oh! dit don Fernando en jetant sa cigarette: as de copas, voyez donc, don Torribio, c'est singulier, vive Dios! vous n'avez de reproches à adresser à personne, vous êtes l'artisan de votre propre mort.

Don Torribio fit un geste violent, immédiatement réprimé, et, reprenant le ton de doucereuse politesse qui jusque-là avait présidé à l'entretien:

— Ma foi ! c'est vrai, dit-il ; il faut avouer, don Fernando, que je n'ai de chance d'aucune façon avec vous.

— Vous m'en voyez désespéré, cher don Torribio.

— C'est égal, la partie était bien belle, jamais je n'ai éprouvé une aussi vive émotion.

— Ni moi non plus ; malheureusement cette partie est sans revanche.

— Vous avez raison, je dois maintenant acquitter ma dette.

Don Fernando s'inclina sans répondre.

— Soyez tranquille, cher seigneur, je ne vous ferai attendre que le temps strictement nécessaire ; si j'avais prévu cela, j'aurais apporté des pistolets.

— J'en ai, moi, qui sont tout à votre service.

— Soyez donc assez bon pour m'en prêter un.

Don Fernando se leva, prit un pistolet aux arçons de sa selle et le présenta à don Torribio.

— Il est chargé et amorcé, dit-il, la détente est un peu dure.

— Quel homme précieux vous faites, don Fernando ! vous prévoyez tout, aucun détail ne vous échappe.

— L'habitude de voyager, don Torribio, pas autre chose.

Don Torribio prit le pistolet, qu'il arma.

— Señores, dit-il, je vous prie de ne pas abandonner mon corps aux bêtes fauves, je serais désolé de leur servir de pâture après ma mort.

— Rassurez-vous, cher seigneur, nous vous conduirons chez vous, sur votre propre cheval : nous serions désespérés que le corps d'un caballero si *cumplido* fût profané.

— Voilà tout ce que j'avais à vous recommander, señores ; maintenant recevez mes remerciements, et adieu !

Alors, après avoir jeté un dernier regard autour de lui, il appuya froidement l'anneau du pistolet sur sa tempe droite.

Don Fernando lui arrêta vivement le bras.

— Je fais une réflexion, dit-il.

— Ma foi, il était temps, dit don Torribio toujours impassible, quelques secondes de plus, il était trop tard ; mais voyons cette réflexion ; est-elle intéressante ?

— Vous en jugerez, la voici : vous avez perdu votre vie contre moi loyalement, n'est-ce pas ?

— On ne peut plus loyalement, don Fernando.

— Donc elle m'appartient ; vous êtes mort, j'ai le droit de disposer de vous comme bon me semble.

— Je ne le nie pas ; vous voyez que je suis prêt à payer ma dette en caballero.

— Je vous rends justice, cher seigneur : or, si je vous laisse vivre maintenant, vous engagez-vous à vous tuer à ma première réquisition et à n'user de cette vie que je vous laisse, bien que j'aie le droit de vous l'ôter à l'instant, seulement dans mon intérêt et selon mon bon plaisir ? Réfléchissez bien avant de répondre.

— Ainsi, dit don Torribio, c'est un pacte que vous me proposez ?

— Oui, vous avez dit le mot : c'est un pacte, en effet.

— Hum ! reprit don Torribio, cela est sérieux ; à ma place, que feriez-vous, don Estevan ?

— Moi, répondit le jeune homme, j'accepterais sans hésiter ; la vie est une belle chose, en somme, et mieux vaut en jouir le plus longtemps possible.

— Il y a du vrai dans ce que vous dites, mais songez que je deviens l'esclave de don Fernando, puisque je ne puis disposer de ma vie que pour son service et qu'à son premier ordre je suis tenu de me tuer.

— C'est juste, mais don Fernando est un caballero qui n'exigera de vous ce sacrifice qu'à son corps défendant.

— Je vais même plus loin, dit alors don Fernando : je limite à dix ans la durée de notre pacte : si d'ici là don Torribio n'est pas mort, il rentrera dans toute la plénitude de ses droits et pourra à sa guise disposer de sa vie.

— Ah ! voilà qui me va au cœur ! vous êtes un caballero, cher seigneur, et j'accepte la vie que vous m'offrez si gracieusement ; mille remerciements, ajouta-t-il en désarmant le pistolet, cette arme me devient quant à présent inutile.

— Seulement, cher don Torribio, comme nul ne saurait prévoir l'avenir, vous ne refuserez pas de prendre cet engagement par écrit, n'est-ce pas ?

— Certes, mais où nous procurer le papier nécessaire ?

— Je crois avoir dans mes alforjas tout ce qu'il faut pour écrire.

— Quand je vous disais que vous étiez un homme précieux et auquel rien n'échappait, cher seigneur.

Don Fernando, sans répondre, alla chercher ses alforjas, espèces de doubles poches qui se placent à l'arrière de la selle et dans lesquelles on renferme les objets nécessaires en voyage, et qui, au Mexique et dans toute l'Amérique espagnole, tiennent lieu de valise.

Don Fernando sortit du papier, des plumes et de l'encre, et disposa le tout devant don Torribio.

— Maintenant, lui dit-il, écrivez ce que je vais vous dicter.

— Allez, cher seigneur, j'écris, répondit celui-ci en souriant.

— Je, soussigné, reprit don Fernando, don Torribio Quiroga y Carvajal y Flores del Cerro, reconnais avoir perdu loyalement ma vie contre don Fernando Carril, dans une partie jouée avec ledit seigneur ; je reconnais que cette vie appartient désormais à don Fernando Carril, qui sera maître d'en disposer à son gré, sans que je puisse en aucun cas élever d'objection et refuser d'obéir aux ordres qu'il me donnera, soit de me tuer sous ses yeux, soit de risquer dans une expédition périlleuse cette vie que j'ai perdue et que je reconnais ne conserver que par un effet de sa volonté ; je reconnais, en outre, que tous sentiments de haine contre ledit Fernando Carril sont éteints dans mon cœur et que je ne chercherai jamais à lui nuire, soit directement, soit indirectement. Le présent engagement est pris par moi pour la durée de dix années à partir du jour de la signature de cet acte, étant formellement stipulé par moi qu'au bout de dix années révolues je rentrerai dans la plénitude de tous mes droits et la jouissance entière de ma vie, sans que Fernando Carril puisse en aucune façon m'en demander compte. Écrit et signé par moi

Il lui mit la selle et la bride avec cette dextérité particulière aux hommes habitués aux voyages.

le 17 mars 18...; et plus bas : a signé comme témoin le señor don Estevan Diaz y Morelos... Maintenant, ajouta don Fernando, signez, faites signer don Estevan et remettez-moi ce papier.

Don Torribio s'exécuta de la meilleure grâce, fit un superbe parafe et passa la plume à don Estevan, qui apposa son nom sans faire la moindre objection à cet étrange engagement.

Lorsque cela fut fait, don Torribio jeta un peu de poussière sur le papier, afin de le sécher, le plia proprement en quatre et le remit à don Fernando, qui, après l'avoir lu attentivement, le serra dans sa poitrine.

— Là! voilà qui est fait, dit don Torribio. Maintenant, cher seigneur, si vous n'avez rien à m'ordonner, je vous demanderai la permission de me retirer.

— Je serais désespéré de vous retenir plus longtemps, caballero; allez où vous appellent vos affaires, je vous souhaite bonne réussite.

— Merci de ce souhait, mais je crains qu'il ne s'accomplisse pas; depuis quelque temps je suis dans une mauvaise veine.

Après avoir une dernière fois salué les deux hommes, il remit la bride à son cheval, monta dessus et s'éloigna au galop.

— Est-ce que vous exigerez réellement l'exécution de ce pacte? demanda don Estevan lorsqu'il se trouva seul avec don Fernando.

— Certes, répondit celui-ci; vous oubliez que cet homme est mon ennemi mortel. Mais il faut que je vous quitte, don Estevan; je veux être aujourd'hui à las Norias de San-Antonio, et il commence à se faire tard.

— Vous allez à l'hacienda de don Pedro de Luna?

— Pas positivement à l'hacienda, mais dans les environs.

— Alors nous ferons route ensemble, car moi aussi je me dirige de ce côté.

— Vous? fit-il en lui lançant un regard interrogateur.

— Je suis le mayordomo de l'hacienda, répondit simplement Estevan Diaz.

Les deux hommes sortirent de la grotte et montèrent à cheval.

Don Fernando Carril marchait tout pensif auprès de son compagnon, auquel il ne répondait que par monosyllabes.

XI

LE RANCHO

Le chemin que les deux voyageurs avaient à faire en compagnie était assez long; don Estevan n'aurait pas été fâché de l'abréger en causant avec don Fernando, d'autant plus que la façon dont il avait fait connaissance avec lui et l'aspect sous lequel il s'était révélé avaient au plus haut point excité la curiosité du jeune homme. Malheureusement, don Fernando Carril ne semblait nullement disposé à soutenir la conversation, et, malgré tous ses efforts, le mayordomo se vit enfin contraint à se conformer à la disposition d'esprit de son compagnon et à imiter sa taciturnité.

Ils avaient depuis longtemps déjà laissé le village derrière eux et côtoyaient au petit galop les rives accidentées du rio Vermejo, lorsqu'ils entendirent à peu de distance devant eux résonner le galop précipité d'un cheval; nous disons ils entendirent, parce que, peu de temps après leur départ de la grotte, le soleil déjà fort bas avait enfin disparu au-dessous de la ligne de l'horizon, et, presque sans transition, d'épaisses ténèbres avaient succédé aux lueurs éclatantes du jour.

Au Mexique, où la police n'existe pas, ou du moins n'existe que de nom, chacun est contraint de se protéger soi-même; deux hommes qui la nuit se rencontrent sur une route ne s'accostent qu'avec les plus grandes précautions et ne se laissent approcher qu'après s'être assurés qu'ils n'ont rien à redouter.

— Passez au large ! cria don Fernando à la personne qui s'approchait, lorsqu'il jugea qu'elle était arrivée à portée de voix.

— Pourquoi donc cela? Vous savez bien que vous n'avez rien à craindre de moi, répondit-on en même temps que cessait le bruit causé par le galop du cheval, ce qui dénotait que son cavalier l'avait arrêté.

— Je connais cette voix, dit le Mexicain.

— Et l'homme aussi, señor don Fernando, car il n'y a pas bien longtemps que vous l'avez rencontré : je suis el Zapote.

— Ah ! ah ! fit en riant don Fernando, c'est toi, Tonillo; avance, mon garçon.

L'autre s'approcha immédiatement.

— Que diable fais-tu à cette heure de nuit sur les routes?

— Je viens d'un rendez-vous et je retourne au pueblo.

— Je crains que ce rendez-vous ne cache quelque affaire scabreuse.

— Vous me faites injure, don Fernando, je suis un honnête homme.

— Je n'en doute pas; du reste, tes affaires ne sont pas les miennes, je ne veux donc pas m'en mêler. Allons, adieu, Tonillo!

— Un instant, s'il vous plaît. Puisque je suis assez heureux pour vous rencontrer, accordez-moi quelques minutes, d'autant plus que je vous cherchais.

— Toi ! Est-ce encore pour une affaire du genre de celle de l'autre jour? Je croyais que tu avais renoncé à cette sorte de spéculation qui, avec moi, ne te réussit que médiocrement.

— Voilà la chose en deux mots, don Fernando : après ce qui s'est passé l'autre jour, j'ai réfléchi que je vous devais la vie et que par conséquent je n'avais plus ma liberté d'action vis-à-vis de vous; mais vous le savez, señor, je suis caballero, et, comme un honnête homme n'a que sa parole, je résolus d'aller trouver l'homme qui m'avait acheté votre mort et de lui rendre l'argent qu'il m'avait payé; c'était dur de débourser une aussi grosse somme, cependant je n'hésitai pas. On a bien raison de dire qu'une bonne action trouve toujours sa récompense.

— Tu dois le savoir mieux que qui que ce soit, dit en riant don Fernando.

— Vous riez? eh bien ! jugez! Je cherchais donc la personne en question, dont il est inutile de vous dire le nom...

— Oui, d'autant plus que je le sais.

— Ah ! très bien, alors. Ce matin, un caballero de mes amis m'avertit que cette personne désirait, elle aussi, causer avec moi; cela s'arrangeait à merveille. Mais jugez de mon étonnement lorsque, au moment où je me préparais à rendre la somme et à renoncer à l'affaire, cette personne me dit que, maintenant, la paix était faite entre vous, que vous étiez le meilleur de ses amis, et me pria de garder les cent piastres pour m'indemniser du dérangement qu'elle m'avait causé.

— Était-ce donc avec cette personne que tu avais rendez-vous ce soir?

— Oui; je la quitte à l'instant même.

— Très bien! Continue, compadre.

— Donc, caballero, maintenant que cette affaire est terminée à mon honneur, je m'en flatte, me voilà libre de suivre mes inclinations, et tout à vous, si vous voulez m'employer.

— Je ne dis pas non; peut-être aurai-je besoin de toi d'ici à quelques jours.

— Vous ne vous repentirez pas de m'employer, señor; vous serez toujours sûr de me rencontrer chez...

— Ne t'occupes pas de cela! interrompit vivement don Fernando; quand le moment sera venu, je te trouverai.

— A votre aise, señor; maintenant, permettez-moi de prendre congé de vous, ainsi que de cet honorable caballero, votre ami.

— Au revoir, Zapote! bon voyage!

Le lepero continua allégrement sa route.

— Señor, dit alors don Estevan, dans quelques minutes nous arriverons au rancho que j'habite avec ma mère; je serais heureux de vous offrir un abri pour cette nuit.

— Je vous rends grâce de cette courtoisie, j'accepte de grand cœur; ce rancho est-il éloigné de las Norias?

— D'une lieue à peine; s'il faisait jour, vous apercevriez d'ici les hautes murailles de l'hacienda; permettez-moi de vous servir de guide pour arriver à ma pauvre demeure.

Les cavaliers appuyèrent alors sur la gauche, et s'engagèrent dans un large sentier bordé d'aloès; bientôt les aboiements assez rapprochés de plusieurs chiens de garde et deux ou trois lumières qu'ils virent briller dans l'ombre leur apprirent qu'ils ne tarderaient pas à atteindre le but de leur longue course.

En effet, après avoir marché environ dix minutes, ils se trouvèrent devant une maison assez petite, mais d'apparence confortable, sous le zaguan de laquelle plusieurs personnes armées de torches semblaient attendre leur arrivée.

Ils s'arrêtèrent devant le péristyle, mirent pied à terre et, après avoir confié leurs chevaux à un peon qui les emmena, ils entrèrent dans la maison, don Estevan précédant son hôte, afin de lui faire les honneurs de sa demeure.

Ils se trouvèrent alors dans une chambre assez vaste, meublée de quelques butacas, de quelques equipales et d'une table massive sur laquelle le couvert était mis pour plusieurs personnes; les murs de cette chambre, blanchis à la chaux, étaient garnis de six ou huit tableaux affreusement enluminés, représentant les saisons, les cinq parties du monde, etc.

Une femme d'un certain âge, vêtue avec une certaine recherche et dont les traits, bien que flétris par la vieillesse, conservaient encore la trace d'une grande beauté, se tenait debout au milieu de la pièce.

— Ma mère, lui dit don Estevan en s'inclinant respectueusement devant elle, permettez-moi de vous présenter don Fernando Carril, un honorable caballero qui consent à être notre hôte pour cette nuit.

— Qu'il soit le bienvenu, répondit doña Manuela avec un gracieux sourire, cette maison et tout ce qui s'y trouve sont à sa disposition.

Don Fernando salua profondément la mère du jeune homme et répondit :

— Señora, je vous remercie mille fois de ce bon accueil.

Doña Manuela, en apercevant l'étranger, avait tressailli, elle n'avait qu'avec peine réprimé un mouvement de surprise ; le son de sa voix la frappa non moins vivement, et elle jeta sur lui un regard profondément scrutateur ; mais au bout d'un instant elle secoua la tête comme si elle reconnaissait avoir commis une erreur, et reprenant la parole :

— Veuillez vous asseoir, dit-elle en indiquant la table d'un geste plein de cordialité ; dans un instant on vous servira les rafraîchissements dont une longue course à cheval, en aiguisant votre appétit, vous rendra moins sensible la frugalité.

Doña Manuela s'assit elle-même à table, don Estevan se plaça à sa gauche et don Fernando à sa droite ; trois ou quatre peones entrèrent alors et s'assirent, sur un signe de leur maîtresse, à l'extrémité opposée.

Le repas était frugal en effet : il se composait de haricots rouges au piment, de tasajo, d'une poule au riz et de tortillas de maïs, le tout arrosé de pulque et de mezcal.

Les deux jeunes gens firent honneur aux mets placés devant eux et mangèrent comme des hommes qui viennent de faire dix lieues à cheval sans s'arrêter.

Doña Manuela voyait avec plaisir disparaître les mets dont elle chargeait incessamment leurs assiettes et les excitait par tous les moyens à satisfaire leur appétit.

Lorsque le repas fut terminé, les convives passèrent dans une pièce intérieure dont l'ameublement était plus confortable et qui servait de salon aux habitants de la maison.

La conversation qui, naturellement, avait été assez languissante pendant le dîner, s'anima peu à peu et bientôt atteignit, grâce aux efforts de doña Manuela, ce ton de douce familiarité qui bannit toute contrainte et double les charmes d'une causerie intime.

Don Fernando semblait se laisser aller avec un secret plaisir à cette conversation à bâtons rompus, qui sautait incessamment d'un sujet à un autre, il écoutait avec complaisance les longs récits de doña Manuela et répondait avec une apparente bonhomie aux questions que parfois elle lui adressait.

— Êtes-vous *costeno* ou *tierras adentro* [1], caballero ? demanda tout à coup la bonne dame à son hôte.

---

1. *Costeno*, habitant des côtes ; *terras adentro*, habitant de l'intérieur des terres.

— Ma foi! señora, répondit-il en souriant, je vous avoue franchement que je serais assez embarrassé de vous répondre.

— Pourquoi donc cela, señor?

— Par la raison toute simple que j'ignore complètement où je suis né.

— Cependant vous êtes *hijo del país*, Mexicain, enfin?

— Tout me porte à le croire, señora, pourtant je n'en jurerais pas.

— Voilà qui est singulier! Votre famille ne réside donc pas dans la province?

Un nuage passa sur le front de don Fernando.

— Non, señora, répondit-il avec une certaine sécheresse.

La maîtresse de la maison comprit qu'elle avait touché une corde douloureuse, elle se hâta de changer de conversation.

— Vous connaissez sans doute don Pedro de Luna? dit-elle.

— Fort peu, señora; le hasard nous a fait rencontrer une fois seulement, il est vrai que ce fut dans une circonstance assez singulière pour qu'il en ait gardé le souvenir, mais il est possible que je n'entre jamais à l'hacienda.

— Vous auriez tort, caballero : don Pedro est un *cristiano viejo* [1] qui entend l'hospitalité à la mode des anciens jours : c'est le rendre heureux que de le mettre à même de l'exercer.

— Malheureusement des affaires importantes exigent impérieusement ma présence assez loin de lui, et je crains de n'avoir pas le temps de m'arrêter à l'hacienda.

— Pardon! señor, dit alors don Estevan, vous n'avez pas, sans doute, l'intention d'entrer dans la prairie?

— Pourquoi m'adressez-vous cette question, caballero?

— Parce que nous sommes ici sur l'extrême frontière indienne, et que, à moins de rebrousser chemin, c'est vers le désert seulement qu'il vous est possible de vous diriger.

— C'est, en effet, dans le désert que je compte m'engager.

Don Estevan fit un geste d'étonnement.

— Pardonnez-moi si j'insiste, dit-il, mais sans doute vous ne connaissez pas ce désert dans lequel vous allez entrer.

— Pardonnez-moi, señor, je le connais fort bien, au contraire.

— Et le connaissant, vous osez vous hasarder à y aller seul?

— Je crois vous avoir prouvé aujourd'hui, señor, répondit-il avec un sourire d'une expression indéfinissable, que j'ose bien des choses.

— Oui, oui, je sais que vous poussez le courage jusqu'à la plus grande témérité, mais ce que vous voulez faire est plus que de la témérité, c'est de la folie.

— De la folie, señor! oh! oh! le mot me paraît fort : est-ce qu'un homme résolu, bien armé et bien monté, a quelque chose à redouter des Indiens?

— Si vous n'aviez qu'à vous défendre des Indiens et des bêtes fauves, je serais à la rigueur presque de votre avis, señor : un Blanc déterminé peut

1. Vieux chrétien, expression usitée pour signifier les descendants des anciens conquérants dont le sang s'est toujours conservé pur.

faire face à vingt Peaux-Rouges, mais comment échapperez-vous au Chat-Tigre ?

— Au Chat-Tigre ? Excusez-moi, caballero, mais je ne vous comprends pas du tout.

— Je vais m'expliquer, señor : le Chat-Tigre est un Blanc. Cet homme, on ignore pour quelle raison, s'est retiré parmi les Apaches, est devenu un de leurs chefs, et a voué une haine implacable aux hommes de sa couleur.

— J'avais vaguement entendu parler de ce que vous me dites, mais, après tout, cet homme est seul de sa race parmi les Indiens ; si redoutable qu'il soit, il n'est pas invulnérable, je suppose, et un homme brave peut le tuer.

— Malheureusement vous vous trompez, caballero, cet homme n'est pas seul de sa race parmi les Indiens ; il a avec lui d'autres bandits de son espèce.

— Oui, s'écria doña Manuela, son fils entre autres, que l'on dit être aussi féroce et aussi pillard que lui.

— Ma mère, ce ne sont que des suppositions ; en résumé, on ne peut rien affirmer sur le compte du Cœur-de-Pierre.

— Quel est cet homme dont vous parlez là ?

— C'est son fils, à ce qu'on affirme, car nul ne pourrait l'assurer.

— Et vous nommez cet homme le Cœur-de-Pierre ?

— Oui, señor ; pour ma part je connais de lui plusieurs traits de générosité qui dénotent, au contraire, un cœur bien placé et une âme ardente susceptible d'accomplir de grandes choses.

Une fugitive rougeur couvrit le visage de don Fernando.

— Revenons au Chat-Tigre, dit-il ; qu'ai-je à redouter de cet homme ?

— Tout ; embusqué dans la prairie comme un hideux zopilote sur la pointe d'un rocher, ce pirate fond sur les plus nombreuses caravanes, qu'il pille, et assassine froidement les voyageurs solitaires que leur mauvais destin amène à sa portée ; ses rêts sont tendus avec une si cruelle habileté que nul ne peut lui échapper. Croyez-moi, caballero, renoncez à ce voyage, sinon vous êtes perdu.

— Je vous remercie de ces conseils, qui vous sont inspirés par l'intérêt que je vous inspire ; cependant je ne puis les suivre. Mais je m'aperçois qu'il se fait tard ; permettez-moi de me retirer. J'ai remarqué sous le zaguan un hamac dans lequel je passerai fort bien la nuit.

— J'ai donné l'ordre de vous préparer la chambre de mon fils.

— Je ne souffrirai pas que l'on dérange qui que ce soit pour moi, señora ; je suis habitué aux voyages ; du reste, une nuit est bientôt passée ; je vous jure que vous me désobligeriez en insistant pour me faire accepter la chambre de don Estevan.

— Agissez donc à votre guise, caballero ; un hôte est l'envoyé de Dieu, il doit être le maître dans la maison où il se trouve pendant tout le temps qu' l'honore de sa présence ; que le Seigneur veille sur votre repos et vous donne un bon sommeil ! Mon fils vous indiquera le corral où votre cheval a été placé, si par hasard vous désiriez vous éloigner avant qu'on fût éveillé dans la maison.

— Merci encore une fois ! señora ; j'espère vous présenter mes hommages avant mon départ.

Après avoir échangé encore quelques compliments avec son hôtesse, don Fernando sortit de la chambre et suivit don Estevan.

Le désir qu'il manifestait de dormir sous le zaguan, dans un hamac, n'avait rien que de fort ordinaire et parfaitement dans les habitudes d'un pays où les nuits dédommagent, par leur beauté et leur fraîcheur, les habitants, des chaleurs accablantes du jour.

Les ranchos américains ont tous un péristyle formé par quatre et souvent six colonnes qui avancent au dehors et soutiennent une azotea. C'est dans l'espace assez vaste laissé par ces colonnes, placées de chaque côté de la porte d'entrée, que l'on tend des hamacs où les maîtres de l'habitation eux-mêmes passent souvent la nuit, préférant dormir en plein air, à la chaleur torride qui change littéralement en étuves l'intérieur des maisons.

Don Estevan conduisit son hôte au corral, lui expliqua le mécanisme qu' en ouvrait la porte, puis, après lui avoir demandé s'il désirait encore quelque chose, il lui souhaita le bonsoir et rentra dans la maison, dont il laissa l porte ouverte derrière lui, afin que don Fernando pût entrer, s'il en ava besoin.

Doña Manuela attendait le retour de son fils dans la pièce où il l'ava laissée.

La vieille dame paraissait inquiète.

— Eh bien ! demanda-t-elle au jeune homme aussitôt qu'il parut, qu pensez-vous de cet homme, Estevan ?

— Moi, ma mère ? répondit-il avec un mouvement d'étonnement ; qu voulez-vous que j'en pense ? Je l'ai vu aujourd'hui pour la première fois.

La vieille dame hocha la tête avec impatience.

— Vous avez pendant plusieurs heures voyagé côte à côte avec lui : c long tête-à-tête a dû vous suffire pour l'étudier et vous former une opinion su son compte.

— Cet homme, ma chère mère, pendant le peu de temps que je me su trouvé avec lui, m'est apparu sous tant d'aspects différents, qu'il m'a été toute impossibilité, je ne dirai pas de le juger, mais seulement d'entrevoir u lueur au moyen de laquelle je pusse me diriger pour l'étudier. Je crois q c'est une nature forte, pleine de sève, aussi capable de bien que de ma suivant qu'il obéira aux impulsions de son cœur ou aux calculs de s égoïsme ; à San-Lucar, où il possède un pied-à-terre, chacun le redou instinctivement, car rien dans sa conduite ne justifie ostensiblement répulsion qu'il inspire, nul ne sait positivement qui il est, sa vie est mystère impénétrable.

— Estevan, répondit la vieille dame en posant gravement la main sur bras de son fils comme pour donner plus de force aux paroles qu'elle all prononcer, un pressentiment secret m'avertit que la présence de cet hom dans ces parages présage de grands malheurs. Pourquoi ? Je ne saur l'expliquer ; lorsqu'il est entré, ses traits m'ont rappelé un souvenir conf d'événements accomplis depuis bien longtemps, hélas ! j'ai trouvé dans

A peine le Mexicain abordait-il dans l'île, qu'un cavalier émergeant du couvert cria d'une voix haute...

signes de son visage une ressemblance qui m'a frappée avec une personne morte maintenant; — elle soupira; — lorsqu'il a parlé, le son de sa voix a douloureusement résonné à mon oreille, car le son de cette voix complétait la ressemblance que j'avais cru saisir sur son visage. Quel que soit cet homme, je suis convaincue qu'il est un danger, peut-être un malheur pour nous. Je suis vieille, mon fils; j'ai de l'expérience, et, tu le sais, à mon âge on ne se trompe pas ; les pressentiments viennent de Dieu : il faut y ajouter foi. Surveille attentivement les démarches de cet homme pendant qu'il demeurera ici; j'aurais voulu que tu ne l'amenasses pas sous notre toit.

— Que pouvais-je faire, ma mère ? L'hospitalité est un devoir auquel nul ne doit se soustraire.

— Je ne t'adresse pas de reproches, mon fils ; tu as agi comme ta conscience te poussait à le faire.

— Dieu veuille que vous vous abusiez, ma mère ! Dans tous les cas, quelles que soient les intentions de cet homme, s'il s'attaque à nous, ainsi que vous semblez le craindre, nous déjouerons ses machinations.

— Non, mon enfant, ce n'est pas pour nous positivement que je crains.

— Pour qui donc, alors, ma mère ? s'écria-t-il vivement.

— Est-ce que tu ne me comprends pas, Estevan ? dit-elle avec un sourire triste.

— Vive Dios ! ma mère, qu'il y prenne garde ! Mais non, ce n'est pas possible. Du reste, demain au lever du soleil je me rendrai à l'hacienda et je mettrai don Pedro et sa fille sur leurs gardes.

— Ne leur dis rien, Estevan, mais veille auprès d'eux comme un ami fidèle.

— Oui, vous avez raison, ma mère, cela vaut mieux, répondit le jeune homme devenu tout à coup pensif : j'entourerai Hermosa d'une protection occulte si vigilante qu'elle n'aura rien à redouter, je vous le jure, vive Dios ! Je préférerais mille fois mourir dans les plus atroces tortures que la savoir de nouveau exposée à des dangers semblables à ceux qu'elle a courus il y a quelques jours ; maintenant, ma mère, donnez-moi votre bénédiction et permettez-moi de me retirer.

— Va, mon enfant, que Dieu te protège ! dit la vieille dame.

Don Estevan s'inclina respectueusement devant sa mère et se retira, mais avant de se livrer au repos il fit dans la maison une visite minutieuse, et n'éteignit son candil qu'après s'être assuré que tout était dans un ordre parfait.

Cependant, aussitôt que don Estevan l'avait quitté, don Fernando s'était couché dans le hamac et avait presque immédiatement fermé les yeux. La nuit était calme et sereine, les étoiles plaquaient le ciel d'un nombre infini de diamants, la lune répandait à profusion ses rayons argentés sur le paysage ; par intervalle, les aboiements prolongés des chiens de garde se mêlaient aux hurlements saccadés des coyottes, dont on apercevait au loin les sinistres silhouettes, grâce à la transparence de l'atmosphère, qui permettait de distinguer les objets à une grande distance.

Tout dormait ou semblait dormir dans le rancho.

Soudain don Fernando souleva lentement et avec précaution sa tête au niveau du bord du hamac, et jeta un regard investigateur autour de lui.

Rassuré sans doute par le silence qui régnait dans la maison, il se laissa glisser sur la terre, et avec des précautions extrêmes, après avoir prêté l'oreille et sondé les ténèbres dans toutes les directions, il chargea sur sa tête les harnais de son cheval, déposés sur un banc dans le zaguan, et se dirigea vers le corral.

Après en avoir ouvert la porte sans bruit, il siffla doucement; à ce signal, le cheval redressa la tête, et, cessant de manger, il accourut auprès de son maître, qui l'attendait en tenant entr'ouverte la porte du corral.

Celui-ci le saisit par la crinière, le flatta en lui parlant doucement, puis il lui mit la selle et la bride avec cette dextérité et cette promptitude particulières aux hommes habitués de longue main aux voyages.

Lorsque le cheval fut sellé, son maître lui enveloppa avec soin les pieds dans des morceaux de peau de mouton, afin d'amortir le bruit de sa course; puis, cette dernière précaution prise, il se mit légèrement en selle et, se penchant sur le cou de la noble bête :

— Santiago ! bravo ! c'est maintenant qu'il faut montrer ta légèreté.

Le cheval, comme s'il eût compris ces paroles, s'élança dans l'espace et détala avec une rapidité vertigineuse dans la direction de la rivière.

La plus grande tranquillité continuait à régner dans le rancho, où personne ne semblait s'être aperçu de cette fuite précipitée.

XII

LES PEAUX-ROUGES

Nous rentrerons maintenant dans le Far-West.

Sur les rives du Rio-Grande del Norte, à dix lieues environ du presidio de San-Lucar, s'élevait l'*atepelt* ou village de la passée des Venados.

Cet atepelt, simple camp provisoire comme la plupart des villages indiens, dont les mœurs nomades ne comportent pas d'établissement fixe, se composait d'une centaine de callis, ou cabanes irrégulièrement groupées les unes auprès des autres.

Chaque calli était construit d'une dizaine de pieux plantés en terre, hauts de quatre à cinq pieds sur les côtés, et de six à sept au milieu, avec une ouverture vers l'orient, pour que le maître du calli pût au matin jeter de l'eau en face du soleil levant, cérémonie par laquelle les Indiens conjurent le Wacondah de ne pas nuire à leur famille pendant le cours de la journée qui commence.

Ces callis étaient revêtus de peaux de bison cousues ensemble, toujours ouvertes au milieu, afin de laisser un libre essor à la fumée des feux de l'intérieur, feux qui égalent en nombre les femmes du propriétaire, chaque femme devant avoir un feu pour elle seule.

Les cuirs qui servaient de murs extérieurs étaient préparés avec soin et peints de diverses couleurs.

Ces peintures, par leur bizarrerie, égayaient l'aspect général de l'atepelt.

Devant l'entrée des callis les lances des guerriers étaient fichées droites dans le sol. Ces lances légères et faites de roseaux flexibles, hautes de seize à dix-huit pieds et armées à leur extrémité d'un fer long et cannelé, forgé par les Indiens eux-mêmes, sont l'arme la plus redoutable des Apaches.

La joie la plus vive semblait animer l'atepelt; dans quelques callis, des Indiennes armées de fuseaux filaient la laine de leurs troupeaux; dans d'autres, des femmes tissaient ces zarapés si renommés par leur finesse et la perfection du travail, devant des métiers d'une simplicité primitive.

Les jeunes gens de la tribu, réunis au centre de l'atepelt, au milieu d'une vaste place, jouaient au *mitl* [1], jeu singulier fort aimé des Peaux-Rouges.

Les joueurs tracent un vaste cercle sur le sol, y entrent et se rangent sur deux lignes vis-à-vis les uns des autres ; des champions de chacune d'elles, une balle remplie d'air dans la main, ceux-ci dans la main droite, ceux-là dans la main gauche, jettent leur balle en arrière de leur corps de manière à la ramener en avant. Il lèvent la jambe gauche, reçoivent le projectile dans la main et le renvoient à l'adversaire, qu'ils doivent atteindre au corps sous peine de perdre un point. De là mille contorsions bizarres du vis-à-vis qui, pour éviter d'être touché, se baisse, se lève, se penche soit en avant, soit en arrière, bondit sur place ou saute de côté. Si la balle sort du cercle, le premier joueur perd deux points et court après elle. Si au contraire le second est frappé, il faut qu'il saisisse la balle et la relance à son adversaire, qu'il doit toucher, à moins de perdre lui-même un point. Celui qui suit, au côté opposé du cercle, recommence, et ainsi de suite jusqu'à la fin.

On comprend quels éclats de rire prolongés accueillent les postures grotesques que les joueurs sont contraints de prendre à chaque instant.

D'autres Indiens, plus mûrs d'âge, jouaient gravement à une espèce de jeu de cartes avec des carrés de cuir enluminés de figures grossières de certains animaux.

Dans un calli plus vaste et mieux peint que les autres callis de l'atepelt, l'habitation du sachem ou principal chef, dont les lances garnies à la base d'une peau colorée en rouge étaient la marque distinctive du pouvoir, trois hommes accroupis devant un feu mourant causaient insouciants des bruits du dehors.

Ces hommes étaient le Chat-Tigre, le Zopilote et l'*amantzin* ou sorcier de la tribu.

Le Zopilote était un métis réfugié depuis longtemps parmi les Apaches et adopté par eux.

Cet homme, auquel le surnom qu'il portait convenait parfaitement était un misérable dont la froide et basse cruauté révoltait les Indiens eux-mêmes, peu délicats cependant en pareille matière. Le Chat-Tigre avait fait de cette bête féroce qui lui était dévouée le ministre de ses vengeances et l'instrument docile de toutes ses volontés.

Marié depuis un an environ, sa dernière femme était accouchée le matin même d'un garçon, ce qui était cause des grandes réjouissances des Indiens

---

1. Ce mot veut dire flèche en apache.

et il venait prendre les ordres du Chat-Tigre, grand chef de la tribu, pour les cérémonies usitées en pareil cas.

Le Zopilote sortit du calli où il reparut bientôt suivi de ses femmes et de tous ses amis, dont l'un tenait l'enfant dans ses bras.

Le Chat-Tigre se plaça entre le Zopilote et l'amantzin en tête de la troupe, et il se dirigea vers le Rio-Grande del Norte.

Arrivé sur le bord du fleuve, le cortège s'arrêta, l'amantzin prit un peu d'eau dans sa main, la jeta en l'air en adressant une prière au *Maître de la vie de l'homme*, puis on procéda à la *grande médecine*, c'est-à-dire que le nouveau-né, enveloppé dans ses langes de laine, fut à cinq reprises plongé dans l'eau du fleuve, tandis que l'amantzin disait à voix haute :

— Maître de la vie, vois ce jeune guerrier d'un bon œil ; éloigne de lui les mauvaises influences ; protège-le, Wacondah !

Cette partie de la cérémonie terminée, le cortège rentra dans l'atepelt et vint se ranger en cercle devant le calli du Zopilote, à l'entrée duquel gisait une jument grasse renversée, attachée par les quatre pieds.

Un zarapé neuf fut étendu sur le ventre de l'animal, et les parents et les amis déposèrent l'un après l'autre les présents destinés à l'enfant : éperons, armes, vêtements.

Le Chat-Tigre, par amitié pour le Zopilote, avait consenti à servir de parrain au nouveau-né ; il le plaça au milieu des dons de toutes sortes qui remplissaient le zarapé.

Le Zopilote saisit alors son couteau à scalper, ouvrit d'un seul coup les flancs de la jument, lui arracha le cœur, et tout chaud encore, il le passa au Chat-Tigre, qui s'en servit pour faire une croix sur le front de l'enfant, en lui disant :

— Jeune guerrier de la tribu des Bisons-Apaches, sois brave et rusé ; tu te nommeras *Mixcoatzin*[1], le Serpent de Nuages.

Le père reprit son fils, et le chef, élevant le cœur sanglant au-dessus de sa tête, dit à haute voix, à trois reprises différentes :

— Qu'il vive ! qu'il vive ! qu'il vive !

Cri répété avec enthousiasme par tous les assistants. L'amantzin recommanda alors le nouveau-né au génie du Mal, le priant de le rendre brave éloquent, rusé, et il termina l'énumération de ses vœux par ces mots qui trouvèrent de l'écho dans le cœur de tous ces hommes farouches :

— Surtout qu'il ne soit jamais esclave !

Là se termina la cérémonie, tous les rites religieux étaient accomplis ; la pauvre jument, victime innocente de cette superstition stupide, fut alors coupée par morceaux ; on alluma un grand feu et tous les parents et amis prirent place à un festin qui devait durer jusqu'à la disparition complète de la jument immolée.

Le Zopilote se préparait à s'asseoir, et à manger comme les convives, mais

---

1. Ce mot vient de *mixtli*, nuage, et *coatl*, serpent.

sur un signe du Chat-Tigre, il suivit le grand chef dans son calli, où ils reprirent leurs places devant le foyer. L'amantzin était avec eux.

Sur un signe du Chat-Tigre les femmes sortirent, et lui, après un court recueillement, il prit la parole :

— Mes frères, vous êtes mes fidèles, dit-il, et devant vous mon cœur s'ouvre comme un chirimoya pour vous laisser voir mes plus secrètes pensées ; je suis triste depuis quelques jours.

— Mon père est inquiet de son fils, le Cœur-de-Pierre, dit l'amantzin.

— Non ; que m'importe ce qu'il devient en ce moment ? je saurai le rejoindre quand il le faudra, mais j'ai une mission secrète à confier à un homme sûr ; depuis ce matin j'hésite à m'en expliquer franchement avec vous.

— Que mon père parle, ses fils écoutent, reprit l'amantzin.

— Hésiter plus longtemps serait compromettre des intérêts sacrés : vous allez monter à cheval ; vous, Zopilote, je n'ai rien à vous dire, vous savez où je vous envoie.

Le Zopilote fit un signe d'intelligence.

— Déterminez ces hommes, continua le Chat-Tigre, à nous aider dans notre entreprise, et vous m'aurez rendu un immense service.

— Je le ferai ; dois-je partir à l'instant ?

— Oui, si cela vous est possible.

— Bon, dans dix minutes, je serai loin de l'atepelt.

Après avoir salué les deux chefs, le Zopilote sortit. Quelques instants plus tard, on entendit résonner au dehors le galop d'un cheval qui s'éloignait ; le Chat-Tigre poussa un soupir de satisfaction.

— Que mon frère l'atmantzin ouvre les oreilles, dit-il : je vais quitter l'atepelt, j'espère être de retour cette nuit même ; il se peut cependant que mon absence se prolonge deux ou trois soleils ; je laisse mon frère l'amantzin en mon lieu et place, il commandera les guerriers et les empêchera de s'éloigner du village et de s'approcher de la frontière des Visages-Pâles ; il est important que les Gachupines ne soupçonnent pas notre présence aussi près d'eux, sans cela notre coup serait manqué. Mon frère m'a-t-il bien compris ?

— Le Chat-Tigre n'a pas la langue fourchue ; les paroles que souffle sa poitrine sont claires ; son fils l'a parfaitement compris.

— Bien. Je puis donc m'éloigner en toute sécurité, mon frère veillera sur la tribu.

— Les ordres de mon père seront exécutés ; quelle que soit la durée de son absence, il n'aura à adresser aucun reproche à son fils.

— Ooah ! mon fils enlève par ces paroles la peau qui couvrait mon cœur et le remplissait d'inquiétude. Merci ! Que le Maître de la vie veille sur lui, je pars.

— Ooah ! mon père est un guerrier sage ; le Wacondah le protégera pendant l'expédition qu'il tente ; il réussira.

Les deux hommes se saluèrent une dernière fois, l'amantzin reprit sa place auprès du foyer, et le Chat-Tigre sortit du calli.

Probablement que, si le vieux chef avait aperçu l'expression de haineuse fourberie dont était, au moment de leur séparation, empreinte la physionomie du sorcier, il n'aurait pas quitté le village.

A l'instant où le Chat-Tigre, avec une légèreté à laquelle, vu son âge, on ne se serait pas attendu, se mettait en selle, le soleil disparaissait derrière les hautes montagnes de l'Apacheria, et la nuit envahissait la prairie.

Le vieillard, sans paraître se soucier des ténèbres, serra les genoux, lâcha la bride et partit à fond de train.

Le devin, le corps plié, la tête penchée en avant, écouta avidement le bruit toujours décroissant de la course rapide du chef; lorsque tout fut retombé dans le silence, il se redressa vivement, un sourire de triomphe se joua pendant quelques secondes sur ses lèvres pâles et minces, et il murmura avec un accent de triomphe ce seul mot : « Enfin ! » qui sans doute résumait toutes les pensées qui grondaient au fond de son cœur.

Puis il se leva, sortit du calli, s'assit à quelques pas au dehors, croisa les bras sur la poitrine et chanta d'une voix basse et sur un rythme triste et monotone la complainte apache qui commence par ces vers que nous reproduisons comme spécimen de la langue de ces peuplades barbares :

> El mebin ni tlacaelantey
> Tuzopan Pilco payentzin
> Anca maguida coaltzin
> Ay guinchey ni pello menchey !

« Je suis allé perdre mon tlacaelantey dans le pays Pilco, oh ! coteaux homicides qui l'ont changé en ombres et en mouches. »

Au fur et à mesure que le devin avançait dans son chant, sa voix devenait plus haute et plus assurée; bientôt de la plupart des callis sortirent des guerriers enveloppés avec soin dans leurs robes de bison et qui d'un pas furtif se dirigèrent vers le chanteur et entrèrent silencieusement dans le calli.

Lorsque sa chanson fut terminée, le devin se leva, et, après s'être assuré, par un regard investigateur, que personne ne venait plus de son côté, qu'aucun retardataire ne répondait plus à son signal, à son tour il entra dans le calli et rejoignit ceux qu'il avait si singulièrement convoqués.

Ces hommes étaient au nombre de vingt; ils se tenaient debout, silencieux et immobiles, comme des statues de bronze, autour du feu, dont les flammes, avivées par le courant d'air causé par leur arrivée, jetaient sur les visages sombres et réfléchis des reflets sinistres. L'amantzin se plaça au centre de la hutte et, élevant la voix :

— Que mes frères s'assoient au feu du conseil, dit-il.

Les guerriers, sans répondre, s'accroupirent en cercle.

Le devin prit alors des mains du *hachesto*, ou crieur public, le grand calumet dont le fourneau était en terre rouge et le tuyau long de six pieds en bois d'aloès, garni de plumes et de grelots, il le bourra de tabac lavé nommé *morriché*, qui ne sert que dans les grandes occasions, puis il l'alluma au moyen d'une baguette *médecine* et, après avoir rendu la fumée par le nez et la bouche, il offrit le calumet à son voisin de droite ; celui-ci suivit son exemple et le calumet passa à la ronde de mains en mains jusqu'à ce qu'il revint à l'amantzin.

Celui-ci secoua la cendre dans le feu en murmurant à voix basse quelques paroles que nul ne put entendre, puis il rendit le calumet au hachesto, qui se retira afin de veiller au dehors pour assurer le secret des délibérations du conseil.

Il y eut un assez long silence, le calme le plus complet régnait dans le village, nul bruit ne troublait la tranquillité de l'atepelt, on se serait cru à cent lieues de toute habitation humaine.

Enfin l'amantzin se leva, il croisa les bras sur sa poitrine et, promenant un regard clair sur l'assemblée :

— Que mes frères ouvrent leurs oreilles, dit-il d'une voix accentuée, l'esprit du Maître de la vie est entré dans mon corps, c'est lui qui dicte les paroles que souffle ma poitrine. Chefs des Bisons-Apaches, l'esprit de vos ancêtres a cessé d'animer vos âmes ; vous n'êtes plus les guerriers terribles qui avaient déclaré aux Visages-Pâles, ces lâches et odieux spoliateurs de vos territoires de chasse, une guerre sans trêve ni merci, vous n'êtes plus que des antilopes timides qui fuient avec des pieds de gazelle au bruit lointain d'un *eruhpa* — fusil — des Visages-Pâles, vous n'êtes plus que des vieilles femmes bavardes, auxquels les *Yorris* — Espagnols — donneront des jupons ; votre sang ne coule plus clair dans vos veines et une peau s'est étendue sur votre cœur et l'a complètement enveloppé. Vous si braves et si terribles autrefois, vous vous êtes faits les lâches esclaves d'un chien des Visages-Pâles qui vous mène comme des lapins craintifs et vous tient tremblants sous son regard. Ainsi parle le Maître de la vie. Que lui répondrez-vous, guerriers apaches ?

Il se tut, attendant évidemment qu'un des chefs prît à son tour la parole.

Pendant ce discours outrageant, un frémissement d'indignation avait agité les Indiens, ce n'avait été qu'à grand'peine qu'ils étaient parvenus à maîtriser la violence de leurs sentiments, mais, aussitôt que l'amantzin eut cessé de parler, un chef se leva.

— Le devin des Apaches-Bisons est-il fou ? dit-il d'une voix tonnante, pour parler ainsi aux chefs de sa nation ? Qu'il compte les queues de loups rouges attachées à nos talons, il verra si nous sommes des vieilles femmes bavardes et si le courage de nos ancêtres est éteint dans nos cœurs. Qu'importe que le Chat-Tigre soit un Visage-Pâle, si son cœur est apache ? Le Chat-Tigre est sage, il a vu beaucoup d'hivers, toujours les conseils qu'il a donnés ont été bons.

L'amantzin souri avec mépris.

— Mon frère l'Aigle-Blanc parle bien, ce n'est pas moi qui lui répondrai.

Il frappa dans ses mains à trois reprises. Un guerrier parut.

— Que mon frère, lui dit l'amantzin, rende compte au conseil de la mission dont l'avait chargé le Chat-Tigre.

Le Peau-Rouge fit quelques pas pour se rapprocher du cercle ; il s'inclina

LES CHASSEURS D'ABEILLES 113

Don Fernando fit un mouvement pour se précipiter sur le majordomo.

respectueusement devant les chefs dont tous les regards étaient fixés sur lui et il prit la parole.

— Le Chat-Tigre, dit-il d'une voix basse et triste, avait ordonné au Faucon-Noir de s'embusquer avec vingt guerriers, sur le passage des Visages-Pâles que le Cœur-de-Pierre feignait de guider vers leurs grandes huttes de pierre; le Faucon-Noir suivit assez longtemps les Visages-Pâles dans la prairie; leur piste était claire; ils n'avaient pas d'armes, rien n'était en apparence plus facile que de s'emparer d'eux. Une heure environ avant le moment convenu pour l'attaque, le Cœur-de-Pierre se présenta seul au camp des guerriers apaches; le Faucon-Noir le reçut avec de grands témoignages d'amitié et le félicita d'avoir abandonné les Yorris, mais le Cœur-de-Pierre répondit que le Chat-Tigre ne voulait pas qu'on attaquât les Visages-Pâles; il se précipita sur le Faucon-Noir dans le cœur duquel il plongea son couteau, tandis que les Yorris, qui s'étaient approchés sournoisement du camp, surprenaient les guerriers et les massacraient avec des eruhpas donnés par le Chat-Tigre lui-même, qui avait préparé cette trahison afin de se débarrasser d'un chef dont il redoutait l'influence. De vingt guerriers qui suivaient le sentier de la guerre, six seulement sont revenus avec moi à l'atepelt, les autres ont été impitoyablement égorgés par le Cœur-de-Pierre. J'ai dit.

Après cette foudroyante révélation il y eut un morne silence, causé par l'étonnement et la colère : c'était le calme qui recèle la tempête, les chefs échangeaient entre eux des regards courroucés.

Les Peaux-Rouges sont peut-être les hommes dont les sentiments changent le plus rapidement, et qui sous l'impression de la colère, sont les plus faciles à entraîner. L'amantzin le savait : aussi était-il sûr maintenant de son triomphe, après l'impression terrible causée par le récit du guerrier indien.

— Eh bien! dit-il, que pensent maintenant mes frères des conseils du Chat-Tigre? L'Aigle-Blanc trouve-t-il toujours qu'il a un cœur apache ? Qui vengera la mort du Faucon-Noir ?

Tous les chefs se levèrent simultanément en brandissant leurs couteaux à scalper.

— Le Chat-Tigre est un chien voleur et poltron! s'écrièrent-ils ; les guerriers apaches attacheront sa chevelure à la bride de leurs chevaux !

Deux ou trois chefs seulement essayèrent de protester : ils savaient la haine invétérée que, depuis longtemps, l'amantzin portait au Chat-Tigre; ils connaissaient le caractère fourbe du sorcier et soupçonnaient que, dans cette affaire, la vérité avait probablement été dénaturée et altérée afin de servir la vengeance de l'homme qui avait juré la perte d'un ennemi que, cependant, il n'avait jamais osé attaquer en face.

Mais la voix de ces chefs fut facilement étouffée sous les clameurs de rage des autres Indiens. Renonçant alors provisoirement à une discussion inutile, ils sortirent du cercle, et allèrent se grouper dans un angle éloigné du calli, résolus à demeurer témoins impassibles, sinon indifférents, des résolutions qui seraient prises par le conseil.

Les Indiens sont de grands enfants qui se grisent au bruit de leurs propres paroles et qui, lorsque la passion les agite, oublient toute prudence et toute mesure.

Cependant, dans la circonstance présente, bien qu'ils éprouvassent le plus vif désir de se venger du Chat-Tigre, qu'ils haïssaient d'autant plus fortement en ce moment qu'ils l'avaient plus aimé et plus respecté, bien que les mesures les plus violentes fussent proposées contre lui, cependant ce n'était qu'avec une sorte d'hésitation qu'ils procédaient contre leur ancien chef; la raison en était simple : ces hommes primitifs ne reconnaissent qu'une supériorité, la force brutale, et, malgré son âge avancé, le Chat-Tigre jouissait parmi eux d'une réputation de force et de courage trop bien établie pour qu'ils n'envisageassent pas avec une certaine terreur les conséquences de l'action qu'ils méditaient.

L'amantzin chercha vainement par tous les moyens en son pouvoir à leur persuader qu'il leur serait facile de s'emparer du Chat-Tigre à son retour au village. Le plan du sorcier était excellent; si les chefs avaient osé l'accepter, sa réussite paraissait infaillible. Voici quel était ce plan : les Apaches feindraient d'ignorer la mort du Faucon-Noir; au retour du Chat-Tigre dans la tribu on le recevrait avec de grandes protestations de joie, afin de détruire ses soupçons, si par hasard il en avait conçu, puis on profiterait de son sommeil pour s'emparer de lui, le garrotter solidement et l'attacher au poteau de torture. Comme on le voit, ce plan était d'une simplicité biblique, mais les Apaches ne voulurent pas en entendre parler, tant leur ennemi leur inspirait de terreur.

Enfin, après une discussion qui dura pendant la plus grande partie de la nuit, il fut définitivement arrêté que la tribu lèverait le camp et s'enfoncerait dans le désert sans plus se préoccuper de son ancien chef.

Mais alors les chefs dissidents, qui jusque-là ne s'étaient mêlés en rien à ce qui s'était passé, quittèrent l'angle de la hutte où ils s'étaient retirés, et l'un d'eux, nommé l'Œil-de-Feu, prenant la parole au nom de ses compagnons, fit observer que les chefs qui voulaient s'éloigner étaient libres de le faire, mais qu'ils ne pouvaient imposer leur volonté à personne; que la tribu n'avait pas de grand chef légalement nommé; que chacun était maître d'agir à sa guise et que, quant à eux, ils étaient résolus à ne pas payer par la plus noire ingratitude les éminents services que le Chat-Tigre avait depuis nombre d'années rendus à la nation, et qu'ils ne quitteraient pas le village avant son retour.

Cette détermination inquiéta vivement l'amantzin, qui chercha vainement à la combattre; les chefs ne voulurent rien entendre et demeurèrent fermes dans la résolution qu'ils avaient prise.

Au lever du soleil, par les ordres du sorcier, qui déjà agissait comme s'il eût été désormais le chef reconnu de la nation, le hachesto convoqua les guerriers sur la place du village, auprès de l'arche du premier homme, et l'ordre fut donné aux femmes de détruire les callis, d'atteler et de charger les chiens, afin de partir le plus tôt possible.

Cet ordre fut promptement exécuté; les piquets furent enlevés, les peaux de bisons pliées, les ustensiles de ménage soigneusement empaquetés et placés sur les traîneaux que les chiens devaient traîner.

Mais les chefs dissidents avaient agi de leur côté; ils étaient parvenus à faire partager leur opinion à plusieurs guerriers renommés de la nation, ce qui fit que les trois quarts seulement de la tribu se préparèrent à émigrer, tandis que l'autre quart demeura spectateur indifférent des préparatifs de voyage qui se faisaient devant lui.

Enfin le hachesto, sur un signe de l'amantzin, donna l'ordre du départ.

Alors une longue ligne de traîneaux tirés par les chiens et suivis par les femmes chargées de leurs enfants quitta le village, sous l'escorte d'une nombreuse troupe de guerriers, et se déroula bientôt comme un immense serpent dans la prairie.

Lorsque leurs frères eurent disparu dans les profondeurs du désert, les guerriers qui étaient demeurés fidèles au Chat-Tigre se réunirent en conseil afin de délibérer sur les mesures qu'il convenait de prendre en attendant son retour.

XIII

RENDEZ-VOUS DE NUIT

Cependant don Fernando Carril, penché sur le cou de son cheval, glissait dans la nuit comme un fantôme.

Grâce à la précaution qu'il avait prise d'envelopper de peaux de mouton les pieds de sa monture, il filait silencieux et rapide comme le coursier-spectre de la ballade allemande, faisant fuir à son approche des bandes effarées de coyotes.

Il se rapprochait insensiblement des rives du fleuve, qu'il côtoya bientôt sans ralentir l'allure de son cheval, qu'il excitait sans cesse du geste et de la voix en lançant à droite et à gauche, devant et derrière lui, des regards interrogateurs.

Cette course à travers champs dura trois heures pendant lesquelles le Mexicain n'accorda pas à son cheval à demi affolé une seconde de répit pour reprendre haleine et se raffermir sur ses jarrets tremblants.

Enfin, arrivé à un endroit où la rivière, assez étroite, roulait ses eaux fangeuses entre des rives basses et bordées de cotonniers touffus, le Mexicain s'arrêta, mit pied à terre au milieu d'un épais taillis, et, après s'être assuré qu'il était bien seul, il arracha une poignée d'herbe et bouchonna son cheval avec ce soin et cette sollicitude dont seuls les hommes dont la vie peut, d'un moment à l'autre, dépendre de la vitesse de leur monture, sont capables envers ce compagnon si dévoué et si fidèle; puis, après avoir ôté la bride à cheval, afin de lui laisser la facilité de brouter l'herbe qui poussait haute et drue autour de lui, le Mexicain étendit son zarapé à terre, se coucha dessus et ferma les yeux.

Pendant deux heures environ, rien ne troubla le silence du désert, aucun bruit ne s'éleva dans la nuit, don Fernando demeura immobile comme s'il eût été mort, la tête appuyée sur le bras gauche rejeté en arrière et les yeux fermés.

Dormait-il? veillait-il? Nul n'aurait pu répondre à cette question.

Soudain le houhoulement du hibou traversa l'espace.

Don Fernando se redressa comme poussé par un ressort, se pencha en avant et écouta, les yeux fixés sur le ciel.

La nuit était profonde, les étoiles continuaient à déverser sur la terre leur obscure et problématique clarté, rien ne présageait le lever du jour.

Il était à peine deux heures du matin; le hibou est le premier oiseau dont le cri salue à son apparition le soleil, mais le hibou n'annonce pas le jour trois heures d'avance. Malgré la perfection du cri qu'il avait entendu, le Mexicain doutait; bientôt un second houhoulement, presque aussitôt suivi d'un troisième, dissipa les doutes de don Fernando; il se leva, et à trois remises différentes il imita à son tour le cri de l'épervier d'eau.

Le même cri partit au bout de quelques secondes de la rive opposée du fleuve.

Don Fernando remit la bride à son cheval, s'enveloppa dans son zarapé, et après s'être assuré que ses armes étaient en bon état, il s'élança en selle sans toucher l'étrier et entra dans le fleuve.

Devant lui, à peu de distance, s'étendait une île couverte de peupliers et de cotonniers; ce fut vers cette île qu'il se dirigea; le trajet ne fut pas long; il dura à peine quelques minutes.

Les abords de l'île étaient faciles; le cheval, entièrement reposé par les deux heures de répit que son maître lui avait données, nagea vigoureusement et gravit le talus presque en droite ligne avec son point de départ.

A peine le Mexicain abordait-il dans l'île, qu'un cavalier émergea du couvert et, s'arrêtant à une distance de vingt pas environ de lui, cria d'une voix haute, avec un accent vif de mécontentement :

— Tu as bien tardé à répondre à mon signal! j'allais partir.

— Peut-être eût-il mieux valu qu'il en fût ainsi, riposta aigrement don Fernando.

— Ah! ah! fit l'autre d'un air moqueur, est-ce de ce côté que souffle le vent?

— Peu importe d'où il souffle, si je ne suis pas l'impulsion qu'il me donne. Me voici, que me voulez-vous? Soyez bref surtout, car je n'ai que peu de temps à vous donner.

— Vive Dios! de bien grands intérêts vous appellent donc là d'où vous venez, que vous êtes si pressé d'y retourner?

— Écoutez, Chat-Tigre, répondit nettement et sèchement le Mexicain, si vous ne m'avez appelé ici avec tant de persistance que pour me narguer et me persifler, il est inutile que je demeure davantage avec vous: ainsi, adieu!

En disant cela, don Fernando fit un mouvement comme s'il eût voulu rétrograder et quitter l'île.

Le Chat-Tigre, car son interlocuteur n'était autre que cet homme étrange, saisit vivement un pistolet et l'arma.

— Rayo de Dios! dit-il; si tu bouges, je te brûle la cervelle.

— Allons donc! dit l'autre en ricanant, et moi, que ferai-je pendant ce temps-là? Trêve de menaces, ou je vous tue comme un chien.

Par un geste aussi prompt que celui du Chat-Tigre, il avait armé un pistolet et en avait dirigé le canon du côté de son adversaire.

Le Chat-Tigre repassa en riant son arme à sa ceinture.

— Oserais-tu donc le faire? dit-il.

— Ne sais-tu donc pas que j'ose tout ? répondit le Mexicain.

— Assez de temps perdu ; causons, dit le vieillard en mettant pied à terre.

— Causons, soit ! que me voulez-vous ? répliqua don Fernando en descendant de cheval.

— Pourquoi m'as-tu trompé et t'es-tu tourné contre moi, au lieu de me servir, ainsi que tu le devais ?

— Je ne m'étais engagé à rien envers vous, au contraire, j'avais nettement refusé la mission dont vous avez absolument voulu me charger.

— Ne pouvais-tu pas rester neutre et laisser retomber ces gens en mon pouvoir ?

— Non, mon honneur m'obligeait à les défendre.

— Ton honneur ? fit le Chat-Tigre avec un rire moqueur.

Le Mexicain rougit, ses sourcils se froncèrent, mais il se contint et répondit froidement :

— L'hospitalité est sacrée dans la prairie, ses droits sont imprescriptibles ; les gens que je guidais s'étaient d'eux-mêmes placés sous ma sauvegarde : les abandonner ou ne pas les défendre aurait été les trahir ; vous-même auriez agi ainsi que je l'ai fait.

— Il est inutile de revenir là-dessus, on ne discute pas un fait accompli, on le subit ; pourquoi n'es-tu pas revenu auprès de moi ?

— Parce que j'ai préféré demeurer à San-Lucar.

— Oui, la vie civilisée t'attire quand même, ce double rôle que tu joues à tes risques et périls a pour toi des charmes, je le comprends ; don Fernando Carril est reçu à bras ouverts dans les salons de la haute société mexicaine ; mais crois-moi, enfant, prends garde que ton esprit aventureux ne t'entraîne dans quelque fausse démarche dont toute la témérité du Cœur-de-Pierre ne te pourrait tirer.

— Je ne suis pas venu ici chercher des conseils.

— C'est vrai, mais ces conseils que tu n'es pas venu chercher, il est de mon devoir de te les donner. Bien que je reste au désert, je ne te perds pas un instant de vue ; je connais toutes tes démarches, je n'ignore rien de ce qui te regarde.

— A quoi bon cet espionnage ? répondit don Fernando avec hauteur.

— A savoir si je puis toujours avoir en toi la même confiance.

— Eh bien ! qu'avez-vous appris sur mon compte ?

— Rien que de satisfaisant, seulement je tiens à ce que tu me dises où nous en sommes positivement aujourd'hui.

— Est-ce que vos espions ne vous tiennent pas au courant de mes moindres actions ?

— Si, de celles qui te sont personnelles : ainsi je sais que tu n'as pas encore osé te présenter à don Pedro de Luna, dit-il d'un ton de persiflage.

— En effet, mais demain je le verrai.

Le Chat-Tigre haussa les épaules avec dédain.

— Parlons d'affaires sérieuses, reprit-il, où en sommes-nous ?

— J'ai suivi de point en point vos instructions ; depuis deux ans que pour la première fois j'ai paru à San-Lucar, je n'ai pas perdu une occasion de nouer des relations qui, plus tard, vous seront utiles ; bien que mes apparitions soient rares dans le pueblo et mes visites fort courtes, je crois cependant avoir atteint le but que vous vous proposiez lorsque vous m'avez donné vos ordres; le voile mystérieux qui me couvre m'a servi plus que je n'aurais osé l'espérer : je me suis attaché la plupart des vaqueros et des leperos du presidio, gens de sac et de corde presque, mais je puis compter sur eux tous, ils me sont dévoués; ces hommes ne me connaissent que sous le nom de don Fernando Carril.

— Je ne l'ignorais pas, dit le Chat-Tigre.

— Ah! fit le Mexicain en lançant un regard de colère au vieillard.

— Ne t'ai-je pas dit que je ne te perdais pas de vue?

— Oui, pour ce qui regarde mes affaires personnelles.

— Bref, l'heure est venue de récolter ce que nous avons semé parmi ces bandits, qui, mieux que les Peaux-Rouges auxquels je n'ose me fier complètement, nous serviront contre leurs compatriotes par la connaissance de la tactique espagnole et par leur adresse à se servir des armes à feu. Maintenant ton rôle auprès de ces picaros est à peu près fini, le mien commence; j'ai besoin d'entrer en relations directes avec eux.

— A votre aise ! je vous remercie de me décharger de la responsabilité d'une affaire dont vous n'avez jamais jugé à propos de me laisser entrevoir le but; c'est avec le plus grand plaisir que je vous procurerai les moyens de traiter personnellement avec les coquins que j'ai enrôlés à votre service.

— Je comprends quelles sont les raisons qui te font désirer de rentrer en possession de ta liberté; je les approuve d'autant plus que c'est moi le premier qui t'ai inspiré le désir de faire plus ample connaissance avec la charmante fille de don Pedro de Luna.

— Pas un mot de plus sur ce sujet, dit don Fernando avec violence. Si, jusqu'à présent, j'ai consenti à me laisser diriger par vous et à obéir à vos ordres sans les discuter, l'heure est venue de poser clairement et catégoriquement la question entre nous, afin que dans l'avenir un malentendu ne soit pas possible; cette raison seule a été assez pressante pour me faire cette nuit répondre à votre appel.

Le Chat-Tigre lança au jeune homme un regard profondément investigateur, puis au bout d'un instant il répondit :

— Parle donc, insensé qui ne vois pas le précipice ouvert sous tes pas, parle, je t'écoute.

Don Fernando demeura quelques minutes silencieusement accoudé au tronc noueux d'un peuplier, la tête penchée et les regards dirigés vers la terre.

— Chat-Tigre, dit-il enfin, j'ignore qui vous êtes et quel motif vous a poussé à renoncer à la vie civilisée pour vous retirer au désert et adopter les mœurs indiennes, je ne veux pas le savoir : chaque homme doit être responsable de ses actions et ne doit en rendre compte qu'à sa conscience; pour ce qui me regarde personnellement, jamais un mot de votre bouche ne m'a instruit, ni du lieu de ma naissance, ni de la famille à laquelle j'appartiens; bien que vous m'ayez élevé et qu'aussi loin que remontent mes souvenirs d'enfance je ne me rappelle pas avoir vu près de moi d'autre homme que vous, cependant je doute qu'il existe entre nous des liens de parenté; si j'étais votre fils ou seulement un membre éloigné de votre famille, il est évident pour moi que l'éducation que vous m'auriez donnée eût été tout autre que celle que j'ai reçue d'après vos ordres exprès.

— Que veux-tu dire, malheureux? quels reproches prétends-tu m'adresser? interrompit le vieillard avec un mouvement de colère.

— Ne m'interrompez pas, Chat-Tigre, laissez-moi vous dire ma pensée tout entière, répondit le Mexicain avec tristesse; je ne vous adresse pas de reproches, mais depuis que, sous le nom de don Fernando Carril, vous m'avez contraint à me mêler au mouvement de la civilisation, malgré moi et malgré vous, sans doute, j'ai appris bien des choses, mes yeux se sont ouverts; j'ai compris la signification de deux mots dont jusque-là j'avais complètement ignoré la portée : ces deux mots ont changé, non pas mon caractère, mais la façon dont j'envisageais les choses jusque-là, car, dans un but que je ne puis ni ne veux deviner, dès ma première jeunesse vous vous êtes appliqué à développer en moi tous les mauvais sentiments qui étaient en germe dans mon cœur et à étouffer avec soin le peu de bonnes qualités que sans doute, sans ce système adopté par vous, j'aurais possédées un jour; en un mot, j'ai maintenant la connaissance du bien et du mal; je sais que vos efforts ont tendu continuellement à faire de moi une bête fauve; avez-vous réussi? c'est ce que l'avenir nous apprendra. Aux pensées qui bouillonnent dans mon cœur en vous parlant, je crains que vous n'ayez obtenu le résultat que vous cherchiez; quoi qu'il en soit, je ne veux plus être votre esclave, j'ai trop longtemps servi d'instrument entre vos mains pour l'accomplissement d'actes dont je ne comprenais pas la portée; vous-même m'avez maintes et maintes fois répété que les liens de la famille n'existaient pas à l'état naturel des sociétés, que c'étaient des préjugés absurdes, des entraves inventées par la civilisation, que nul homme n'avait le droit d'imposer à un autre ses volontés, que l'homme fort était celui qui marchait libre dans la vie, sans amis ni parents, ne reconnaissant d'autre maître que son libre arbitre. Eh bien! ces préceptes, que vous m'avez si longtemps répétés, je les mets en pratique aujourd'hui. Que je sois don Fernando Carril, le campesino mexicain ou le Cœur-de-Pierre, le chasseur d'abeilles, peu m'importe. Érigeant, d'après vos propres conseils, l'ingratitude en vertu, je reprends mon libre arbitre, mon indépendance vis-à-vis de vous, ne vous reconnaissant plus le droit de peser sur ma vie ni en bien ni en mal, et prétendant me diriger dorénavant d'après mes propres inspirations, quelles que soient les circonstances dans lesquelles me jette cette détermination.

— Va, enfant! répondit le Chat-Tigre avec un sourire railleur; agis à ta guise, mais, tu auras beau faire, tu me reviendras bientôt, car tu m'appartiens malgré toi; tu le reconnaîtras avant peu. Mais je ne t'en veux pas de m'avoir parlé ainsi que tu l'as fait : ce n'est pas toi qui as parlé, c'est la passion. Je suis bien vieux, Fernando, mais pas assez cependant pour avoir perdu le souvenir de mes jeunes années. L'amour s'est emparé de ton cœur; lorsqu'il l'aura entièrement calciné, tu reviendras au désert, car alors tu comprendras

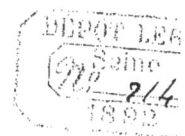

Don Fernando se leva, saisit la main qui lui était si loyalement tendue.

réellement ce que c'est que cette vie dans laquelle tu entres à peine, ignorant, pauvre enfant! que l'homme n'est dans ce monde qu'une plume ballottée dans tous les sens par le vent des passions, et que celui qui se croit le plus fort devient, au souffle énervant de l'amour, aussi débile que l'être le plus faible et le plus misérable de la création. Mais brisons là : tu veux être libre, sois-le ; avant tout tu as à me rendre un compte fidèle de la mission dont je t'ai chargé.

— Je suis prêt à le faire. Présentez-vous en mon nom aux vaqueros ; ce diamant, ajouta-t-il en retirant une bague de son doigt, sera votre passeport. Ils sont avertis ; en le leur montrant, ils vous obéiront comme à moi-même.

— Dans quel endroit se réunissent ces hommes ?

— Vous les rencontrerez pour la plupart dans une pulqueria borgne du nouveau pueblo de San-Lucar ; mais avez-vous réellement l'intention de vous aventurer dans le presidio ?

— Certes ; maintenant un mot : malgré ce que tu m'as dit tout à l'heure, puis-je compter sur toi lorsque le moment d'agir sera venu ?

— Oui, si ce que vous voulez faire est juste.

— Ah ! ah ! tu commences déjà à m'imposer des conditions.

— Ne vous ai-je pas averti ? préférez-vous que je reste neutre ?

— Non, j'ai besoin de toi ; tu habiteras sans doute la maison que tu as achetée ; tous les jours un homme sûr te tiendra au courant de ce qui se fera, et le moment venu, j'en suis convaincu, tu seras auprès de moi.

— Peut-être ; dans tous les cas, croyez-moi, n'y comptez pas.

— J'y compte, au contraire, voici pourquoi : dans ce moment, tu es dans tout le feu de la passion, et naturellement tes raisonnements subissent l'influence des sentiments qui te maîtrisent, mais avant un mois il arrivera inévitablement ceci : ou tu réussiras, et après l'amour satisfait viendra la satiété, et alors tu seras heureux de retourner au désert ; ou tu ne réussiras pas, et la jalousie, l'orgueil froissé, t'inspireront le désir de te venger, et ce sera avec joie que tu saisiras l'occasion que je t'offrirai de le faire.

— Je vois malheureusement qu'avant peu de temps d'ici nous ne nous entendrons plus du tout, répondit le Mexicain avec un sourire triste ; toujours vous raisonnez au point de vue des passions mauvaises, tant est grande la haine que vous portez aux hommes et le mépris que vous avez pour toute la race humaine, tandis que moi, au contraire, je désire n'écouter que mes bons sentiments et me laisser guider par eux.

— Bien, bien, enfant, je t'accorde un mois pour mener à fin ton amourette, ce laps de temps écoulé, nous reprendrons cette conversation. Adieu !

— Adieu ! Est-ce que vous vous dirigez maintenant vers le presidio ?

— Non, je retourne à mon village ; là aussi j'ai une certaine affaire à terminer, car, ou je me trompe fort, ou bien des événements se sont passés là-bas pendant mon absence.

— Redoutez-vous donc une révolte contre votre pouvoir ?

— Je ne la redoute pas, je la désire, répondit-il avec un sourire énigmatique.

Après avoir une dernière fois pris congé du jeune homme, le vieillard remonta à cheval et rentra sous le couvert.

Don Fernando demeura quelques instants plongé dans de sérieuses réflexions, écoutant machinalement le bruit des pas qui s'éloignaient et d'instant en instant devenaient plus faibles et plus indistincts.

Lorsque tout enfin fut retombé dans le silence, le jeune homme tourna la tête vers la partie de l'île où le Chat-Tigre s'était dirigé.

— Va, murmura-t-il d'une voix sourde, va, bête féroce qui crois que je n'ai pas deviné les projets. Je creuserai sous tes pas une mine qui t'engloutira en éclatant ! Je tromperai ton attente ! Pour déjouer tes odieuses machinations, je ferai plus qu'un homme ne peut faire !

Il alla lentement retrouver son cheval et se remit en selle.

— Il est trois heures, dit-il en interrogeant le ciel dans les profondeurs duquel les étoiles commençaient à s'éteindre ; j'ai le temps.

Après avoir traversé la rivière, il reprit la route du rancho de don Estevan et recommença sa course vertigineuse à travers le désert.

Le cheval, suffisamment reposé, dévorait l'espace.

L'aube commençait à paraître au moment où il atteignait le rancho.

Tout était calme dans l'habitation, dont les habitants semblaient toujours plongés dans un profond sommeil.

Don Fernando poussa un soupir de satisfaction : le secret de sa course nocturne était assuré.

Il dessella son cheval, le bouchonna avec soin, afin de faire disparaître toutes les traces du voyage qu'il avait fait, et le conduisit au corral ; avant de lui rendre la liberté, il lui enleva les peaux de mouton qui garnissaient ses pieds, puis il le fit entrer, referma doucement la porte et regagna le zaguan. Au moment où il se préparait à remonter dans son hamac, il aperçut un homme qui, l'épaule appuyée contre le seuil, les jambes croisées, fumait nonchalamment une cigarette de paille de maïs.

Don Fernando tressaillit et recula d'un pas en reconnaissant son hôte.

En effet, cet homme était don Estevan Diaz.

Celui-ci, sans paraître le moins du monde étonné, ôta sa cigarette de sa bouche, lâcha une énorme bouffée de fumée, et, s'adressant au chasseur :

— Vous devez être fatigué de la longue course que vous avez faite cette nuit, caballero, lui dit-il du ton le plus poli : désirez-vous vous rafraîchir ?

Don Fernando, interdit du sang-froid avec lequel cette question lui était adressée, eut un moment d'hésitation.

— Je ne comprends pas, caballero, murmura-t-il.

— Quoi donc ? répondit l'autre. Bah ! à quoi bon feindre ? Il est inutile de chercher à me donner le change, je vous assure : je sais tout.

— Comment ! vous savez tout ; que savez-vous donc ? répliqua le jeune homme, désirant connaître jusqu'à quel point don Estevan était instruit.

— Je sais, reprit le majordomo, que vous vous êtes levé, que vous avez sellé votre cheval, et que vous vous êtes rendu auprès d'un de vos amis qui vous attendait dans l'île de los Pavos.

— Ah ! ah ! fit don Fernando avec une colère contenue, vous m'avez donc suivi !

— *Vive Dios !* je le crois bien ; j'ai pour système de supposer qu'un homme qui toute la journée a voyagé à cheval ne fait pas par pur agrément une promenade au milieu de la nuit, surtout dans un pays comme celui où nous sommes, qui, généralement assez peu sûr pendant le jour, devient extrêmement dangereux dans les ténèbres ; alors, comme je suis fort curieux de mon naturel...

— Vous vous faites espion ! interrompit violemment le Mexicain.

— Fi ! caballero, quelle expression employez-vous là! Espion, moi ! oh ! vous ne le croyez pas ; seulement, comme le seul moyen d'apprendre ce qu'on désire savoir, c'est d'écouter, j'écoute le plus possible, voilà tout.

— Ainsi vous avez assisté à l'entretien que j'ai eu dans l'île de los Pavos ?

— Je ne vous le cacherai pas, caballero, j'étais même fort près de vous.

— Et vous avez sans doute entendu tout ce qui s'est dit entre nous?

— Ma foi ! oui, à peu près, répondit don Estevan toujours souriant.

Don Fernando fit un mouvement pour se précipiter sur le majordomo, mais celui-ci, l'arrêtant avec une force que celui-ci était loin de lui supposer, lui dit du ton placide dont jusque-là il lui avait toujours parlé :

— Oh ! oh ! cuerpo de Cristo! vous êtes mon hôte ; un moment, que diable ! nous aurons le temps d'en venir là plus tard, si cela est nécessaire.

Le Mexicain, maîtrisé malgré lui par le ton dont ces paroles étaient prononcées, fit un pas en arrière, croisa les bras sur la poitrine, et regardant son interlocuteur en face :

— J'attends, dit-il.

XIV

DON ESTEVAN DIAZ

Pendant quelques instants, les deux hommes demeurèrent ainsi face à face, s'examinant avec cette ténacité sournoise de deux duellistes épiant l'occasion de fondre l'un sur l'autre.

Don Estevan, bien que son visage fût impassible, avait dans le regard une expression de tristesse qu'il cherchait vainement à dissimuler.

Don Fernando, les bras croisés sur la poitrine, la tête haute, les sourcils froncés, les lèvres crispées par la colère qui bouillonnait dans son sein, et qu'il essayait de contenir, attendait les premiers mots du jeune homme pour savoir s'il lui fallait commencer immédiatement son attaque ou feindre de se contenter des excuses que probablement celui-ci se préparait à lui faire.

Peu à peu les ténèbres étaient devenues moins épaisses, le ciel s'était irisé de brillantes couleurs, l'horizon s'enflammait, le soleil, bien qu'il fût encore caché, annonçait qu'il ne tarderait pas à se lever et à remplacer, par des flots d'éblouissante lumière, la pâle clarté qui pleuvait mélancoliquement de quelques étoiles visibles dans le bleu profond du ciel.

Mille âcres senteurs s'élevaient de terre, et la brise matinale qui passait en frissonnant à travers les arbres feuillus faisait tournoyer en immenses flocons le brouillard qui se balançait au-dessus du fleuve.

Enfin, don Estevan se décida à rompre un silence qui commençait à devenir aussi embarrassant pour lui que pour son interlocuteur.

— Je veux être franc avec vous, caballero, dit-il : j'ai parfaitement entendu votre conversation avec le Chat-Tigre, aucunes des paroles que vous avez échangées ne m'ont échappé. Vous voyez que maintenant je suis bien renseigné et que je sais que don Fernando Carril et Cœur-de-Pierre, le chasseur d'abeilles, sont une seule et même personne.

— Oui, répondit le Mexicain avec amertume, je vois que vous êtes expert dans le métier d'espion. Triste occupation que vous vous êtes choisie là, caballero !

— Qui sait ? peut-être avant que notre entretien se termine aurez-vous changé d'opinion, caballero.

— J'en doute, seulement permettez-moi de vous faire observer que vous avez une singulière façon d'exercer l'hospitalité envers les hôtes que Dieu vous envoie.

— Laissez-moi m'expliquer, puis, lorsque vous aurez entendu ce que j'ai à vous apprendre, eh bien ! caballero, je serai prêt à vous donner telle satisfaction que vous exigerez de moi, si vous croyez devoir insister encore à ce sujet.

— Parlez donc et finissons-en d'une façon ou d'une autre, répondit don Fernando avec un geste d'impatience ; le soleil est levé depuis quelques instants, déjà j'entends parler et marcher dans l'intérieur de votre rancho, dont les habitants s'éveillent et ne tarderont pas à paraître, et, par leur présence, rendront toute explication impossible entre nous.

— Vous avez raison, il faut en finir, mais comme je ne tiens pas plus que vous à être interrompu, venez : ce que j'ai à vous dire est trop long pour que je puisse vous le dire ici.

Don Fernando le suivit sans élever d'objection ; ils entrèrent dans le corral et sellèrent leurs chevaux.

— Maintenant, à cheval et partons, dans la prairie on cause mieux, dit don Estevan en montant sur son cheval.

Cette combinaison proposée par le jeune homme souriait d'autant plus au Mexicain qu'elle lui rendait sa liberté d'action et lui fournissait un moyen sûr pour tirer du majordomo une éclatante vengeance, si celui-ci, comme il l'en soupçonnait, avait l'intention de se jouer de lui.

Sans répondre, il se mit en selle à son tour, et tous les deux, sans échanger une parole de plus, s'éloignèrent côte à côte du rancho.

La matinée était magnifique ; un soleil éblouissant déversait à profusion ses chauds rayons sur la campagne et faisait scintiller comme des diamants les cailloux de la route ; les oiseaux chantaient gaiement sous la feuillée ; les vaqueros et les peones commençaient à se disperser dans toutes les directions, entraînant à leur suite les chevaux et les bestiaux de l'hacienda qu'ils conduisaient aux pâturages ; le paysage s'animait de plus en plus à chaque instant et prenait un aspect riant bien différent de celui qu'il avait dans les ténèbres.

Après avoir marché pendant environ une heure, les deux hommes arrivèrent à un rancho à demi ruiné et inhabité, mais qui, envahi déjà par les plantes grimpantes et caché presque tout entier sous les fleurs et la verdure, offrait un délicieux abri contre la chaleur, qui, bien que la journée ne fût pas avancée encore, était cependant étouffante.

— Arrêtons-nous ici, dit don Estevan en rompant pour la première fois le silence depuis leur départ de son habitation, nous trouverions difficilement une halte plus agréable.

— Arrêtons-nous, soit, répondit don Fernando d'un air indifférent ; peu m'importe l'endroit où vous devez enfin me donner l'explication que je vous demande, pourvu que cette explication soit brève et franche.

— Franche, elle le sera, je vous le jure sur l'honneur; brève, je ne puis en répondre, car j'ai à vous raconter une longue et triste histoire.

— A moi? Et à quel propos, je vous prie? Qu'ai-je besoin de la savoir? Dites-moi seulement...

— Permettez, interrompit don Estevan en mettant pied à terre, ce que je vous raconterai vous touchera plus que vous ne le croyez; bientôt vous en aurez la preuve.

Don Fernando haussa les épaules et descendit de cheval.

— Vous êtes fou! *Dios me libre!* dit-il. Puisque vous avez si bien écouté ma conversation de cette nuit, vous devriez pourtant savoir que je suis étranger et que ce qui se passe dans ce pays ne doit que fort médiocrement m'intéresser.

— *Quien sabe*[1] *!* répondit sentencieusement don Estevan en se laissant tomber sur le sol du rancho avec un soupir de satisfaction.

Ce qui fut immédiatement imité par don Fernando, dont la curiosité commençait malgré lui à s'éveiller.

Lorsque les deux hommes furent confortablement étendus en face l'un de l'autre, don Estevan fixa un regard perçant sur son interlocuteur.

— Je vais vous parler de doña Hermosa, dit-il brusquement.

Surpris à l'improviste par cette parole, le Mexicain se sentit rougir, quelque effort qu'il fît pour vaincre son émotion.

— Ah! fit-il d'une voix étranglée, doña Hermosa, la fille de don Pedro de Luna, n'est-ce pas?

— C'est cela même; en un mot, la jeune fille que vous avez sauvée il y a quelques jours à peine.

— A quoi bon rappeler cet événement? tout autre à ma place aurait agi ainsi que je l'ai fait.

— C'est possible, mais je crois, sans craindre de passer pour sceptique, que vous êtes dans l'erreur. Mais là n'est pas la question pour vous. Vous avez, dis-je, sauvé doña Hermosa d'une mort horrible! Dans le premier moment, obéissant malgré vous à un mouvement secret d'orgueil, vous vous êtes brusquement séparé d'elle, résolu à retourner dans le désert et à ne plus vous trouver en face de celle qui vous avait une si grande obligation.

Étonné et contrarié à la fois de se voir si bien deviné, don Fernando coupa brusquement la parole à son interlocuteur.

— Au fait, s'il vous plaît, caballero, dit-il d'une voix brève, mieux vaudrait pour vous arriver tout de suite à l'explication que je vous demande que de vous lancer dans des suppositions fort ingénieuses sans doute, mais qui ont le tort d'être complètement fausses.

1. Qui sait? Expression proverbiale.

Don Estevan sourit avec finesse, et prenant définitivement son parti :

— Tenez, don Fernando, dit-il, vous chercheriez vainement à me donner le change, ainsi toute dénégation est inutile : vous êtes jeune et vous êtes beau ; passant votre vie au désert, vous ignorez le premier mot des sentiments humains : vous n'avez pu voir doña Hermosa impunément ; à sa vue votre cœur a tressailli dans votre poitrine, des idées nouvelles se sont éveillées en vous, ont envahi votre cerveau, et abandonnant tout, méprisant toute autre considération, vous n'avez plus eu qu'un but, qu'un désir, revoir cette jeune fille qui vous est apparue comme dans un rêve et a porté le trouble dans une existence jusqu'alors si calme ; vous avez voulu la revoir, ne serait-ce qu'une minute, une seconde.

— C'est vrai, murmura don Fernando, entraîné malgré lui par la force de la vérité ; oui, tout ce que vous me détaillez là, je l'éprouve : pour entrevoir un coin seulement du rebozo de cette jeune fille, je donnerais ma vie avec joie ; mais pourquoi suis-je ainsi ? voilà ce que je cherche vainement à comprendre.

— Et ce que vous ne comprendriez probablement jamais, si je ne vous venais en aide ; homme élevé comme vous l'êtes, en dehors de toute considération sociale, dont la vie n'a jusqu'à ce moment été qu'une longue lutte contre les impérieuses exigences de chaque jour, qui n'avez encore employé que vos facultés physiques, sans que vous ayez eu le temps de songer jamais à autre chose qu'à la chasse ou à la guerre, vos facultés morales dormaient en vous, vous ignoriez leur puissance : l'amour devait opérer en vous cette transformation dont vous subissez en ce moment les conséquences ; enfin vous aimez, ou du moins vous êtes sur le point d'aimer doña Hermosa.

— Le croyez-vous ? répondit-il naïvement. Est-ce donc cela qu'on nomme de l'amour ? Oh ! alors, ajouta-t-il se parlant plutôt à soi-même que s'adressant au majordomo, cela fait bien souffrir.

Don Estevan l'examina un instant avec un mélange de pitié et de tristesse, et reprenant la parole :

— Je vous ai suivi cette nuit parce que vos allures m'avaient paru suspectes et qu'une crainte vague me poussait à me méfier de vous ; caché dans un buisson à deux pas seulement de l'endroit où vous causiez avec le Chat-Tigre, j'ai entendu toutes vos paroles : mon opinion sur vous a changé ; j'ai reconnu, permettez-moi de vous le dire franchement, que vous valez mieux que votre réputation ; que c'était à tort que l'on vous prenait pour un bandit semblable à l'homme avec lequel vous vous trouviez ; la façon péremptoire dont vous avez repoussé ses insinuations m'a prouvé que vous êtes un homme de cœur : alors j'ai résolu de vous servir et de vous soutenir dans la lutte que vous vous prépariez à soutenir contre cet homme qui, jusqu'à ce jour, a été votre mauvais génie, et dont la pernicieuse influence a si tristement pesé sur votre première jeunesse : voilà pourquoi je vous ai parlé ainsi que je l'ai fait, voilà pourquoi je vous ai amené ici afin de m'expliquer avec vous. Maintenant, ajouta-t-il, voilà ma main, je vous l'offre : l'acceptez-vous ? C'est la main d'un ami, d'un frère.

Don Fernando se leva, saisit vivement la main qui lui était si loyalement tendue, et la serrant à plusieurs reprises :

— Merci, fit-il, merci et pardon ! mais, vous l'avez dit, je suis un sauvage, je prends ombrage de tout ; j'avais méconnu votre noble caractère.

— Qu'il ne soit plus question de cela. Écoutez-moi ; je ne sais comment cette pensée m'est venue, mais je soupçonne le Chat-Tigre d'être l'implacable ennemi de don Pedro de Luna ; il voulait, j'en suis convaincu, faire de vous l'instrument de quelque hideuse machination contre la famille de l'haciendero.

— Cette pensée m'est aussi venue, répondit le chasseur ; la conduite étrange du Chat-Tigre pendant le temps que don Pedro et sa fille ont passé près de lui, le piège qu'il leur avait tendu et dans lequel sans moi ils seraient tombés, ont éveillé mes soupçons. Vous avez vous-même entendu les reproches que cette nuit il m'a adressés. Oh ! qu'il prenne garde !

— Ne brusquons rien ! s'écria vivement don Estevan ; soyons prudents, au contraire, laissons, quels qu'ils soient, les projets du Chat-Tigre se dessiner, afin de savoir comment les renverser.

— Oui, vous avez raison, cela vaut mieux. Bientôt il viendra au presidio de San-Lucar ; il me sera facile de surveiller toutes ses démarches et de contreminer ses projets. Quoique cet homme soit bien fin, que son astuce et sa fourberie soient extrêmes, je jure Dieu que je lui prouverai que je suis plus fin que lui.

— D'autant plus que je serai, moi, derrière vous pour vous soutenir et vous venir en aide au besoin.

— C'est surtout doña Hermosa qu'il faut sauvegarder. Hélas ! plus heureux que moi, don Estevan, vous pourrez veiller sur elle à chaque heure du jour.

— Vous vous trompez, mon ami, je compte d'ici à quelques heures vous présenter à elle.

— Ferez-vous cela réellement ? s'écria-t-il avec joie.

— Certes, je le ferai, d'autant plus que, pour mieux tromper le Chat-Tigre il faut que vous soyez placé sur un certain pied d'intimité dans l'hacienda. Ne vous souvenez-vous plus de ces sarcasmes et de ces insinuations à propos de l'amour qu'il vous suppose pour la charmante fille de l'haciendero, amour qu'il se vante de vous avoir en quelque sorte inspiré pour elle, en vous plaçant malgré vous et sans que vous vous en doutiez sur son passage ?

— C'est vrai, oh ! cet homme doit avoir quelque odieux projet.

— N'en doutez pas, mais avec l'aide de Dieu nous le ferons échouer ; maintenant deux mots.

— Parlez, mon ami, parlez, que voulez-vous savoir ?

— Croyez-vous que ce bandit soit votre père ? Pardonnez-moi de vous adresser cette question dont vous devez comprendre l'importance.

Don Fernando devint soucieux, son front se creusa sous l'effort de la pensée ; il y eut un silence de quelques minutes ; il réfléchissait profondément, enfin il releva la tête.

— La question que vous me faites en ce moment, dit-il, je me la suis

Don Gusman lança son poncho sur la tête du colonel.

adressée bien souvent, jamais je ne suis parvenu à la résoudre complètement ; cependant je crois être certain qu'il n'est pas mon père, tout me porte à me faire supposer que je ne puis être son fils : sa conduite envers moi, le soin cruel qu'il a pris constamment à m'inspirer de mauvaises pensées et à développer en moi les instincts pernicieux que la nature avait mis en germe dans mon cœur, me prouvent que s'il y a parenté entre nous, cette parenté ne saurait être que fort éloignée ; il n'est pas admissible qu'un père, si féroce qu'il soit, prenne plaisir à pervertir ainsi son fils de parti pris, cela serait tellement révoltant et hors nature, que l'esprit se refuse à le supposer. D'un autre côté, j'ai toujours éprouvé pour cet homme une répulsion secrète et invincible qui approchait de la haine ; avec l'âge cette répulsion, loin de diminuer, n'avait fait que s'accroître ; une rupture se faisait de jour en jour plus imminente entre nous, il ne fallait qu'un prétexte pour la faire éclater ; ce prétexte, le Chat-Tigre l'a fait surgir lui-même sans s'en douter, et maintenant, vous le dirai-je ? j'éprouve une espèce de joie intime en songeant que je suis libre enfin, maître de moi-même et délivré de la lourde sujétion qui si longtemps a pesé sur moi.

— Je partage entièrement votre avis, cet homme ne peut être votre père ; l'avenir sans doute nous prouvera que nous avons raison ; cette conviction morale que vous et moi nous possédons nous donne toute liberté d'agir à notre guise pour contrecarrer et renverser ses projets.

— De quelle façon me présenterez-vous à doña Hermosa, mon ami ?

— Bientôt je vous le dirai. Il me faut d'abord vous raconter une triste et longue histoire qu'il est nécessaire que vous connaissiez dans tous ses détails, afin que dans vos rapports avec don Pedro de Luna vous ne mettiez pas sans y songer le doigt sur une plaie saignante au fond de son cœur ; cette sombre et mystérieuse histoire s'est passée il y a bien longtemps déjà ; j'étais à peine né à cette époque, et pourtant ma pauvre mère me l'a si souvent contée, que les détails en sont présents à ma mémoire comme si j'avais été acteur dans ce drame terrible. Écoutez-moi avec attention, mon ami : qui sait si Dieu, qui m'a inspiré la pensée de vous faire ce récit, ne vous a pas réservé le soin d'en éclaircir les mystères ?

— Ce récit se rapporte-t-il donc à doña Hermosa ?

— Indirectement. Doña Hermosa n'était pas née encore à cette époque, son père n'habitait pas cette hacienda, qu'il n'a achetée que depuis ; toute la famille vivait alors retirée dans une villa de la Banda Orientale, car je dois vous apprendre avant tout que don Pedro de Luna n'est pas Mexicain et que le nom sous lequel vous le connaissez ne lui appartient que par substitution, ce nom étant celui de la branche de sa famille originaire du Mexique ; il ne l'a adopté que lorsqu'à la suite des faits que je vais vous rapporter il vint se fixer ici, après avoir acheté las Noria de San-Pedro à ses parents, qui, fixés depuis longues années à Mexico, ne faisaient que de loin en loin et à de fort longs intervalles un voyage de quelques jours dans cette hacienda retirée. Les habitants du presidio de San-Lucar et les autres habitants de l'État, qui ne connaissaient don Pedro de Luna que de nom, ne doutèrent pas que ce fût lui qui se retirait dans sa propriété ; mon maître, lorsqu'il arriva ici, ne songea pas à les désabuser, d'autant plus que pour certaines raisons que vous connaîtrez bientôt il avait fait avec ses parents, en achetant l'hacienda, une question *sine qua non* du droit de porter leur nom à la place du sien ; ceux-ci, naturellement, ne virent point d'inconvénient à cela, et maintenant que plus de vingt ans se sont écoulés, que don Pedro, par suite de la mort successive de tous ses parents, est devenu le chef de la famille, ce nom, d'abord emprunté, est devenu bien réellement le sien, et nul ne songerait à lui disputer le droit de le porter.

— Vous piquez au dernier point ma curiosité ; j'attends avec impatience qu'il vous plaise de commencer.

Les deux hommes s'installèrent alors le plus confortablement possible dans le rancho, et don Estevan Diaz, sans différer davantage, commença le récit si longtemps attendu ; le jeune homme parla toute la journée ; au coucher du soleil il parlait encore.

Don Fernando, les yeux avidement fixés sur lui, la poitrine haletante et les sourcils froncés, suivait avec le plus vif intérêt ce récit dont les sinistres péripéties, en se déroulant peu à peu devant lui, faisaient courir dans ses veines des frissons de colère mêlée de terreur.

Nous substituant à don Estevan, nous allons rapporter au lecteur cette douloureuse histoire.

XV

DON GUSMAN DE RIBEYRA

Ce fut en 1515 que Juan Diaz de Solis découvrit le rio de la Plata, découverte qui lui coûta la vie.

D'après Herrera, ce fleuve, auquel Solis avait imposé son nom, prit plus tard celui de rio de la Plata, parce que le premier argent enlevé d'Amérique fut embarqué sur ce point pour l'Espagne.

En 1535, don Pedro de Mendoza, nommé par l'empereur Charles-Quint adelantado ou gouverneur général de toutes les terres comprises entre le rio de la Plata et le détroit de Magellan, fonda sur la rive droite du fleuve, en face de l'embouchure de l'Uruguay, une ville nommée d'abord Nuestra-Señora-de-Buenos-Ayres, puis la Trinidad-de-Buenos-Ayres, enfin Buenos-Ayres, nom qui lui est définitivement demeuré.

Ce serait une histoire curieuse et pleine d'enseignements utiles que celle de cette ville qui, dès les premiers jours de son existence, sembla être marquée du sceau de la fatalité.

Il faut lire dans la naïve narration d'Ulrich Schmidel, aventurier allemand, un des fondateurs de Buenos-Ayres, à quel excès de misère furent réduits les malheureux conquérants que la faim contraignit à dévorer les corps de leurs compagnons tués par les Indiens Carendies, que leurs exactions et leurs cruautés avaient exaspérés, et qui, persuadés que ces hommes blancs débarqués chez eux d'une si étrange façon étaient des génies malfaisants, avaient juré leur extermination.

Singulière destinée que celle de cette ville condamnée à lutter continuellement, soit contre les ennemis du dehors, soit contre ceux beaucoup plus redoutables du dedans, et qui, malgré ces guerres incessantes, n'en est pas moins aujourd'hui une des plus belles, des plus riches et des plus florissantes de l'Amérique espagnole !

De même que toutes les villes fondées par les aventuriers castillans dans le Nouveau-Monde, Buenos-Ayres s'élève dans une délicieuse position ; ses rues sont larges, tirées au cordeau, ses maisons sont bien bâties, construites la plupart entre cour et jardin, ce qui est d'un effet fort pittoresque; elle compte de nombreux monuments parmi lesquels nous citerons le bazar de la Recoba ; de distance en distance de vastes places garnies de nombreuses boutiques lui donnent une apparence de vie et de bien-être que malheureusement on ne trouve que bien rarement dans ces contrées infortunées depuis si longtemps bouleversées par la guerre civile.

Faisant un immense saut en arrière, nous conduirons le lecteur à Buenos-Ayres, vingt ans environ avant l'époque où se passe notre histoire, vers dix heures du soir de l'un des derniers jours du mois de septembre 1839, c'est-à-dire à l'époque où la tyrannie de cet homme étrange qui, pendant vingt ans, devait faire peser un joug de fer sur les provinces argentines, avait atteint son apogée.

Nul ne pourrait aujourd'hui se figurer l'odieuse tyrannie que le gouvernement de Rosas avait infligée à ces belles contrées, et le système d'affreuse terreur organisé par le dictateur d'une extrémité à l'autre de la Bande Orientale.

Bien que, ainsi que nous l'avons dit plus haut, il fût à peine dix heures du soir, un silence de mort planait sur la ville. Toutes les boutiques étaient fermées; toutes les rues étaient sombres et désertes, parcourues seulement à de longs intervalles par de nombreuses patrouilles, dont les pas lourds résonnaient sourdement sur les cailloutis, ou par quelques serenos solitaires qui se hasardaient en tremblant à accomplir leur office de veilleurs de nuit.

Les habitants, retirés au fond de leurs demeures, avaient craintivement éteint leurs lumières, afin de ne pas exciter les soupçons d'une police ombrageuse, et cherchaient dans le sommeil un oubli temporaire des maux de chaque jour.

Cette nuit-là, Buenos-Ayres avait une apparence encore plus lugubre que de coutume; le vent avait, pendant toute la journée, soufflé en foudre, des pampas, et répandu un froid glacial dans l'atmosphère. De gros nuages aux teintes d'un noir livide, chargés d'électricité, couraient lourdement dans l'espace, et les roulements sourds d'un tonnerre lointain, mais dont les éclats se rapprochaient de plus en plus, présageaient qu'un orage formidable ne tarderait pas à fondre sur la ville.

Presque au milieu de la calle Santa-Trinidad, une des plus belles de la ville qu'elle traverse presque dans toute sa longueur, à travers les branches touffues des arbres plantés devant une maison de riche apparence, brillait, comme une étoile au milieu d'un ciel noir, une faible lumière, placée derrière les rideaux de percale blanche d'une fenêtre du rez-de-chaussée.

Cette lumière semblait faire tache sur l'obscurité universelle, aussi chaque patrouille qui passait, chaque sereno que le hasard amenait de ce côté, ne manquaient pas de s'arrêter, après l'avoir examinée, soit avec une expression de colère, soit avec un sentiment de crainte mal dissimulé ; puis ils reprenaient leur marche en grommelant, les soldats avec un ton de mauvaise humeur qui ne promettait rien de bon :

— Voilà encore ce traître de don Gusman de Ribeyra qui machine quelque conspiration contre l'excellentissime dictateur!

Les seconds avec une pitié mal contenue :

— Don Gusman en fera tant qu'il sera arrêté quelque jour.

C'est dans cette maison et dans la salle même où brillait la lumière, cause de suppositions si différentes, que nous prions le lecteur d'entrer avec nous.

Après avoir traversé le jardin et franchi le saguan, à main droite se trouvait une porte d'acajou massif, fermée seulement par un loquet, qu'il n'était besoin que de soulever pour entrer dans une salle vaste et bien éclairée par trois fenêtres donnant jour sur la rue.

Le mobilier de cette chambre était de la plus grande simplicité. Les murs blanchis à la chaux supportaient quelques-unes de ces abominables images enluminées que le commerce parisien exporte dans les cinq parties du monde et qui sont censées représenter la mort de Poniatowski, les Saisons, etc.; l'inévitable piano de Soufleto, que dans toutes les maisons américaines on voit se prélasser à l'endroit le plus apparent, mais que commence maintenant à remplacer si avantageusement l'harmonium Alexandre, une douzaine de chaises, une table ronde couverte d'un tapis de drap vert, deux fauteuils et une pendule d'albâtre à colonnes placée sur une console, complétaient cet ameublement presque mesquin.

Dans cette salle, un homme d'environ quarante ans, revêtu d'un costume de voyage, poncho et polenas, marchait de long en large en jetant, chaque fois que sa promenade le rapprochait de la console, un regard impatient et inquiet sur la pendule.

Parfois il s'arrêtait, soulevait le rideau d'une fenêtre et cherchait à percer l'obscurité de la nuit et à voir dans la rue, mais vainement, les ténèbres étaient trop épaisses pour qu'il fût possible de rien distinguer au dehors, ou bien il tendait avidement l'oreille, comme si parmi les bruits de la ville un écho lointain lui eût apporté sur l'aile de la brise une rumeur dont il eût reconnu la signification; mais bientôt, convaincu de son erreur, il reprenait avec un geste de mauvaise humeur et une agitation croissante cette promenade si souvent interrompue.

Cet homme était don Gusman de Ribeyra.

Appartenant à une des meilleures familles du pays et descendant en droite ligne des premiers conquérants, don Gusman avait, bien jeune encore, sous les ordres de son père, fait l'apprentissage du rude métier de soldat; pendant la guerre de l'Indépendance, en qualité d'aide de camp, il avait suivi San-Martin, lorsque ce général, traversant les Cordillères à la tête de son armée, avait été révolutionner le Chili et le Pérou.

Depuis cette époque, il avait continuellement servi tantôt sous un chef, tantôt sous un autre, tâchant, autant que cela lui était possible, de ne pas se ranger sous un drapeau ennemi des véritables intérêts de la patrie.

Tâche difficile au milieu de ces convulsions continuelles causées par les ambitions mesquines d'une foule d'hommes sans valeur réelle qui se disputaient le pouvoir. Cependant, grâce à son habileté et surtout à sa droiture de caractère, don Gusman était parvenu à se conserver pur; néanmoins, depuis deux ans suspect à Rosas, auquel ses idées véritablement libérales portaient ombrage, il avait donné sa démission et était rentré dans ses foyers.

Don Gusman, véritable soldat dans toute l'acception honorable du mot, bien qu'ostensiblement il ne s'occupât aucunement de politique, était excessivement redouté du dictateur à cause de l'influence que son caractère loyal et résolu lui donnait sur ses compatriotes, qui éprouvaient pour lui une sympathie si profonde et un si entier dévouement, que plusieurs fois le général Rosas avait reculé, lui qui pourtant ne reculait devant rien, à se débarrasser par l'exil ou autrement d'un homme dont le silence et la noble fierté lui paraissaient un blâme public de ses actes.

Au moment où nous le mettons en scène, don Gusman avait atteint sa quarantaine, mais, malgré les fatigues sans nombre qu'il avait endurées, l'âge ne semblait pas avoir eu de prise sur cette organisation énergique.

Sa taille haute et musculeuse était toujours aussi droite, l'expression de son visage aussi intelligemment ferme, son œil aussi brillant; quelques fils argentés, mêlés à sa chevelure, et deux ou trois rides profondes creusées plutôt sur son front par la pensée que par l'âge, témoignaient seuls qu'il avait atteint le milieu de la vie.

La demie après dix heures était sonnée depuis quelques minutes déjà lorsque plusieurs coups frappés rudement à la porte firent tressaillir don Gusman.

Il s'arrêta subitement et prêta l'oreille.

Une altercation assez vive paraissait avoir lieu sous le saguan de la maison. Malheureusement trop éloigné dans l'appartement où il se tenait, don Gusman ne put percevoir qu'un murmure de voix animées, sans qu'il lui fût possible de rien comprendre.

Enfin, au bout de quelques minutes, tout bruit cessa, la porte de la salle s'ouvrit, et un domestique entra.

Cet homme paraissait être un domestique de confiance, du moins la façon dont son maître lui parla le faisait supposer.

— Eh bien ! qu'y a-t-il, Diégo? demanda-t-il; que signifie ce bruit chez moi à cette heure?

Le domestique s'approcha de son maître avant de répondre, se pencha et murmura à son oreille :

— Don Bernardo Pedrosa !

— Oh ! oh ! fit-il en fronçant les sourcils; est-il seul?

— Ostensiblement il n'a que trois ou quatre soldats avec lui.

— Ce qui veut dire? reprit le gentilhomme de plus en plus sombre.

— Qu'il doit en avoir caché une vingtaine aux environs.

— Que me veut cet homme? L'heure n'est guère convenable pour une visite; don Bernardo n'est pas assez de mes amis, ajouta-t-il avec un sourire amer, pour se permettre, sans une cause urgente, d'en agir avec aussi peu de cérémonie avec moi.

— C'est ce que j'ai eu l'honneur de lui faire observer, Excellence.
— Et il a insisté ?
— Oui, Seigneurie. Il a, m'a-t-il dit, une communication de la dernière importance à vous faire.

Don Gusman fit quelques pas d'un air pensif, puis, revenant auprès de son domestique :

— Écoute, Diégo, reprit-il enfin, veille à ce que mes domestiques s'arment sans bruit et soient prêts au premier signal ; seulement, agis avec prudence, et prends garde de n'éveiller aucun soupçon.

— Rapportez-vous-en à moi, Seigneurie, répondit le vieux serviteur avec un sourire d'intelligence.

Depuis près de trente ans, Diégo était au service de la famille Ribeyra ; maintes fois il avait donné à son maître des preuves non équivoques d'un attachement sans bornes.

— Bien, bien, répondit don Gusman d'un ton de bonne humeur, je sais ce dont tu es capable.

— Et les chevaux ? reprit le domestique.

— Qu'ils demeurent où ils sont.

— Ainsi, nous partons quand même ? fit-il avec un geste d'étonnement.

— Nous partons d'autant plus, *muchacho*, répondit le gentilhomme en se penchant vers lui, qu'il y a à craindre que la mèche ne soit éventée, et qu'il faut leur donner le change.

Diégo fit un geste d'assentiment.

— Don Bernardo ? demanda-t-il.

— Fais-le entrer ; je préfère savoir tout de suite à quoi m'en tenir.

— Est-il bien prudent que Votre Seigneurie demeure seule avec cet homme ?

— Ne crains rien pour moi, Diégo, il n'est pas aussi redoutable que tu le supposes : n'ai-je pas mes pistolets sous mon poncho ?

Le vieux serviteur, probablement rassuré par ces paroles, sortit sans répondre, mais au bout de quelques instants il rentra précédant un homme d'une trentaine d'années, revêtu de l'uniforme d'officier supérieur de l'armée argentine.

A la vue de l'étranger, don Gusman donna à ses traits une expression souriante et, faisant quelques pas au-devant de lui :

— Soyez le bienvenu, colonel Pedrosa, lui dit-il en ordonnant d'un geste à Diégo de se retirer ; bien que l'heure soit un peu avancée pour une visite, je n'en suis pas moins charmé de vous voir : veuillez vous asseoir, je vous prie.

Et il approcha un fauteuil.

— Votre Seigneurie m'excusera en faveur des raisons qui m'amènent, répondit le colonel avec une exquise politesse.

Diégo, obéissant enfin, quoique à contre-cœur, aux signes réitérés de son maître, s'était discrètement retiré.

Les deux personnages, assis en face l'un de l'autre, s'examinèrent pendant quelques secondes avec une minutieuse attention, s'étudiant comme deux duellistes sur le point d'engager le fer.

Don Bernardo Pedrosa avait vingt-huit ans au plus ; c'était un beau jeune homme d'une taille élancée et bien prise, dont tous les mouvements respiraient la noblesse et la plus irréprochable élégance.

Son visage, d'un ovale parfait, était éclairé par deux yeux noirs grands et vifs qui, dès qu'ils s'animaient, semblaient lancer des flammes et dégageaient alors un fluide magnétique si puissant, que nul ne pouvait en supporter le fulgurant éclat ; son nez droit, aux ailes roses, ouvertes et mobiles, sa bouche bien dessinée, aux lignes fines et railleuses, garnie de dents éblouissantes de blancheur, surmontée d'une mince moustache noire parfaitement cirée, son front large et son teint légèrement bistré par l'ardeur du soleil, donnaient à sa figure, encadrée par les longues boucles soyeuses de sa magnifique chevelure noire, malgré la beauté incontestable de ses traits, une expression altière et dominatrice dont la glaciale énergie inspirait une répulsion instinctive.

Ses mains parfaitement gantées et ses pieds emprisonnés dans des bottes vernies étaient d'une petitesse remarquable, en un mot tout chez lui révélait la race.

Voilà quel était au physique le personnage qui, à près de onze heures du soir, s'était présenté chez don Gusman de Ribeyra et avait insisté pour être reçu, sous prétexte qu'il désirait lui faire d'importantes communications.

Pour le moral, la suite de ce récit nous le fera connaître assez complètement pour que nous nous dispensions, quant à présent, d'entrer dans de plus grands détails.

Cependant le silence menaçait de se prolonger indéfiniment entre les personnages. Don Gusman, en qualité de maître de maison, jugea que c'était à lui à mettre un terme à cette position qui commençait à devenir embarrassante pour tous deux, et prit la parole :

— J'attends, caballero, dit-il en s'inclinant poliment, qu'il vous plaise de vous expliquer : il se fait tard.

— Et vous avez hâte de vous débarrasser de moi, interrompit le colonel avec un sourire sardonique : n'est-ce pas cela que vous voulez me donner à entendre, caballero ?

— J'ai soin que mes paroles soient toujours assez claires et assez franches, señor colonel, pour qu'il ne soit pas nécessaire de leur donner une interprétation autre que celle qu'elles ont réellement.

Les traits de don Bernardo, qui s'étaient rembrunis, se détendirent alors, et, prenant un ton de bonne humeur :

— Tenez, don Gusman, dit-il, mettons de côté toute intention irritante, j'ai le désir de vous servir.

— Moi ? fit don Gusman avec un geste d'étonnement ironique : en êtes-vous bien sûr, don Bernardo ?

— Si nous continuons ainsi, caballero, nous ne ferons qu'envenimer la discussion sans parvenir à nous entendre.

— Hélas ! colonel, nous vivons dans un temps étrange, vous le savez mieux que personne, où les actions les plus innocentes sont si bien incrimi-

Le lieutenant s'empara d'une guitare, il se mit à la racler avec le dos de la main et entonna d'une voix vibrante la joyeuse Zambacueca.

nées, que nul ne se hasarde à faire un pas ou à prononcer une parole sans redouter d'éveiller les soupçons d'un pouvoir ombrageux ; comment ajouterais-je foi à ce que vous me dites en ce moment, lorsque jusqu'ici tous vos actes ont été envers moi ceux d'un ennemi acharné?

— Vous me permettrez de ne pas discuter, quant à présent, la question de savoir si j'ai agi pour ou contre vos intérêts, caballero : un jour viendra, je l'espère, où vous me jugerez comme je mérite de l'être ; ce que je désire seulement maintenant, c'est que vous ne vous trompiez pas sur la démarche que je fais auprès de vous.

— Alors, puisqu'il en est ainsi, veuillez vous expliquer clairement, afin que je sache positivement à quoi m'en tenir sur vos intentions.

— Soit! caballero, je sors de Palermo.

— De Palermo! ah! très bien, fit don Gusman avec un imperceptible tressaillement.

— Oui, et savez-vous ce qu'on faisait à Palermo ce soir?

— Ma foi! non, je vous avoue que je m'occupe peu de ce que fait le dictateur, surtout lorsqu'il est retiré à sa *quinta* : on dansait et l'on riait, je suppose.

— Oui, en effet, on dansait et l'on riait, don Gusman.

— Ma foi! reprit celui-ci avec une bonhomie feinte ou réelle, je ne me croyais pas un aussi habile sorcier.

— Effectivement, vous avez deviné une partie de ce qu'on faisait, mais ce n'est pas tout.

— Diable! vous m'intriguez, fit don Gusman d'une voix sardonique; je ne vois pas trop ce que pouvait faire l'excellentissime général lorsqu'il ne dansait pas, à moins qu'il ne s'occupât à signer des mandats d'amener contre les suspects : l'excellentissime général est doué d'une si grande ardeur pour le travail!

— Cette fois, vous avez complètement deviné, répondit le colonel sans paraître remarquer l'intonation ironique de son interlocuteur.

— Et parmi ces ordres il s'en trouvait probablement un me concernant particulièrement?...

— Juste, répondit don Bernardo avec un sourire charmant.

— Fort bien, continua don Gusman; le reste est tout simple, vous avez été chargé de le mettre à exécution.

— En effet, caballero, répondit froidement le colonel.

— Je l'eusse parié; cet ordre vous enjoint?

— De vous arrêter.

A peine le colonel avait-il articulé ces deux mots avec une nonchalance charmante, que don Gusman s'était subitement dressé devant lui, un pistolet à chaque main.

— Oh! oh! fit-il résolument, un pareil ordre est plus facile à donner qu'à exécuter, lorsque celui qu'il faut arrêter se nomme don Gusman de Ribeyra.

Le colonel n'avait pas fait un mouvement; il était demeuré à demi étendu sur son fauteuil, dans la pose d'un ami en visite; il invita du geste le gentilhomme à reprendre son siège.

— Vous ne me comprenez pas, lui dit-il d'un ton indifférent : si réellement j'avais eu l'intention d'exécuter l'ordre que j'ai reçu, rien ne m'aurait été plus facile, d'autant plus que vous-même m'en auriez fourni les moyens.

— Moi! s'écria le gentilhomme avec un rire nerveux.

— Parfaitement : vous êtes déterminé, vous auriez résisté, vous venez de me le prouver ; eh bien! que serait-il arrivé? Je vous aurais tué, et tout aurait été dit; le général Rosas, malgré le vif intérêt qu'il vous porte, ne tient pas absolument à vous avoir vivant en son pouvoir.

Ce raisonnement était brutal, mais d'une irréfragable logique. Don Gusman courba la tête avec résignation; il comprit qu'il était entre les mains de cet homme.

— Pourtant, vous êtes mon ennemi, dit-il.

— Qui sait, caballero? au temps où nous vivons, nul ne peut répondre de ses amis ou de ses ennemis.

— Mais enfin que me voulez-vous? s'écria le gentilhomme en proie à une surexcitation nerveuse d'autant plus grande qu'il était contraint de dissimuler la colère qui bouillonnait au fond de son cœur.

— Je vais vous le dire, mais par grâce ne m'interrompez plus, car nous n'avons déjà que trop perdu d'un temps dont plus que moi vous devez connaître la valeur.

Don Gusman lui lança un regard investigateur; le colonel continua sans paraître s'en apercevoir:

— A l'instant où, dans votre pensée, je suis venu si mal à propos vous déranger, vous donniez vos derniers ordres à Diégo, votre domestique de confiance, pour tenir vos chevaux prêts.

— Ah! fit don Gusman.

— Oui, cela est si vrai, que vous n'attendiez, pour partir immédiatement, que l'arrivée d'un certain gaucho qui doit vous guider dans la pampa.

— Vous savez aussi cela?

— Je sais tout; du reste, jugez-en : votre frère don Leoncio de Ribeyra, réfugié depuis plusieurs années au Chili avec toute sa famille, doit cette nuit même arriver à quelques lieues de Buenos-Ayres. Vous avez, il y a huit jours, reçu avis de son retour; vous êtes dans l'intention de vous rendre à l'hacienda del Pico, où il doit vous attendre, afin de l'introduire incognito dans la ville, où vous lui avez préparé un abri sûr, à ce que vous supposez du moins. Est-ce bien cela? ai-je oublié quelque particularité?

Don Gusman, atterré par ce qu'il venait d'entendre, avait laissé tomber sa tête dans ses mains avec découragement.

Un gouffre horrible s'était tout à coup ouvert devant ses yeux; si Rosas était maître de son secret, — et après la révélation prolixe du colonel le doute n'était pas permis, — sa mort et celle de son frère étaient jurées par le farouche dictateur; conserver une lueur d'espoir eût été folie.

— Mon Dieu! s'écria-t-il avec angoisse, mon frère, mon pauvre frère!

Le colonel sembla jouir un instant de l'effet produit par ses paroles, puis il continua d'une voix douce et insinuante:

— Rassurez-vous, don Gusman, tout n'est pas perdu encore, les détails que je vous ai donnés si explicites sur un secret que vous croyiez si bien gardé, moi seul les connais; l'ordre de vous arrêter n'est exécutoire que demain au lever du soleil; la démarche que je fais en ce moment auprès de vous doit vous prouver que mon intention n'est pas d'abuser des avantages que me donne le hasard.

— Mais que me voulez-vous donc? Au nom du ciel, qui êtes-vous?

— Qui je suis? vous-même l'avez dit : votre ennemi ; ce que je veux ? vous sauver.

Don Gusman ne répondit pas, il était en proie à une violente émotion, son corps semblait agité par un mouvement nerveux.

Le colonel haussa les épaules avec impatience.

— Comprenez-moi bien, dit-il : le gaucho sur lequel vous comptez, vous l'attendrez vainement, car il est mort.

— Mort! interrompit le gentilhomme avec étonnement.

— Cet homme, reprit don Bernado, était un traître ; à peine entré à Buenos-Ayres, il chercha à qui vendre d'une façon lucrative le secret que votre frère lui avait confié ; le hasard voulut qu'il s'adressât à moi de préférence à tout autre, à cause de la haine que je parais porter à votre famille.

— Que vous paraissez? répéta Ribeyra avec amertume.

— Oui, que je parais, fit le colonel en appuyant avec intention sur les mots ; bref, lorsque cet homme m'eut tout révélé, je le payai généreusement et je le laissai aller.

— Oh! quelle imprudence! ne put s'empêcher de murmurer don Gusman, intéressé au dernier point par ce récit.

— N'est-ce pas? fit légèrement le colonel; que voulez-vous? dans le premier moment, je fus tellement bouleversé par ce que je venais d'entendre, que je ne songeai pas à m'assurer de cet homme. Je me préparais à me mettre à sa recherche, lorsque tout à coup un grand bruit s'éleva de la rue; je m'informai, et je vous avoue que je fus on ne peut plus satisfait de ce que j'appris : il paraît que ce drôle, à peine dans la rue, s'était pris de querelle avec un autre *picaro* de son espèce, et que celui-ci lui avait, dans un moment d'impatience, donné de sa navaja à travers le torse, et cela si heureusement pour nous, qu'il l'avait tué raide. C'est miraculeux, n'est-ce pas?

Le colonel avait débité cette étrange histoire avec ce laisser-aller et cette désinvolture gracieuse qui, depuis son arrivée, ne l'avaient pas un instant abandonné.

Don Gusman lui lança un coup d'œil investigateur que celui-ci supporta sans se troubler en aucune sorte ; enfin toute irrésolution parut cesser dans l'esprit du gentilhomme; il redressa la tête, et, s'inclinant avec courtoisie devant don Bernardo :

— Pardon! colonel, lui dit-il avec émotion, pardon, si je vous ai méconnu, mais jusqu'à ce jour tout semblait justifier ma conduite à votre égard ; mais, au nom du ciel, si vous êtes réellement mon ennemi, si vous avez une haine à assouvir, vengez-vous sur moi, sur moi seul, et épargnez mon frère, contre lequel vous ne devez nourrir aucun sentiment d'animosité.

Don Bernardo fronça le sourcil, mais, se remettant aussitôt :

— Caballero, répondit-il, ordonnez à votre domestique d'amener les chevaux ; moi-même je vous conduirai hors de la ville, que, sans mon escorte, il vous serait impossible de traverser, car tous vos pas sont épiés. Vous n'avez rien à redouter des hommes qui m'accompagnent, ils sont sûrs et dévoués, je les ai choisis exprès. Du reste, nous les laisserons à quelques pas d'ici.

Don Gusman eut un moment d'hésitation; le colonel l'épiait d'un regard anxieux; enfin, semblant prendre une résolution suprême, le gentilhomme se redressa et, regardant le colonel bien en face :

— Eh bien, non! dit-il résolument; quoi qu'il arrive, je ne suivrai pas votre conseil, colonel.

Celui-ci réprima un vif mouvement de mécontentement.

— Vous êtes fou! s'écria-t-il, songez...

— Ma résolution est prise, interrompit sèchement don Gusman, je ne ferai point un pas hors de cette salle en votre compagnie avant de connaître la cause de votre étrange conduite; malgré tous mes efforts pour le combattre, un secret pressentiment m'avertit que vous êtes toujours mon ennemi et que si en ce moment vous feignez de me servir, colonel, c'est plutôt dans l'intention d'accomplir quelque ténébreuse machination que dans le but de m'être réellement utile, à moi ou aux miens.

— Prenez garde, caballero; en venant ici, mes intentions étaient bonnes : par votre fol entêtement ne m'obligez pas à rompre cet entretien que nous ne pourrions plus reprendre; je n'ai qu'une chose à vous dire : c'est que, quelle que soit la raison qui me pousse à agir comme je le fais en ce moment, mon but est de vous sauver, vous et les vôtres : voilà la seule explication que je crois devoir vous donner.

— Cependant elle ne saurait me suffire, caballero.

— Pourquoi donc, s'il vous plaît? reprit le colonel avec hauteur.

— Parce qu'il s'est passé entre vous et certaine personne de ma famille des choses qui me font redouter de votre part des intentions que j'ai le droit de soupçonner hostiles.

Le colonel tressaillit; une pâleur livide envahit son visage.

— Ah! dit-il d'une voix sourde, vous savez cela, señor don Gusman?

— Je vous répondrai ce que vous-même m'avez répondu il n'y a qu'un instant : je sais tout.

Don Bernardo baissa la tête en fermant les poings avec une rage concentrée.

Il y eut un silence de quelques minutes.

En ce moment, un sereno passa dans la rue, s'arrêta auprès du mur de la maison, et, d'une voix criarde et avinée, il chanta l'heure en ces termes :

— *Ave, Maria purissima! Las doce han dado y sereno!*

Puis on entendit son pas lourd s'éloigner peu à peu et se perdre enfin dans le lointain.

Les deux hommes tressaillirent comme s'ils eussent été violemment réveillés de leurs préoccupations.

— Minuit! déjà! murmura Ribeyra d'un ton de regret mêlé d'inquiétude.

— Finissons-en! s'écria résolument don Bernardo; puisque rien ne peut vous convaincre de la pureté de mes intentions; que vous exigez que je vous dévoile des secrets douloureux qui ne regardent que moi...

— Et une autre personne! reprit don Gusman avec intention.

— Soit! reprit le colonel avec impatience : « et une autre personne! » Eh bien! soyez satisfait : c'est précisément parce que je sais rencontrer cette personne à l'hacienda del Pico que je veux vous y accompagner ! Il faut absolument que j'aie un entretien sérieux avec cette personne ! Me comprenez-vous, maintenant ?

— Oui, je vous comprends parfaitement.

— Alors, j'en suis convaincu, vous n'avez plus d'objections à me faire.

— Vous vous trompez, caballero, répondit nettement le gentilhomme.

— Oh ! pour cette fois, je vous jure que vous n'en saurez pas davantage.

— Alors, je partirai seul, voilà tout.

— Prenez garde, s'écria le colonel avec agitation, ma patience est épuisée !

— Et la mienne donc, señor colonel ! Du reste, je vous le répète, je me soucie fort peu de vos menaces : agissez à votre guise, caballero, Dieu, j'en suis convaincu, me viendra en aide.

A cette parole un sourire de dédain plissa les lèvres pâles du jeune homme ; il se leva, et, s'approchant de son interlocuteur immobile au milieu de la chambre :

— Est-ce votre dernier mot, señor ? lui dit-il.

— Le dernier, répondit laconiquement le gentilhomme.

— Que votre sang retombe sur votre tête ! c'est vous qui l'aurez voulu ! s'écria le colonel en lui lançant un regard de rage.

Et sans prendre autrement congé de son ennemi toujours impassible et froid en apparence, il se détourna pour sortir, en proie à la plus violente agitation.

Par un geste rapide comme la pensée, don Gusman, profitant de ce mouvement, se débarrassa de son poncho, le lança sur la tête du colonel, qu'il enveloppa dans les plis du lourd vêtement, si bien que celui-ci se trouva garrotté et bâillonné avant non seulement d'avoir songé à se défendre, mais même d'avoir compris ce qui lui arrivait.

— A trompeur, trompeur et demi, don Bernardo ! lui dit alors Ribeyra d'un ton de sarcasme ; puisque vous tenez tant à m'accompagner, vous viendrez, mais pas de la façon dont vous le supposiez probablement.

Pour toute réponse, le colonel fit un effort prodigieux, mais inutile, pour rompre les liens qui l'attachaient.

— Maintenant, aux autres ! s'écria le gentilhomme en jetant un regard de triomphe sur son ennemi, qui se tordait sur le sol dans le paroxysme d'une rage impuissante.

Cinq minutes plus tard, les quelques soldats demeurés dans le saguan étaient désarmés par les domestiques, garrottés avec les cordes qu'ils avaient eux-mêmes apportées, sans doute dans une tout autre intention, et portés sur les marches de la cathédrale, peu distante de la maison ; là on les abandonna à leur sort.

Quant au colonel, le vieux soldat qui venait de montrer une si grande présence d'esprit ne se souciait pas, ainsi qu'il le lui avait dit lui-même, de le laisser derrière lui ; il avait au contraire de fortes raisons pour l'avoir auprès de lui pendant la hasardeuse expédition qu'il allait tenter : aussi, dès qu'il fut à cheval, il jeta son prisonnier en travers sur le devant de sa selle, puis il sortit de la maison accompagné de serviteurs dévoués, bien montés et armés jusqu'aux dents.

— Au galop! s'écria-t-il dès que la porte fut refermée ; qui sait si ce traître ne nous avait pas vendus d'avance?

La petite troupe s'élança au galop et traversa la ville déserte à cette heure de nuit avec la rapidité d'un tourbillon.

Mais, lorsque les cavaliers arrivèrent au commencement des faubourgs, la troupe ralentit peu à peu le pas, et sur un signe de don Gusman elle ne tarda pas à s'arrêter tout à fait.

Le gentilhomme n'avait pas songé à une chose forte importante cependant : c'est que Buenos-Ayres, à l'époque où pesait sur elle le gouvernement de Rosas, était considérée comme ville de guerre, et que par conséquent, passé une certaine heure, il était impossible d'en sortir, à moins que d'avoir un mot de passe changé chaque soir et donné par le dictateur lui-même. Le cas était embarrassant. Don Gusman laissa errer un regard incertain sur le prisonnier placé devant lui ; un instant la pensée lui vint de lui enlever son bâillon et de lui demander le mot d'ordre, que probablement il devait connaître. Mais le gentilhomme, après quelques secondes de réflexion, renonça à l'idée de se fier à un homme auquel il venait de faire une mortelle injure, et qui, certes, profiterait de la première occasion qui lui serait offerte pour se venger : il résolut donc de payer d'audace et d'agir selon les événements.

En conséquence, après avoir recommandé à ses compagnons de préparer leurs armes de façon à pouvoir s'en servir au premier signal, il donna l'ordre de pousser en avant.

A peine avaient-ils fait six cents pas, qu'ils entendirent le bruit d'un fusil qu'on arme, et un qui vive! vigoureusement accentué arriva jusqu'à eux.

Heureusement la nuit était si noire, qu'à une distance de dix pas il était impossible de rien distinguer.

Le moment était venu de payer d'audace ; don Gusman éleva la voix et répondit d'un accent ferme et bref :

— Colonel Pedrosa!... ronde majorca!

— Où allez-vous? reprit la sentinelle.

— A Palermo, dit encore Ribeyra, aux ordres du benemerito général Rosas.

— Passez!

La petite troupe s'engouffra comme une avalanche sous les portes de la ville et disparut bientôt dans les ténèbres.

Grâce à son audace, don Gusman venait d'échapper à un immense danger.

Les seneros chantaient la demie après minuit au moment où les cavaliers laissaient derrière eux les dernières maisons de Buenos-Ayres.

XVI

UN RELAIS DE POSTE DANS LES PAMPAS

Les pampas sont les steppes de l'Amérique du Sud, avec cette différence pourtant que ces immenses plaines qui s'étendent depuis Buenos-Ayres jusqu'à San-Luis-de-Mendoza, au pied des Cordillères, sont couvertes d'épais rideaux de verdure qui ondulent au moindre souffle du vent, et coupées de distance en distance par de nombreux et puissants cours d'eau qui les sillonnent dans tous les sens.

L'aspect des pampas est d'une monotonie et d'une tristesse désespérantes : pas de bois, pas de montagnes, aucun terrain qui rompe la régularité fatigante du paysage et forme une oasis de sable ou de granit au milieu de cet océan de verdure.

Deux seules routes traversent la pampa et relient l'océan Atlantique au Pacifique.

La première mène au Chili en passant par Mendoza; la seconde conduit au Pérou par Tucuman et Salta.

Ces vastes solitudes sont parcourues par deux races d'hommes continuellement en guerre l'une contre l'autre : les Indiens bravos ou Pampas, et les gauchos.

Les gauchos forment une caste particulière aux provinces argentines et qu'on chercherait vainement ailleurs.

Chargés de surveiller les troupeaux de bœufs et de chevaux sauvages qui paissent au hasard dans toute l'étendue des plaines, ces hommes, d'origine blanche pour la plupart, mais depuis longtemps croisés avec les aborigènes, sont devenus, avec le temps, presque aussi barbares que les Indiens eux-mêmes, dont ils ont pris l'astuce et la cruauté. Ils vivent à cheval, couchent sur le sol nu, se nourrissent de la chair de leurs bestiaux lorsque la chasse leur fait faute, et s'approchent rarement des haciendas ou des villes, si ce n'est pour y échanger des cuirs, des plumes de ñandus et des fourrures, contre des alcools, des éperons d'argent, de la poudre, des couteaux et les étoffes de couleurs voyantes dont ils aiment à se parer.

Vrais centaures du Nouveau-Monde, aussi rapides que les cavaliers tartares des steppes sibériens, ils se transportent avec une vélocité prodigieuse d'une extrémité à l'autre de la Bande Orientale, ne reconnaissant d'autre loi que leur caprice, d'autre maître que leur volonté, car pour la plupart ils ne connaissent pas les fermiers qui les emploient et qu'ils ne voient qu'à de forts longs intervalles.

Les gauchos sont presque aussi redoutés que les Indiens des voyageurs, qui ne se hasardent qu'en nombre considérable dans la pampa, afin de se prêter un secours mutuel contre les agressions auxquelles ils sont exposés de la part des Indiens, des gauchos et des bêtes fauves.

— Cachez-vous ! s'écria vivement Luco, prenez garde d'être reconnus...

Ces caravanes sont ordinairement composées de quinze et même de vingt chariots ou *galeras* attelés de six et huit bœufs placés en flèche, que leurs conducteurs, couchés sur la couverture de cuir de la galera, piquent avec de longs aiguillons suspendus en équilibre au-dessus de leur tête, et qui atteignent facilement jusqu'aux premiers animaux de l'attelage.

Un capataz ou majordome, homme résolu et connaissant à fond la pampa, commande la caravane, ayant sous ses ordres une trentaine de peones bien armés qui, comme lui, sont à cheval, galopent autour du convoi, surveillent le troupeau de rechange, éclairent la route, en cas d'attaque défendent les voyageurs de tout âge qu'ils conduisent avec eux.

Rien de pittoresque et de triste à la fois comme l'aspect que présentent ces caravanes qui se déroulent dans la pampa comme de longs serpents, s'avançant d'un pas lent et mesuré à travers des chemins remplis de fondrières, où les immenses galeras tournent en gémissant sur leurs roues criardes et massives, se balançant avec un roulis et des cahots indescriptibles dans les ornières, dont les bœufs les sortent à grand'peine, en mugissant et en baissant jusque sur le sol leurs naseaux fumants.

Souvent ces lourdes caravanes sont dépassées par des arrieros dont la *recua* trotte gaillardement au tintement argentin de la clochette suspendue au cou de la *Jegua madrina* et aux cris de :

— *Arrea mulas!* incessamment répétés sur tous les tons de la gamme par l'arriero chef et ses peones, qui galopent autour des mules pour les empêcher de s'écarter ni à droite ni à gauche.

Le soir venu, les muletiers et bouviers trouvent un abri précaire dans les relais de poste, espèces de *tambos* ou caravansérails bâtis de distance en distance dans la pampa.

Les galeras sont dételées, rangées sur une seule ligne ; les ballots des mules sont empilés en cercle, puis, si le *corral* est plein, qu'il y ait beaucoup de voyageurs au relais, bêtes et gens campent ensemble et passent la nuit à la belle étoile, ce qui, dans un pays où le froid est à peu près inconnu, n'a rien de fort désagréable.

Alors commencent, à la lueur fantastique des feux de bivouac, les longs récits de la pampa, entremêlés de joyeux éclats de rire, de refrains, de danses et de propos d'amour échangés à voix basse.

Cependant il est rare que la nuit s'achève sans qu'il s'élève quelque querelle entre les bouviers et les muletiers, naturellement jaloux et ennemis les uns des autres, et sans que le sang coule à la suite d'une ou plusieurs *navajadas*, car le couteau joue toujours un rôle parfois trop actif dans les disputes de ces hommes dont nul frein ne modère les ardentes passions.

Or, le soir du jour où commence notre histoire, le dernier relais sur la route del Portillo, en sortant de la pampa du côté de Buenos-Ayres, était encombré de voyageurs.

Deux considérables recuas de mulas qui, un mois auparavant, avaient franchi l'alto de Cumbre et campé au rio de la Cueva, près du pont de l'Inca, une des plus singulières curiosités naturelles de ces contrées, avaient allumé leurs feux devant le relais, auprès de trois ou quatre convois de galeras, dont les bœufs étaient paisiblement couchés dans l'intérieur de l'enceinte formée par les chariots.

Ce relais était une maison assez vaste, bâtie en *adobas*, dont l'entrée était garnie d'un portillo, espèce de péristyle composé de quatre arbres plantés en terre en guise de colonnes et supportant une vérandah assez large pour offrir pendant le jour un refuge contre les rayons incandescents du soleil.

Dans l'intérieur du *toldo*, ainsi que se nomment ces misérables masures, on entendait les chants et les rires des bouviers et des muletiers se mêlant aux acccords d'une vihuela raclée désespérément avec le dos de la main et aux accents aigres et criards du maître de poste, dont la voix glapissante cherchait, mais vainement, à dominer le vacarme et à organiser le désordre en le rendant moins bruyant.

En ce moment, le galop rapide de plusieurs chevaux se fit entendre, et deux troupes de cavaliers, débouchant de deux points diamétralement opposés, s'arrêtèrent comme d'un commun accord devant le portillon de la maison, après avoir traversé avec une habileté extrême les divers campements établis devant le relais dont ils obstruaient les avenues.

De ces deux troupes, la première, composée de six cavaliers seulement, venait du côté de Mendoza; la seconde arrivait au contraire de l'intérieur de la pampa; celle-là comprenait une trentaine d'individus au moins.

L'apparition imprévue de ces deux troupes fit comme par enchantement cesser le tapage que jusqu'à ce moment le ranchero ou maître de la maison n'avait pu parvenir à apaiser, et un silence de mort plana presque instantanément sur cette réunion, si joyeuse et si insouciante quelques secondes auparavant.

Les bouviers et les arrieros se glissèrent comme des ombres hors de la maison et regagnèrent leurs campements respectifs d'un pas furtif en échangeant entre eux des regards inquiets, si bien que la grande salle se trouva vide en un clin d'œil, et que le ranchero put s'avancer facilement au-devant des hôtes inattendus qui lui arrivaient.

Mais à peine atteignit-il le seuil de sa porte et eut-il jeté un regard au dehors, qu'une pâleur mortelle envahit son visage, un tremblement convulsif agita son corps, et ce fut d'une voix presque inintelligible qu'il parvint à balbutier la phrase de bienvenue sacramentelle dans l'Amérique du Sud :

— *Ave, Maria purissima*, dit-il.

— *Sin pecado concebida*, répondit d'une voix rude un cavalier de haute taille, aux traits durs et aux regards farouches, qui semblait être le chef de la troupe la plus nombreuse.

Nous ferons observer que la seconde troupe paraissait partager jusqu'à un certain point la terreur qu'éprouvaient les habitants du relais, et qu'ayant aperçu la première troupe avant que celle-ci se doutât de sa présence, les six cavaliers avaient prudemment ralenti le pas de leurs chevaux et s'étaient autant que possible rejetés dans l'ombre, peu désireux, selon toute probabilité, d'être découverts à l'improviste par les dangereux compagnons de voyage que le hasard ou la mauvaise fortune leur imposait si malencontreusement.

Mais quels étaient ces hommes, dont l'aspect seul suffisait pour inspirer une épouvante générale, et faire trembler comme des enfants ou des femmes timides, ces hardis explorateurs du désert, dont la vie est une lutte continuelle contre les Indiens et les bêtes fauves, et qui avaient si souvent vu la mort sans pâlir, qu'ils en étaient presque arrivés à nier qu'elle pût jamais les atteindre?

Nous allons le dire en deux mots.

A l'époque où se passe cette histoire, l'odieuse et sanguinaire tyrannie de cet être hybride, de ce Néron qui n'avait de l'humanité que l'apparence, de ce gaucho ignorant et bestial, de ce tigre à face humaine, enfin, nommé don Juan Manuel de Rosas, qui si longtemps pesa sur les provinces argentines, était encore toute-puissante; et ces hommes étaient des *federales*, des sicaires de cet égorgeur de sang-froid dont le nom est voué désormais à l'exécration publique; en un mot, c'étaient des affiliés de cette hideuse société Restauradora plus connue sous le nom de Mas-Horca[1], qui pendant plusieurs années remplit Buenos-Ayres de deuil.

Contraint par l'indignation générale, le dictateur feignit plus tard de dissoudre cette société, mais il n'en fit rien, et jusqu'à l'heure de la chute de ce tyran immonde elle exista de fait et continua sur un signe de son maître à promener d'une extrémité à l'autre de la Confédération le meurtre, le viol et l'incendie.

On comprend maintenant quelle terreur dut inspirer aux insouciants et paisibles voyageurs réunis dans le toldo, l'apparition au milieux d'eux des sinistres uniformes de ces bourreaux salariés auxquels toute pitié était inconnue.

Poussés par un de ces pressentiments instinctifs qui ne trompent jamais, ils comprirent qu'ils étaient menacés d'un malheur : ils s'éloignèrent la tête basse, et, cachés derrière leurs ballots, ils commencèrent à trembler dans l'ombre sans songer un instant à tenter une résistance inutile.

Cependant les *colorados*, ou federales, avaient mis pied à terre, et étaient entrés dans la maison en marchant sur la pointe du pied, à cause des énormes molettes de leurs éperons, et en laissant traîner leurs sabres dont les lourds fourreaux de fer rendaient au contact des dalles un bruit de mauvais augure à chacun de leurs mouvements.

— Holà! cria le chef d'une voix rauque : rayo de Dios! que signifie ceci, caballeros? Notre arrivée aurait-elle par hasard chassé la joie de cette demeure?

Le ranchero se confondait en salutations et tournait son chapeau déformé entre ses doigts sans trouver une parole, tant la frayeur collait sa langue à son palais; au fond du cœur, le digne homme, qui connaissait les manières expéditives de ces hôtes malencontreux, avait grand'peur d'être pendu, ce qui ne l'aidait nullement à retrouver le sang-froid et la présence d'esprit nécessaires pour la circonstance.

La grande salle n'était éclairée que par un candil fumeux ne répandant qu'une lueur terne et douteuse; le colorado arrivant du dehors et les yeux encore voilés par les épaisses ténèbres de la pampa n'avait pu dans le premier moment rien distinguer, mais dès qu'il se fut habitué à la demi-obscurité qui régnait autour de lui et qu'il s'aperçut que, à part le ranchero, la salle était complètement vide, ses sourcils se froncèrent et, frappant du pied avec colère :

---

[1]. *Mas horca* signifie littéralement : davantage de potences.

— Valga me Dios! s'écria-t-il en lançant un regard furibond au pauvre diable transi de peur devant lui, serais-je sans m'en douter tombé dans un nid de serpents? cette ignoble cabane servirait-elle de repaire à des *salvajes unitarios?* Réponds, misérable! si tu ne veux pas que ta langue menteuse soit arrachée et jetée aux chiens!

Le chef de poste devint vert d'épouvante en entendant cette menace, qu'il savait ces hommes capables d'exécuter, et surtout au nom de salvajes unitarios, épithète qui servait à désigner les ennemis de Rosas, et qui toujours était le prélude d'un massacre.

— Señor général,... s'écria-t-il en faisant un effort héroïque pour prononcer quelques mots.

— Je ne suis pas général, imbécile! interrompit le colorado d'une voix radoucie, intérieurement flatté dans son orgueil par ce titre sonore, si libéralement octroyé par le ranchero. Je ne suis pas général, bien que j'espère le devenir un jour, je ne suis encore que teniente, — lieutenant, — ce qui est déjà un fort beau grade : ainsi ne m'appelle pas autrement quant à présent; maintenant continue.

— Señor teniente, reprit le ranchero un peu rassuré, il n'y a ici que de bons amis du benemerito général Rosas, nous sommes tous federales.

— Hum! reprit le terrible lieutenant d'un air peu convaincu, j'en doute : vous êtes bien près de Montevideo, vous autres, pour être réellement Rosistas.

Nous constaterons ici que, dans toutes les provinces argentines, une seule ville eut le généreux courage de protester contre la sauvage tyrannie du féroce dictateur. Cette ville, que son dévouement à la noble cause de la liberté a rendue à jamais célèbre dans le nouveau comme dans l'ancien monde, est Montevideo. Résolue à périr, s'il le fallait, pour la cause sainte qu'elle avait embrassée, elle soutint héroïquement un siège de neuf années contre les troupes de Rosas, dont les efforts impuissants vinrent constamment se briser au pied de ses murailles.

— Señor teniente, reprit obséquieusement le ranchero, les gens qu'on rencontre ici sont tous des arrieros ou des carreteros qui ne font que passer et ne s'occupent nullement de politique.

Cette insinuation, toute adroite que la supposât le maître de poste, n'obtint cependant aucun succès auprès de l'officier colorado.

— Vive Dios! dit-il d'un air rogue, nous verrons bien, et malheur au traître que je découvrirai! Luco, continua-t-il en s'adressant à son *cabo* ou caporal, allez un peu avec quelques hommes réveiller ces bêtes brutes, et amenez-les ici tout de suite; si quelques-uns dorment trop profondément, ne craignez pas de les piquer avec la pointe de vos sabres, cela les émoustillera et les excitera à obéir plus vite.

Le cabo sourit sournoisement et sortit aussitôt pour exécuter l'ordre qu'il avait reçu.

Le lieutenant, après avoir adressé au ranchero quelques autres questions de moindre importance, se décida enfin à prendre place sur l'estrade qui régnait tout autour de la salle, et afin d'attendre patiemment le retour de son émissaire, il commença à faire honneur aux liqueurs et autres rafraîchissements que le maître de la maison s'était empressé de lui servir, tout en maugréant tout bas de l'obligation dans laquelle il se trouvait d'abreuver gratis tant de monde, car il savait fort bien que, si copieuse que fût la consommation des colorados, il ne verrait pas la couleur de leur argent, heureux encore s'il en était quitte à si bon marché.

Les soldats, excepté cinq ou six demeurés dehors afin de garder les chevaux, s'étaient rangés aux côtés de leur chef et avaient suivi son exemple en buvant comme des outres.

La tâche du caporal fut beaucoup plus facile que celui-ci ne s'y attendait sans doute, car les pauvres diables de muletiers et de charretiers avaient entendu l'ordre péremptoire du chef; comprenant que toute résistance non seulement serait inutile, mais encore ne produirait d'autre effet que d'empirer leur position, ils se résignèrent à obéir à l'injonction arbitraire de l'officier et rentrèrent avec empressement dans la salle en cachant tant bien que mal, sous des sourires contraints, la frayeur qu'ils éprouvaient.

— Oh! oh! s'écria le lieutenant d'un air narquois, je savais bien qu'il y avait quelques malentendus, n'est-ce pas, braves gens?

Les paysans se confondaient en excuses et en protestations que l'officier écouta de l'air le plus indifférent du monde, tout en vidant à petits coups un énorme gobelet plein jusqu'au bord de refino de Catalogne, l'eau-de-vie la plus forte qui soit.

— Çà! compañeros, interrompit-il tout à coup en faisant résonner le fourreau de fer de son sabre sur l'estrade, faisons un peu connaissance, et d'abord pour qui êtes-vous, au nom du diable?

Les voyageurs, terrifiés par cette menaçante démonstration, répondirent à la question qui leur était adressée en se hâtant de crier à tue-tête et tous à la fois, avec un enthousiasme d'autant plus expansif qu'il était moins réel :

— Viva el benemerito général Rosas! Viva el libertador! vivan los federales! mueran los salvajes unitarios, á deguello! á deguello con ellos[1]!

Ces cris bien connus des fédéraux, auxquels ils servaient de ralliement dans leurs sanglantes expéditions, dissipèrent les doutes de l'officier. Il daigna sourire, mais à la façon des tigres, en montrant ses dents blanches et aiguës prêtes à mordre.

— Bravo! bravo! s'écria-t-il; à la bonne heure, au moins, voilà de vrais rosistas! Allons, ranchero, mon ami, un trago de aguardiente à ces dignes gens; je veux les régaler!

Le ranchero se serait fort bien passé de cette soi-disant générosité de l'officier dont il savait que, seul, il paierait les frais : cependant il s'exécuta en cachant, sous l'air le plus gracieux qu'il put prendre, le dépit qu'il éprouvait.

Les cris et les protestations de fédéralisme recommencèrent avec une nouvelle ardeur; l'eau-de-vie circula et la joie parut à son comble.

Le lieutenant s'empara alors d'une guitare abandonnée auprès de lui.

---

1. Vive le bien méritant général Rosas! vive le libérateur! vivent les fédéraux! meurent les sauvages unitaires! qu'on les égorge! qu'on les égorge!

— Allons ! muchachos ! dit-il, une *zambacueca !* voto a brios ! En place pour la danse !

Il n'y avait pas à reculer ; quelle que fût d'ailleurs l'appréhension intérieure de la plupart des assistants, l'invitation *gracieuse* du colorado était si nettement formulée, qu'il leur fallait faire, comme on dit vulgairement, contre fortune bon cœur, et jouer tant bien que mal leur rôle jusqu'au bout.

Ils se résignèrent, c'était le plus sûr ; ils étaient sous la griffe du tigre, d'un instant à l'autre il pouvait les déchirer, si la fantaisie lui en prenait.

Le milieu de la salle fut dégagé, puis danseurs et danseuses se placèrent, l'œil fixé sur l'officier, afin de s'élancer au premier signal.

Le signal ne se fit pas attendre ; dès qu'il vit que ses victimes étaient prêtes, le lieutenant avala une énorme rasade de refino, puis, saisissant la guitare, il se mit à la racler avec le dos de la main et entonna ou plutôt détonna d'une voix vibrante la joyeuse zambacueca bien connue dans les provinces argentines et qui commence par ces charmants vers :

> Para que vas y vienes,
> Vienes y vas,
> Si otros con andar menos.
> Consiguen más [1] ?

On a dit avec raison que les Espagnols sont fous de la danse, mais en cela comme en beaucoup d'autres choses les Américains les ont laissés bien loin derrière eux ; ils ont en outre cette passion à un tel point que chez eux elle atteint presque les limites de la folie. La scène que nous décrivons peut prouver la vérité de notre assertion.

Ces hommes, qui n'avaient consenti à danser que, pour ainsi dire, le couteau sur la gorge et sous l'influence d'une poignante terreur, ces hommes n'eurent pas, pendant quelques minutes, entendu résonner à leurs oreilles les accords criards de la guitare et entendu les paroles qui marquaient la mesure, qu'ils oublièrent immédiatement tout ce que leur position avait d'affreusement précaire pour ne plus songer qu'à se livrer, avec une sorte de frénésie sauvage, à leur passe-temps favori.

Ceux qui, pendant les premiers moments, s'étaient prudemment tenus à l'écart, à cause de l'inquiétude qui les obsédait, fascinés bientôt par les sauts des danseurs, se laissèrent aller au torrent, et ils bondirent comme les autres en hurlant et en trépignant aussi fort qu'eux.

Aussi, au bout de quelques minutes, toute contrainte avait disparu, le bruit était redevenu aussi assourdissant et le vacarme aussi grand qu'il était à l'arrivée des federales.

Cependant le caporal avait consciencieusement exécuté l'ordre qu'il avait reçu de son supérieur, mais, ainsi que nous l'avons fait observer plus haut, les bouviers et muletiers provisoirement arrêtés devant le rancho lui avaient

---

[1]. Ces vers sont presque intraduisibles. Ils signifient à peu près : Pourquoi vas-tu et reviens-tu reviens-tu et vas-tu, si d'autres en marchant moins acquièrent davantage ?

rendu sa tâche facile en rentrant dans la salle de leur propre mouvement; pourtant le digne sous-officier, jaloux probablement de bien accomplir son devoir, avait, accompagné d'une demi-douzaine de soldats, parcouru les divers campements, passant la lame de son sabre entre les ballots, regardant dans l'intérieur des galeras, enfin furetant partout avec l'habitude et la finesse d'un vieux limier impossible à mettre en défaut.

Convaincu pourtant, après les plus minutieuses recherches, que tous ceux qu'il pourchassait ainsi étaient rentrés dans la maison, il se prépara à faire comme eux; mais, le bruit qu'il entendait dans l'intérieur lui prouvant que tout allait bien, du moins pour le moment, il changea d'avis en congédiant, sous le premier prétexte venu, les soldats qui étaient demeurés auprès de lui et qui ne demandaient pas mieux que de prendre leur part de la fête : il resta au dehors.

Dès qu'il fut seul, le caporal changea subitement d'allure; après s'être assuré que nul œil indiscret ne surveillait ses mouvements, il tordit une cigarette entre ses doigts, l'alluma, et en se promenant de long en large de l'air indifférent d'un flâneur qui respire le frais, il s'éloigna insensiblement du portillo auprès duquel il était demeuré jusque-là.

Après dix minutes environ de ce manège, qui ne ressemblait pas mal à la manœuvre d'un navire que le vent contraire oblige à louvoyer pour s'éloigner d'un port, il se trouva avoir dépassé les campements des charretiers et être assez éloigné de la maison pour que, grâce à l'obscurité qui couvrait la terre il ne fût pas possible de l'apercevoir même à une légère distance. Alors il s'arrêta, jeta un regard perçant et investigateur autour de lui et lança en l'air sa cigarette allumée.

Le léger pajillo décrivit une parabole brillante dans l'espace, puis retomba sur le sol, où le caporal l'éteignit en posant le pied dessus.

Au même moment une ligne de feu sillonna l'obscurité à une faible distance du soldat.

— Bon! grommela à part lui celui-ci, voilà où il s'agit d'être prudent.

Il inspecta une seconde fois les environs, puis, rassuré par l'épaisseur de ténèbres qui régnaient autour de lui, il exécuta résolument une pointe dans l'obscurité, en fredonnant à demi-voix ces trois vers d'une chanson bien connue dans les pampas :

O Libertad preciosa,
No comparada al oro
Ni al bien mayor de la espaciosa tierra [1].

Au même instant, une voix faible comme un souffle continua par les deux vers suivants :

Mas rica y mas gozosa
Que el mas precioso tesoro [2].

1. O liberté précieuse! on ne te peut comparer à l'or ni au bien le plus grand de l'immense terre.
2. Plus riche et plus chérie que le plus précieux trésor...

Un cercle s'était formé autour des deux femmes.

A cette réponse sans doute attendue, le caporal s'arrêta net. Il posa le bout de son sabre sur le sol, s'appuya sur la poignée et dit d'une voix assez haute, bien qu'il parût se parler à lui-même :

— Je voudrais bien savoir pourquoi les *ñandus*[1] se sont si soudainemen retirés dans l'intérieur de la pampa.

1. Espèce d'autruche particulière aux pampas.

— Parce que, reprit la voix qui avait continué la chanson, ils ont senti l'odeur des cadavres.

— Cela peut être vrai, fit le caporal sans paraître autrement étonné de cette réponse qui lui arrivait si singulièrement; mais alors les condors devraient descendre de la Cordillère.

— Déjà, depuis vingt et un jours, ils ont franchi l'alto de Cumbre.

— Le soleil était rouge à son coucher hier.

— Ses rayons reflétaient sans doute la lueur des incendies allumés par la Mas-Horca, dit encore la voix.

Le caporal n'hésita plus.

— Approchez, don Leoncio, murmura-t-il, vous et vos compagnons.

— Nous voilà, Luco.

Le soldat fut instantanément enveloppé par six personnes armées jusqu'aux dents.

Il est inutile de dire que ces personnages étaient les cavaliers qui, une heure auparavant, s'étaient rencontrés au relais avec les colorados et que la prudence avait jusqu'à ce moment engagés à demeurer à l'écart.

Dans le rancho, la danse et les cris continuaient toujours. La joie prenait peu à peu les proportions d'une gigantesque orgie.

Les étrangers étaient donc certains de ne pas être troublés. D'ailleurs, bien que la lune fût levée et répandît une clarté assez grande, le groupe, abrité par les galeras qui le cachaient, ne craignait pas d'être découvert, tandis qu'au contraire, grâce à la position qu'il occupait, personne ne pouvait sortir de la maison sans être immédiatement aperçu par les causeurs.

Nous profiterons de la lumière déversée à profusion par les rayons argentés de la lune pour décrire en quelques mots ces nouveaux personnages, dont le portrait est d'autant plus facile à faire que, par précaution, ils avaient mis pied à terre et tenaient leurs chevaux en bride.

Nous avons dit qu'ils étaient six; les trois premiers étaient évidemment des peones, mais leurs lourds éperons d'argent, leur tirador ou ceinture de velours brodé, les armes délicatement ciselées que laissaient entrevoir leurs riches ponchos de fine laine de la vigogne de Bolivie, et surtout la familiarité respectueuse avec laquelle ils se tenaient auprès de leurs maîtres, montraient assez le degré de considération à laquelle ils avaient droit.

Ces peones étaient en effet non seulement des serviteurs, mais aussi des amis, humbles, il est vrai, mais dévoués et longtemps éprouvés au milieu des scènes de dangers terribles.

Des maîtres, deux étaient des hommes de trente-cinq à trente-huit ans, dans la plénitude de l'âge et de la force.

Leur costume, en tout semblable quant à la coupe à celui de leurs serviteurs, n'en différait que par la richesse et la plus grande finesse des tissus.

Le premier, d'une taille haute et bien prise, aux manières élégantes et aux gestes gracieux, avait un visage dont les lignes fières et arrêtées et les traits hardis empreints d'une expression de franchise et de bonté inspiraient au premier coup d'œil le respect et la sympathie.

Celui-là se nommait don Leoncio de Ribeyra. Son compagnon, de la même taille à peu près et doué comme lui de manières d'une suprême élégance, formait cependant avec don Leoncio le plus complet contraste.

Ses yeux bleus au regard doux et voilé comme celui d'une femme, les épaisses boucles de ses cheveux blonds qui s'échappaient en larges touffes de dessous son chapeau de panama et ruisselaient en désordre sur ses épaules, la blancheur mate de sa peau qui tranchait avec le teint légèrement olivâtre et bronzé de don Leoncio, donnaient à supposer qu'il n'avait pas vu le jour sous le chaud climat de l'Amérique espagnole; cependant ce cavalier, plus encore que son compagnon, pouvait orgueilleusement revendiquer la qualité de véritable *hijo del pays* [1], puisqu'il descendait en ligne directe du brave et malheureux *Tupac-Amaru*, le dernier Inca, si lâchement assassiné par les Espagnols.

Il se nommait Manco-Amaru, Diego de Solis y Villas Reales. Nous demandons pardon au lecteur de cette kyrielle de noms.

Don Diego de Solis cachait sous une enveloppe légèrement efféminée un courage de lion que rien ne pouvait émouvoir ni seulement étonner; la peau fine et presque diaphane de ses mains blanches aux ongles rosés cachait des nerfs d'acier.

Quant au troisième cavalier qui se tenait modestement derrière les autres, il s'enveloppait avec tant de soin dans les plis de son poncho, les ailes de son chapeau étaient si bien rabattues sur son visage, qu'il était impossible de rien distinguer de lui autre que deux grands yeux noirs qui parfois semblaient lancer des jets de flamme; l'exiguïté de sa taille, la délicatesse de ses formes et la molle désinvolture de ses gestes et de ses mouvements ondulés et serpentins, faisaient supposer que ce n'était encore qu'un enfant, à moins que ce costume masculin ne recouvrît une femme, ce qui était plus probable.

Cependant, dès que le caporal s'était trouvé en présence des personnes que nous venons de décrire, une métamorphose s'était opérée dans toute sa personne, ses manières brusques et farouches avaient fait place à d'autres remplies de cette obséquiosité câline qui dénote un véritable dévouement. Son visage avait perdu son expression railleuse et sournoise pour prendre une physionomie douce et joyeuse.

Don Leoncio ne parvint qu'avec peine à modérer les élans de folle joie auxquels le soldat se livrait avec la naïve franchise d'un homme qui jouit enfin d'un bonheur longtemps attendu vainement.

— Voyons, Luco, lui répétait-il, calme-toi, mon ami : c'est moi, c'est bien moi; là, sois prudent, muchacho, le moment n'est pas propice aux épanchements.

— C'est vrai! c'est vrai! mi amo, — mon maître, — mais je suis si heureux de vous revoir enfin après tant de temps! et il essuya des larmes brûlantes qui coulaient sur ses joues bronzées.

Don Leoncio se sentit ému de la tendresse de ce vieux serviteur.

---

1. Enfant du pays, locution fort usitée en Amérique.

— Merci, Luco, lui dit-il en lui tendant la main, tu es une bonne et dévouée créature.

— Et pourtant, malgré le bonheur que j'éprouve à vous voir, j'aurais préféré que vous ne fussiez pas arrivé si à l'improviste ; mi amo, les temps sont mauvais, le tyran est plus puissant que jamais à Buenos-Ayres.

— Je le sais ; malheureusement je n'ai pu remettre mon voyage, malgré les périls auxquels je savais que je serais exposé.

— Valga me Dios, Seigneurie, c'est une terrible vie que celle que nous menons.

— Enfin, que veux-tu? muchacho, il nous faut prendre notre parti de ce que nous ne pouvons empêcher.

« As-tu exécuté tous mes ordres?

— Tous, oui, mi amo ; votre frère est prévenu ; malheureusement je n'ai pu aller moi-même l'avertir ; j'ai été forcé de lui expédier un gaucho que je ne connais que fort peu ; mais soyez tranquille, Seigneurie, votre frère ne manquera pas au rendez-vous ; il sera ici dans quelques heures.

— Bien ; mais tu es arrivé en bien nombreuse compagnie, il me semble.

— Hélas! je n'ai pu faire autrement : je suis surveillé de près, vous le savez, mi amo ; il m'a fallu employer les moyens les plus extraordinaires pour décider le lieutenant à pousser une pointe jusqu'ici.

— Il s'en est peu fallu que nous nous soyons rencontrés nez à nez avec lui.

— Oui, et j'ai bien eu peur en ce moment, car je vous avais reconnu déjà, Seigneurie. Dieu sait ce qui serait arrivé d'une telle rencontre!

— En effet : ce lieutenant est-il un bon?

Luco secoua tristement la tête.

— Lui, mi amo, prenez garde, c'est un des plus féroces *Mas horqueros* de ce chien malvado de Rosas.

— Diable! fit don Leoncio d'un air soucieux ; je crains bien, mon pauvre Luco, que ta trop grande confiance ne nous ai fait tomber dans un guêpier d'où nous aurons bien de la peine à sortir sains et saufs.

— La position est difficile, je ne vous le cache pas ; il faut user d'une extrême prudence, et ne pas vous laisser dépister ; le principal est de gagner du temps.

— Oui, fit don Leoncio tout songeur.

— Combien êtes-vous ? demanda don Diego en se mêlant à la conversation.

— Trente-cinq en comptant le lieutenant, Seigneurie, mais, je vous l'ai dit, c'est un démon incarné, il en vaut quatre à lui seul.

— Bah! reprit légèrement don Diego en caressant complaisamment sa moustache blonde, nous sommes sept en te comptant, mon brave.

— Quel est ce lieutenant?

— C'est don Torribio, l'ancien gaucho.

— Oh! s'écria don Leoncio avec un geste de dégoût, Torribio *Deguello* [1] ?

— Voto a brios! reprit don Diego, j'aurais plaisir à lui tenir un peu le genou sur la poitrine, à ce misérable. Voyons, que faisons-nous ?

1. Littéralement, Torribio l'égorgeur.

— Vous oubliez qui est avec nous, don Diego, lui dit vivement don Leoncio en jetant un regard sur leur compagnon immobile auprès d'eux.

— C'est vrai! s'écria le jeune homme, je suis fou : pardonnez-moi, cher, nous ne saurions user de trop de prudence.

— Heureusement, observa Luco, que vous n'avez pas amené doña Antonia avec vous. Pauvre chère niña, elle serait morte ici, avec les démons au milieu desquels nous sommes exposés à nous trouver.

Tout à coup, avant que don Leoncio eût le temps de répondre, des clameurs horribles éclatèrent dans la maison, plusieurs coups de feu se firent entendre et une vingtaine d'hommes et de femmes, affolés par la terreur, s'élancèrent au dehors avec des cris perçants et se sauvèrent dans toutes les directions.

— Cachez-vous ! s'écria vivement Luco. Mon Dieu! mon Dieu! qu'est-ce que cela signifie? Je reviens tout de suite, surtout prenez garde d'être reconnus; cachez-vous, au nom du ciel! A bientôt! à bientôt! Il faut que j'aille voir là-dedans ce qui se passe.

Et, laissant don Leoncio et ses compagnons en proie à la plus vive anxiété, le caporal se dirigea en courant vers la maison, où le tumulte croissait de minute en minute.

XVII

UNE GALANTERIE FÉDÉRALISTE

Nous précéderons de quelques instants le caporal Luco, afin d'expliquer au lecteur ce qui s'était passé dans le rancho.

Les choses allèrent d'abord fort bien : le premier moment de méfiance et de crainte passé, les arrieros et les carreteros, subissant malgré eux l'influence de leur passe-temps favori, avaient oublié complètement leurs appréhensions et avaient franchement fraternisé avec les soldats.

L'aguardiente circulait sans interruption d'un bout de la salle à l'autre, la joie croissait en proportion des rasades qui, à force d'être répétées, commençaient à échauffer les cerveaux et à faire jaillir çà et là les premiers symptômes de l'ivresse.

Cependant le lieutenant don Torribio, l'œil brillant et le visage animé, continuait à chanter, à racler de la guitare et surtout à boire sans paraître songer à mal, et peut-être tout se serait-il bien terminé sans un incident qui vint subitement changer la face des choses, et d'une scène de joie faire une scène de terreur.

Parmi les plus brillants et les plus élégants danseurs de zambacueca se trouvait un jeune muletier de vingt-quatre à vingt-cinq ans, aux traits fins et intelligents, à la taille bien prise et aux manières dégagées, qui se faisait remarquer par la désinvolture et la grâce inimitable de sa danse; les femmes surtout se pressaient autour de lui, lui lançant les œillades les plus assassines en applaudissant avec la joie la plus folle aux pas excentriques qu'il lui plaisait de risquer.

Parmi ces femmes il y en avait deux, jeunes filles de seize ans à peine, mais belles de cette beauté particulière aux Américaines et qui en Europe n'a pas d'équivalent. Leurs yeux noirs ombragés de longs cils de velours, leur bouche aux lèvres rouges comme les fruits du chirimoya, leur visage légèrement doré par le chaud soleil du tropique, sur lequel tranchaient les longues tresses de leurs cheveux d'un noir bleuâtre, leur taille svelte, souple et dégagée, qu'elles faisaient onduler à leur gré par des mouvements serpentins d'un salero inimitable, toutes ces grâces réunies leur complétaient une de ces beautés enivrantes et voluptueuses qui ne se peuvent analyser, mais dont l'homme le plus froid est contraint de subir l'influence magnétique et le charme fascinateur.

Ces deux femmes se distinguaient entre toutes par l'exagération des éloges qu'elles prodiguaient à l'objet de leur prédilection. Celui-ci, nous devons lui rendre cette justice, semblait fort peu se préoccuper de l'enthousiasme qu'il excitait. C'était un brave garçon dont le cœur, sinon la tête, était parfaitement libre, qui dansait pour danser, parce que cela lui plaisait et que, dans la rude vie qu'il menait, l'occasion se présentait bien rarement pour lui de se livrer à ce divertissement, et, du reste, fort peu soucieux d'inspirer une passion quelconque à l'une ou l'autre de ses admiratrices.

Celles-ci, bien qu'avec cet instinct inné chez toutes les femmes elles comprissent l'indifférence de l'arriero et en fussent intérieurement blessées, n'en continuaient pas moins à lui prodiguer les expressions les plus passionnées que fournisse la langue espagnole pour l'intérêt qu'elles lui portaient.

Ces démonstrations devinrent à la fin si vives et si directes que la plupart des assistants qui, chacun dans son for intérieur, aurait beaucoup donné pour être préféré par l'une ou par l'autre de ces charmantes créatures, commencèrent, comme cela arrive toujours en semblable circonstance, à en vouloir à l'arriero de l'indifférence qu'il montrait, et à lui reprocher, comme une grave impolitesse et un manque de savoir-vivre impardonnable, de ne pas paraître reconnaissant d'être l'objet d'élans aussi passionnés.

Le jeune homme, assez embarrassé de la position qui lui était faite à son insu, lorsqu'il ne songeait qu'à se divertir honnêtement, et contraint pour ainsi dire par les murmures désapprobateurs de ses compagnons de réhabiliter sa réputation de courtoisie sur le point de souffrir une grave atteinte, résolut bon gré mal gré de sortir à son honneur de cette situation désagréable en invitant l'une après l'autre les deux jeunes filles à danser avec lui.

Dans cette bonne intention, aussitôt que le lieutenant, qui avait un instant interrompu son harmonieuse musique pour avaler un énorme verre d'aguardiente, recommença à racler sa guitare pour une nouvelle zambacueca, l'arriero s'avança le sourire aux lèvres vers les deux femmes et les saluant, gracieusement :

— Señorita, dit-il à celle qui se trouva le plus près de lui, serai-je assez heureux pour que vous me favorisiez de cette zambacueca?

La jeune fille, toute rougissante de plaisir de ce qu'elle croyait une préférence de la part du beau cavalier, avançait sa main mignonne et se préparait à répondre, lorsque soudain sa compagne, qui avait en pâlissant écouté l'invitation de l'arriero, bondit comme une panthère et se plaça la lèvre frémissante et l'œil étincelant entre les deux jeunes gens.

— Vous ne danserez pas! s'écria-t-elle d'un ton de menace.

Les témoins de cette scène aussi extraordinaire qu'imprévue se reculèrent avec étonnement; ils ne comprenaient rien à cette explosion subite de colère.

Les deux danseurs échangèrent un regard de stupeur.

Cependant cette situation devenait intolérable; l'arriero se décida à y mettre un terme.

La jeune fille se tenait toujours droite devant lui, le corps rejeté en arrière, fièrement campée sur la hanche, la tête haute, le visage enflammé, les narines ouvertes comme celles d'une bête fauve et le bras étendu d'un air de défi et de menace.

L'arriero fit un pas en avant et, saluant respectueusement la jeune fille :

— Señorita, lui dit-il, permettez-moi de vous faire observer...

— Calle la va voca (taisez-vous), don Pablo, s'écria-t-elle avec violence en l'interrompant net au milieu de sa période, ce n'est pas à vous que j'en veux, mais à cette *chola* sin verguenza (sans honte) qui, sachant que vous êtes le plus joli danseur du rancho, prétend vous confisquer à son profit.

En entendant cette injure que sa compagne lui jetait si résolument au visage, l'autre jeune fille repoussa vivement don Pablo et, se posant en face de son ennemie :

— Tu as menti, Manongita, s'écria-t-elle, c'est la jalousie qui te fait parler ainsi, tu es furieuse de la préférence dont m'a honorée ce caballero?

— Moi? riposta l'autre d'un ton de mépris; tu es folle, Clarita, je me soucie de ce caballero comme d'une orange aigre.

— Bien vrai? reprit Clarita avec ironie : pourquoi donc, alors, cette subite colère, sans raison plausible?

— Parce que, s'écria violemment Manonga, je te connais depuis longtemps, que tu as besoin d'une leçon et que je veux t'en donner une.

— Toi? allons donc! fit l'autre en haussant les épaules; prends garde plutôt de la recevoir.

— Ojalà! (plaise à Dieu!) si tu ajoutes un mot, sur mon âme, je te *couperai!*

— Bah! tu ne sais seulement pas tenir ta navaja.

— A ver (voyons)! s'écria Manonga ivre de colère, et faisant un saut en arrière, elle sortit un couteau de sa poitrine, s'enveloppa le bras gauche avec son rebozo et se mit en garde.

— A ver! s'était en même temps écriée Clarita, et, par un mouvement aussi rapide que son ennemie, elle avait pris la même posture.

Un combat entre les deux femmes était imminent.

Don Pablo, cause innocente de ce duel d'une nouvelle espèce, avait cherché vainement à plusieurs reprises à s'interposer entre les deux jeunes filles, mais ni l'une ni l'autre n'avaient consenti à prêter l'oreille à ses discours ni à tenir compte de ses observations. Voyant les choses arriver à ce point, il voulut tenter un dernier effort, mais cette fois il fut encore plus vertement repoussé que la première, car les assistants que cette dispute intéressait, que l'espérance d'un duel au couteau entre deux femmes alléchait au suprême degré, se tournèrent contre lui et le prièrent péremptoirement de se tenir tranquille et de laisser les niñas s'expliquer de la façon qui leur plairait le mieux.

L'arriero, intimement convaincu qu'il était innocent de ce qui arriverait et que son bon cœur avait seul poussé à chercher à prévenir un éclat, voyant que son intervention était prise en aussi mauvaise part, se le tint pour dit, et, croisant les bras sur la poitrine, il se prépara à être spectateur, sinon indifférent, du moins complètement désintéressé, de la lutte qui allait commencer.

Du reste, c'était un singulier et imposant spectacle que celui qu'offraient dans cette salle presque obscure, au milieu de cette foule aux costumes étranges, ces deux femmes fièrement et résolument campées à deux pas l'une de l'autre, prêtes à en venir aux mains, tandis que la musique et la danse continuaient comme si de rien n'était, que l'eau-de-vie coulait à flots, et que les chansons les plus joyeuses et les plus folles étaient répétées en chœur à leurs oreilles.

— Vaya pues! s'écria Clarita, à combien de pouces nous battons-nous, querida (chérie)?

— A toute la lame, alma mia (mon âme), répondit railleusement Manonga je veux te mettre ma signature sur la face!

— C'est aussi mon intention, prends donc garde à ta figure.

— Ah! puñaladas[1]! nous allons voir. Y es-tu, chère amie!

— Quand tu voudras, âme de ma vie!

Un cercle s'était formé autour des deux femmes qui, le corps penché en avant, le bras gauche étendu, les yeux dans les yeux, guettaient avec une impatience féline le moment propice pour s'élancer l'une sur l'autre.

Toutes deux étaient jeunes, alertes, bien découplées, les chances paraissaient égales entre elles. Les connaisseurs en pareille matière, et il s'en trouvait beaucoup dans la foule attentive autour des adversaires, n'osaient rien présager sur l'issue de ce combat, qui, du reste, dans la pensée de tous, devait être acharné, tant les prunelles fauves des deux femmes lançaient des jets de flamme.

Après un moment d'hésitation, ou pour mieux dire de recueillement, Clarita et Manonga firent claquer leur langue contre leur palais en produisant une espèce de sifflement aigu, un éclair sinistre se refléta sur les lames bleuâtres de leurs navajas, et elles se ruèrent l'une sur l'autre.

Mais, si l'attaque avait été vive, la défense et la riposte ne l'avaient pas été moins.

Toutes deux rebondirent en arrière en même temps et retombèrent en garde.

---

1. Espèce de juron. Nous demandons pardon au lecteur de la multiplicité des termes que nous sommes obligés d'employer.

Don Leoncio fit allumer des torches et attachant son mouchoir au bout de son sabre il s'avança résolument vers le rancho.

Mais les coups avaient porté, le combat était bravement engagé, chacune des deux antagonistes avait le visage partagé par un double sillon sanglant.

Ni l'une ni l'autre n'avaient menti, car chacune portait les marques de son adversaire.

Les assistants trépignaient de joie et d'admiration, et applaudissaient à tout rompre, jamais ils n'avaient vu une si belle navajada.

Après avoir repris haleine pendant quelques secondes, les deux femmes allaient recommencer la lutte, mais cette fois avec l'intention bien formelle de la rendre décisive, lorsque tout à coup les rangs serrés des spectateurs s'écartèrent à droite et à gauche ; un homme se plaça résolument entre les deux adversaires, et les regardant tour à tour avec un sourire narquois :

— Écoutez ! demonios ! s'écria-t-il d'une voix brève, avec un accent de raillerie inexplicable.

Les jeunes filles baissèrent leurs couteaux et demeurèrent immobiles, les yeux baissés, mais la tête haute, les sourcils froncés, et conservant dans leur pose l'expression hautaine de deux ennemis prêts à s'entre-déchirer, et qui n'obéissent qu'avec peine à un ordre que, tout en le maudissant, ils n'osent enfreindre.

Malgré le tapage étourdissant que faisait avec sa guitare le lieutenant fédéraliste, il avait cependant été contraint de s'apercevoir enfin de ce qui se passait dans la salle. Dans le premier moment, il avait porté vivement la main aux pistolets qui pendaient à sa ceinture, mais après un instant de réflexion, sa colère s'était non pas calmée, mais de fougueuse elle était devenue froide et concentrée. Don Torribio s'était levé, avait quitté l'estrade où il trônait, et pas à pas, sans détourner l'attention des deux adversaires, il s'était approché, avait suivi attentivement les diverses phases du combat, et lorsqu'il avait jugé devoir intervenir, il s'était subitement interposé entre les adversaires.

Derrière le lieutenant, les soldats s'étaient avancés à pas de loup. Maintenant ils se tenaient à deux pas de lui, la main sur leurs armes, prêts à agir au premier signal, car ils prévoyaient que l'intervention de don Torribio dans cette querelle amènerait inévitablement bientôt la leur.

Instinctivement le cercle formé par les arrieros et les carreteros s'était élargi, et un grand espace avait été laissé vide au milieu de la salle ; au centre de ce cercle se trouvaient les deux femmes, le couteau à la main, et le lieutenant, les bras croisés sur la poitrine et les couvrant d'un regard à la fois cynique et railleur.

— Holà ! mes poulettes, dit-il, pourquoi donc tant vous hérisser pour un coq ? N'y a-t-il donc que celui-là sur le perchoir, rayo de Dios ! Quelles magnifiques croix de Saint-André vous vous êtes taillées sur le visage, diablos ! vous l'aimez donc bien, le picaro ?

Elles restèrent muettes.

Le lieutenant reprit, après un instant, du même ton léger et sarcastique :

— Mais où est-il donc, ce vaillant champion qui laisse des femmes se battre pour lui ; sa modestie le pousserait-elle à se cacher ?

Don Pablo fit un pas en avant, et regardant le lieutenant bien en face :

— Me voici ! dit-il d'une voix douce, mais ferme.

— Ah ! fit don Torribio en lui lançant un long regard investigateur ; puis il ajouta : En effet, compagnon, vous êtes un joli garçon ; je ne m'étonne plus que vous inspiriez de violentes passions.

Le jeune homme demeura impassible à ce compliment dont il devinait l'ironie.

— Çà! continua le lieutenant en s'adressant aux jeunes filles, niñas, laquelle de vous est la préférée de ce voleur de cœurs? Mille rayos! ne craignez pas de parler.

Il y eut un instant de silence.

— Est-ce ainsi, reprit don Torribio, craignez-vous de vous tromper? Voyons, parlez, vous, jeune homme, et dites-moi laquelle de ces deux femmes vous préférez.

— Je n'ai de préférence ni pour l'une ni pour l'autre, répondit froidement l'arriero.

— Caramba! s'écria le lieutenant avec une feinte admiration : qué gusto! Ainsi, si je vous comprends bien, vous les aimez toutes deux également?

— Non, vous vous trompez, señor, je n'aime ni l'une ni l'autre.

— Vayas pues! voilà qui me confond; et vous souffrez qu'elles se battent pour vous? Oh! oh! ceci mérite un châtiment, mon maître! Puisqu'il en est ainsi, señoritas, je vais vous mettre d'accord, moi, et donner une leçon à ce caballero discourtois qui méprise le pouvoir de vos yeux noirs! Une telle insulte crie vengeance, sur mon âme!

Les témoins de cette scène frissonnaient intérieurement, tandis que les soldats riaient et ricanaient entre eux.

En prononçant ces dernières paroles, le lieutenant avait sorti un pistolet de sa ceinture, l'avait armé, et en avait dirigé le canon contre la poitrine de l'arriero, qui, toujours impassible, n'avait pas fait un geste pour éviter le sort qui le menaçait.

Mais les deux femmes veillaient : rapides comme la pensée, elles s'élancèrent d'un commun accord devant lui.

Manongita tomba la poitrine traversée.

— Ah! s'écria-t-elle, tu me méprises. Eh bien! je meurs pour toi. Clarita, je te pardonne!

Don Pablo sauta par-dessus le corps de la malheureuse, dont les regards mourants se dirigeaient encore sur lui, et il se précipita, un couteau à la main, sur le lieutenant.

Celui-ci lui lança son lourd pistolet à la tête; le jeune homme évita le coup, saisit l'officier par le milieu du corps, et une lutte s'engagea entre eux.

Clarita, l'œil étincelant, suivait d'un regard ardent tous les mouvements des deux ennemis, prête à intervenir dès que l'occasion s'en présenterait en faveur de celui qu'elle aimait.

Les assistants étaient terrifiés, l'épouvante que leur inspiraient les soldats était tellement grande que, bien qu'ils fussent plus nombreux qu'eux et que tous ils eussent des armes, ils n'osaient faire un geste pour porter secours à leur compagnon.

Cependant, les soldats, plus qu'à demi ivres, voyant leur officier aux prises avec un étranger, dégaînèrent leurs sabres et se jetèrent au milieu de la foule en frappant à droite et à gauche et en poussant ce cri, si redouté à cette époque :

— *A deguello! á deguello! los salvajes unitarios* [1]

Alors il se passa, dans cette salle encombrée de monde, une scène d'horreur indescriptible.

Les arrieros, poursuivis par les soldats qui les massacraient impitoyablement en s'excitant au meurtre, se précipitaient vers la porte pour fuir la mort qui les menaçait; le désordre était à son comble, tous voulaient sortir à la fois par cette issue trop étroite; rendus égoïstes par la terreur, aveuglés par l'instinct de la conservation, ils s'étouffaient contre les murailles, se foulaient aux pieds, et se frappaient entre eux du couteau, pour se frayer un passage dans cette barrière de chair humaine qui s'opposait à leur fuite.

La peur rend l'homme plus cruel et plus lâche que les bêtes féroces, quand il s'agit de sa conservation personnelle; le hideux égoïsme, qui forme le fond du cœur humain, se dévoile, tous les liens sont brusquement rompus, il n'existe plus ni parents ni amis pour lui, il est sourd à toute prière, et pousse en avant en fermant les yeux avec la stupide et aveugle fureur des taureaux furieux.

Le sang coula bientôt à flots, et les victimes s'amoncelèrent sans que la rage des soldats diminuât, ni que ceux qu'ils assassinaient songeassent à se défendre.

Enfin la digue fut rompue et les malheureux s'élancèrent au dehors, fuyant tout droit devant eux sans savoir où ils allaient, n'ayant plus qu'une pensée, échapper à la boucherie.

Ce fut en ce moment que le caporal entra dans la salle. Un effroyable spectacle s'offrit à sa vue: le sol était jonché de cadavres et de blessés étendus et râlant dans des mares de sang.

Mais il ne put retenir un cri d'horreur lorsque ses yeux se portèrent sur don Torribio.

Le lieutenant achevait d'attacher aux longues tresses de Clarita évanouie la tête de don Pablo qu'il avait sciée avec son sabre.

L'officier avait été légèrement blessé par la jeune fille aux bras et à la hanche, son sang coulait sur ses vêtements.

— Là! dit-il d'un ton satisfait en achevant de nouer la tresse de la malheureuse aux longs cheveux de l'arriero, puisqu'elle l'aime tant, lorsqu'elle reprendra connaissance, elle pourra l'admirer à son aise, il est bien à elle maintenant, nul ne le lui enlèvera.

Puis il considéra un instant la pâle jeune fille avec une expression de luxure impossible à rendre.

— Bah! fit-il en haussant les épaules, à quoi bon? Attendons qu'elle rouvre les yeux. J'aurai toujours le temps de lui parler d'amour. Je préfère jouir de sa surprise quand elle se réveillera.

Et, sans plus s'occuper de ses victimes, il se mit en devoir d'aider ses soldats à compléter le massacre.

Au premier pas qu'il fit il se trouva face à face avec Luco.

— Hé! lui dit-il, que fais-tu donc pendant que nous égorgeons les sauvages

---

1. Égorgez! égorgez les sauvages unitaires!

unitaires? Dios me ampare! Tu es là tranquille et le sabre au fourreau, sans une goutte de sang sur tes habits. Que signifie cette conduite, compagnon ? Serais-tu traître, toi aussi, par hasard ?

A cette accusation, le caporal feignit une grande colère, et il répondit en fronçant les sourcils et en dégainant son sabre qu'il brandit avec menace :

— Qu'est-ce à dire, lieutenant? s'écria-t-il ; est-ce à moi que s'adresse une telle insulte? Est-ce moi, le partisan le plus dévoué de notre benemerito général, que vous traitez de sauvage unitaire ? Vive Dios !

— Allons, calme-toi, répondit le lieutenant, qui, de même que tous les hommes de son espèce, était aussi lâche que cruel, et que la feinte colère du caporal intimida, je n'ai pas voulu t'insulter, je sais que tu es un fidèle.

— A la bonne heure! reprit Luco, car je ne suis pas disposé à entendre patiemment des reproches.

— Ne perdons pas notre temps en vaines paroles, dit un soldat en s'interposant, rayo de Dios! il me vient une idée.

— Laquelle? demanda don Torribio ; explique-toi ou crève, Eusebio.

Le drôle sourit avec satisfaction.

— Cette vieille masure est pleine de fourrages, dit-il : qui nous empêche d'y mettre le feu et de rôtir dedans tous les sauvages unitaires qui sont ici?

— Vive Dios! s'écria joyeusement don Torribio, ton idée est excellente, nous allons la mettre immédiatement à exécution ; le général sera content de nous lorsqu'il saura que nous l'avons débarrassé d'une quarantaine de ses ennemis par un moyen aussi expéditif; que deux de vous autres s'occupent à disposer convenablement la paille, tandis que nous monterons à cheval, et nous rabattrons ces canailles par ici, car il ne faut pas qu'un seul de ces malvados échappe au châtiment qu'il a mérité.

Le lieutenant fit alors aux soldats signe de le suivre.

— Moi je garderai la porte, afin que personne de ceux qui sont ici ne sorte, dit Luco.

— C'est cela, mon brave, répondit don Torribio. Ah! ajouta-t-il en s'adressant au soldat et en lui désignant la jeune fille toujours étendue sur le sol, avec la tête de celui qu'elle aimait suspendue à ses tresses, n'oublie pas, Eusebio, de placer deux ou trois bottes de paille sous le corps de cette belle enfant; elle est bien durement couchée sur le sol raboteux, je désire que son sommeil soit paisible.

Et il sortit avec un ricanement de démon.

A peine fut-il hors de la salle que, sans prononcer un mot, le caporal leva son sabre, et, d'un revers appliqué sur la tête d'Eusebio, il lui fendit le crâne.

Le misérable tomba sans pousser un soupir, comme un bœuf qu'on assomme.

Le second soldat avait assisté à cette exécution sans manifester la moindre émotion.

— Hum! fit-il en mordillant sa longue moustache grisonnante, voilà un joli coup, Luco, seulement je crains qu'il ne soit un peu précipité.

Le caporal, d'un geste, lui recommanda le silence, et, se penchant au dehors, il écouta avec attention.

Un cri faible comme le dernier souffle de la brise arriva jusqu'à lui.
Luco se releva.

— Non, Muños, répondit-il, ce coup n'est pas précipité, car voilà le signal.

Alors, mettant dans sa bouche l'index de chaque main, il poussa un sifflement aigu et prolongé dont les modulations furent tellement stridentes, que les assistants qui se tenaient pâles et tremblants adossés au mur tressaillirent d'effroi, ne sachant pas quel nouveau malheur les menaçait.

— Sangre de Cristo! s'écria Luco en s'adressant aux arrieros atterrés, allez-vous donc continuer à vous laisser égorger comme des autruches stupides! Reprenez courage, caraï! mettez la main à vos armes et rangez-vous aux côtés de ceux qui essaient de vous sauver!

Les pauvres diables secouèrent la tête avec découragement, la terreur leur avait enlevé toute énergie, ils étaient incapables d'organiser la moindre résistance.

On entendait au dehors les hurlements féroces des soldats qui s'excitaient à leur chasse à l'homme, et à chaque instant des malheureux traqués de tous les côtés retournaient chercher un précaire refuge dans la salle d'où ils s'étaient échappés quelques minutes auparavant.

Don Torribio, à peu près certain d'avoir fait rentrer tout son gibier au gîte, fit signe à ses soldats de s'arrêter, et il se disposa à pénétrer dans le rancho.

Tout à coup les pas de plusieurs chevaux se firent entendre, et six cavaliers arrivant au galop se rangèrent résolument en bataille devant la porte de la maison.

Le lieutenant fit un geste de surprise en les apercevant, et se rapprochant doucement de son cheval, comme s'il eût voulu se remettre en selle :

— Qui êtes-vous, caballeros? demanda-t-il d'un ton de menace, et qui vous rend si osés que de vous placer ainsi sur mon passage?

— Vous allez le savoir, don Torribio l'Égorgeur, répondit une voix rude dont l'accent railleur fit pâlir le lieutenant.

XVIII

LA TRAHISON

Il est une remarque qui bien souvent a été faite. Cette remarque est celle-ci, c'est que généralement les hommes qui semblent prendre plaisir à se vautrer dans le sang, et qui commettent sans la moindre hésitation les plus atroces cruautés, puisant toute leur force dans la terreur qu'ils inspirent, sont lâches, et lorsque par hasard ils se heurtent devant une résistance vraie, ils deviennent d'une couardise à laquelle rien ne peut se comparer.

Les chacals et les hyènes sont lâches et féroces : ces hommes sont des chacals et des hyènes à face humaine, voilà tout.

Après la réponse si fièrement faite par le chef des inconnus, les mashorqueros sentirent, malgré eux, un frisson de terreur parcourir leur corps.

Ils avaient compris qu'ils se trouvaient devant des ennemis résolus à ne pas reculer d'un pouce.

Il y eut un long silence.

Les soldats se serraient les uns contre les autres, fixant des regards effarés sur ces six hommes qui, calmes et impassibles devant eux, semblaient les défier.

Don Torribio seul n'éprouva aucune crainte. Cet homme était une bête féroce que l'odeur du sang enivrait et qui ne respirait à l'aise que dans l'atmosphère du carnage.

Croisant les bras sur la poitrine et relevant la tête d'un air de défi, il répondit par un long ricanement de mépris aux paroles de l'inconnu, et, se tournant vers ses soldats effarés :

— Vous laisserez-vous intimider par six hommes ? dit il d'une voix railleuse : allons donc, enfants, face en tête, vive Dios ! ces picaros n'oseront tenir contre nous !

Les soldats, réveillés pour ainsi dire par les accents de cette voix, à laquelle depuis si longtemps ils étaient accoutumé à obéir, et honteux de leur hésitation, formèrent leurs rangs tant bien que mal et se mirent en bataille devant le rancho ; le lieutenant, enfonçant les éperons dans les flancs de sa monture, la fit cabrer et se plaça résolument en avant de sa troupe.

Malgré l'immense inégalité du nombre, les étrangers n'hésitèrent pas cependant à charger les fédéralistes le sabre haut et le pistolet au poing.

Don Torribio les reçut bravement et sans reculer d'un pouce.

Les pistolets déchargés, on s'attaqua à l'arme blanche ; en un instant la mêlée devint horrible ; malgré des prodiges de valeur et des efforts gigantesques, les étrangers, selon toute probabilité, auraient cependant fini par succomber, lorsque tout à coup le caporal Luco, qui jusqu'à ce moment s'était en quelque sorte tenu à l'écart avec quatre ou cinq de ses camarades spectateurs comme lui de la lutte, fit bondir son cheval en avant et, au lieu de se ranger au parti des fédéralistes, les attaqua vigoureusement en les prenant en écharpe, et vint ainsi que ses compagnons se ranger aux côtés de don Leoncio.

Cette soudaine défection d'une partie de ses soldats porta au comble la rage du lieutenant, d'autant plus que les mashorqueros, ne sachant à quoi attribuer l'étrange conduite du caporal et flairant une trahison, commencèrent à perdre courage et à ne plus résister que mollement aux coups de plus en plus pressés des assaillants qui, les sentant faiblir, redoublaient d'efforts pour les vaincre.

Les arrieros et les carreteros, un peu revenus de leur terreur première et entrevoyant une occasion favorable de se venger des insultes et des avanies dont depuis si longtemps les accablaient les sicaires de Rosas, s'armèrent de tout ce qui leur tomba sous la main, et brûlant de réparer le temps perdu, ils se ruèrent tête baissée sur leurs féroces ennemis.

Don Torribio, à part sa cruauté, était un soldat trop aguerri pour s'abuser sur sa position, il la jugea d'un coup d'œil et se vit perdu.

Une chance lui restait d'échapper au sort que probablement lui réservaient ses ennemis, c'était de faire une trouée : en conséquence, il groupa autour de lui les soldats valides sur lesquels il croyait pouvoir compter, une quinzaine tout au plus, et se prépara à exécuter une charge désespérée au plus épais des rangs ennemis.

Mais en ce moment de grands cris se firent entendre ; une quarantaine de cavaliers bien montés et armés jusqu'aux dents entrèrent au galop dans la zone de lumière qui éclairait le relais, et se déployant à droite et à gauche avec une dextérité et une vivacité extrêmes, ils entourèrent complètement le rancho.

Ces cavaliers qui arrivaient si à propos pour les assaillants et si mal à propos pour les fédéralistes étaient don Gusman de Ribeyra et ses peones.

Sortis depuis plusieurs heures déjà de Buenos-Ayres, ils auraient dû, depuis longtemps, être rendus au relais qui se trouvait sur le chemin qu'ils devaient suivre pour se rendre à l'hacienda où don Gusman comptait trouver son frère : mais, à peu de distance de la ville, don Bernardo Pedrosa était parvenu, sans qu'il fût possible de deviner de quelle façon, à rompre les liens qui l'attachaient ; il s'était glissé en bas du cheval sur lequel on l'avait placé, s'était jeté dans les hautes herbes, et avait disparu avant même qu'on s'aperçût de sa fuite.

Don Gusman avait perdu beaucoup de temps à chercher le fugitif, sans qu'il fût possible de découvrir ses traces, et n'avait abandonné la poursuite que lorsqu'il avait été contraint de reconnaître que tous ses efforts pour retrouver son prisonnier seraient vains. Rappelant les peones, qui s'étaient écartés à droite et à gauche, il avait repris le chemin de l'hacienda, fort inquiet des suites de cette évasion, car il connaissait trop bien don Bernardo pour supposer un instant qu'il n'essaierait pas de se venger de l'insulte qu'il lui avait faite.

Lorsque don Gusman était arrivé à environ une demi-lieue du relais de poste, des fuyards échappés du rancho avaient étourdiment donné dans sa troupe et l'avaient averti de ce qui s'y passait ; sans se douter encore de l'importance qu'avait pour lui la nouvelle qu'il apprenait si à l'improviste, poussé par sa générosité naturelle et le désir d'être, si cela était possible, utile aux personnes, quelles qu'elles fussent, compromises dans cette échauffourée, don Gusman, connaissant d'ailleurs la férocité des sicaires du tyran buenos-ayrien, avait pressé le pas de ses chevaux et s'était élancé au secours des malheureux aux prises avec les mashorqueros. Son arrivée imprévue décida de l'issue du combat.

Le lieutenant, reconnaissant que la fuite était impossible, recula pas à pas en combattant comme un lion et fit entrer tous ses hommes dans le rancho demeurant le dernier afin d'assurer la retraite de ses soldats.

Don Torribio l'Égorgeur, ainsi qu'on le nommait, dédaignait de demander quartier, lui qui jamais ne l'avait accordé à personne ; l'extrémité à laquelle il se voyait réduit, loin d'abattre son courage, semblait l'avoir décuplé ; comprenant que sa dernière heure était venue, que nul secours humain ne le pourrait sauver, il résolut de lutter jusqu'au dernier soupir et de vendre sa vie le plus cher possible.

Luco était entré dans le cachot de son maître et lui avait remis deux paires de pistolets.

Les mashorqueros, à l'exemple de leur chef, puisèrent un nouveau courage dans l'excès même de leur désespoir, et, aussitôt enfermés dans le rancho, ils s'occupèrent activement de s'y fortifier afin de prolonger la lutte aussi longtemps qu'ils le pourraient et de ne tomber qu'après une héroïque résistance.

Les portes et les fenêtres furent barricadées avec soin, les murs crénelés, et les bandits, ivres pour la plupart des libations de la nuit et de celles qu'ils faisaient continuellement, attendirent de pied ferme, résolus à se faire bravement tuer à l'assaut que leurs ennemis donneraient probablement bientôt au rancho.

Cependant, contre leur attente, un laps de temps assez long s'écoula sans que leurs adversaires parussent songer à les attaquer. Cette trêve, incompréhensible pour eux, car ils ignoraient ce qui se passait au dehors, les plongea dans une grande inquiétude et fit passer un frisson de terreur dans les veines des plus braves.

L'homme est ainsi fait, que, si résolu qu'il soit à mourir, bien que convaincu que sa dernière heure est arrivée, préparé pour la lutte dont il connaît et accepte d'avance les terribles conséquences, si cette lutte lui manque, sa résolution première faiblit, l'espèce de fièvre qui le soutenait tombe, et il a peur, non de la mort, il la sait inévitable, mais des tortures qui, peut-être, précéderont cette mort; il se crée des chimères sinistres, et ce danger inconnu, qui le menace sans qu'il puisse deviner ni quand il viendra ni comment il viendra, lui semble alors mille fois plus horrible que celui qu'il se préparait à braver le front haut et le cœur ferme.

Les mashorqueros cherchèrent vainement dans d'incessantes libations alcooliques un remède à la terreur fauve qui peu à peu les envahissait : le silence lugubre qui régnait autour d'eux, l'obscurité qui les enveloppait d'un sombre linceul, l'inaction forcée à laquelle ils se trouvaient condamnés, tout concourait, malgré leurs efforts, à accroître la terreur invincible qui s'était emparée d'eux; seul le lieutenant avait conservé sa féroce énergie et attendait patiemment le moment où sonnerait l'heure de sa dernière bataille.

Voici ce qui s'était passé parmi les assaillants et la cause de l'interruption de l'attaque.

Don Gusman de Ribeyra, aussitôt que les soldats avaient été renfermés dans le rancho, avait cherché, avant d'en finir avec eux, à connaître les gens auxquels il avait rendu, par son arrivée providentielle, un si grand service.

Sa curiosité n'avait pas tardé à être satisfaite : son frère don Leoncio, qui l'avait reconnu dès le premier moment, s'était élancé vers lui pour le remercier.

Les deux frères, séparés depuis longtemps, s'étaient jetés dans les bras l'un de l'autre avec la plus grande joie, et pendant quelques instants, tout au bonheur de se revoir, ils avaient oublié toute autre considération pour ne songer qu'à eux.

Après la première effusion, don Gusman avait pris la main de son frère et, l'emmenant à l'écart :

— Eh bien? lui avait-il dit avec un sourire qu'il essayait vainement de rendre gai.

— Elle est ici, avait répondu don Leoncio en étouffant un soupir.

— Elle a consenti à venir?

— C'est elle qui l'a voulu.

— Ah! fit don Gusman, cela m'étonne.

— Pourquoi cela? doña Antonia est une de ces natures d'élite qui ne reculent devant aucune obligation, si dure qu'elle soit, lorsqu'elle croit son honneur engagé.

— C'est vrai : eh bien ! soit, il vaut mieux peut-être qu'il en soit ainsi et qu'elle vous ait accompagné.

— Avez-vous oublié, mon frère, ce qui s'est passé il y a un an aujourd'hui même, au lever du soleil, entre vous et moi, lorsque dans un moment de folie je vous ai avoué mon amour insensé pour doña Antonia de Solis ?

— A quoi bon revenir là-dessus, mon frère ? maintenant nous sommes réunis, grâce à Dieu, et j'espère que rien ne parviendra à nous séparer de nouveau.

— N'espérez pas, mon frère, répondit mélancoliquement Leoncio.

— Que voulez-vous dire, mon frère ? ma femme...

— Votre femme n'a pas cessé d'être digne de vous, vous allez la voir.

Don Gusman hésita.

— Non, répondit-il enfin, pas maintenant : finissons-en d'abord avec ces maudits, puis après je ne songerai plus qu'au bonheur.

— Soit ! fit don Leoncio avec un mouvement de joie.

En ce moment deux personnes parurent ; ces deux personnes étaient don Diego de Solis et doña Antonia, sa sœur et l'épouse de don Gusman.

A la vue de sa femme qu'il avait été contraint d'éloigner de Buenos-Ayres pour la soustraire aux poursuites du colonel don Bernardo Pedrosa, don Gusman, malgré sa résolution de ne pas se faire reconnaître d'elle, ne put résister au bonheur de la presser sur son cœur.

La jeune femme poussa un cri de joie en se sentant serrée contre la poitrine de son mari.

Don Leoncio, quelques mois après l'aveu qu'il avait fait à son frère, avait semblé oublier peu à peu cet amour, et quatre mois avant le jour où se passent les faits que nous rapportons, il avait épousé la seconde sœur de don Diego de Solis.

Aussi, lorsque don Gusman avait été obligé de se séparer temporairement de sa femme, n'avait-il pas hésité à la confier à son frère, convaincu que son amour pour doña Antonia s'était changé en une franche et durable amitié.

— Pourquoi es-tu revenue ? dit entre deux baisers don Gusman à sa femme.

— Il le fallait, répondit-elle tout bas, en réprimant avec peine un geste d'effroi, ma sœur elle-même me l'a conseillé.

— Tu as été bien imprudente, chère ange !

— Oh ! près de toi je ne crains rien : ne veux-tu pas embrasser ton fils ? ajouta-t-elle.

— L'as-tu donc amené aussi ?

— Je ne veux plus te quitter désormais, quoi qu'il arrive ; et se penchant à l'oreille de son mari : Ton frère m'aime plus que jamais, sa femme s'est aperçue de cet amour, c'est elle et don Diego qui m'ont conseillé de revenir, ma position devenait intolérable.

L'œil de don Gusman lança un éclair.

— Ils ont bien fait, dit-il, mais silence ! mon frère nous observe.

En effet, don Leoncio, inquiet de cet aparté, et devinant, avec cette intuition des gens qui se savent coupables, que c'était de lui qu'il s'agissait, donnait des marques d'inquiétude que, malgré ses efforts, il ne parvenait pas à dissimuler.

Enfin, ne pouvant plus y tenir, il s'avança vers son frère et, lui adressant la parole :

— Que faisons-nous? lui demanda-t-il brusquement.

— Ce qu'il vous plaira, répondit don Gusman, que le son de cette voix frappa désagréablement, après ce que lui avait révélé sa femme.

Don Leoncio s'aperçut de cette répulsion qu'il inspirait à son frère, il fronça les sourcils, mais, dissimulant son ressentiment :

— C'est à vous de décider, puisque c'est vous qui nous avez sauvés.

— Je suis à vous, mon frère. Don Diego, ajouta-t-il en se tournant vers le jeune homme, je vous confie votre sœur; le combat va probablement recommencer bientôt, il ne faut pas qu'elle et son enfant soient exposés au moindre danger.

— Soyez tranquille, je réponds d'elle, dit don Diego en pressant la main de don Gusman.

Avant de s'éloigner, doña Antonia se jeta une dernière fois dans les bras de son mari.

— Prends garde! lui glissa-t-elle à l'oreille, don Leoncio médite quelque trahison contre nous.

— Il n'oserait pas! répondit fermement don Gusman; va, et sois sans crainte !

La jeune femme, à demi rassurée, suivit son frère sans hésiter davantage; bientôt tous les deux disparurent au milieu des chariots.

Les deux frères demeurèrent seuls.

Il y eut un assez long silence entre eux.

Don Gusman, les bras croisés sur la poitrine, la tête penchée vers la terre, réfléchissait profondément.

Don Leoncio considérait attentivement son frère, sa physionomie avait une expression étrange et un sourire sardonique plissait ses lèvres.

Enfin don Gusman releva la tête.

— Finissons-en, dit-il, cela n'a que trop duré.

Don Leoncio tressaillit, croyant que ses paroles s'adressaient à lui, mais son frère continua :

— Avant d'attaquer ces misérables, il faut les sommer de se rendre.

— Y songez-vous, mon frère? s'écria don Leoncio : ces hommes sont des mashorqueros.

— Raison de plus, nous devons leur prouver que nous ne sommes pas des bandits de leur espèce et que nous pratiquons les lois de la guerre qu'ils se font gloire de mépriser.

— Je vous obéis, mon frère, bien que je sois convaincu que nous perdons un temps précieux.

Don Leoncio fit alors allumer des torches de bois résineux, afin de bien permettre aux assiégés de l'apercevoir, et attachant son mouchoir au bout de son sabre, il s'avança résolument vers le rancho.

Lorsqu'il vit briller les torches, don Torribio comprit que les assiégeants avaient des communications à lui faire, il débarricada une fenêtre et se tint prêt à répondre.

Arrivé à quelques pas de la porte don Leoncio s'arrêta.

— Parlementaire ! cria-t-il.

Une fenêtre s'ouvrit dans laquelle s'encadra la figure sinistrement narquoise du lieutenant.

— Que voulez-vous? répondit-il en s'accoudant nonchalamment sur le rebord de la fenêtre.

— Vous offrir de vous rendre, reprit don Leoncio.

— Voyez-vous cela! répondit l'officier en ricanant : et pourquoi nous offrez-nous de nous rendre?

— Parce que toute résistance est impossible.

— Vous croyez cela, vous! Essayez un peu de nous déloger pour voir ce qu'il vous en coûtera, reprit-il, toujours railleur.

— Moins que vous ne le supposez.

— Bah! je serais curieux de m'en assurer.

— Bref, voulez-vous vous rendre, oui ou non?

— Allons donc! on croirait, le diable me caresse, que vous ne savez pas à qui vous avez affaire. Est-ce que nous demandons jamais quartier, nous autres? Si vous nous prenez, vous nous tuerez, voilà tout, et puis après ?

— Ainsi, vous vous obstinez à ne vouloir écouter aucune proposition?

— Ma foi ! non, c'est trop ennuyeux, parole d'honneur.

— Et vous êtes résolus à vous défendre quand même?

— Canarios ! camarade, je le crois, des pieds et des mains. Vous ne nous tenez pas encore, allez!

— C'est vrai, mais nous vous tiendrons bientôt.

— Essayez, compadre, essayez; en attendant, comme votre conversation n'a rien de bien attrayant pour moi, je prendrai la liberté de la rompre. Bonne chance !

Sur ce, il referma la fenêtre brusquement.

Don Leoncio se tourna vers son frère, qui s'était approché.

— Que vous ai-je prédit? fit-il en haussant les épaules : m'étais-je trompé?

— Non, j'en conviens; maintenant l'honneur est sauf : nous pouvons agir en toute sûreté.

Don Gusman se pencha alors sur son frère et lui dit quelques mots à l'oreille; celui-ci sourit et s'éloigna.

Les peones, les arrieros et les carreteros furent embusqués derrière les galeras, de façon à être à l'abri des balles des assiégés, et ils attendirent le signal de l'attaque.

Don Leoncio s'occupait, pendant ce temps-là, à faire amonceler tout autour du rancho des herbes sèches et du bois mort; lorsqu'il jugea qu'il y en avait assez, il y mit le feu pendant que les hommes qui l'accompagnaient lançaient des torches allumées sur le toit du relais.

Le feu, alimenté par le vent, ne tarda pas à se propager, et bientôt le rancho fut enveloppé d'un épais rideau de flammes.

Les assiégés poussèrent un cri d'horreur auquel les assiégeants répondirent par un cri de triomphe.

Du reste, les mashorqueros n'avaient pas à se plaindre : on leur faisait ce qu'eux-mêmes avaient voulu faire : ils subissaient la peine du talion.

Cependant la position des assiégés devenait intolérable. Aveuglés par la fumée, brûlés par le feu dont les langues sinistres léchaient les murs qu'elles calcinaient, il leur fallait absolument sortir, sous peine d'être brûlés vifs.

Le lieutenant fit débarricader la porte, il l'ouvrit brusquement et se précipita suivi de ses soldats au plus épais des rangs ennemis.

Ceux-ci s'ouvrirent pour les recevoir, puis ils se refermèrent sur eux et les enserrèrent au milieu d'eux comme dans un étau de fer.

Au moment où le dernier pan de mur s'abîmait dans la fournaise, le dernier mashorquero tombait le crâne fendu jusqu'aux oreilles; tous avaient succombé autour de don Torribio, qui jusqu'au dernier moment avait combattu avec cette frénésie du désespoir qui rend presque invincible.

Le soleil commençait à monter majestueusement à l'horizon et à illuminer les sombres profondeurs de la pampa.

Les carreteros et les arrieros, effrayés de l'œuvre de la nuit et en redoutant les conséquences, se hâtaient d'atteler les lourdes galeras et de charger les mules, afin de fuir au plus vite; ils ne tardèrent pas à s'éloigner dans toutes les directions.

Don Gusman et ses peones demeurèrent maîtres du terrain.

Dans le premier moment qui suivit le combat, don Gusman fut étonné de ne pas apercevoir son frère auprès de lui, mais il n'attacha qu'une médiocre importance à cette remarque, une pensée bien autrement sérieuse occupait son esprit : maintenant que le combat était fini, il brûlait du désir de revoir sa femme; il s'étonnait que don Diego ne la lui eût pas amenée, lorsqu'il avait vu qu'il n'y avait plus rien à craindre pour elle.

Cependant il ne s'inquiéta pas : don Diego n'avait probablement pas voulu exposer la jeune femme à traverser ce champ de carnage et à tremper les pieds dans le sang qui souillait la terre; il approuva cette délicatesse et attendit quelques instants, pendant lesquels il se hâta de réparer le désordre de ses habits et d'en faire disparaître les traces du combat.

Pourtant il se décida à se mettre à la recherche de sa femme dont la longue absence commençait enfin à l'inquiéter sérieusement.

Le caporal Luco, aussi tourmenté que lui, se chargea de le guider; il se rappelait vaguement avoir vu don Diego accompagné de doña Antonia, de la nourrice et d'une ou deux autres personnes, se diriger vers un pli de terrain peu éloigné

Tout à coup les deux hommes poussèrent un cri de douleur et reculèrent avec horreur devant le spectacle épouvantable qui s'offrait à leurs yeux.

Don Diego gisait sur le sol, la poitrine traversée de part en part; il était mort; près de lui doña Antonia et la nourrice étaient étendues sans connaissance.

Cette nourrice était la femme du caporal Luco.

Don Gusman tomba à genou auprès de sa femme; alors il aperçut un papier qu'elle tenait convulsivement serré dans sa main droite.

Le malheureux ne réussit qu'avec les plus grandes difficultés à s'emparer de ce papier sur lequel quelques mots étaient écrits.

Don Gusman, après y avoir jeté les yeux, se laissa aller sur le sol en poussant un cri déchirant de désespoir.

Voici ce que contenait ce papier :

« Frère, tu m'as enlevé la femme que j'aimais; moi, je te prends ton fils : nous sommes quittes.
                                « Don Leoncio de Ribeyra. »

Après la lecture de ce billet le doute n'était pas possible : don Leoncio était bien réellement l'auteur de ce rapt odieux; tandis que son frère venait en toute confiance au-devant de lui, celui-ci, avec un raffinement inouï de perversité, afin de savourer sa vengeance dans toute son étendue, méditait cette hideuse trahison dont l'exécution n'avait été différée que pour la rendre plus éclatante.

Bien longtemps don Gusman demeura accroupi dans la pampa, tenant entre ses bras le corps inerte de sa femme, qu'il cherchait à ranimer; il ne voyait et n'entendait rien, absorbé dans sa douleur et tremblant, après avoir perdu l'enfant, d'avoir à pleurer la mort de la mère.

Il fut réveillé en sursaut par un coup assez fort qu'il reçut sur l'épaule; il releva la tête : un homme se tenait debout devant lui, le sourire aux lèvres.

— Don Gusman de Ribeyra, lui dit-il d'une voix railleuse, vous êtes mon prisonnier.

Cet homme était le colonel don Bernardo Pedrosa : une nombreuse troupe de soldats l'accompagnait.

XIX

LA FIN DU RÉCIT

A cet endroit du récit don Estevan s'arrêta.

— Oh! tout cela est effroyable, s'écria don Fernando avec un accent mêlé de colère et de pitié.

— Ce n'est pas tout encore, reprit le jeune homme.

— Mais quel rapport cette épouvantable histoire a-t-elle avec don Pedro de Luna?

— Ne vous ai-je pas averti en commençant que cette histoire était la sienne?

— C'est vrai, pardonnez-moi, mais, entraîné par les horribles péripéties de ce lugubre récit, j'avais tout oublié pour suivre vos personnages; tout s'est tellement brouillé dans mon esprit, que je croyais assister à ces scènes sans nom qui se déroulaient devant moi avec une vertigineuse rapidité, sans me souvenir que l'un de ces personnages était ici près de nous. Mais comment se fait-il que vous soyez aussi bien renseigné de tous les détails de cette tragédie?

Un sourire triste se dessina sur les lèvres du jeune homme.

— C'est que bien souvent, répondit-il, pendant mon enfance et même depuis que je suis homme, je l'ai entendu raconter ; mon père était ce caporal Luco que vous avez vu si dévoué à la famille Ribeyra ; ma pauvre mère servait de nourrice au fils de don Gusman, qui était mon frère de lait, car nous étions nés presque en même temps, et ma mère, élevée dans la famille, avait voulu nous nourrir tous deux, prétendant qu'en suçant le même lait que mon jeune maître, mon dévouement pour lui serait plus grand encore. Hélas ! Dieu en a décidé autrement, maintenant il est mort.

— Qui sait? dit don Fernando avec une douce pitié, peut-être reparaîtra-t-il un jour?

— Hélas! il ne nous est plus permis de l'espérer. Plus de vingt ans se sont écoulés depuis cette affreuse catastrophe, et jamais, malgré les plus actives et les plus adroites recherches, aucune lueur, si faible qu'elle fût, n'est venue soulever un coin du voile mystérieux qui cache la destinée du pauvre enfant.

— Sa malheureuse mère a dû bien souffrir !

— Elle devint folle. Mais le soleil baisse rapidement à l'horizon, dans deux heures à peine il disparaîtra pour faire place à la nuit ; laissez-moi compléter ce récit en vous apprenant ce qui se passa après l'arrestation de don Gusman

— Parlez, mon hôte, j'ai hâte de connaître la fin de cette sinistre histoire

Don Estevan Diaz se recueillit un instant, puis il reprit :

— Don Gusman de Ribeyra répondit par un sourire de mépris à la sommation du colonel Pedrosa. Il saisit sa femme dans ses bras, se leva et se prépara à suivre son ennemi. Malgré la haine qui l'animait contre don Gusman, don Bernardo était homme du monde ; le malheur qui accablait celui qu'il avait si longtemps persécuté le toucha, son cœur s'ouvrit à la pitié et ce fut en employant les plus grands ménagements et en lui témoignant tous les égards que réclamait son affreuse position qu'il le conduisit à Buenos Ayres.

Le dictateur était furieux du massacre de ses sicaires ; heureux de trouver enfin un prétexte plausible de se délivrer d'un homme que jusque-là il avait redouté sans oser s'attaquer à lui, à cause de sa grande réputation et de l'immense influence qu'il exerçait sur la haute société du pays, Rosas résolut de faire un exemple terrible.

Séparé brusquement de sa femme, le prisonnier fut plongé dans un de ces horribles cachots dans lesquels agonisaient les victimes du tyran, et réservé à des tortures auprès desquelles la mort devait être un bienfait.

Cependant la vengeance du dictateur ne fut pas aussi complète qu'il l'espérait ; les consuls de France et d'Angleterre, émus de pitié pour l'état misérable où doña Antonia était réduite, firent d'énergiques représentations au tyran, allèrent même plusieurs fois à Palermo relancer la bête fauve jusque dans son antre ; bref, à force de prières et de menaces, ils obtinrent que

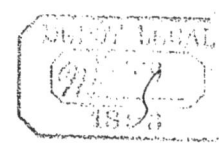

Le colonel fut enlevé de la selle et renversé à terre.

pauvre femme fût relâchée et rendue à sa famille, ce que Rosas accorda en grinçant des dents et en écumant de rage : mais il n'osait braver en face les consuls et ne se sentait pas de taille à engager une lutte contre eux. Grâce à cette bienveillante intervention et à la protection toute-puissante dont ils la couvrirent, doña Antonia du moins échappa aux tortures que le tyran se préparait à lui infliger.

Liv. 228. F. ROY, édit. — Reproduction interdite.

Quant à don Gusman, toutes les démarches tentées en sa faveur échouèrent : Rosas refusa péremptoirement non seulement de le relâcher, mais encore d'adoucir le régime terrible auquel il avait ordonné qu'il fût soumis dans sa prison.

Malheureusement, aux yeux de la loi, don Gusman de Ribeyra était coupable ; les démarches des consuls ne pouvaient être qu'officieuses ; ils se virent contraints de ne pas insister, de crainte d'exaspérer le tigre et de nuire à celui auquel ils s'intéressaient, en laissant voir davantage tout l'intérêt qu'ils lui portaient.

Six mois s'étaient écoulés depuis l'arrestation de don Gusman dans la pampa. Grâce aux soins dont elle avait été entourée, doña Antonia avait peu à peu recouvré la raison. Mais alors sa position avait empiré, car l'affreuse réalité lui était apparue dans toute son étendue ; elle avait compris la grandeur de son malheur, et son désespoir l'avait plongée dans une telle prostration qu'on craignait pour sa vie.

Sur ces entrefaites, le bruit se répandit que don Gusman de Ribeyra, qui semblait oublié dans son cachot, allait être jugé et comparaître prochainement devant une cour martiale.

Rosas saisissait avec empressement l'occasion de donner au grand jour le spectacle d'un jugement de haute trahison, espérant, à l'ombre de cet acte d'une justice discutable, faire oublier les meurtres qui chaque jour se commettaient en son nom.

Bientôt cette nouvelle devint officielle ; le jour même où don Gusman devait comparaître devant ses juges fut désigné.

Il y a un personnage dont nous n'avons pas parlé depuis quelque temps et auquel il nous faut revenir : ce personnage n'est autre que Luco.

Le digne caporal, lorsqu'il vit s'échapper les arrieros et les carreteros, que don Leoncio eut abandonné son frère en emmenant avec lui la plus grande partie des peones, ne se fit pas la moindre illusion sur la position dans laquelle il se trouvait : traître et déserteur, le moins qu'il lui pût arriver était d'être fusillé : aussi, lorsqu'aux premiers rayons du soleil levant il aperçut au loin, dans la pampa, un tourbillon de poussière qui roulait rapidement vers le relais, il comprit que cette poussière cachait des soldats, que ces soldats venaient venger leurs camarades que lui, Luco, avait de si grand cœur aidé à massacrer, que dans quelques instants ils arriveraient et que, s'ils s'emparaient de lui, il serait immédiatement fusillé. La perspective n'avait rien de bien agréable pour le caporal ; d'un autre côté, il aimait son maître, et il ne pouvait se résoudre à l'abandonner ; il était ainsi dans une grande perplexité, sans savoir à quoi se décider, bien que le temps pressât ; heureusement sa femme trancha péremptoirement la question en lui faisant comprendre d'abord que, dans l'état où se trouvait don Gusman, toute tentative pour l'engager à fuir échouerait, ensuite que mieux valait se conserver libre, afin d'employer plus tard cette liberté à conquérir celle de son maître, puis en dernier lieu que lui aussi, Luco, il était père, qu'il devait se conserver pour son enfant : toutes ces raisons parurent si justes au caporal qu'il n'hésita plus; il enfourcha un cheval, sa femme un autre, et tous deux partirent d'un côté, tandis que le colonel venait de l'autre avec sa troupe.

Arrivé à Buenos-Ayres, une idée lumineuse traversa le cerveau du caporal; à part Muñoz et trois autres soldats ses complices qui avaient à ses côtés combattu contre leurs anciens camarades, tous les mashorqueros avaient été impitoyablement massacrés : donc nul ne connaissait la trahison dont le caporal s'était rendu coupable; Muñoz, qu'il rencontra se prélassant aux portes de Buenos-Ayres, où il guettait son arrivée, leva tous ses scrupules.

Changeant immédiatement de rôle, le digne caporal, accompagné de ses anciens complices, se rendit tout droit chez son colonel, auquel il fit à sa façon un récit de ce qui s'était passé dans le rancho, se répandant en invectives et en menaces de vengeance contre don Gusman et témoignant pour lui la haine la plus profonde.

Sa ruse obtint un succès qui dépassa toutes ses espérances : le colonel, charmé de sa belle conduite et forcé de le croire sur parole, le nomma sergent et donna les galons de brigadier à Muñoz.

Les braves colorados se confondirent en remerciements et en protestations de dévouement à Rosas, et se retirèrent en riant sous cape.

Luco manœuvra si bien pendant les six mois qui s'écoulèrent avant le jugement de don Gusman, il donna des preuves si peu équivoques de son attachement à la cause du dictateur, que celui-ci, trompé à son tour, bien que, de même que tous les tyrans, la défiance fût une de ses vertus, mit en lui la plus entière confiance, et, lorsque le sergent demanda à commander l'escorte chargée de veiller sur le prisonnier pendant le procès, cette faveur lui fut accordée sans la moindre difficulté.

C'était là que le sergent voulait en arriver; toutes ses manœuvres depuis six mois tendaient à ce but : aussi, lorsque le jour du jugement fut indiqué, il prépara ses batteries et se tint prêt à agir quand le moment serait venu.

Luco s'était juré de sauver son maître, et ce que le sergent avait une fois résolu, il le faisait, quelles que dussent être les conséquences.

Malheureusement, dans cette circonstance, les plus grands obstacles que le sergent eut à vaincre vinrent de don Gusman lui-même. Le prisonnier voulait mourir; pendant longtemps le sergent se creusa vainement la tête pour faire changer cette résolution qui paraissait immuable : à tous ses raisonnements don Gusman se bornait à répondre que le calice était plein, que la vie lui était à charge, et que le seul bien qu'il espérât désormais était la mort.

Le sergent hochait tristement la tête et se retirait nullement convaincu de la bonté de ces arguments. Enfin, un jour, il arriva au cachot du prisonnier, dont la porte lui était ouverte à toute heure, avec une physionomie si rayonnante, que son maître ne put faire autrement que de s'en apercevoir et de lui demander ce qui lui donnait l'air aussi joyeux.

— Ah! répondit-il, c'est que cette fois j'ai enfin trouvé le moyen de vous convaincre, mi amo.

— Tu t'obstines donc toujours dans ton projet de me sauver? fit don Gusman avec un sourire triste.

— Plus que jamais, canarios! cette fois il n'y a plus à hésiter, c'est dans deux jours qu'on vous juge.

— Tant mieux! cela sera plus tôt fini, murmura don Gusman avec un soupir de soulagement.

— Bon! nous n'en sommes pas où vous pensez; vous avez de bons amis, señor, entre autres les consuls de France et d'Angleterre; il y a sur rade une fine goélette française qui n'attend que votre présence à bord pour partir.

— Alors elle risque de ne jamais quitter Buenos-Ayres.

— Ta, ta, ta! ce n'est pas mon opinion, je suis au contraire convaincu du contraire, moi : aussi je me suis entendu avec le consul de France. Après-demain la goélette appareillera, enverra un canot pour vous prendre, et elle tirera des bordées en vous attendant; une fois sous la protection du pavillon français, du diable si l'on osera vous toucher.

— Pour la dernière fois, écoute-moi bien, Luco, dit don Gusman d'une voix ferme : je ne veux pas, entends-tu bien, je ne veux pas être sauvé, je prétends faire peser sur le tyran qui nous gouverne l'ignominie de ma mort; je te remercie de ton dévouement, mon vieux serviteur, mais j'exige que tu cesses de te compromettre pour moi; embrasse-moi et ne parlons plus de cela.

— Hum! fit le sergent : ainsi, vous êtes bien résolu, mi amo, n'est-ce pas? Rien ne pourrait vous faire changer de résolution?

— Hélas! une seule personne peut-être aurait sur moi cette influence, mais cette personne ignore ce qui se passe : heureusement pour elle, elle a perdu la raison, et avec la raison le souvenir, cet incurable cancer des cœurs brisés.

Le sergent sourit et, ouvrant son uniforme, il tira une lettre de sa poitrine et la présenta à son maître sans prononcer une parole.

— Qu'est cela, Luco? demanda don Gusman en hésitant à prendre la lettre.

— Lisez, lisez, mi amo, répondit le vieux serviteur. Je voulais vous faire une surprise aussitôt libre, mais vous êtes si obstiné que vous me contraignez à brûler mes vaisseaux.

Don Gusman ouvrit la lettre d'une main tremblante et la parcourut rapidement des yeux.

— Dieu tout-puissant! s'écria-t-il avec émotion, il serait possible, Antonia aurait recouvré la raison, c'est elle qui m'ordonne de vivre!

— Obéirez-vous, cette fois, mi amo? demanda le sergent.

— Fais ce que tu voudras, Luco, je t'obéirai en tout. Oh! maintenant, je veux vivre.

— Cuerpo de Cristo! vous vivrez, mi amo, c'est moi qui vous le jure.

Sur cette consolante promesse, Luco quitta le cachot et sortit de la prison.

Enfin le jour de la mise en jugement de don Gusman de Ribeyra arriva; le dictateur, qui connaissait les profondes sympathies qui entouraient le prisonnier, avait jugé à propos de faire pour cette circonstance un grand déploiement de forces militaires : la ville était littéralement bourrée de troupes; cet appareil était plutôt fait dans le but d'intimider les amis du prisonnier que dans la crainte d'une évasion considérée comme impossible.

La goélette française avait, ainsi que le sergent l'avait dit, expédié une embarcation à terre sous prétexte de régler les comptes de ses fournisseurs, puis elle avait levé l'ancre et louvoyait dans la rivière en attendant son canot.

Les rues par lesquelles le prisonnier devait passer pour se rendre de la prison au tribunal étaient encombrées de curieux, que des soldats formés en longue file à droite et à gauche avaient une extrême difficulté à maintenir.

Le détachement chargé d'escorter le prisonnier était nombreux et composé entièrement de colorados, les soldats les plus dévoués de Rosas. Ce détachement était placé sous le commandement du colonel don Bernardo Pedrosa, le peloton spécialement chargé du prisonnier était sous les ordres du sergent Luco et du caporal Muñoz.

Vingt minutes avant l'heure désignée pour se rendre au tribunal, Luco était entré dans le cachot de son maître, il avait eu avec lui une dernière conversation, puis il lui avait remis deux paires de pistolets et un poignard et l'avait définitivement quitté en lui disant :

— Souvenez-vous, mi amo, de n'agir que lorsque vous m'entendrez dire n'importe à qui : Au diable le soleil, il vous aveugle ! cette phrase vous servira de signal.

— Sois tranquille, je ne l'oublierai pas ; de ton côté, souviens-toi de ta promesse de me tuer plutôt que de me laisser retomber entre les mains du tyran.

— C'est dit, mi amo : priez Dieu pour qu'il nous vienne en aide, nous en aurons grand besoin.

— Au revoir, Luco ! tu as raison, je vais prier.

Les deux hommes s'étaient quittés alors pour ne plus se réunir qu'au dernier moment.

Cependant, plus l'instant approchait, plus le sergent devenait soucieux : les formidables préparatifs du dictateur l'effrayaient intérieurement ; bien qu'il n'en laissât rien paraître, afin de ne pas décourager ses complices, et qu'il affectât, au contraire, une complète sécurité, à chaque minute il grommelait dans sa moustache :

— C'est égal, ce sera rude, il y aura du tirage !

Bientôt l'horloge du cabildo sonna dix heures. Un roulement de tambour appela les soldats aux armes, les curieux disséminés dans les rues avancèrent anxieusement la tête en poussant un ah ! de satisfaction ; tous les regards se fixèrent sur la prison.

L'attente ne fut pas longue : au bout de quelques minutes à peine la porte s'ouvrit, le prisonnier parut.

Son visage était calme, pâle, mais empreint d'une indomptable résolution ; il marchait doucement au milieu d'un peloton d'une dizaine de cavaliers commandés par le sergent Luco ; celui-ci, comme s'il eût voulu veiller de plus près sur son prisonnier, se tenait à sa droite, tandis que le caporal Muñoz venait à gauche, tous deux placés pour ainsi dire côte à côte avec don Gusman.

Ce peloton était précédé d'un fort détachement de colorados à la tête desquels caracolait le colonel don Bernardo Pedrosa sur un magnifique étalon noir comme la nuit; en arrière du prisonnier, un second détachement aussi fort que le premier fermait la marche.

Le cortège avançait lentement à travers les flots d'un peuple triste, morne et silencieux, contenu à grand'peine par les deux cordons de sentinelles.

Il faisait une de ces magnifiques matinées de printemps comme l'Amérique méridionale seule a le privilège d'en posséder; l'âcre brise des pampas chargée de senteurs odorantes faisait frissonner les branches des arbres des huertas, et rafraîchissait l'atmosphère échauffée par les rayons incandescents d'un soleil torride.

Le cortège marchait toujours; malgré le danger de manifester ses sympathies pour le prisonnier, la foule silencieuse se découvrait respectueusement sur son passage; lui, calme et digne comme au moment où il avait quitté la prison, marchait le chapeau à la main, saluant à droite et à gauche avec un sourire triste et résigné ceux qui ne craignaient pas de lui témoigner l'intérêt qu'ils lui portaient.

Déjà les deux tiers du chemin étaient franchis; encore quelques minutes, et le prisonnier arriverait au tribunal, lorsque dans la calle de la Federacion plusieurs spectateurs, sans doute trop brusquement refoulés par les soldats, résistèrent à la pression qu'on leur imposait, repoussèrent les sentinelles, et pendant un instant rompirent presque la haie, puis, au fur et à mesure que le cortège approchait de cet endroit, le tumulte allait toujours croissant avec cette vivacité et cette rapidité particulières aux races du Midi, si bien que ce qui, dans le principe, ne semblait être qu'une rixe de peu d'importance, prit presque instantanément les proportions d'une véritable émeute.

Don Bernardo, inquiet du bruit qu'il entendait, quitta la tête de l'escorte, et piquant son cheval, revint sur ses pas, afin de savoir ce qui se passait et de réprimer le désordre.

Malheureusement le flot populaire avait monté avec une rapidité telle, que sur plusieurs points les soldats, rompus et culbutés, avaient été isolés, et, sans qu'on sût comment cela s'était fait, ils avaient été désarmés avec une prestesse sans égale par des gens qu'ils n'avaient même pu apercevoir. Bref, le cortège était coupé en deux.

Don Bernardo jugea d'un coup d'œil la position et en reconnut la gravité; se faisant jour à grand'peine au milieu de la foule, il parvint jusqu'au sergent qui se tenait toujours impassible et froid auprès du prisonnier.

— Ah! fit le colonel avec un soupir de soulagement en l'apercevant, veillez bien sur le prisonnier, serrez-le étroitement entre vous; je crains que nous ne soyons obligés de nous ouvrir un passage de vive force.

— Nous nous l'ouvrirons, n'en doutez pas, colonel, répondit Luco avec un sourire narquois. Mais au diable le soleil, il nous aveugle!

Au moment où le sergent prononça cette phrase, un soldat qui se tenait à deux pas, appuyé sur son fusil, saisit la jambe du colonel, l'enleva de la selle et le renversa à terre. Au même instant Luco retint fortement le cheval par la bride, tandis que don Gusman, par un mouvement rapide comme la pensée, se trouva en selle à la place du colonel.

Ce que nous avons rapporté s'exécuta si brusquement et avec tant de prestesse que don Bernardo, complètement démoralisé, fut cloué sur le sol d'un coup de baïonnette avant de comprendre ce qui se passait; il est probable même qu'il expira sans le deviner.

Cependant les douze cavaliers du peloton d'escorte s'étaient serrés autour de leur ex-prisonnier et s'étaient élancés à fond de train au plus épais de la foule.

Alors il se passa une chose bizarre : ces curieux, un instant auparavant si pressés et si compacts, qui avaient rompu la haie de soldats, s'écartèrent d'eux-mêmes à droite et à gauche devant les fugitifs en poussant de joyeux vivats, puis, lorsqu'ils furent passés, ils refermèrent la brèche qu'ils avaient si bénévolement ouverte, et formèrent de nouveau une infranchissable barrière humaine au détachement d'arrière-garde, qui chargea vainement pour la renverser.

Des hommes armés semblèrent subitement surgir de terre, rendirent coup pour coup aux soldats, et opposèrent une résistance assez énergique pour donner aux fugitifs le temps de se mettre en sûreté.

Puis, tout à coup, comme par enchantement, ces menaçants rassemblements qui avaient si chaudement disputé le terrain se retirèrent, se fondirent en quelque sorte, et cela si vivement que, lorsque les soldats, revenus de leur surprise, voulurent prendre une vigoureuse défensive, ils ne trouvèrent plus personne devant eux : les insurgés avaient disparu sans laisser de traces.

Cette audacieuse échauffourée aurait presque pu passer pour un rêve, si, d'un côté, le prisonnier n'avait pas été si témérairement enlevé, et si, de l'autre, les cadavres du colonel Pedrosa et de cinq ou six soldats étendus sur le sol, baignés dans leur sang, n'avaient pas prouvé la réalité de ce hardi coup de main, exécuté avec une adresse et un bonheur remarquables.

Don Gusman et ses compagnons avaient trouvé place dans le canot qui les attendait. Cinq minutes plus tard ils montaient à bord du bâtiment français, et lorsqu'on songea à les poursuivre, la goélette n'apparaissait plus à l'horizon que comme une aile d'alcyon balancée par la brise.

Sur la goélette, don Gusman avait retrouvé sa femme.

La goélette avait fait voile pour la Vera-Cruz.

Nous avons rapporté plus haut la résolution prise par don Gusman, et de quelle façon il l'avait exécutée.

Don Gusman, afin d'assurer le succès de ses recherches pour retrouver son fils et assurer sa tranquillité, avait, en mettant pied à terre au Mexique, quitté son nom pour prendre celui de don Pedro de Luna auquel il avait droit, du reste, et sous lequel nous continuerons à le désigner; il espérait échapper ainsi aux poursuites de don Leoncio, dont la haine plutôt trompée qu'assouvie par le rapt du fils de son frère essaierait probablement de rejoindre sa victime.

Les calculs de don Gusman furent justes ou du moins le parurent : jamais depuis son départ de Buenos-Ayres, il n'avait entendu parler de don Leoncio, nul ne savait ce qu'il était devenu ni même s'il était mort ou vivant.

Cinq ans après son arrivée à l'hacienda de las Norias de San-Pedro, un nouveau malheur avait frappé le pauvre exilé : doña Antonia, qui n'avait jamais pu se remettre complètement de l'ébranlement qu'avait subi sa raison à la suite de l'horrible catastrophe de la pampa, et dont la santé avait toujours été languissante depuis cette époque, avait succombé entre ses bras en donnant le jour à une fille.

Cette fille était la charmante enfant que nous avons présentée au lecteur sous le nom de doña Hermosa.

Alors don Pedro, brisé par la douleur, concentra ses affections sur cette délicieuse créature, seul lien qui le rattachât désormais à cette existence qui aurait dû être si heureuse et qui, tranchée par l'aile froide de l'adversité, était subitement devenue si malheureuse.

De tous ceux qui avaient suivi l'exilé dans sa fuite, lui seul restait; tous étaient morts, il les avait vus les uns après les autres tomber à ses côtés.

Manuela, la femme de Luco, confidente des douleurs de son maître, fut chargée de l'éducation de la jeune fille, qu'elle éleva avec un soin et un dévouement au-dessus de tout éloge.

A l'époque où commence cette histoire et dont ce qui précède n'est pour ainsi dire que le prologue, Hermosa avait plus de seize ans; il y avait donc plus de vingt ans que les faits que nous avons rapportés s'étaient passés.

Ceux de nos lecteurs que ce récit a intéressés en connaîtront le dénouement dans le *Cœur-de-Pierre*.

Cinq minutes après ils reprenaient le chemin de l'habitation.

LE CŒUR-DE-PIERRE

I

SYMPATHIE

La sympathie est un sentiment qu'on ne peut ni analyser ni discuter, on le subit à son insu. Malgré soi, à première vue, telle personne vous attire ou vous repousse : pourquoi? on ne saurait le dire, mais cela est ainsi ; une espèce d'influence magnétique, irrésistible, vous entraîne souvent vers telle ou telle personne que votre intérêt vous commande au contraire de fuir, tandis que la même influence vous engage à vous éloigner de telle ou telle autre dont vous devriez, au contraire, au point de vue du même intérêt, rechercher l'appui.

Et, chose extraordinaire et digne de remarque, cette espèce d'intuition qui vous dirige ainsi contre votre volonté ne vous égare presque jamais ; tôt ou tard vous êtes forcé de reconnaître que ce qui, aux yeux prévenus de la société, avait semblé une erreur, était au contraire une vérité, et que votre cœur, loin de vous tromper, vous avait fait voir juste.

Les conséquences de la sympathie et de l'antipathie sont trop palpables, trop de personnes en ont subi les influences mystérieuses, pour que nous nous appesantissions davantage sur ce sujet.

Don Estevan et le Cœur-de-Pierre s'étaient connus dans des conditions qui, si elles ne devaient pas les faire ennemis, devaient au moins les rendre indifférents l'un à l'autre ; la réputation du chasseur d'abeilles, la vie singulière qu'il menait, étaient autant de raisons qui auraient dû éloigner de lui le jeune et loyal mayordomo de don Pedro de Luna ; cependant l'effet diamétralement opposé s'était produit à l'insu des deux jeunes gens, ils s'étaient tout de suite sentis amis, liés non pas par un de ces sentiments banaux si communs dans la vie civilisée de la vieille Europe, où le mot ami n'a plus même la signification de simple connaissance, et est un des titres que l'on prostitue le plus facilement, mais par un de ces sentiments vrais, forts, sans limite comme sans raisonnement, qui grandissent tellement en quelques heures, qu'ils tiennent tout de suite une immense part dans l'existence de ceux dont ils se sont emparés.

Les deux jeunes gens ne s'étaient jamais vus avant leur rencontre sur la route de San-Lucar, et pourtant il leur semblait se connaître depuis de longues années et s'être simplement retrouvés.

Chose singulière, le même effet s'était produit en même sur eux deux, sans calcul ni arrière-pensée.

Ce que nous avançons ici était tellement vrai, que presque aussitôt, sans réflexion, don Estevan, malgré la prudence innée qui le caractérisait, n'avait pas hésité à confier au Cœur-de-Pierre l'histoire de son maître, ou pour mieux dire de son bienfaiteur. Cette histoire, il l'avait racontée dans tous ses détails, sans rien déguiser ni rien omettre, poussé à agir ainsi par un pressentiment secret qui l'avertissait qu'il avait trouvé un homme digne de partager avec lui le fardeau de cet important secret.

La suite de ce récit nous fournira des preuves plus fortes encore de cette singulière confiance que les deux hommes avaient instantanément éprouvée l'un pour l'autre.

Le soleil se couchait dans des flots de pourpre et d'or derrière les crêtes neigeuses des hautes montagnes dentelées de la sierra Madre, au moment où don Estevan se tut.

La campagne prenait cette teinte de douce mélancolie qu'elle revêt à l'approche du soir, les oiseaux venaient par troupes nombreuses se blottir en chantant sur les branches feuillues des grands arbres. Les vaqueros et les peones, galopant dans toutes les directions, rassemblaient le bétail et lui faisaient reprendre le chemin de l'hacienda; on voyait au loin une halte d'arrieros dont les feux de nuit commençaient déjà à teindre le ciel, à chaque minute plus sombre, de larges reflets rougeâtres.

— Maintenant que vous savez aussi bien que moi les secrets de la famille avec laquelle le hasard vous a mis en rapport, reprit don Estevan, que comptez-vous faire?

— Un mot, d'abord, et avant tout, répondit le Cœur-de-Pierre.

— Parlez: vous devez, en effet, avoir à votre tour bien des choses à me confier.

— Pas autant que vous le supposez. Vous savez de ma vie tout ce que j'en sais moi-même, c'est-à-dire presque rien, mais ce n'est pas de cela qu'il s'agit en ce moment entre nous.

— De quoi donc s'agit-il? fit don Estevan avec un mouvement de curiosité.

— Je vais vous le dire. Certes vous ne m'avez pas fait ce long et intéressant récit dans le but de satisfaire une curiosité que je ne vous ai nullement témoignée; il doit, dans votre pensée, y avoir autre chose; cette autre chose, je crois l'avoir devinée. Don Estevan Diaz, deux hommes de cœur, lorsqu'ils sont liés l'un à l'autre comme la liane au chêne-acajou, que leurs pensées se confondent en une seule, que leur volonté est une, ces deux hommes sont bien forts, car ils se complètent l'un par l'autre, et ce que seuls ils n'auraient osé essayer, ils l'entreprennent sans hésiter, et sont presque sûrs de réussir dans l'accomplissement de tous leurs projets, quelque fous et téméraires que soient en apparence ces projets: n'êtes-vous pas de mon avis?

— Certes, don Fernando, je partage entièrement votre sentiment.

Un éclair de joie illumina le visage du jeune homme.

— Bien, dit-il en étendant le bras, voilà ma main, don Estevan, c'est celle d'un homme qui, avec la main, vous offre un cœur dévoué et bon, quoi qu'on puisse dire: acceptez-vous?

— Vive Dios! s'écria chaleureusement le mayordomo en prenant vigoureusement dans les siennes la main qui lui était si loyalement tendue, j'accepte l'une et l'autre, merci! frère; la proposition que vous me faites, j'allais vous la faire moi-même. Maintenant c'est entre nous à la vie et à la mort! Je suis à vous comme la lame à la poignée!

— Ah! s'écria le jeune homme avec un soupir de joie, j'ai donc un ami, enfin! je ne marcherai plus seul dans la vie; joie ou tristesse, chagrin ou bonheur, j'aurai un cœur auquel je pourrai tout confier!

— Vous aurez plus que cela, frère, vous aurez une famille. Ma mère sera la vôtre; venez, remontons à cheval, il se fait tard; nous avons encore bien des choses à nous dire.

— Allons, répondit simplement le chasseur.

Les chevaux n'avaient pas quitté les environs du rancho où ils avaient trouvé une provende abondante; les jeunes gens les *lacèrent* facilement, et cinq minutes après ils reprenaient côte à côte le chemin de l'habitation de don Estevan.

Na Manuela les attendait devant la porte ; elle souriait.

— Arrivez donc, leur cria-t-elle du plus loin qu'elle les aperçut, l'angélus est sonné depuis près d'une heure. Il est temps de souper.

— C'est-à-dire que nous mourons littéralement de faim, mère, répondit joyeusement le jeune homme en mettant pied à terre : ainsi, si vous ne nous avez pas fait un dîner copieux, vous courez grand risque de nous laisser sur notre appétit.

— Ne craignez pas cela, Estevan, je me doutais que vous m'arriveriez en cet état ; j'ai pris mes précautions en conséquence.

— Pardonnez-vous, madame, dit alors le chasseur, d'abuser ainsi de votre hospitalité ?

La ménagère sourit doucement.

— Je vous pardonne si bien, señor, dit-elle, que, convaincue que nous vous posséderons longtemps, je vous ai moi-même préparé un cuarto.

Don Fernando ne répondit pas immédiatement, une vive rougeur colora son visage, il mit pied à terre, et, s'approchant de la vieille dame :

— Señora, dit-il avec émotion, je ne sais comment vous remercier. Vous avez deviné mon plus cher désir. Votre fils m'appelle son frère, me permettez-vous de vous nommer ma mère ? vous me rendrez bien heureux.

Na Manuela lui jeta un long et clair regard, son visage se contracta sous l'effort d'une vive émotion intérieure, deux larmes coulèrent lentement sur ses joues pâlies, et tendant la main au jeune homme :

— Soit ! dit-elle, au lieu d'un, j'aurai deux enfants ; venez, mon fils, votre souper vous attend.

— Je me nomme Fernando, ma mère.

— Je m'en souviendrai, répondit-elle avec un doux sourire.

Ils entrèrent dans l'habitation pendant que des peones conduisaient les chevaux au corral.

Don Estevan n'avait pas trompé son ami, il lui avait bien réellement donné une famille.

Le repas fut ce qu'il devait être entre ces trois personnes qui, étrangères l'une à l'autre deux jours auparavant, s'étaient si vite comprises et appréciées, c'est-à-dire qu'il fut gai et cordial.

Aucune allusion ne fut risquée sur cette liaison impromptue qui avait si lestement poussé de profondes racines.

Aussitôt que les peones se furent retirés et que les maîtres de la maison furent demeurés seuls, comme la veille, ils se levèrent de table et entrèrent dans une chambre plus retirée où, à l'abri des oreilles importunes, ils ne risquaient pas que ce qu'ils diraient fût entendu, commenté et peut-être rapporté.

— Fermez la porte, dit don Estevan à don Fernando qui entrait le dernier.

— Au contraire, répondit celui-ci, laissons-la ouverte : de cette façon, si quelqu'un vient, nous le verrons et l'entendrons : règle générale, lorsque vous voulez dire quelque chose de secret, ne fermez jamais les portes.

Don Estevan avança des butaccas, s'assit, alluma une cigarette, et se tournant vers le chasseur :

— Causons ! dit-il.

Il y a certaines circonstances dans la vie où le moindre mot acquiert une énorme importance : ainsi, lorsque le jeune homme eut dit : *Causons*, chacun comprit à part soi que la conversation qui allait avoir lieu ne serait pas une causerie, mais au contraire prendrait presque les proportions d'un congrès à huis clos, car les questions qui y seraient posées auraient une gravité extrême.

Ce fut don Fernando qui le premier entama l'entretien, nettement et clairement, selon son habitude.

— J'ai beaucoup réfléchi à ce que vous m'avez dit aujourd'hui, mon ami, fit-il ; vous ne m'auriez pas confié un secret aussi important, si de sérieuses raisons ne vous avaient pas poussé à le faire ; ces raisons, je crois les avoir pénétrées, les voici : la tranquillité dont a joui don Pedro depuis son établissement ici est menacée, vous redoutez un malheur pour doña Hermosa : voilà, en deux mots, les motifs de votre confidence. Me trompé-je ?

— Non, certes, mon ami ; j'ai en effet, depuis quelque temps, une crainte vague, une appréhension secrète que je ne puis surmonter : je sens pour ainsi dire l'approche d'un malheur, sans savoir ni d'où il viendra ni comment il viendra ; mieux que moi, sans doute, vous savez qu'il y a dans la vie des heures noires, pendant lesquelles l'homme le plus brave, sans cause apparente, tremble comme un enfant et a peur de son ombre ; tout l'effraie, tout éveille ses soupçons : eh bien ! mon ami, depuis environ deux mois je suis dans ces heures ; une invincible tristesse s'est emparée de moi, en un mot j'ai peur, sans savoir pourquoi, car autour de moi tout est comme à l'ordinaire : don Pedro est aussi calme, Hermosa aussi rieuse, aussi folle et aussi insouciante ; nous vivons dans ce coin de terre ignorés du monde entier ; les bruits de la société meurent sans écho sur le seuil de nos demeures. Qu'avons-nous donc à redouter ? Quel est l'ennemi qui nous guette et dont la fauve prunelle est nuit et jour fixée sur nous ? je ne saurais le dire, mais, je vous le répète, je le sens, je le vois en quelque sorte sans qu'il me soit possible de le découvrir.

— Cet ennemi, vous le connaissez maintenant aussi bien que moi : c'est le Chat-Tigre. La conversation que la nuit passée j'aie eue avec lui et que vous avez entendue a dû, sinon vous édifier sur ses projets, du moins sur ses intentions.

— C'est vrai, mais malgré moi mon esprit se refuse à admettre que cet homme soit bien réellement notre ennemi ; de même qu'il n'y a pas d'effets sans causes, il ne peut y avoir de haine sans raisons ; jamais, depuis l'arrivée de don Pedro en ce pays, il n'a eu, ni de près, ni de loin, aucunes relations bonnes ou mauvaises avec cet homme : pourquoi en voudrait-il à mon maître ?

— Ah ! pourquoi, pourquoi ? répéta le chasseur avec une espèce d'impatience fébrile, pourquoi le jour succède-t-il à la nuit, pourquoi y a-t-il des bons et des mauvais, des coquins et des honnêtes gens ? Ce dilemme nous mènerait trop loin, mon ami. Je sais aussi bien que vous que jamais vous n'avez eu aucun rapport avec le Chat-Tigre, cela ne fait pas le moindre doute, mais qu'importe ? Cet homme est un ténébreux scélérat dont l'existence maudite se passe à faire le mal pour le plaisir de le faire la plupart du temps. Don Pedro de Luna est honoré et aimé de tous ceux qui le connaissent ; doña Hermosa est respectée des Apaches eux-mêmes, les plus féroces Peaux-Rouges de la prairie : de là probablement la haine qu'il porte à la famille de l'haciendero. Avec un tel homme on n'a pas le droit d'être impunément bon et honnête, tous les cœurs loyaux doivent naturellement être ses ennemis, cela se comprend ; un homme, si bas qu'il soit tombé, se souvient toujours de la chute effroyable qu'il a faite et de la position que ses crimes lui ont fait perdre ; il ne pardonne pas son avilissement à la société, mais, comme il ne peut se venger sur elle en bloc, il lui déclare la guerre en détail, s'attaquant à tous ceux qu'il peut atteindre, et se vengeant sur eux des fautes qu'il a commises ; voilà la seule cause de la haine du Chat-Tigre contre don Pedro ; n'en cherchez pas d'autre, mon ami, il n'y en a pas.

— Oui, vous avez raison, répondit don Estevan d'un ton soucieux, ce doit être cela.

— Mon Dieu ! oui ; croyez-moi, je connais ce monstre de longue date, puisque c'est lui qui m'a élevé : mais brisons là ; maintenant que la position est nettement dessinée, que prétendez-vous faire ?

— Je vous avoue que je me trouve dans un grand embarras et que je ne sais comment en sortir ; comment renverser des machinations dont on ignore la portée, contrecarrer des projets dont le but est inconnu : voilà où pour moi est la difficulté.

— Je crois qu'il serait bon, surtout, de laisser la famille dans l'ignorance la plus complète sur nos soupçons, fit observer ña Manuela.

— Dites notre certitude, señora, reprit don Fernando. Du reste je partage entièrement votre avis : il nous est facile d'entourer don Pedro et sa fille d'une protection occulte, sans qu'ils puissent se douter du danger qui les menace ; puis, si la position devenait trop tendue, les prétextes ne manqueraient pas pour les obliger à veiller eux-mêmes à leur sûreté.

— Oh ! oui ! s'écria avec feu don Estevan, il est important qu'ils ne se doutent de rien, doña Hermosa surtout, si impressionnable ! Pauvre enfant ! elle ne fera que trop tôt connaissance avec l'adversité, si nos craintes se réalisent ! Voyons ! Fernando, mon ami, conseillez-nous ! vous seul pouvez nous venir en aide dans cette circonstance difficile.

— Tout ce qui sera humainement possible de faire pour sauver ceux que vous aimez, je le ferai.

— Merci ! pourquoi ne pas dire que vous aimez vous-même, car déjà vous leur avez rendu un immense service ?

— Hélas ! mon ami, fit le jeune homme avec un soupir, que suis-je, moi, misérable aventurier, pour oser lever les yeux aussi haut ? Je ne suis et je ne dois remplir auprès de doña Hermosa que l'office d'un bon chien de garde qui sauve son maître et meurt à ses pieds.

Ceci fut dit avec un tel sentiment de tristesse et d'abnégation, que don

Estevan et sa mère, émus jusqu'aux larmes, lui prirent les mains d'un commun accord et les lui serrèrent affectueusement.

— Ne parlez pas ainsi, frère, s'écria le mayordomo, vous ne connaissez pas comme nous doña Hermosa, c'est le cœur le plus droit, l'âme la plus pure et la plus noble qui existe : elle vous aime.

— Oh! fit le chasseur avec émotion, ne prononcez pas ce mot, ami! doña Hermosa m'aimerait, moi? c'est impossible!

— Doña Hermosa est femme, mon ami : vous lui avez sauvé la vie; je ne sais pas positivement de quelle nature est le sentiment qu'elle éprouve pour vous, il est probable qu'elle-même l'ignore, mais je suis convaincu qu'elle vous est reconnaissante, et chez une jeune fille la reconnaissance se change vite en amour.

— Silence, mon fils! dit la vieille dame en s'interposant, vos paroles ne sont pas ce qu'elles devraient être en parlant de la fille de votre maître.

— C'est vrai, pardonnez-moi, ma mère, j'ai tort; mais, si vous aviez entendu doña Hermosa parler de notre ami et exiger de moi la promesse de me mettre à sa recherche et de le lui amener, ce que je ferai, vive Dios! vous ne sauriez que penser.

— Peut-être, mais du moins je ne jetterais pas d'huile sur le feu, et pour notre ami et pour moi-même je conserverais prudemment mes observations au fond de mon cœur.

— Ne me croyez pas assez fou, señora, dit alors don Fernando, pour ajouter aux paroles de votre fils plus d'importance qu'elles ne doivent en avoir : je sais trop ce que je suis, j'ai trop le sentiment de ma position infime, pour oser lever un regard téméraire sur celle que l'honneur m'ordonne de respecter à l'égal d'un ange..

— Bien parlé, don Fernando, et comme un homme doit le faire, reprit ña Manuela avec chaleur; laissons donc maintenant ce sujet et occupons-nous à trouver un moyen de sortir de l'embarras dans lequel nous sommes.

— Ce moyen, répondit le chasseur avec hésitation, je crois, sauf meilleur avis, pouvoir vous l'indiquer.

La mère et le fils rapprochèrent vivement leurs butaccas afin de mieux entendre.

— Parlez, frère, parlez sans plus tarder, s'écria don Estevan, ce moyen, quel est-il?

— Vous excuserez ce que, dans le plan que je vais vous soumettre, vous trouverez peut-être d'incompatible avec les strictes lois de l'honneur ainsi que le comprennent les gens civilisés, dit le chasseur; mais je vous prie de vous souvenir que j'ai reçu l'éducation d'un Peau-Rouge, que l'homme contre lequel nous allons entamer une lutte mortelle est plus qu'à demi Indien, que la guerre qu'il prétend vous faire est une guerre apache, toute de trahison et d'embûches; que, pour le combattre avec avantage, quelque répugnance que nous éprouvions à le faire, nous devons employer les mêmes moyens, tourner contre lui ses propres armes, enfin répondre à la fourberie par la fourberie; car, si par un faux point d'honneur nous nous obstinons à lutter contre lui à visage découvert, nous ferons un véritable métier de dupes et il se moquera de nous.

— Ce que vous dites là, Fernando, répondit le mayordomo, n'est malheureusement que trop vrai ; le proverbe a raison : à trompeur trompeur et demi ; je comprends parfaitement la portée et la justesse de votre raisonnement ; pourtant, convenez avec moi qu'il est pénible pour un homme au cœur franc, qui a l'habitude de regarder ses ennemis en face, d'être contraint de se couvrir d'une peau de renard et de s'abaisser à ruser quand il voudrait marcher bravement en avant.

— Que voulez-vous faire à cela ? c'est une des nécessités de notre position ; si nous ne prenons pas ce parti, mieux vaut laisser agir notre ennemi que d'essayer d'entraver ses projets, car nous échouerons.

— Qu'il soit donc fait ainsi que vous le désirez, mon ami, puisque nous ne pouvons faire autrement : voyons ce moyen.

— Le voici : malgré la discussion que j'ai eue avec le Chat-Tigre, il m'a depuis quelque temps laissé pénétrer trop avant dans sa confiance, je sais trop de ses secrets pour que, quelque colère qu'il ait contre moi, il me témoigne de la rancune. Habitué depuis nombre d'années à m'imposer sa volonté et à me gouverner à sa guise, il croit connaître assez mon caractère pour être persuadé que ce que je lui ai dit n'a été qu'une boutade échappée à un mouvement de mauvaise humeur, et que je ne demanderai bientôt pas mieux que de me remettre sous sa tutelle : du reste, de même que tous les hommes qui depuis de longues années caressent une chimère, le Chat-Tigre, qui, j'en suis convaincu, ne m'a élevé et n'a souffert ma présence que dans l'espoir de se servir de moi à un jour donné, pour l'accomplissement de l'une de ses ténébreuses machinations, se laissera, tout fin qu'il soit, tromper par moi, si je veux m'en donner la peine.

— Oui, observa don Estevan, tout cela est assez plausible.

— N'est-ce pas ? Voici donc ce que j'ai résolu : demain, au lever du soleil, vous et moi nous partirons pour le presidio, où je vous mettrai en rapport avec un drôle de ma connaissance, qui m'est dévoué autant que les gens de cette sorte peuvent l'être. Ce picaro nous servira d'intermédiaire ; par lui, nous serons au courant de tout ce que le Chat-Tigre fera à San-Lucar avec les leperos qu'il enrôle je ne sais pour quelle sinistre entreprise ; puis nous nous quitterons. Vous, vous reviendrez tranquillement ici, tandis que moi je retournerai dans la prairie et je rejoindrai le Chat-Tigre ; de cette façon, quoi qu'il fasse, nous le saurons : voilà mon projet, comment le trouvez-vous ?

— Excellent, mon ami, vous avez tout prévu.

— Seulement, souvenez-vous de ceci : premièrement, quoi que je fasse, quoi que je dise, quelque démarche que vous me voyiez tenter, n'en prenez pas ombrage ; laissez-moi complètement libre de mes actions, et ne me soupçonnez jamais d'avoir l'intention de vous tromper.

— Ne vous inquiétez pas de cela, mon ami, je n'en croirai pas plus le témoignage de mes yeux que celui de mes oreilles ; ma confiance en vous sera inaltérable ; voyons maintenant votre seconde observation.

— Vous en comprendrez immédiatement l'importance : aussitôt que nous

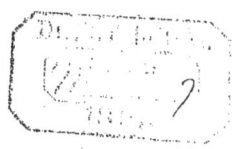

Cette lutte d'un seul homme contre une foule de bêtes féroces avait quelque chose de grandiose.

nous serons quittés au presidio, nous deviendrons à l'instant étrangers l'un à l'autre : nous ne nous connaîtrons plus.

— Cette recommandation est en effet importante, je n'aurai garde d'y manquer, les conséquences d'une erreur seraient incalculables pour nous.

— Maintenant, soyez prêt à agir au premier signal, soit de nuit, soit de jour; n'importe ce que vous fassiez, quittez tout à l'instant pour prendre une vigoureuse offensive aussitôt que ce signal vous parviendra.

— Bien, sans bruit, dès demain, sous prétexte de certains travaux urgents à exécuter à l'hacienda, j'enrôlerai une quinzaine de leperos, gens de sac et de corde, qui pour de l'or m'obéiront aveuglément et ne reculeront devant rien.

— C'est cela, il vous sera facile de les occuper ici à rien faire en attendant l'heure de jouer de la navaja ou du rifle.

— Je vous réponds que personne ne songera à s'informer d'eux; mais quelle sorte de signal m'enverrez-vous? et par qui le recevrai-je?

— Le signal sera une plume d'aigle blanc cassée en trois morceaux et dont l'extrémité sera peinte en rouge; celui qui vous remettra cette plume devra vous dire seulement : Mes deux piastres. Vous les lui remettrez sans observation, vous prendrez la plume et vous le congédierez.

— Mais quel sera cet homme, mon ami?

— Un inconnu, le premier que je rencontrerai probablement; il faut que cet émissaire ne se doute pas de la gravité du message dont je l'aurai chargé, au cas où il tomberait entre les mains de l'ennemi.

— Puissamment raisonné! allons, allons! je crois que nous nous en tirerons.

— Moi j'en suis sûr, s'écria don Fernando, si vous suivez ponctuellement mes instructions.

— Quant à cela, ne vous en inquiétez pas, frère, je vous réponds de mon exactitude.

Tout bien convenu et bien arrêté ainsi entre nos trois personnages, ils se séparèrent pour se livrer au repos, d'autant plus qu'il était tard déjà, et que les deux jeunes gens devaient, au lever du soleil, monter à cheval pour se rendre au présidio de San-Lucar.

II.

LA FORÊT VIERGE

Don Torribio Quiroga, dont il nous faut maintenant nous occuper, était un jeune homme de vingt-huit ans, à la physionomie fine et spirituelle, à la taille élégante, et possédant au plus haut degré les manières du grand monde.

Il appartenait à l'une des familles les plus riches et les plus considérables de l'État de Chihua-hua; la mort de ses parents l'avait, dans un pays où l'or est si commun, doté d'une fortune de plus de cinq cent mille piastres de rente, c'est-à-dire environ deux millions et demi.

Un homme dans cette position, et doué des avantages physiques et moraux que possédait don Torribio, a le droit de prétendre à tout; car, arrivé à une certaine hauteur de fortune, les obstacles n'existent plus, ou du moins, au lieu d'être une entrave, ne sont plus qu'un excitant.

Don Torribio avait réussi dans tout ce qu'il avait essayé, sauf sur u point, sa lutte contre don Fernando, lutte dans laquelle celui-ci était toujours demeuré vainqueur.

Aussi la haine que le riche haciendero portait au chasseur d'abeilles, haine dont les motifs étaient futiles dans le principe, s'était-elle insensiblement accrue par tous les déboires subis successivement par don Torribio, et avait-elle fini par acquérir les proportions immenses d'une véritable haine mexicaine, que la mort seule de celui qui en était l'objet pourrait assouvir.

Après sa rencontre avec don Fernando Carril, rencontre qui avait eu un si fâcheux résultat pour lui, don Torribio Quiroga était en proie à une de ces colères froides et concentrées qui s'amassent lentement dans l'âme, et éclatent enfin avec une force terrible.

Dès qu'il avait eu perdu de vue son heureux adversaire, il s'était lancé à fond de train. Ses éperons ensanglantaient les flancs de son cheval, qui hennissait douloureusement et redoublait sa course furibonde.

Où allait ainsi don Torribio Quiroga, les traits décomposés et les cheveux au vent?

Il ne le savait pas lui-même; peu lui importait, d'ailleurs.

Il ne voyait plus, n'entendait plus; il roulait dans son cerveau des projets sinistres et franchissait torrents et ravins sans s'inquiéter du galop de son cheval.

Seul, le sentiment de la haine grondait en lui. Rien ne rafraîchissait son front brûlant; ses tempes battaient à se rompre, et un tremblement nerveux agitait tout son corps.

Cet état de surexcitation dura plusieurs heures; son cheval avait dévoré l'espace. Enfin, brisé de fatigue, le noble animal s'arrêta soudain sur ses genoux fléchissants et tomba sur le sable.

Don Torribio se releva en jetant autour de lui un regard égaré.

Il lui avait fallu cette rude chute pour remettre un peu d'ordre dans ses idées et le rappeler à la réalité : une heure de plus d'une telle angoisse, il serait devenu fou furieux, ou serait mort d'apoplexie foudroyante.

La nuit était venue. D'épaisses ténèbres régnaient sur la terre : un silence funèbre pesait sur le désert où le hasard l'avait conduit.

— Où suis-je? murmura-t-il en cherchant à s'orienter.

Mais la lune, cachée par les nuages, ne répandait aucune clarté; le vent soufflait en foudre; les branches des arbres s'entre-choquaient, et dans les profondeurs de ce désert les hurlements des bêtes fauves commençaient à mêler les notes graves de leurs voix aux hurlements des chats sauvages.

Les yeux de don Torribio cherchaient en vain à percer l'ombre.

Il s'approcha de son cheval étendu sur le sol et râlant sourdement; ému de pitié pour le fidèle compagnon de ses courses aventureuses, il se pencha vers lui, passa à sa ceinture les pistolets contenus dans les arçons, et, détachant une gourde, pleine de rhum, suspendue à la selle, il se mit à laver les yeux, les oreilles, les narines et la bouche de la pauvre bête, dont les flancs haletaient, et que ce secours sembla rendre à la vie. Une demi-heure se passa ainsi. Le cheval, un peu rafraîchi, s'était relevé, et, avec l'instinct qui distingue sa race, il avait découvert une source voisine où il s'était désaltéré.

— Tout n'est pas perdu encore, murmura don Torribio, et peut-être parviendrai-je bientôt à sortir d'ici.

Mais un rugissement profond résonna à une courte distance, répété presque sur-le-champ dans quatre directions différentes : le poil du cheval s'était hérissé, et don Torribio avait senti un frisson de crainte courir dans ses veines.

— Malédiction! s'écria-t-il, je suis à un abreuvoir de jaguars. Que faire?

Il venait de reconnaître sur les rives boueuses de la source des empreintes qui rendaient le doute impossible.

En ce moment il aperçut, à dix pas de lui au plus, deux yeux qui brillaient comme des charbons ardents et qui le regardaient avec une fixité étrange.

Don Torribio était un homme d'un courage éprouvé, maintes fois il avait accompli aux yeux de ses compagnons des actions d'une témérité incroyable, mais seul dans les ténèbres, entouré de bêtes fauves qui formaient autour de lui un cercle fatal, il se sentit pris malgré lui d'une terreur folle, sa poitrine oppressée ne laissa qu'avec difficulté passer son souffle à travers ses dents serrées. Une sueur froide inonda son corps, et il fut sur le point de se laisser choir.

Mais ce découragement n'eut que la durée d'une seconde : par un effort de volonté suprême, il réagit sur lui-même et, appelant à son aide toute son énergie, il se prépara à une lutte désespérée dans laquelle il était certain de succomber, mais que pourtant, avec cet instinct de conservation et cet espoir qui ne s'éteignent jamais entièrement dans l'homme, il voulait prolonger jusqu'à la dernière heure.

En ce moment le cheval poussa un hennissement de frayeur et, faisant un bond énorme, il se sauva dans les sables.

— Tant mieux, murmura don Torribio, peut-être, grâce à sa vélocité incroyable, la pauvre bête échappera-t-elle!

Un effroyable concert de cris et de hurlements s'éleva de toutes parts à la fuite du cheval, et de grandes ombres passèrent en bondissant auprès de don Torribio.

— Ah çà! dit-il avec un sourire amer, est-ce que je me laisserai dévorer ainsi sans chercher à m'échapper, vive Dios! Ce serait trop stupide. Allons, allons! je ne suis pas encore mort. En avant!

Un violent tourbillon de vent balaya le ciel, et la lune, pendant quelques minutes, éclaira de sa lueur blafarde et triste les lieux où se trouvait don Torribio.

A quelques pas, le rio del Norte coulait entre deux rives escarpées; au loin s'étendaient les masses compactes d'une forêt vierge : un chaos inextricable de rochers entassés comme à plaisir les uns sur les autres, et des fissures desquels surgissaient des bouquets d'arbres garnis de lianes enchevêtrées les unes dans les autres, et formant les plus étranges paraboles, étendaient leurs ramifications jusqu'à la rivière; le sol, composé de sable et plus loin de ces détritus qui abondent dans les forêts américaines, enfonçait à chaque pas.

Don Torribio se reconnut alors : il se trouvait à plus de quinze lieues de toute habitation, engagé dans les premiers plants d'une immense forêt, la seule de toute l'Apacheria que les plus hardis pionniers n'eussent pas encore osé explorer, tant ses sombres profondeurs semblaient receler de mystérieuses horreurs.

Comment, dans sa course effrénée, avait-il atteint ce point redouté ? c'est ce que, dans ce moment, don Torribio ne se donna pas la peine de chercher à résoudre; un péril inouï et qui réclamait toutes les forces de son intelligence planait trop immédiatement sur sa tête pour qu'il s'occupât d'autre chose que de chercher à le conjurer.

A quelques pas de lui, ainsi que nous l'avons dit, sortait d'entre les rochers une source limpide dont les bords, foulés par un nombre considérable de griffes de bêtes fauves, indiquait clairement que ce lieu, comme il l'avait dit, leur servait d'abreuvoir, lorsqu'au soleil couché elles quittaient leurs tanières pour chercher leur nourriture et se rafraîchir.

Et, plus que tout, témoignage vivant de ce fait, deux magnifiques jaguars, mâle et femelle, étaient en ce moment arrêtés sur la rive, surveillant d'un air inquiet les jeux de leurs petits.

— Hum ! murmura don Torribio, voilà de tristes voisins; et machinalement il porta les regards d'un autre côté.

Une magnifique panthère, allongée sur un rocher dans la position d'un chat aux aguets, fixait sur lui ses yeux brillants comme des escarboucles.

Don Torribio, d'après la coutume suivie en Amérique, ne sortait jamais sans être bien armé; il avait une carabine de prix et d'une justesse remarquable; par un hasard providentiel, son cheval ne l'avait pas brisée dans sa chute. Dans le premier moment il l'avait posée auprès de lui, appuyée droite sur un rocher.

Il étendit la main et s'en empara.

— Bon ! dit-il avec un sourire, la lutte sera sérieuse au moins.

Il épaula son fusil, mais au moment où il allait faire feu un miaulement plaintif lui fit lever la tête, une dizaine de pajeros et de chats-tigres de haute taille, perchés sur des branches d'arbres et le regardant en dessous, attirèrent son attention, tandis que plusieurs loups rouges arrivaient en bondissant et tombaient en arrêt à quelques pas de lui.

Arrêtés sur tous les rochers environnants, une foule de vautours, de zopilotes et d'urubus, l'œil à moitié éteint, semblaient attendre le moment de prendre leur part de la curée.

D'un bond don Torribio s'élança sur une pointe de roc, et de là, s'aidant des mains et des genoux, il gagna en deux ou trois minutes, avec des difficultés énormes, une espèce de terrasse située à vingt pieds du sol, sur laquelle il pouvait, pendant quelques instants du moins, se croire relativement en sûreté.

L'horrible concert formé par tous les habitants de la forêt, attirés les uns après les autres par la subtilité de leur odorat, croissait de plus en plus, et avait acquis une intensité telle, qu'il dominait le bruit même du vent qui soufflait avec rage dans les ravins et dans les clairières de la forêt.

La lune disparut derrière les nuages, et don Torribio se retrouva plongé dans sa première obscurité. Mais, s'il ne distinguait plus les bêtes féroces qui l'entouraient, il les devinait, il les sentait presque; il voyait leurs paupières flamboyer dans l'ombre, et leurs cris, toujours se rapprochant, semblaient lui annoncer que sa dernière lueur d'espoir ne tarderait pas à s'éteindre.

Appuyant fortement ses pieds sur le sol et se penchant légèrement en avant, afin de bien assurer son coup, il prit un revolver et tira contre les chats-tigres six coups de pistolet, suivis presque immédiatement de six cris d'agonie et du bruit produit par la chute de branche en branche des animaux blessés ou tués.

Rien ne peut rendre l'horrible rumeur causée par cette attaque imprévue : les loups rouges se jetèrent en hurlant sur les victimes, qu'ils commencèrent à déchirer à belles dents, en disputant leur proie aux vautours et aux zopilotes, qui prétendaient en avoir leur part.

Il y eut un bruissement étrange dans les feuilles et dans les branches des arbres; une masse, impossible à distinguer clairement, traversa l'espace, et vint s'abattre en rugissant sur la plate-forme.

Don Torribio, se servant de son fusil comme d'une massue, lui en asséna un coup terrible sur le crâne, et l'animal roula en hurlant du haut en bas du rocher.

Alors le jeune homme entendit avec terreur, à quelques pieds au-dessous de lui, le bruit du combat effroyable que les jaguars et les chats-tigres livraient à la panthère qu'il venait de renverser. Fasciné par l'horrible danger auquel il était livré, don Torribio, sans réfléchir aux conséquences funestes que son action pourrait avoir pour lui, lâcha deux coups de pistolet dans la foule d'ennemis acharnés qui, au-dessous de lui, se tordaient et se ruaient avec fureur les uns contre les autres.

Il se passa alors une chose étrange : tous ces animaux ennemis les uns des autres semblèrent comprendre qu'au lieu de lutter entre eux ils devaient au contraire s'unir contre l'homme, leur ennemi commun : cessant subitement le combat terrible qu'ils se livraient, et abandonnant, comme d'un commun accord, les cadavres sanglants et à demi déchirés de ceux d'entre eux qui avaient succombé, ils tournèrent leur rage contre le rocher au sommet duquel don Torribio semblait les narguer, et commencèrent à l'attaquer tous à la fois avec une énergie terrible, bondissant sur ses anfractuosités sur lesquelles ils tâchaient de se maintenir, cherchant à l'escalader de tous les côtés à la fois.

La position devenait de plus en plus critique pour le jeune homme; déjà plusieurs chats-tigres avaient sauté sur la plate-forme. A mesure que don Torribio les renversait, d'autres prenaient leur place. Le nombre de ses ennemis croissait à chaque instant; il sentait ses forces et son énergie diminuer peu à peu.

Cette lutte d'un homme seul contre une foule de bêtes féroces avait quelque chose de grandiose et de poignant à la fois : don Torribio, comme dans un cauchemar horrible, se débattait en vain contre des nuées d'assaillants toujours renaissants; il sentait près de lui l'haleine chaude et fétide des chats-tigres et des loups rouges; les rugissements des jaguars et les miaulements railleurs des panthères formaient à ses oreilles une effroyable mélodie qui le rendait sourd et lui donnait le vertige; il voyait scintiller dans l'ombre les milliers d'yeux de ses invisibles ennemis qui le fascinaient, et parfois les lourdes ailes des vautours et des zopilotes fouettaient son visage trempé d'une sueur froide.

Chez lui, tout sentiment intime du moi s'était évanoui; il ne pensait plus; sa vie, si l'on peut se servir de cette expression, était devenue toute physique; ses mouvements et ses gestes étaient machinaux; son bras se levait et se baissait pour frapper avec la rigide régularité d'un balancier.

Déjà plusieurs griffes s'étaient profondément enfoncées dans ses chairs; des pajeros s'élançant sur lui, l'avaient saisi à la gorge, et il avait été forcé de lutter contre eux, corps à corps, pour leur faire lâcher prise; son sang coulait de vingt blessures, peu dangereuses à la vérité, mais le moment approchait où, l'énergie qui seule soutenait ses forces venant à lui manquer, il tomberait du rocher et serait déchiré par les bêtes fauves, qui de plus en plus s'acharnaient après lui.

A cette seconde solennelle où tout allait lui manquer à la fois, un cri suprême s'élança de sa poitrine, cri d'agonie, d'une expression terrifiante, et qui fut répercuté au loin par les échos; dernière et suprême protestation de l'homme fort qui s'avoue vaincu et qui instinctivement appelle, avant de tomber, son semblable à son secours.

Chose étrange, un cri répondit au sien!

Don Torribio, étonné, n'osant croire à un miracle dans ce désert où nul autre que lui ne devait avoir pénétré, crut avoir mal entendu; pourtant, rassemblant le peu de forces qui lui restaient, et sentant au fond de son cœur renaître un espoir éteint, il poussa un second cri, plus éclatant, plus vibrant que le premier.

Lorsque les échos de la forêt eurent répété ce cri à l'infini, un mot, un seul, porté sur l'aile de la brise, arriva faible comme un soupir à ses oreilles attentives :

— Espoir!

Don Torribio se redressa; électrisé par ce mot, il sembla reprendre des forces et renaître à la vie, et il redoubla ses coups contre ses innombrables ennemis.

Tout à coup le galop de plusieurs chevaux se fit entendre au loin, plusieurs coups de feu illuminèrent les ténèbres de leur lueur passagère, et des hommes, ou plutôt des démons, se ruant à l'improviste au plus épais des bêtes fauves, en firent un carnage horrible.

Au même instant, don Torribio, attaqué par deux chats-tigres, roula sur la plate-forme en se débattant avec eux.

En quelques minutes, les bêtes féroces furent mises en fuite par les nouveaux venus, qui se hâtèrent d'allumer plusieurs feux, afin de les tenir à distance le reste de la nuit.

Deux de ces hommes, armés de torches incandescentes de bois d'ocote, se mirent à la recherche de l'homme dont les cris de détresse les avaient fait accourir à son secours.

Ils ne tardèrent pas à le découvrir, étendu sans connaissance sur la plateforme, entouré de dix ou douze chats-tigres morts, et tenant entre ses doigts raidis le cou d'un pajero étranglé.

— Eh bien! Carlocho, dit une voix, l'a-t-on trouvé?

— Oui, répondit celui-ci, mais il paraît mort.

— Caraï! ce serait dommage, reprit Pablito, car c'est un fier homme : où est-il?

— Là, sur ce rocher, en face de vous.

— Pouvez-vous le descendre avec l'aide du Verado?

— Rien n'est aussi facile, il ne remue pas plus qu'une souche.

— Hâtez-vous, au nom du ciel! dit Pablito, chaque minute de retard pour lui est peut-être une année de vie qui s'envole.

Carlocho et le Verado soulevèrent don Torribio par les pieds et par la tête, et, avec des précautions infinies, le transportèrent de la forteresse improvisée où il avait si opiniâtrement combattu, auprès de l'un des feux, sur un lit de feuilles préparé par el Zapote, car la cuadrilla des vaqueros se trouvait, par un hasard étrange, réunie en cet endroit.

— Canarios! s'écria Pablito à l'aspect misérable du jeune homme, le pauvre diable! comme ils l'ont arrangé! il était grandement temps de le secourir.

— Croyez-vous qu'il en réchappe? demanda Carlocho avec intérêt.

— Il y a toujours espoir, dit sentencieusement Pablito, quand les organes de la vie ne sont pas attaqués : voyons-le donc.

Il se pencha sur le corps de don Torribio, dégaina son poignard, lui mit la lame devant les lèvres.

— Pas le moindre souffle! fit Pablito en hochant la tête.

— Ses blessures sont-elles sérieuses? demanda le Verado.

— Je ne le crois pas; il a été accablé de lassitude et d'émotion.

— Mais alors, il en reviendra? fit Carlocho.

— Peut-être oui, peut-être non; tout dépend de la force plus ou moins grande du coup qui a frappé son système nerveux.

— Eh! s'écria joyeusement le Verado, voyez donc, il respire, vive Dios! a même essayé d'ouvrir les yeux.

— Alors il est sauvé, reprit Pablito, il ne tardera pas à revenir à lui; ce homme est doué d'une organisation de fer; dans un quart d'heure, si bon lu semble, il pourra se remettre en selle, mais il faut le panser.

Les vaqueros, de même que tous les coureurs des bois, vivant loin de établissements, sont obligés de se soigner eux-mêmes : ils acquièrent ain une certaine connaissance pratique de la médecine pour cueillir et employe les simples en usage parmi les Indiens.

Pablito, aidé de Carlocho et du Verado, lava les plaies de don Torrib avec de l'eau et du rhum, mouilla ses tempes et lui introduisit de la fum de tabac dans les narines.

Le jeune homme, après quelques minutes de cet étrange traitemen

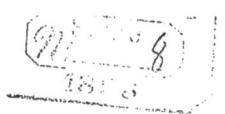

Les vaqueros accompagnés de don Torribio s'étaient enfoncés dans la forêt.

poussa un soupir presque insensible, remua légèrement les lèvres, et enfin ouvrit les yeux, qui regardèrent sans voir.

— Il est sauvé, dit Pablito; laissons maintenant agir la nature, c'est le meilleur médecin que je connaisse.

Don Torribio se souleva sur un coude, passa la main sur son front comme pour retrouver la mémoire et la pensée.

— Qui êtes-vous ? fit-il d'une voix faible.
— Des amis ; señor, ne craignez rien.
— Je suis rompu, j'ai les membres brisés.
— Il n'en est rien, señor, à part la fatigue, vous vous portez aussi bien que nous.

Don Torribio se redressa, et regardant attentivement les hommes qui l'entouraient :

— Mais, je ne me trompe pas, dit-il, j'étais loin de m'attendre à vous trouver ici : par quel miracle êtes-vous arrivés à temps pour me sauver, vous à qui j'avais assigné un rendez-vous si éloigné du point où nous sommes ?
— Le miracle, c'est votre cheval qui l'a fait, señor, reprit le Verado.
— Comment cela ? demanda don Torribio, dont la voix se raffermissait de plus en plus, et qui déjà était parvenu à se mettre debout.
— C'est on ne peut plus simple : nous longions le couvert de cette forêt pour nous rendre à l'endroit que vous nous aviez assigné, lorsque tout à coup nous vîmes passer devant nous, avec une rapidité vertigineuse, un cheval ayant à ses trousses une bande de loups rouges ; nous l'avons débarrassé de ces ennemis acharnés ; ensuite, comme il ne nous a pas paru probable qu'un cheval tout sellé se trouvât seul dans cette forêt où nul n'ose s'aventurer, nous nous sommes mis à la recherche du cavalier. Votre cri nous a guidés.
— Merci, répondit don Torribio, je saurai acquitter la dette que j'ai contractée envers vous.
— Bah ! cela n'en vaut pas la peine, allez ; voici votre cheval, maintenant nous partirons quand vous voudrez.

Le jeune homme étendit la main.

— Demeurez, dit-il, nous ne saurions trouver un endroit plus convenable que celui-ci pour ce que nous avons à nous dire.

III.

DON TORRIBIO QUIROGA

Après cette parole de don Torribio il y eut un assez long silence.

Les vaqueros, les yeux fixés sur le jeune homme, cherchaient, par le jeu de sa physionomie, à deviner ses pensées secrètes.

Mais le visage de don Torribio, froid et immobile comme un bloc de marbre, ne laissait rien lire sur ses traits.

Enfin, après avoir jeté un regard soupçonneux autour de lui, plutôt par habitude que dans la crainte d'être entendu, le jeune homme tordit une cigarette, l'alluma avec la plus grande nonchalance et prit la parole d'un ton dégagé :

— Mon cher Verado, dit-il, je suis réellement fâché que vous ayez dérangé ces honorables caballeros de leurs occupations et que vous vous soyez dérangé vous-même pour vous rendre au lieu que je vous avais désigné.

— Pourquoi donc cela, Seigneurie? demanda le Verado fort intrigué par cette entrée en matière.

— Pour une raison bien simple, cher señor, c'est que les motifs qui me faisaient désirer causer avec vous n'existent plus.

— Ah bah! firent les bandits en ouvrant de grands yeux, il serait possible?

— Mon Dieu, oui, reprit-il nonchalamment : tout bien considéré, don Fernando Carril est un charmant cavalier auquel je serais désespéré de causer le moindre désagrément.

— Diablo! pas déjà si charmant, observa le Verado, lui qui a ordonné à Carlocho de me tuer adroitement.

— Ce n'est pas à moi, cher ami, dit Carlocho avec aménité, mais à don Pablo ici présent, que le señor don Fernando a donné cet ordre.

— C'est vrai, j'avais confondu : recevez mes excuses, señor.

Après cet échange de courtoisie, les deux bandits devinrent silencieux de nouveau.

— Un honnête homme n'a que sa parole, observa Tonillo, et si don Torribio a changé d'avis, nous n'avons rien à dire; cela me fait songer, ajouta-t-il avec un soupir étouffé, que je vous dois remettre, Seigneurie, deux cents piastres que vous m'aviez avancées pour...

— Gardez cette misère, cher seigneur, je vous prie, interrompit don Torribio, cette petite somme ne saurait mieux être placée qu'entre vos mains.

Le vaquero, qui avait sorti de sa poche l'argent avec une répugnance évidente, l'y réintégra avec une prestesse et une expression de plaisir manifestes.

— C'est égal, dit-il, je ne me considère pas comme quitte envers vous, Seigneurie : je suis honnête homme, vous pouvez compter sur moi.

— Sur nous, appuyèrent chaleureusement les autres.

— Je vous remercie de ce dévouement dont j'apprécie la portée, señores, reprit don Torribio, malheureusement, je vous le répète, il me devient inutile.

— C'est fâcheux! fit le Verado, on ne trouve pas tous les jours des patrons comme vous, Seigneurie.

— Bah! fit-il gaiement, maintenant que vous voilà libres, qui vous empêche de vous mettre aux ordres de don Fernando? Il est fort généreux, caballero jusqu'au bout des ongles : je suis convaincu qu'il vous paiera bien.

— Il le faudra bien, Seigneurie, dit Pablito; d'ailleurs nous pouvons maintenant vous avouer que nous y avons songé déjà, et...

— Que vous vous êtes mis à son service : je le savais, fit négligemment le jeune homme.

— Ah! s'écrièrent les bandits avec étonnement.

— Et cela ne vous contrarie pas, Seigneurie? demanda Pablito.

— Pourquoi donc? j'en suis charmé, au contraire : le hasard est si singulier, que peut-être de cette façon serez-vous plus à même de m'être utiles !

— Ah ! ah ! firent-ils en dressant subitement l'oreille.

— Mon Dieu, oui ! Ainsi vous m'êtes dévoués ?

— Jusqu'à la dernière goutte de sang ! répondirent les vaqueros avec une touchante unanimité.

— Et vous ne méprisez pas l'argent ?

— L'argent ne peut jamais nuire qu'à ceux qui n'en ont pas, répondit le sentencieux Pablito.

— Quand il est honorablement gagné, appuya Tonillo avec une grimace de singe.

— C'est convenu, observa le jeune homme, surtout lorsqu'il s'agit d'une centaine d'onces [1].

Les bandits eurent un petit frisson de joie, leurs prunelles de chat-tigre étincelèrent ; ils échangèrent entre eux un regard plein d'éblouissantes promesses que don Torribio intercepta au passage.

— Caraï ! firent-ils en se pourléchant.

— Ainsi cela vous conviendrait, n'est-ce pas ?

— Rayo de Dios ! cent onces ! je le crois bien, fit Pablito.

— Peut-être plus, observa don Torribio.

— Eh ! eh ! mais ce serait sans doute difficile, hasarda le Verado.

— Dame ! vous comprenez, les affaires vont fort mal en ce moment.

— A qui le dites-vous, Seigneurie ? la misère est effrayante.

— Peut-être y aurait-il mort d'homme ? insinua Carlocho.

— Cela pourrait arriver, dit nettement don Torribio.

— Tant pis pour lui ! murmura Pablito.

— Ainsi, cela vous irait toujours, même dans ce cas-là ?

— Plus que jamais, grommela Tonillo.

— En ce cas, caballeros, écoutez-moi attentivement, dit en se redressant don Torribio.

Les bandits se rapprochèrent du jeune homme par un mouvement instinctif.

— Je me suis engagé, reprit-il, sur mon honneur, à ne rien tenter contre Fernando Carril, ni directement ni indirectement.

— Un honnête homme n'a que sa parole, observa Tonillo.

— Et j'ai l'intention de tenir scrupuleusement la mienne vis-à-vis de don Fernando.

Les vaqueros firent un geste d'assentiment.

— Mais, continua-t-il, vous savez comme moi, señores, que don Fernando est un homme tout confit en mystère, dont la vie est enveloppée d'un voile impénétrable.

— Hélas ! soupira piteusement Tonillo.

— La plupart du temps on ne sait ce qu'il fait ; il disparaît des mois entiers, pour reparaître tout à coup au moment où l'on y pense le moins.

---

1. Environ 8,500 francs de notre monnaie.

— Ce n'est que trop vrai, dit Pablito, l'existence de ce caballero est extraordinaire.

— A combien de dangers ne doit-il pas être exposé pendant ces courses aventureuses dont personne ne connaît ni le but ni la direction! reprit don Torribio.

— C'est effrayant rien que d'y songer! fit observer Carlocho d'un air convaincu.

— Un malheur est si vite arrivé dans le désert! appuya le Verado.

— Sans aller plus loin, voyez ce qui a failli vous arriver à vous-même cette nuit, caballero! dit Tonillo avec intérêt.

— C'est épouvantable! s'écria Pablito.

— Vous comprenez, señores, reprit don Torribio, que je ne puis, en aucune façon, être responsable, moi, des accidents sans nombre auxquels la vie de don Fernando l'expose à chaque pas.

— C'est incontestable, s'écrièrent-ils.

— Le hasard semble prendre un malin plaisir à déranger et à renverser les plans les mieux conçus, et malgré le vif intérêt que je porte à la sûreté de don Fernando, il m'est impossible de le sauver du hasard.

— Cela ne fait aucun doute, Seigneurie, et certes, personne n'aurait le droit de vous adresser le plus léger reproche, si par une fatalité quelconque ce pauvre don Fernando était tué dans une de ses courses aventureuses, dit Pablito d'un ton dogmatique.

— C'est aussi mon avis ; mais comme, maintenant, je ne suis plus l'ennemi, mais, au contraire, je suis l'ami de don Fernando, et qu'en cette qualité j'ai le plus grand intérêt à être tenu au courant de ce qui lui arrive, afin de lui venir en aide, si le besoin était...

— Ou de le venger, si le malheur voulait qu'il fût tué, interrompit Carlocho.

— Oui, reprit don Torribio, je tiens donc à être tenu au courant des événements qui pourraient survenir.

— Oh! sainte amitié, tu n'es pas un vain mot! s'écria Tonillo en levant les yeux au ciel d'un air béat.

— Vous êtes, caballeros, on ne peut mieux placés pour me donner ces renseignements; comme toute peine mérite salaire, eh bien! vous partagerez entre vous cent onces au moins ou deux cents, suivant les nouvelles que vous me donnerez; vous me comprenez, n'est-ce pas?

— Parfaitement, Seigneurie, répondit avec le plus imperturbable sang-froid Carlocho au nom de ses compagnons attendris : la mission que vous daignez nous confier est des plus honorables; ne doutez pas que nous l'accomplissions à votre entière satisfaction.

— Ainsi, voilà qui est bien convenu, señores, je compte sur l'exactitude de vos renseignements, car vous sentez dans quelle position ridicule me placerait une nouvelle fausse vi-à-vis des nombreux amis de don Fernando, que je courrais le risque d'inquiéter sans raison.

— Rapportez-vous-en à nous, Seigneurie, nous appuierons nos renseignements de preuves irrécusables.

— Bien, je vois que nous nous comprenons, il est inutile d'insister davantage sur ce sujet.

— Oh! parfaitement inutile, Seigneurie, nous avons la compréhension facile.

— Oui, mais, comme vous pouvez avoir la mémoire courte, répondit en souriant don Torribio, faites-moi l'honneur de partager ces dix onces entre vous, non pas comme arrhes d'un marché, puisqu'il n'y en a pas entre nous, mais comme remerciement du service que vous m'avez rendu il y a une heure, et afin de bien graver notre conversation dans votre cervelle.

Les vaqueros, sans se faire prier, tendirent la main en souriant et empochèrent joyeusement les onces si libéralement données.

— Maintenant un dernier mot, caballeros : où sommes-nous ici ?

— Dans la selva Negra, Seigneurie, répondit Pablito, à quatre lieues au plus de l'hacienda del Cormillo, où se trouvent en ce moment don Pedro de Luna et sa famille.

Don Torribio fit un geste d'étonnement.

— Comment! don Pedro a quitté las Norias de San-Pedro?

— Oui, Seigneurie, reprit Pablito, depuis hier.

— Voilà qui est singulier! le Cormillo est sur l'extrême limite du désert, en pleine Apacheria; c'est à n'y rien comprendre.

— On dit que c'est doña Hermosa qui a désiré ce changement, qui est encore ignoré de presque tout le monde.

— Quel caprice extraordinaire! après les dangers auxquels elle a été exposée il y a quelques jours à peine, venir ainsi braver les Peaux-Rouges jusque sur leur propre territoire!

— L'hacienda est forte et complètement à l'abri d'un coup de main.

— C'est vrai, cependant ce changement subit de résidence me semble incompréhensible; au lever du soleil je serai heureux qu'il vous plaise de me servir de guides jusqu'en vue du Cormillo : il faut que je voie don Pedro sans retard.

— Nous serons à vos ordres, Seigneurie, quand il vous plaira de partir, répondit Carlocho.

La nuit s'avançait, don Torribio avait besoin de réparer ses forces épuisées pendant la lutte précédente; il se roula dans son zarapé, s'étendit les pieds au feu, et malgré les inquiétudes dont son esprit était bourrelé, il ne tarda pas à s'endormir.

Les vaqueros suivirent son exemple après avoir tiré au sort entre eux qui veillerait sur le salut commun.

Ce fut Carlocho qui fut désigné; les autres fermèrent les yeux, et le silence du désert troublé pendant quelques instants reprit son empire.

La nuit s'écoula sans que rien vînt troubler le repos dont jouissaient les hôtes de la forêt.

Au lever du soleil, les vaqueros furent debout. Après avoir donné à manger et à boire à leurs chevaux et à celui de don Torribio, ils les sellèrent et éveillèrent le jeune homme en lui annonçant que l'heure du départ était arrivée.

Le jeune homme se leva aussitôt et, après une courte prière dite en commun, les cinq hommes montèrent à cheval et quittèrent la clairière qui avait failli devenir fatale à l'un d'eux.

L'hacienda del Cormillo peut être considérée comme la sentinelle avancée du presidio de San-Lucar : c'est, sans contredit, la plus riche et la plus forte position de toute la frontière indienne.

Elle s'élevait sur une espèce de presqu'île de trois lieues de tour couverte de bois et de pâturages, où paissaient en liberté un nombre incalculable de têtes de bétail; nous ne nous étendrons pas davantage sur la description d'une maison dans laquelle seulement quelques scènes de notre récit doivent se passer; nous nous bornerons à dire que, au centre de l'hacienda proprement dite, parfaitement abritée derrière les épaisses fortifications, crénelées et bastionnées, de la forteresse, car *el Cormillo* pouvait passer pour tel, s'élevait une maison blanche, petite, mais bien aménagée, gaie et riante. Le faîte en apparaissait au loin à moitié caché par les branches des arbres qui la couronnaient d'un vert feuillage; de ses fenêtres la vue planait d'un côté sur le désert, de l'autre sur le rio del Norte qui, comme un ruban d'argent, se déroulait capricieusement dans la plaine et se perdait dans les lointains bleuâtres de l'horizon.

Les vaqueros, accompagnés de don Torribio, s'étaient enfoncés dans la forêt.

Leur course dura trois heures et les conduisit sur les bords du rio Bravo del Norte, en face de l'hacienda del Cormillo, qui apparaissait vaguement dans une de ces charmantes oasis créées par le limon du fleuve et semées de bouquets de saules, de nopals, de mezquites, d'arbres du Pérou, d'orangers, de citronniers et de jasmins en fleurs, dans les branches desquels un peuple d'oiseaux variés de plumage et de voix gazouillaient à plein gosier.

Don Torribio s'arrêta, et se tournant vers ses guides, qui comme lui étaient devenus immobiles :

— C'est ici qu'il faut nous quitter, dit-il; je vous remercie de l'escorte que vous avez consenti à me donner, maintenant votre secours me devient inutile : allez à vos affaires, señores, vous savez ce dont nous sommes convenus, je compte sur votre exactitude, adieu !

— Adieu ! caballero, répondirent-ils en s'inclinant cérémonieusement sur le cou de leurs chevaux, soyez sans inquiétude à notre égard.

Puis ils tournèrent bride, firent entrer leurs chevaux dans le fleuve comme s'ils voulaient le traverser et disparurent bientôt derrière un pli de terrain.

Don Torribio demeura seul.

La famille de don Torribio et celle de don Pedro de Luna, toutes deux originaires d'Espagne et liées l'une à l'autre par d'anciennes unions, avaient toujours vécu sur le pied de la plus grande intimité.

Le jeune homme et la jeune fille avaient presque été élevés ensemble.

Aussi, quand son beau cousin était venu lui faire ses adieux, en lui annonçant son départ pour l'Europe, où il devait voyager quelques années pour compléter son éducation et se former aux façons élégantes du monde, doña Hermosa, alors âgée de douze ans, avait-elle éprouvé un vif chagrin.

Depuis leur enfance, et comme à leur insu, ils s'aimaient avec ce doux entraînement de la jeunesse qui ne songe qu'au bonheur.

Don Torribio était parti emportant avec lui son amour, ne doutant pas que doña Hermosa n'eût gardé le sien dans son cœur.

A peine de retour à la Vera-Cruz, après avoir visité en touriste les villes les plus renommées de l'univers civilisé, le jeune homme s'était hâté de mettre ordre à ses affaires et était parti pour San-Lucar, brûlant du désir de retrouver celle qu'il aimait et qu'il n'avait pas vue depuis trois années, son Hermosita, cette jolie enfant qui, sans doute, pensait-il, était devenue une belle jeune fille et une femme accomplie.

La surprise et la joie de don Pedro et de sa fille furent extrêmes. Hermosa fut surtout heureuse, car nous devons avouer que tous les jours elle pensait à don Torribio et le voyait à travers ses souvenirs d'enfance, mais en même temps elle ressentit au cœur je ne sais quelle commotion pleine de volupté et de douleur.

Don Torribio s'en aperçut : il comprit ou crut comprendre qu'on l'aimait encore, et son bonheur fut extrême.

— Allons, allons! mes enfants, avait dit le père en souriant, embrassez-vous, je vous le permets.

Doña Hermosa avait tendu à Torribio son front rougissant, qu'il avait respectueusement effleuré de ses lèvres.

— Qu'est-ce que c'est que ce baiser-là! s'était écrié don Pedro; voyons, pas d'hypocrisie, embrassez-vous franchement, que diable! Toi, Hermosa, ne fais pas ainsi la coquette parce que tu es une belle fille et qu'il est beau garçon! et vous Torribio, qui tombez ici comme une bombe sans crier gare, croyez-vous, s'il vous plaît, que je n'aie pas deviné pour qui vous venez de faire plusieurs centaines de lieues à franc étrier? Est-ce pour moi que vous arrivez de la Vera-Cruz et de San-Lucar? Vous vous aimez, embrassez-vous gentiment, comme deux amoureux et deux fiancés, et si vous êtes sages, on vous mariera bientôt.

Les jeunes gens, attendris par ces bonnes paroles et cette joyeuse humeur, s'étaient jetés dans les bras du digne homme pour y cacher l'excès de leur émotion.

En conséquence de cette réception, don Torribio avait été officiellement reconnu comme prétendant à la main de doña Hermosa, et en cette qualité admis à lui faire la cour.

La jeune fille, nous devons lui rendre cette justice, croyait sincèrement aimer son cousin; leurs longues relations, leur amitié d'enfance rendue plus vive par une séparation de plusieurs années, tout militait dans son cœur en faveur de l'hymen que son père avait préparé pour elle.

Elle attendait sans trop d'impatience le jour fixé pour son mariage, et envisageait avec un certain plaisir l'espoir des liens indissolubles.

Bien qu'une telle assertion puisse faire crier à l'hérésie bon nombre de nos lecteurs, nous dirons cependant que le premier amour d'une jeune fille est rarement le véritable, que le second seul vient du cœur, tandis que l'autre ne réside réellement que dans la tête; cela est facile à expliquer : une jeun

Don Torribio s'approcha de doña Hermosa, lui offrit un superbe bouquet.

fillo commençant à sentir les premiers mouvements de son cœur, se laisse naturellement entraîner vers celui qui, par sa position et ses relations auprès d'elle, a de longue main captivé sa confiance et son intérêt ; cet amour n'est donc qu'une amitié, rendue plus forte par l'habitude et exaltée par les secrètes influences exercées par les pensées encore vagues et indécises qui bouillonnent dans une tête de seize ans, puis, plus que tout, le manque de comparaison et la certitude acquise d'un mariage convenu d'avance et auquel par cela même il semble impossible de se soustraire.

Telle était, sans qu'elle le soupçonnât en aucune façon, la position de doña Hermosa vis-à-vis de son cousin; diverses raisons d'âge et de convenance avaient fait retarder jusqu'au jour où nous sommes arrivés le mariage auquel cependant don Pedro attachait un grand intérêt, soit à cause de l'immense fortune de son gendre futur, soit parce qu'il était persuadé qu'il ferait le bonheur de sa fille.

Les choses allèrent ainsi entre les deux jeunes gens sans qu'aucun incident digne de remarque vînt troubler l'azur de leurs relations, jusqu'au moment où étaient arrivés à doña Hermosa, dans la prairie, les événements que nous avons rapportés plus haut : mais dès la première visite que le jeune homme fit à sa fiancée, après son retour dans l'hacienda de las Norias, il s'aperçut, avec cette clairvoyance que donne l'amour, que doña Hermosa ne le recevait pas avec ce laisser-aller et cette franchise de langage et de manières qu'il était accoutumé à trouver en elle.

La jeune fille semblait triste, rêveuse, elle répondait à peine aux questions qu'il lui adressait, et ne paraissait aucunement comprendre les allusions détournées qu'il hasardait sur leur prochaine union.

Don Torribio attribua d'abord ce changement subit à une de ces influences nerveuses auxquelles, à leur insu, sont sujettes les jeunes filles; il la crut malade, et se retira sans soupçonner qu'un autre eût pris, dans le cœur de sa fiancée, la place qu'il croyait occuper seul.

D'ailleurs, sur qui ses soupçons, s'il en avait eu, auraient-ils pu tomber ? Don Pedro vivait extrêmement retiré, ne recevant qu'à de longs intervalles la visite de vieux amis, mariés pour la plupart, ou ayant depuis longtemps passé l'âge de l'être.

Il n'était pas supposable que pendant les deux jours que doña Hermosa avait passés dans la prairie, au milieu des Peaux-Rouges, elle eût fait la rencontre d'un homme dont la figure et les manières eussent pu produire quelque effet sur son cœur.

Cependant don Torribio fut bientôt forcé de reconnaître, malgré lui, que ce qu'il avait d'abord pris pour un caprice de jeune fille était une résolution arrêtée; en un mot, que, si doña Hermosa conservait toujours pour lui l'amitié à laquelle avait droit le compagnon de son enfance, l'amour, si jamais il avait existé dans son cœur, avait fui sans retour.

Dès qu'il eut acquis cette certitude, le jeune homme s'inquiéta sérieusement; l'amour qu'il éprouvait pour sa cousine était profond et sincère; il lui avait laissé prendre dans sa vie une trop grande part pour qu'il lui fût possible d'y renoncer. Il vit avec désespoir s'écrouler tous ses plans de bonheur pour l'avenir, et, l'âme navrée, il résolut d'avoir avec la jeune fille une explication devenue indispensable, et qui lui fît connaître ce qu'il devait craindre ou espérer.

C'était dans le but de demander cette explication à doña Hermosa que, au lieu de retourner à San-Lucar, qu'il habitait, il avait prié les vaqueros de le guider vers l'hacienda del Cormillo; mais dès que ses compagnons l'eurent quitté et qu'il se trouva seul devant l'hacienda, son courage fut sur le point de l'abandonner. Prévoyant le résultat de la démarche qu'il allait tenter, il hésita à entrer, car, de même que tous les amoureux, don Torribio, malgré la douleur que lui causait l'indifférence de la jeune fille, aimait mieux continuer à se bercer de folles chimères, que d'acquérir une certitude qui devait lui briser le cœur en lui ôtant à jamais l'espoir.

La lutte fut longue ; plusieurs fois le jeune homme fit le geste de tourner bride ; cependant la raison finit par prendre enfin le dessus sur la passion, il comprit combien était intolérable la position dans laquelle il se trouvait vis-à-vis de doña Hermosa et de lui-même ; coûte que coûte, il résolut d'en sortir, et, enfonçant par un mouvement nerveux les éperons dans les flancs de son cheval, qui hennit de douleur, il se lança à toute bride vers l'hacienda, redoutant, à bon droit, s'il tardait davantage, de n'avoir plus la force d'accomplir le projet qu'il avait formé.

A son arrivée au Cormillo, on lui apprit que don Pedro et sa fille étaient partis pour la chasse au lever du soleil et qu'ils ne rentreraient pas avant l'*oracion*.

— Tant mieux ! murmura entre ses dents don Torribio avec un soupir de satisfaction, pour le répit que le hasard lui offrait si généreusement, et, sans s'arrêter pour se rafraîchir, comme on le lui offrait, il prit au galop le chemin du presidio de San-Lucar, tout en se félicitant à part soi du retard apporté si providentiellement, sans qu'il y eût de sa faute, à l'explication qu'il redoutait et désirait à la fois.

IV

LA TERTULIA

Nous introduirons maintenant le lecteur dans l'hacienda del Cormillo, deux jours après les événements que nous avons rapportés.

Vers huit heures du soir, deux personnes étaient assises auprès d'un brasero, car les nuits étaient encore froides, dans un salon de l'hacienda.

Dans ce salon élégamment meublé à la française, un étranger, en soulevant la portière, aurait pu se croire transporté au faubourg Saint-Germain : même luxe dans les tapisseries, même goût dans le choix des meubles ; rien n'y manquait, pas même un piano d'Erard, chargé des partitions d'opéras chantés à Paris, et jusqu'à un magnifique orgue-harmonium, sorti des ateliers d'Alexandre ; et comme pour prouver que la gloire va loin et que le génie a des ailes, les romanciers et les poètes à la mode française encombraient un guéridon de Boule.

Là tout rappelait la France et Paris, seul le brasero d'argent où achevaient de se consumer des noyaux d'olives indiquait l'Amérique espagnole. Des lustres garnis de bougies roses éclairaient cette magnifique retraite.

Don Pedro et sa fille étaient assis auprès du brasero.

Doña Hermosa portait un costume d'une grande simplicité qui la rendait encore plus charmante; elle fumait un mince cigarillo de maïs tout en causant cœur à cœur avec son père.

— Oui! disait-elle, il est arrivé au presidio les plus jolis oiseaux du monde.

— Eh bien! *querida chica?* (Chère petite).

— Il me semble que mon cher petit père n'est guère galant ce soir, fit-elle avec une moue d'enfant gâtée.

— Qu'en savez-vous, señorita? répondit don Pedro en souriant.

— Comment! vrai! s'écria-t-elle en bondissant de joie sur son fauteuil et en frappant ses mains l'une contre l'autre, vous auriez pensé...

— A vous acheter des oiseaux. Vous verrez demain votre volière peuplée de perruches, d'aras, de bengalis, de cardinaux, de colibris, que sais-je encore? enfin, plus de quatre cents, vilaine ingrate!

— Oh! que vous êtes bon, mon père, et que je vous aime! reprit la jeune fille en jetant ses bras autour du cou de don Pedro et en l'embrassant à plusieurs reprises.

— Assez! assez! follette! vas-tu m'étouffer avec tes caresses?

— Que faire pour reconnaître tant de prévenances?

— Pauvre chère! fit-il avec une nuance de tristesse, je n'ai plus que toi à aimer maintenant.

— Dites donc à adorer, mon excellent père! car c'est de l'adoration que vous avez pour moi : aussi je vous aime de toutes les forces aimantes que Dieu a mises dans mon âme.

— Et pourtant, dit don Pedro d'un doux accent de reproche, tu ne crains pas, méchante, de me causer des inquiétudes!

— Moi? demanda Hermosa avec un tressaillement intérieur.

— Oui, vous, fit-il en la menaçant tendrement du doigt, tu me caches quelque chose.

— Mon père! murmura-t-elle d'une voix étouffée.

— Allez! ma fille, les yeux d'un père savent lire jusqu'au fond d'un cœur de seize ans; depuis quelques jours il se passe en toi quelque chose d'extraordinaire, ta pensée est fortement occupée.

— C'est vrai, mon père, répondit-elle avec une certaine résolution.

— Et à qui rêves-tu ainsi, petite fille? reprit don Pedro en cachant son inquiétude sous un sourire.

— A don Torribio Quiroga, mon père.

— Ah! ah! fit-il, parce que tu l'aimes, sans doute?

Doña Hermosa se redressa, et, donnant à sa physionomie une expression sérieuse :

— Moi? non, répondit-elle en posant la main sur son cœur : je m'étais trompée jusqu'à ce jour, mon père, je n'aime pas don Torribio Quiroga. Cependant il occupe ma pensée : pourquoi? je ne saurais le dire. Depuis son retour d'Europe, il s'est fait en lui un changement dont je ne puis me rendre compte; il me semble que ce n'est plus le même homme que celui avec lequel j'ai été élevée; son regard me trouble et me fascine; sa voix me cause un sentiment de douleur indéfinissable. Certes, cet homme est beau, ses manières sont élégantes et nobles, il a tout d'un gentilhomme de haute caste, et pourtant quelque chose en lui, je ne sais quoi, me glace et m'inspire une répulsion invincible.

— Tête romanesque ! fit en souriant don Pedro.

— Riez, moquez-vous de moi, mais, dit-elle avec un tremblement dans la voix, vous avouerai-je tout, mon père?

— Parle avec confiance, mon enfant chérie.

— Eh bien ! j'ai le pressentiment que cet homme que j'ai cru aimer me sera funeste.

— Enfant ! reprit don Pedro en lui baisant le front, que peut-il te faire ?

— Je l'ignore, mon père, mais j'ai peur.

— Veux-tu que je rompe avec lui et que je ne le reçoive plus?

— Gardez-vous-en bien ; ce serait sans doute hâter le malheur qui me menace.

— Allons ! tu es une enfant gâtée; tu perds la tête et te plais à te créer des chimères. Toutes ces craintes et ces pressentiments supposés ne proviennent que de ton amour pour ton cousin. Le seul moyen de te rendre la tranquillité est de te marier avec lui le plus tôt possible, et, rassure-toi, ma chérie, c'est ce que je compte faire.

Doña Hermosa hocha tristement la tête à plusieurs reprises, baissa les yeux, mais ne répondit pas : elle avait senti que son père s'était complètement mépris sur la signification de ses paroles, et que toute tentative pour le ramener à son opinion serait inutile.

Au même moment, un peon annonça don Torribio Quiroga, qui entra dans le salon.

Le jeune homme était vêtu à la dernière mode de Paris, l'éclat des bougies rayonna sur son beau visage.

Le père et la fille tressaillirent, le premier de joie, sans doute, la seconde certainement de crainte.

Don Torribio, après avoir salué doña Hermosa avec grâce, s'approcha d'elle et lui offrit respectueusement un superbe bouquet de fleurs exotiques; elle le remercia d'un sourire contraint, prit le bouquet, et presque sans le regarder le jeta sur un guéridon.

On annonça successivement le gouverneur don José Kalbris, accompagné de tout son état-major et de deux ou trois autres familles, en tout une vingtaine de personnes, puis enfin don Estevan Diaz et don Fernando Carril.

Certes, il eût été impossible de reconnaître dans l'élégant cavalier annoncé par le peon, et qui accompagnait le mayordomo de l'hacienda, le hardi coureur des bois, le redoutable chasseur d'abeilles qui quelques jours auparavant avait rendu à don Pedro et à sa fille un si éminent service : sa tenue irréprochable, ses manières distinguées, tout enfin dans sa personne éloignait les soupçons ou, pour mieux dire, empêchait la comparaison.

Nous avons dit plus haut que don Fernando Carril, bien que son existence fût enveloppée d'un mystère impénétrable, était superficiellement connu de toute la société de la province et, grâce au laisser-aller des mœurs mexicaines, reçu sans difficulté dans les meilleures maisons : sa présence à l'hacienda del Cormillo n'avait donc, en fait, rien que de fort ordinaire. Cependant son apparition causa un mouvement de vive curiosité parmi les invités, car depuis assez longtemps déjà don Fernando n'avait été vu à aucune réunion.

A l'exemple de don Torribio, le jeune homme, après son entrée dans le salon, s'approcha de doña Hermosa, s'inclina profondément devant elle et lui offrit respectueusement une fleur qu'il tenait à la main.

— Señorita, dit-il d'une voix dont il chercha vainement à maîtriser l'émotion, daignez accepter cette modeste fleur de suchil; c'est une fleur qui ne croît qu'au désert, ajouta-t-il avec une certaine intention.

La jeune fille tressaillit au son de cette voix qu'elle crut reconnaître; une vive rougeur empourpra son visage, et baissant les yeux sous le puissant regard qui pesait sur elle, elle saisit la fleur d'une main tremblante et la plaça à son corsage en répondant d'une voix inarticulée :

— Tout ce qui viendra du désert me sera cher désormais.

Peu à peu la réunion s'était animée, on causait; ce léger incident passa inaperçu, sauf d'une seule personne qui, avec cette espèce d'intuition que donne l'amour et la jalousie, avait, en don Fernando, deviné un rival, sinon ouvertement déclaré, du moins secrètement préféré.

Cette personne était don Torribio Quiroga.

Se penchant vers don Estevan, qui par hasard se trouvait près de lui, il lui dit d'une voix basse, mais cependant parfaitement distincte et qui fut entendue de tous :

— Quelle clef d'or possède donc cet homme, que personne ne connaît, pour s'introduire ainsi dans toutes les familles honorables, où il n'est ni désiré, ni invité à se présenter?

— Demandez-le-lui à lui-même, señor, répondit sèchement don Estevan, il est probable qu'il vous expliquera sa conduite d'une façon satisfaisante.

— Je vais immédiatement suivre votre conseil, señor, reprit don Torribio avec hauteur.

— C'est inutile, caballero, je vous ai parfaitement entendu, dit alors d'une voix douce et avec une courtoise inclination don Fernando, sur les lèvres duquel se jouait en ce moment un ironique sourire.

Toutes les conversations avaient été subitement interrompues; un profond silence régnait parmi les assistants, dont les regards étaient curieusement fixés sur les deux jeunes gens.

Doña Hermosa, pâle et tremblante, jeta un regard de prière à son père.

Don Pedro s'avança résolument au milieu du salon et, se plaçant entre les deux jeunes gens :

— Que signifie cela, caballeros? dit-il. Don Torribio, est-ce là ce sentiment des convenances que vous avez appris pendant vos voyages en Europe? Prétendriez-vous faire de mon salon un champ clos pour vos haines personnelles? De quel droit la présence de don Fernando ici vous blesse-t-elle? Vous n'êtes pas encore mon gendre, que je sache; je suis maître de recevoir chez moi qui bon me semble.

— Même des coupe-jarrets et des salteadores, mon cousin, si tel est votre bon plaisir, répondit le jeune homme en s'inclinant avec ironie.

Don Fernando fit un geste comme pour s'élancer sur l'homme qui l'insultait ainsi, mais il se contint.

— Que don Torribio daigne s'expliquer clairement, dit-il d'une voix calme, et non pas par énigmes.

— A qui la faute, caballero, si je parle par énigmes? le mystère ne vient-il pas de vous seul?

— Assez! caballeros, s'écria don Pedro, un mot de plus sur ce sujet serait me faire une nouvelle injure.

Les deux jeunes gens s'inclinèrent respectueusement devant l'haciendero, et s'éloignèrent l'un de l'autre, non pas cependant sans avoir échangé un regard d'une expression terrible.

— Eh bien! colonel, continua don Pedro en s'adressant au gouverneur, afin de faire oublier l'impression produite par cette altercation regrettable, quelles nouvelles de la Ciudad? Mexico est-il toujours tranquille?

— Notre grand Santa-Anna, répondit le colonel, qui étouffait dans son uniforme, a encore battu à plate couture l'audacieux général qui avait osé faire un pronunciamiento contre lui.

— Dieu soit loué! peut-être cet avantage nous procurera-t-il un peu de cette tranquillité dont le commerce a si grand besoin.

— Oui, repartit un riche haciendero voisin de don Pedro, les communications ont été si difficiles depuis quelque temps qu'on ne pouvait plus rien expédier.

— Est-ce que les Peaux-Rouges se remueraient? demanda un négociant inquiet de ces paroles.

— Oh! interrompit le commandant, il n'y a pas de danger; la dernière leçon qu'ils ont reçue a été rude; ils s'en souviendront; de longtemps ils n'oseront envahir nos frontières.

Un sourire presque invisible passa sur les lèvres de don Fernando.

— Vous oubliez le Chat-Tigre et ses adhérents? dit-il.

— Oh! le Chat-Tigre est un bandit, répondit vivement le colonel. D'ailleurs le gouvernement prépare en ce moment une expédition contre lui, afin d'en finir une fois pour toutes avec cette troupe de brigands.

— C'est fort bien pensé, observa don Torribio avec un sourire à double tranchant. Cette frontière a grand besoin d'être débarrassée de cette foule de gens sans aveu aux mœurs plus qu'équivoques qui l'infestent.

— Je partage complètement cet avis; il me semble des plus sensés, dit paisiblement don Fernando en répondant par un sourire non moins tranchant au sourire de son ennemi.

— En cas d'invasion, croyez-vous les Indiens capables de troubler sérieusement la province? reprit le négociant.

— Hum! dit don Antonio d'un air avantageux, on se fait une très fausse idée des Peaux-Rouges : en somme, ce sont de pauvres hères.

Don Fernando sourit de nouveau, mais d'une façon amère et sinistre.

— Señor gobernador, dit-il, vous avez parfaitement raison ; je crois que, d'après les nouvelles que vous avez bien voulu nous communiquer, les Indiens feront bien de rester paisiblement chez eux, s'ils ne veulent qu'il leur arrive malheur.

— Rayo de Dios ! je le crois bien, exclama le commandant.

— Mon Dieu ! señorita, dit don Torribio en se tournant gracieusement vers doña Hermosa, serait-ce trop exiger de votre complaisance que de vous prier de nous faire entendre une fois encore ce délicieux morceau du *Domino noir* que vous avez chanté avec une si grande perfection, il y a quelques jours ?

La jeune fille détacha sous ses longs cils de velours un regard vers don Fernando ; le jeune homme lui adressait des yeux une prière muette, mais pleine de passion : alors, sans hésiter davantage, elle se plaça devant le piano, et d'une voix pure et sympathique, elle chanta la romance du troisième acte.

— Je me rappelle avoir entendu à Paris cette délicieuse romance par Mme Damoreau, ce rossignol trop tôt envolé, et je ne saurais trop dire qui d'elle ou de vous y apporte plus de goût et de naïveté, dit don Torribio en saluant galamment doña Hermosa.

— Mon cousin, répondit-elle, vous avez trop longtemps vécu en France.

— Pourquoi donc cela, señorita ?

— Parce que, fit-elle avec un sourire aigu comme une pointe de poignard, vous en êtes revenu un détestable flatteur.

— Bravo ! gloussa le gros gouverneur avec un rire de jubilation ; vous le voyez, don Torribio, nos créoles valent les Parisiennes pour la vivacité des reparties.

— Incontestablement, colonel, reprit le jeune homme. Mais laissez-moi faire, ajouta-t-il avec un accent indéfinissable, je prendrai bientôt ma revanche.

Et il enveloppa doña Hermosa et don Fernando, placés l'un près de l'autre, d'un regard dont la jeune fille se sentit frissonner malgré elle.

— Don Fernando et vous, caballeros, demanda le gouverneur en s'adressant à toutes les personnes présentes, j'espère que demain vous assisterez au *Te Deum* chanté en l'honneur de notre glorieux Santa-Anna ?

— J'aurai cet honneur, señor, répondit don Fernando en s'inclinant poliment.

Les autres personnes répondirent de même.

— Quant à moi, fit don Torribio, vous m'excuserez, colonel, ce soir même je pars pour un voyage forcé.

— Comment ! s'écria avec étonnement don Pedro, vous partez en voyage, mon cousin ?

— Mon Dieu ! oui, señor don Pedro, je suis obligé de partir presque en vous quittant.

— Hum ! voilà une détermination bien singulière et surtout bien imprévue. Où allez-vous ainsi ?

Pablito avait bien en ce moment l'apparence d'un porteur de mauvaises nouvelles.

— Vous m'excuserez de garder secret le but de mon voyage : certaines personnes ne doivent pas avoir seules le privilège des excursions mystérieuses.
— Hum! reprit don Pedro avec mauvaise humeur, comptez-vous demeurer longtemps absent?
— J'espère que non, sans oser cependant l'affirmer.

— Tant mieux! Revenez le plus tôt possible : vous savez que votre retour comblera tout le monde de joie ici, dit-il avec intention.

— *Quien sabe?* — qui sait? — murmura le jeune homme d'une voix sinistre.

Doña Hermosa, qui avait entendu ces quelques mots, ne fut pas maîtresse de son effroi.

Pendant que don Pedro et son cousin échangeaient ce peu de paroles, la jeune fille avait murmuré à l'oreille de don Estevan :

— Demain après la messe, mon frère, je veux vous parler chez ma nourrice.

— A moi, ou à mon ami? avait répondu doucement don Estevan.

— A tous deux, reprit-elle avec une agitation fébrile.

Les deux jeunes gens s'étaient retirés la joie au cœur. Don Fernando était maintenant certain que doña Hermosa l'avait reconnu.

Les visiteurs prirent congé les uns des autres, don Torribio Quiroga demeura seul avec ses hôtes.

— Ma cousine, dit-il d'une voix basse et entrecoupée, en se penchant vers la jeune fille pour lui faire ses adieux, je pars pour un voyage où je courrai sans doute de grands dangers: puis-je espérer que vous daignerez, dans vos prières, vous souvenir du voyageur?

Hermosa le regarda un instant en face, et, avec une rudesse qui ne lui était pas habituelle, elle répondit :

— Mon cousin, je ne puis prier pour la réussite d'une expédition dont je ne connais pas le but.

— Merci de votre franchise, señorita! reprit-il sans s'émouvoir, je n'oublierai pas vos paroles.

— Ainsi vous partez réellement, don Torribio? dit don Pedro en s'approchant.

— A l'instant même, mon cousin, tout est prêt pour mon départ.

— Alors, bon voyage! j'espère que vous nous donnerez bientôt de vos nouvelles.

— Oui, oui, fit-il avec une expression singulière, vous entendrez bientôt parler de moi; adieu !

Et après les politesses d'usage il se retira.

— Qu'a donc ton cousin, niña? demanda don Pedro à sa fille dès qu'il fut seul avec elle; sa conduite ce soir a été étrange.

Avant que la jeune fille eût le temps de répondre, la porte s'ouvrit.

— Le capataz de l'hacienda de las Norias de San-Pedro, dit un domestique, demande à parler pour affaire importante au señor don Pedro de Luna.

— Faites entrer à l'instant, répondit don Pedro au domestique qui avait si longuement annoncé le capataz.

Don Torribio était extrêmement agité lorsqu'il sortit de la maison; il se retourna et darda son œil de vipère sur les fenêtres du salon, où se dessinait la silhouette mobile de doña Hermosa.

— Orgueilleuse fille, dit-il d'une voix sourde et terrible, je te hais de tout l'amour que j'ai eu pour toi! Bientôt, je l'espère, je te punirai de tes dédains.

Puis, s'enveloppant dans son manteau, il se dirigea d'un pas rapide vers le premier patio où il devait retrouver son cheval.

Effectivement, un domestique le tenait en bride. Le jeune homme rassembla les rênes, jeta une piastre au peon, se mit en selle d'un bond et partit au galop.

— Eh! fit l'Indien en ramassant la piastre, qu'est-ce qu'il a donc, le jeune maître? on le croirait fou! Comme il détale!

Cependant don Torribio était sorti de l'hacienda et avait pris à toute bride le chemin du presidio de San-Lucar.

A peine courait-il ainsi depuis un quart d'heure, que tout à coup, arrivé à une courbe de chemin, le cheval fit un bond de terreur et se cabra en reculant et en couchant les oreilles.

Le jeune homme regarda ce qui pouvait ainsi effrayer son cheval.

A quatre ou cinq pas devant lui, un homme d'une haute stature, monté sur un fort cheval noir, se tenait immobile au milieu du chemin et barrait complètement le passage.

Don Torribio arma un pistolet.

— Holà! caballero, cria-t-il d'une voix brève : à droite ou à gauche.

— Ni l'un ni l'autre, don Torribio Quiroga, répondit froidement l'inconnu, j'ai à vous parler.

— A cette heure de nuit et dans ce lieu, la prétention est singulière, reprit le jeune homme en raillant.

— Je n'ai pu choisir ni le temps ni l'heure. N'avez-vous pas reçu un billet sans signature aujourd'hui?

— En effet, s'écria le jeune homme en se frappant le front, et dans ce billet on me proposait...

— De vous apprendre, interrompit vivement l'inconnu, des choses que dans ce moment il vous importe beaucoup de savoir.

— C'est bien cela que contenait ce billet.

— C'est moi qui vous l'ai fait remettre.

— Ah! fit-il avec étonnement, c'est vous?

— Oui, je suis prêt à vous satisfaire, mais pour cela il vous faut me suivre.

— A quoi bon, répondit le jeune homme, apprendre ces choses? Peut-être vaut-il mieux que je les ignore.

— A votre aise, je ne vous force pas de m'écouter ; chacun est libre d'agir à sa guise. Si vous préférez laisser vos injures sans vengeance, je n'ai rien à objecter.

Ces paroles furent prononcées avec un tel accent de sarcasme que le jeune homme tressaillit malgré lui.

— Est-ce bien réellement la vengeance que vous m'offrez? demanda-t-il d'une voix étranglée par la colère qui bouillonnait dans son cœur.

— Vous en jugerez, si vous voulez me suivre.

— Démon, ou qui que tu sois, s'écria le jeune homme, marche, puisqu'il le faut, je te suivrai jusqu'en enfer!

— Amen ! fit l'inconnu avec un ricanement sinistre.

Les deux cavaliers s'enfoncèrent dans l'obscurité, et le galop furieux de leurs chevaux fut vite perdu dans les profondeurs du silence.

V

LE GUET-APENS

Don Fernando et son ami avaient, ainsi que nous l'avons dit, quitté l'hacienda un peu avant don Torribio; les deux jeunes gens s'étaient en toute hâte rendus au rancho qu'ils habitaient; la tertulia s'était terminée à neuf heures du soir, à onze heures ils avaient atteint le rancho.

Doña Manuela les attendait : en quelques mots ils la mirent au courant de ce qui s'était passé pendant la soirée ; ils se hâtèrent de se livrer au repos, car il leur fallait partir au lever du soleil, s'ils voulaient arriver au presidio de San-Lucar de bonne heure, sans que cette longue course fatiguât doña Manuela, qui devait les accompagner.

Effectivement, ainsi que cela avait été convenu entre eux, un peu avant quatre heures du matin ils montèrent à cheval.

Au Mexique, où la chaleur est si intense pendant le jour, on ne voyage ordinairement que la nuit, c'est-à-dire de quatre heures du matin à onze heures et de six heures du soir à minuit.

Neuf heures sonnaient au moment où la petite troupe entrait dans le presidio.

Don Fernando laissa son ami et sa mère se rendre à la maison qu'il possédait à San Lucar et qu'il avait mise à leur disposition ; quant à lui, il se dirigea vers l'habitation du gouverneur, où l'appelaient de graves intérêts.

Le digne commandant reçut on ne peut mieux le jeune homme qui, en plusieurs circonstances, lui avait rendu d'assez importants services, et se confondit auprès de lui en politesses de toutes sortes.

Cependant, malgré le visage agréable que le colonel s'empressait de lui présenter, don Fernando s'aperçut à un certain froncement de sourcils dissimulé avec peine, que don José Kalbris était en proie à une contrariété qu'il faisait par politesse de vains efforts pour dissimuler devant son jeune hôte.

Don José Kalbris était un brave et digne soldat, franc et loyal comme son épée, auquel le gouvernement de Mexico avait donné le gouvernement du presidio en guise de retraite pour récompenser ses vaillants services pendant la guerre de l'Indépendance.

Depuis plus de quinze ans le colonel habitait le presidio que, grâce à une certaine sévérité tempérée par une grande justice et un courage à toute épreuve, il était parvenu à conserver continuellement dans un état de tranquillité apparente, malgré le mauvais vouloir des vaqueros, gens de sac et de corde, dont il était obligé chaque année de faire *garrotter* trois ou quatre des plus mauvaises têtes, afin d'inspirer aux autres une juste terreur; et les tentatives continuelles des Indiens, qui venaient jusque sous les canons du fort chercher à enlever des bestiaux et à faire des prisonniers, et surtout des prisonnières, dont ils sont très friands.

Don José Kalbris, doué d'une intelligence relative, mais fort de sa grande expérience et chaudement appuyé par tous les honnêtes gens, qui avaient la plus entière confiance en lui, était arrivé sans encombre, jusqu'au jour où nous le mettons en scène, à maintenir la paix dans son gouvernement; ce qui, avec le peu de moyens dont il disposait dans ce pays éloigné de tout secours, et où il se trouvait pour ainsi dire réduit à ses propres forces, et toujours obligé de prendre l'initiative et la responsabilité des actes de vigueur qu'il jugeait nécessaires, dénotait une certaine force de caractère chez ce vieux soldat sans éducation, et de qui l'on pouvait dire qu'il s'était fait lui-même.

Au physique, le gouverneur était un grand et gros homme à face rubiconde et bourgeonnée, rempli de contentement de soi-même, qui s'écoutait parler et pesait ses moindres paroles avec un soin extrême.

Don Fernando, qui connaissait à fond ce caractère et avait voué une grande estime au colonel, fut étonné de cette inquiétude qu'il remarquait en lui et qui dérangeait la placidité habituelle de ses manières. Supposant à part lui que cela cachait peut-être des embarras d'argent, il résolut de le sonder adroitement, afin de savoir à quoi s'en tenir, et de lui venir en aide, si besoin était.

— Oh! oh! fit le colonel, quel bon vent vous amène d'aussi bonne heure au presidio, don Fernando?

— Le désir de vous voir, tout simplement, mon cher colonel, répondit-il en serrant la main que le gouverneur lui tendait.

— C'est bien aimable à vous; alors vous allez déjeuner avec moi sans façon, hein?

— J'allais m'inviter moi-même.

— C'est parfait, dit le colonel; et il frappa sur un timbre.

Un assistente parut aussitôt.

— Ce caballero me fait l'honneur de déjeuner avec moi, reprit don José.

L'assistente, en soldat bien appris, s'inclina et sortit.

— A propos, don Fernando, j'ai là un gros paquet de papiers à votre adresse.

— Dieu soit loué! je craignais un retard; ces papiers que j'attendais avec impatience me sont indispensables pour une certaine affaire.

— Alors tout est pour le mieux, fit don José en remettant au jeune homme le paquet que celui-ci plaça dans la poche de côté de son habit.

— Sa Seigneurie est servie, dit en rouvrant la porte l'assistente qui était venu un instant auparavant.

Les deux hommes passèrent dans la salle à manger, où un troisième convive les attendait.

Ce personnage était le major Barnum, vieil Anglais, long, sec, maigre et formaliste, depuis vingt ans au service de la République mexicaine, brave soldat s'il en fut, dévoué de cœur à sa patrie adoptive et commandant en second du presidio de San-Lucar.

Lui et don José avaient longtemps fait la guerre ensemble et s'aimaient comme deux frères ; ils renouvelaient, dans ce coin ignoré du monde, la fable de Castor et de Pollux, de Damon et Phidias, enfin de tous les amis bucoliques de l'antiquité.

Don Fernando Carril et le major Barnum se connaissaient un peu et furent charmés de se revoir, car l'Anglais était un excellent homme et cachait sous une apparente froideur un cœur chaud et dévoué.

Les premières salutations terminées, les trois convives prirent place autour d'une table abondamment et délicatement servie et commencèrent à faire vigoureusement honneur au repas.

Le premier appétit un peu calmé, la conversation, qui avait langui, devint plus vive et finit au dessert par être tout à fait amicale.

— Ah çà ! demanda tout à coup don Fernando, qu'avez-vous, don José ? je vous trouve aujourd'hui un air singulier que je ne vous avais jamais vu.

— C'est vrai, fit le commandant en humant un verre plein de xérès de la frontera, je suis triste.

— Triste, vous ? Diable ! vous m'inquiétez ; si je ne vous avais vu déjeuner d'aussi bon appétit, je vous croirais malade.

— Oui, dit le vieux soldat avec un soupir, l'appétit va bien.

— Qui peut alors vous chagriner ?

— C'est un pressentiment, dit le commandant d'un air sérieux.

— Certainement, un pressentiment, appuya le major : je sais qu'au premier abord cela peut paraître ridicule d'entendre de vieux soldats comme nous attacher tant d'importance à ces folies, qui ne peuvent être, à tout prendre, que les résultats d'une imagination malade. Eh bien ! moi, je suis comme le colonel, je suis inquiet sans savoir pourquoi ; je m'attends à chaque instant à recevoir une mauvaise nouvelle ; vous le dirai-je ? en un mot, je suis intimement convaincu qu'un danger terrible nous menace ; je le vois, je le sens pour ainsi dire, et pourtant je ne puis savoir d'où il viendra.

— Oui, fit le commandant, tout ce que dit le major est de la plus grande exactitude. Jamais, dans toute ma carrière militaire, je ne me suis senti inquiet et oppressé comme en ce moment ; depuis huit jours que je me trouve en cet état de surexcitation, je suis étonné que rien ne soit encore venu justifier mes craintes ; croyez-moi, don Fernando, Dieu donne des avertissements aux hommes en danger.

— J'admets parfaitement l'exactitude de ce que vous me dites ; je vous connais trop bien pour avoir seulement la pensée de le révoquer en doute, mais tout cela ne suffit pas ; vous n'êtes pas, vous et le major Barnum, des hommes à vous effrayer de votre ombre et à avoir peur pour avoir peur ; vos preuves sont faites depuis longtemps ; rien n'est-il venu corroborer ces pressentiments ?

— Rien encore, fit le commandant, mais j'attends à chaque instant la nouvelle d'un malheur.

— Allons ! allons ! don José, dit gravement don Fernando en choquant le verre du commandant, vous êtes atteint de cette maladie si commune dans le pays du major et que l'on nomme, je crois, les *blue devils* ou les diables bleus ; c'est une espèce de spleen produit par les brouillards de l'Angleterre. Croyez-moi, faites-vous saigner, buvez frais, et dans deux jours vous serez le premier à rire du mauvais tour qu'a voulu vous jouer votre imagination, n'est-ce pas, major?

— Je le désire, dit l'officier en secouant la tête.

— Bah! fit don Fernando, la vie est déjà si courte, à quoi bon se créer des chimères pour l'attrister? et puis, qui peut vous inquiéter?

— Eh! le sais-je, mon ami? Sur la frontière, est-on jamais certain de rien?

— Laissez donc! les Indiens sont devenus doux comme des agneaux.

En ce moment, un assistente ouvrit la porte et salua le commandant.

— Que voulez-vous? lui dit celui-ci.

— Seigneurie, répondit l'assistente, un vaquero arrivé à toute bride demande à être introduit ; il se dit porteur de nouvelles importantes.

Cette annonce tomba comme un manteau de plomb sur les convives et glaça leur gaîté factice.

— Qu'il entre, fit le colonel. Et, lançant au jeune homme un regard empreint d'une indicible tristesse : La fatalité se charge de vous répondre, dit-il.

— Nous allons voir, répondit don Fernando avec un sourire contraint.

Des pas résonnèrent dans les salles attenantes, et le vaquero parut.

C'était Pablito.

Cet homme avait bien en ce moment l'apparence d'un porteur de mauvaises nouvelles ; il semblait sortir d'un combat, avoir échappé à un massacre. Ses vêtements étaient en lambeaux et tachés de sang et de boue ; son visage, pâle comme celui d'un mort, avait une expression de tristesse étrange chez un tel homme, et ce n'était qu'avec difficulté qu'il se tenait droit, tant il semblait harassé de la course qu'il avait dû faire pour gagner le presidio. Ses éperons laissaient à chaque pas une trace sanglante sur le parquet, et il s'appuyait sur sa carabine.

Les trois convives le considérèrent un instant avec une expression de pitié mêlée de terreur.

— Tenez, lui dit don Fernando en lui versant un large verre de vin, buvez, cela vous remettra.

— Non, dit Pablito en repoussant le verre qu'on lui tendait, ce n'est pas de vin, c'est de sang que j'ai soif.

Ces paroles furent dites avec une telle expression de haine et de désespoir, que les trois hommes pâlirent et frissonnèrent malgré eux.

— Que se passe-t-il donc? demanda le colonel avec anxiété.

Le vaquero essuya avec le dos de sa main son front trempé d'une sueur froide, et d'une voix brève et saccadée dont l'accent incisif porta la terreur dans l'âme de ceux qui l'écoutaient :

— Les Indiens descendent, dit-il nettement.

— Vous les avez vus? demanda le major.

— Oui, fit-il sourdement, je les ai vus.

— Quand cela? est-ce aujourd'hui?

— Ce matin même, señor colonel.
— Loin d'ici? reprit-il avec anxiété.
— A vingt lieues à peine, ils ont franchi le del Norte.
— Déjà! Combien étaient-ils? le savez-vous?
— Comptez les grains de sable de la prairie, vous aurez leur nombre.
— Oh! fit le colonel, c'est impossible! les Indiens ne peuvent ainsi, du jour au lendemain, se réunir en grand nombre; la terreur vous aura troublé.
— La terreur! fit Pablito avec un rire de mépris; la terreur est bonne pour vous autres, habitants des villes : dans le désert, nous n'avons pas le temps de la connaître.
— Mais enfin, comment viennent-ils?
— Comme un ouragan, brûlant et pillant tout sur leur passage.
— Leur intention serait-elle d'attaquer le presidio?
— Ils forment un vaste demi-cercle dont les deux points extrêmes vont se rapprochant de plus en plus de ce côté.
— Sont-ils bien loin encore?
— Oui, car ils agissent avec une certaine méthode, s'établissant solidement dans les lieux qui peuvent être défendus et ne semblant pas être gouvernés par l'instinct seul du pillage, mais paraissant obéir aux impulsions d'un chef aguerri et dont l'influence se fait sentir dans toutes leurs actions.
— Ceci est grave, dit le commandant.
Le major hocha la tête.
— Pourquoi avoir attendu si longtemps pour nous prévenir? dit-il.
— Ce matin, au lever du soleil, mes camarades et moi avons été enveloppés par plus de deux cents de ces démons qui semblèrent sortir subitement de terre; nous nous sommes défendus comme des lions; un est mort, deux sont blessés, mais nous sommes parvenus à leur échapper, et me voilà. J'attends les ordres que vous avez à me donner.
— Rejoignez votre poste le plus tôt possible : on vous donnera un cheval frais.
— Je pars à l'instant, mon colonel.
Le vaquero salua et se retira. Cinq minutes après on entendit le galop de son cheval résonner sur les cailloux du chemin.
— Eh bien! dit le commandant en regardant ses deux interlocuteurs, que vous avais-je dit, mes pressentiments étaient-ils menteurs?
Don Fernando se leva.
— Où allez-vous? lui demanda le colonel.
— Je retourne à l'hacienda del Cormillo.
— Tout de suite? sans achever de déjeuner.
— A l'instant. Je suis dévoré par une inquiétude mortelle; les Indiens peuvent avoir attaqué l'hacienda, et Dieu sait ce qui sera arrivé!
— El Cormillo est fortifié et se trouve à l'abri d'un coup de main; cependant, je crois que doña Hermosa serait plus en sûreté ici; tâchez, s'il en est temps encore, de déterminer don Pedro à revenir; nul ne peut prévoir quelle sera l'issue d'une invasion qui prend d'aussi vastes proportions et l'on ne saurait prendre trop de précautions : je serais heureux de savoir don Pedro et sa fille en sûreté au milieu de nous.

Ils prirent le corps de don Fernando, le mirent en travers sur le cou d'un de leurs chevaux.

— Je vous remercie, colonel, votre conseil est excellent ; je ferai tous mes efforts pour déterminer don Pedro à le suivre. A bientôt, j'ose encore me flatter qu'une démonstration énergique de votre part nous débarrassera de nos féroces ennemis, qui ne tentent jamais que des surprises et qui, dès qu'il s'aperçoivent que leurs projets sont découverts, disparaissent avec autant de rapidité qu'ils sont venus.

— Dieu vous entende! mais je n'ose l'espérer.

— Au revoir, caballeros, et bonne chance, dit le jeune homme en serrant amicalement la main aux deux vieux soldats ; et il sortit.

Dans la cour, don Estevan Diaz l'attendait; dès qu'il parut, il accourut à lui.

— Eh bien! lui dit le mayordomo, vous savez la nouvelle, don Fernando? les Indiens descendent plus nombreux que les mouches, dit-on.

— Oui, je viens de l'apprendre.

— Eh bien! que comptez-vous faire?

— Retourner immédiatement à l'hacienda.

— Hum! ce n'est guère prudent, cela, dit Estevan en hochant la tête : vous ne savez pas avec quelle rapidité ces démons se répandent partout; il est probable que nous en trouverons sur notre route.

— Eh bien! nous leur passerons sur le corps.

— Canarios! je le sais bien, mais, si vous êtes tué!

— Bah! doña Hermosa m'attend, et puis l'on n'est pas toujours tué.

— C'est vrai, mais on peut l'être.

— Bah! nous le verrons bien.

— C'est probable; du reste, comme j'avais prévu vos objections, j'avais tout préparé pour le départ; les chevaux sont là, tout sellés, les peones vous attendent; nous nous mettrons en route quand vous voudrez.

— Merci! Estevan, lui dit don Fernando en lui serrant la main : vous êtes un véritable ami.

— Je le sais bien, répondit en souriant le jeune homme.

Estevan Diaz donna un coup de sifflet; les chevaux entrèrent dans la cour, amenés par les peones qui en conduisaient chacun un en bride.

— Partons! dit don Fernando en se mettant en selle.

— Partons! répéta le mayordomo.

Ils firent sentir l'éperon à leurs chevaux et commencèrent à fendre avec difficulté la foule des oisifs rassemblés devant la porte du fort afin d'apprendre plus tôt les nouvelles.

La petite troupe descendit au grand trot la pente assez raide qui conduit du fort au presidio, répondant tant bien que mal aux questions dont ils étaient continuellement assaillis sur leur passage par les curieux. Puis, lorsqu'enfin ils eurent atteint l'extrémité du pueblo, ils se lancèrent à toute bride du côté de l'hacienda del Cormillo, sans remarquer les gestes répétés de plusieurs individus à tournure plus que suspecte, enveloppés avec soin dans d'épais manteaux, qui, depuis leur départ du fort, suivaient à distance en causant vivement entre eux.

Le temps était à l'orage, le ciel était gris et bas, les oiseaux tournoyaient en sifflant, et le vent soufflant par rafales, s'engouffrait en mugissant dans les cañons de la route, faisant voler au loin des flots de poussière impalpable.

Les deux peones, qui avait appris au presidio l'arrivée prochaine des Indiens, marchaient à une vingtaine de pas en avant et jetaient çà et là sur les bords de la route des regards effarés, s'attendant à chaque instant à voir paraître les Peaux-Rouges et à entendre résonner leur cri de guerre à leurs oreilles.

Don Fernando et Estevan marchaient côte à côte sans échanger une parole, chacun se livrant à ses pensées.

Cependant, plus les voyageurs se rapprochaient du bord du fleuve, plus l'orage augmentait d'intensité; la pluie tombait à torrents, les éclairs se succédaient sans interruption, les éclats du tonnerre grondaient majestueusement, répercutés par les échos des hautes falaises dont d'énormes morceaux se détachaient à chaque instant et roulaient avec fracas dans le fleuve.

Le vent avait acquis une telle force, que les cavaliers ne pouvaient avancer qu'avec une difficulté inouïe, et risquaient à chaque seconde d'être renversés de leurs chevaux qui, effrayés par l'orage, faisaient des écarts terribles. La terre et le sable, détrempés par la pluie, n'offraient pas une seule place où les pauvres bêtes pussent poser les pieds avec sécurité; elles trébuchaient à chaque pas, renâclaient avec force et menaçaient de s'abattre.

— Il est impossible d'avancer davantage, dit le mayordomo en ramenant son cheval d'un écart qui avait failli le désarçonner.

— Que faire? demanda don Fernando en regardant autour de lui avec inquiétude.

— Ma foi! je crois que le mieux sera de nous abriter pendant quelques instants sous ce bouquet d'arbres, l'orage va toujours en augmentant; marcher plus longtemps est une folie.

— Allons donc, puisqu'il le faut! dit avec résignation don Fernando.

Il se dirigèrent alors du côté d'un petit bois qui bordait la route et pouvait leur offrir un abri provisoire pour laisser passer la plus grande rage de la tempête.

Ils n'en étaient plus qu'à quelques pas tout au plus, lorsque quatre hommes dont le visage était couvert de masques noirs, sortirent à fond de train du bois et s'élancèrent avec furie contre les voyageurs, qu'ils attaquèrent sans prononcer une parole.

Les peones roulèrent en bas de leurs chevaux, atteints de deux coups de feu que leur avaient tirés les inconnus, et se tordirent dans les convulsions de l'agonie en poussant des cris pitoyables.

Don Fernando et don Estevan, étonnés de cette attaque subite de la part d'hommes qui ne pouvaient être des Indiens, car ils portaient le costume des vaqueros, et leurs mains étaient blanches, mirent immédiatement pied à terre et, se faisant un rempart du corps de leurs chevaux, ils attendirent, la carabine à l'épaule, le choc de leurs adversaires.

Ceux-ci, après s'être assurés que les deux peones étaient morts, avaient tourné bride et revenaient sur les deux Espagnols.

De nouvelles balles furent échangées et un combat acharné s'engagea : lutte inouïe de deux hommes contre quatre, dans laquelle aucun mot n'était prononcé, où chacun cherchait à tuer son adversaire; qui ne devait finir que par la mort de ceux qui avaient été si traîtreusement attaqués!

Cependant le combat se soutenait avec une apparence d'égalité qui décourageait les assaillants, dont l'un était tombé, le crâne fendu jusqu'aux dents tandis qu'un second se retirait du combat la poitrine traversée de part en part par la fine épée de don Fernando.

— Eh! eh! mes maîtres, leur criait le jeune homme, en avez-vous assez, ou bien l'un de vous veut-il encore faire connaissance avec mon épée? Vous êtes des sots! c'est dix qu'il fallait vous mettre pour nous assassiner.

— Eh quoi! ajouta le mayordomo, vous renoncez déjà? Allons! allons! vous n'êtes pas adroits, pour des coupe-jarrets; celui qui vous paie aurait dû mieux choisir.

Effectivement, les deux hommes masqués qui restaient avaient fait quelques pas en arrière et se tenaient sur la défensive.

Tout à coup quatre autres hommes masqués apparurent, et tous les six se ruèrent une seconde fois sur les deux Espagnols, qui les attendirent de pied ferme.

— Diable! je vous avais fait injure; je vois que vous connaissez votre métier, dit don Estevan en déchargeant à bout portant un pistolet dans le groupe de ses adversaires.

Ceux-ci, toujours muets, ripostèrent, et le combat recommença avec une nouvelle furie.

Mais les deux braves jeunes gens ne pouvaient désormais faire une longue défense; leurs forces étaient épuisées; ils ne tardèrent pas à tomber à leur tour sur les cadavres de deux autres assaillants, qu'ils sacrifièrent à leur colère avant de succomber.

Aussitôt qu'ils virent don Fernando et don Estevan étendus sans mouvement, les inconnus poussèrent un cri de triomphe.

Sans s'occuper du mayordomo, ils prirent le corps de don Fernando, le mirent en travers sur le cou d'un de leurs chevaux, et, partant à toute bride, ils ne tardèrent pas à disparaître dans les méandres infinis de la route.

La tempête sévissait toujours avec fureur; un silence funèbre régna à la place où s'était accomplie cette tragédie, et dans laquelle restaient couchés sept cadavres au-dessus desquels les vautours et les hideux zopilotes commençaient à former de vastes cercles en poussant des cris rauques.

VI

SAN-LUCAR

Après le départ de don Fernando, le gouverneur et le major restèrent un instant affaissés sous le poids des inquiétantes nouvelles qu'ils venaient de recevoir.

Mais cet état de prostration, si éloigné du caractère de ces deux vieux soldats, dont la vie n'avait été qu'une longue lutte, n'eut que la durée d'un éclair : bientôt ils redressèrent la tête comme deux nobles coursiers qui entendent à leurs oreilles résonner le signal de la bataille; après s'être silencieusement serré la main, leurs traits reprirent l'expression marmoréenne qui leur était habituelle et ils quittèrent la salle à manger.

— Le coup a été rude, j'étais loin de m'y attendre, dit le colonel, mais, vive Dieu! les païens trouveront à qui parler. Major, prévenez les officiers de se réunir tout de suite chez moi en conseil de guerre, afin de concerter nos moyens de défense.

— A la bonne heure! répondit le major, je suis content de vous; j'aime mieux vous voir ainsi fier, résolu et ferme, que faible et presque craintif comme vous l'étiez depuis quelques jours. Caraï! je vous retrouve enfin, mon ami.

— Ah! fit le gouverneur en souriant, il ne faut pas vous étonner de ce changement, mon cher Barnum; il est, au contraire, on ne peut plus naturel. Depuis quelques jours j'étais en proie à de vagues pressentiments qui m'oppressaient et semblaient me menacer de malheurs d'autant plus grands, qu'ils m'étaient inconnus, au lieu que maintenant le coup est porté, je sais à quoi m'en tenir; il ne me reste pas le moindre doute, mais nous en savons toutes les conséquences.

— C'est vrai, fit le major.

Et il sortit pour s'acquitter de la commission que son chef lui avait donnée. Les officiers de la garnison se trouvèrent bientôt réunis chez le gouverneur. Ils étaient six, sans compter le major et le colonel.

Après les avoir invités à s'asseoir, don José Kalbris prit la parole :

— Caballeros, leur dit-il, vous savez sans doute pourquoi je vous ai convoqués; les Indiens menacent encore une fois le presidio, je viens d'en recevoir la nouvelle certaine par l'un de nos éclaireurs, le plus brave, le plus fidèle et le plus intelligent de tous. Le cas est grave, señores, car il paraît qu'une ligue puissante s'est formée entre les Peaux-Rouges, et qu'ils marchent en grand nombre contre nous. Je vous ai donc réunis afin d'organiser vigoureusement la défense et de tâcher de trouver les moyens de donner aux sauvages une si rude leçon, que de longtemps l'envie ne leur reprenne pas d'envahir notre territoire. Mais d'abord voyons quels sont les moyens dont nous disposons.

— Les armes et les munitions ne nous manquent pas, dit le major, nous avons ici plus de deux cents milliers de poudre, des fusils, des sabres, des lances et des pistolets à foison, nos canons sont en bon état et abondamment fournis de boulets et de mitraille.

— Ah! ah! voilà qui est bon, fit le colonel en se frottant les mains.

— Malheureusement, reprit le major, si nous avons une grande quantité d'armes, nous n'avons que fort peu d'hommes capables de s'en servir.

— Combien avons-nous de soldats?

— L'effectif devrait être de deux cent soixante-dix, mais par suite de maladie, de mort ou de désertion, il se trouve réduit à cent vingt tout au plus.

— Oh! fit le colonel en secouant la tête, mais il me semble que ce nombre pourrait être augmenté. Nous sommes dans une de ces positions critiques où la fin justifie les moyens; l'on doit faire flèche de tout bois : d'ailleurs, il s'agit de la défense commune; j'espère ne pas trouver d'opposition à l'exécution d'un plan qui peut nous sauver tous.

— Quel qu'il soit, nous nous y associerons.

— Je le sais, aussi n'est-ce pas pour vous que je parle, señores, mais seulement pour les habitants de la ville qui s'y refuseront et que nous serons obligés de contraindre; il nous faut absolument une force imposante pour garnir nos murailles. Voici ce que je vous propose : tous les peones des haciendas seront enrôlés et formés en compagnies; les négociants composeront un autre corps; les vaqueros, bien montés et bien armés, défendront nos approches et feront des patrouilles au dehors pour surveiller la plaine; de cette façon, nous réunirons un effectif d'environ onze cents hommes, nombre plus que suffisant pour tenir tête aux sauvages et les obliger à regagner précipitamment leurs villages.

— Vous savez, colonel, que la plupart des vaqueros que nous avons ici sont des criminels pour lesquels toute perturbation est un prétexte de pillage.

— Voilà pourquoi ils seront chargés de la défense extérieure; on leur fera un camp en dehors du presidio, dans lequel ils ne pourront s'introduire sous aucun prétexte. Pour diminuer parmi eux les chances de révolte on les divisera en deux compagnies dont l'une sera constamment à parcourir les environs, tandis que l'autre se reposera. En les tenant ainsi toujours en haleine, nous n'aurons rien à en redouter.

— Quant aux créoles et aux étrangers réunis dans le presidio, dit le major, je crois que nous ferons bien de leur intimer l'ordre de venir passer toutes les nuits au fort, afin de pouvoir nous en servir en cas de besoin.

— Parfaitement; on doublera aussi le nombre des éclaireurs, afin d'éviter une surprise, et des barrières seront immédiatement placées à toutes les entrées de la ville, afin de nous garantir des terribles charges que les Indiens exécutent quand ils attaquent une position.

— Si vous me le permettez, colonel, dit le major, un homme sûr va être expédié aux hacienderos pour les prévenir de se tenir sur leurs gardes et de se réfugier au presidio lorsqu'on les avertira, par trois coups de canon tirés du fort, de l'approche des Indiens.

— Faites, major, car ces pauvres gens seraient impitoyablement massacrés par les païens; il faudra aussi avertir les habitants de la ville que, dès que les Indiens seront en vue, toutes les femmes devront se retirer dans le fort, afin d'éviter d'être enlevées; les sauvages sont friands des blanches, pendant la dernière invasion ils en ont enlevé près de trois cents : il ne faut pas que ce malheur se renouvelle. Je crois, señores, que nous avons paré autant qu'il était en notre pouvoir à tous les dangers qui nous menacent; maintenant nous n'avons plus qu'à faire notre devoir en gens de cœur : notre sort est entre les mains de Dieu, qui, certes, ne nous abandonnera pas dans un aussi grand danger.

Les officiers se levèrent et se préparèrent à prendre congé de leur chef.

Un assistente entra en ce moment et annonça qu'un nouveau vaquero demandait à faire son rapport au gouverneur.

Don José fit signe aux officiers de se rasseoir et donna l'ordre d'introduire l'éclaireur.

C'était Tonillo el Zapote, l'ami de Pablito; parti quatre heures plus tard de l'endroit où ils étaient embusqués pour surveiller les mouvements des Indiens, il était arrivé une heure à peine après lui au presidio, preuve de la gravité des nouvelles qu'il apportait.

Il avait toujours son air railleur et narquois; son visage pâle et taché de sang et de poudre, ses habits déchirés en plusieurs endroits, le bandeau qui enveloppait le sommet de sa tête, son bras en écharpe, et, plus que tout, trois ou quatre chevelures sanglantes qui pendaient à sa ceinture, montraient qu'il avait eu maille à partir avec les Indiens, et qu'il avait été pour ainsi dire forcé de leur passer sur le ventre pour arriver au presidio.

— Zapote, lui dit le gouverneur, votre camarade Pablito sort d'ici.
— Je le sais, colonel, répondit le vaquero.
— Auriez-vous à nous apprendre des nouvelles pires que celles qu'il nous a apportées?
— C'est suivant comme vous voudrez les prendre, Seigneurie.
— Qu'entendez-vous par ces paroles?
— Dame! reprit l'autre en se dandinant légèrement, si vous aimez votre tranquillité, il est probable qu'avant peu elle sera troublée considérablement, et alors les nouvelles dont je suis porteur n'auront rien de fort agréable pour vous; au lieu que, si vous sentez le besoin de monter à cheval et de voir de près les Peaux-Rouges, vous pourrez facilement vous passer cette fantaisie, et tout ce que j'ai à vous dire ne pourra que vous faire infiniment de plaisir.

Malgré la gravité des circonstances et l'anxiété qui les dévorait, le gouverneur et les officiers ne purent s'empêcher de sourire de la singulière argumentation du vaquero.

— Expliquez-vous, Zapote, lui dit don José, nous verrons ce que nous devons penser de vos nouvelles.

— Dix minutes à peine après le départ de mon camarade, dit-il, en furetant dans les buissons, qu'il m'avait semblé voir s'agiter d'une manière insolite, je découvris un peon, mais sa frayeur était tellement grande, qu'il avait à peine la force de parler et que ce ne fut qu'après une demi-heure qu'il parvint à me conter les dangers auxquels il s'était soustrait. Ce peon appartenait à un pauvre vieillard nommé Ignacio Rayal, l'un des deux seuls hommes échappés au massacre des habitants de la péninsule de San-José, par les Apaches, pendant la dernière invasion il y a vingt ans; le peon et le maître sans défiance cherchaient du bois lorsque les Indiens apparurent subitement à peu de distance; le peon avait eu le temps de se cacher dans un terrier de biscacha, mais le vieillard, trop faible pour se sauver, était tombé au pouvoir des sauvages, qui l'avaient massacré avec les raffinements d'une barbarie inouïe; son corps était méconnaissable, tant il était criblé de blessures : il avait reçu plus de vingt coups de lance, et sa tête était littéralement broyée par les tomahawks. Après avoir tant bien que mal rassuré le peon que je laissai se remettre à notre embuscade, je m'avançai du côté qu'il m'avait désigné et je ne tardai pas à apercevoir une multitude d'Indiens traînant avec eux des bestiaux et des prisonniers. Ces hommes mettent tout à feu et à sang sur leur passage, ils marchent rapidement sur le presidio, pendant que des troupes se détachent de temps en temps pour détruire les haciendas qui se trouvent sur leur passage; l'hacienda de Piedra-Rosa et celle de San-Blas n'existent plus, elles sont en ce moment un monceau de cendres sous lequel sont ensevelis leurs malheureux propriétaires. Voici mes nouvelles, Seigneuries, faites-en ce que vous voudrez.

— Et ces chevelures? dit le major en désignant les trophées sanglants qui pendaient à la ceinture du vaquero.

— Oh! cela, ce n'est rien, fit-il avec un sourire de triomphe; comme je m'étais un peu trop rapproché des Indiens pour juger convenablement de leur force et de leurs intentions, ils m'ont aperçu et ils ont naturellement cherché à s'emparer de moi, ce qui fait que nous nous sommes un peu chamaillés.

— Ces Indiens ne sont sans doute qu'un parti de pillards des prairies qui veulent voler des bestiaux et qui se retireront dès qu'ils auront assez du butin.

— Hum! dit Tonillo en hochant la tête, je ne le crois pas; ils sont trop nombreux, trop bien équipés, et agissent avec trop d'ensemble pour cela. Mon colonel, ces gens ont un autre but; je me trompe fort, ou c'est une guerre acharnée qu'ils veulent nous faire.

Le gouverneur échangea un regard avec ses officiers.

— Merci! dit-il au Zapote, je suis content de vous, votre conduite est celle d'un loyal Mexicain. Retournez à votre poste et redoublez de vigilance.

— Vous pouvez compter sur mes camarades et sur moi, colonel. Vous savez que nous n'aimons par les Indiens, répondit Tonillo; et, après avoir salué les personnes présentes, il se retira.

— Vous le voyez, señores, dit le gouverneur, la position se fait à chaque instant plus critique, ne perdons pas de temps en vaines délibérations, allez.

— Un instant, fit le major, avant de nous séparer j'ai un avis à émettre.

— Parlez, mon ami, nous vous écoutons.

— Dans les circonstances impérieuses dans lesquelles nous sommes, nous ne devons rien négliger; nous nous trouvons perdus sur un coin de terre éloigné de tous secours prompts et efficaces; nous pouvons avoir un siège à soutenir au presidio, et alors nous risquons d'être pris par famine : je demande qu'une barque soit immédiatement expédiée au gouverneur général de l'État, pour exposer notre situation critique et demander des renforts, car il est impossible qu'avec le peu de forces dont nous disposons nous puissions longtemps résister aux envahisseurs.

Après ces paroles il y eut un instant d'un silence profond et solennel.

— Que dites-vous de l'avis que vient d'émettre le major Barnum, messieurs? demanda enfin le colonel en promenant un regard interrogateur sur les officiers.

— Nous le croyons bon, colonel, répondit l'un d'eux au nom de ses camarades; nous pensons qu'il est urgent de le mettre à exécution.

LES CHASSEURS D'ABEILLES 233

Quatre sachems précédés d'un Indien qui portait un drapeau blanc, étaient arrêtés.

— C'est aussi mon avis, reprit don José, il sera fait ainsi ; maintenant, messieurs, vous pouvez vous retirer.

Alors, avec une activité inconcevable pour qui connaît le caractère espagnol et la profonde paresse qui en forme un des points distinctifs, on organisa la défense ; le danger terrible qui menaçait le presidio rendait en ce moment tous les habitants solidaires les uns des autres, semblait donner du courage à ceux qui en manquaient et redoubler l'ardeur des autres.

Deux heures plus tard, les bestiaux étaient rentrés et parqués dans la ville, les rues barricadées avec soin, les canons mis en état, et les femmes et les enfants renfermés dans les bâtiments du fort.

Une barque avait été expédiée au chef-lieu de l'État comme cela avait été convenu dans le conseil, et cent cinquante hommes déterminés s'étaient retranchés dans le vieux presidio, dont ils avaient crénelé les maisons, prêts à faire tête aux Indiens dès qu'ils paraîtraient.

Le gouverneur et le major Barnum semblaient se multiplier, ils étaient partout, encourageant les soldats improvisés, aidant aux travailleurs et donnant du courage à chacun.

Vers trois heures de l'après-midi, un vent assez fort qui s'éleva tout à coup amena du sud-ouest une fumée épaisse qui empêchait de distinguer au loin les objets, et causée par l'embrasement de la campagne; comme les habitants du pueblo savaient que du lieu d'où elle venait elle ne pouvait provenir que du fait des Indiens, leur inquiétude et leur anxiété redoublèrent.

Les nations indiennes emploient toujours ce moyen lorsqu'elles veulent faire une invasion sur le territoire des blancs, moyen excellent pour leur système d'attaque par surprise, car, en couvrant tout le pays de fumée, elles empêchent les éclaireurs de les apercevoir de loin, et elles peuvent facilement dissimuler leur nombre et leurs manœuvres.

Ce jour-là, malheureusement pour les Mexicains, les Indiens réussirent d'autant mieux que le vent amenait la fumée sur les plaines et qu'à peine on pouvait voir à dix pas de distance.

Au milieu d'un sol uni comme celui des prairies, qui n'offre aucun point propre à masquer une marche, et où de loin rien n'est plus facile que d'apercevoir l'ennemi entièrement découvert, ce stratagème employé par les Indiens est, on est forcé d'en convenir, des plus simples et en même temps des plus ingénieux.

Le moment avait été on ne peut mieux choisi pour une invasion : on était dans la pleine lune, époque que les Apaches choisissent toujours à cause de la clarté des nuits.

Les éclaireurs arrivaient au galop les uns après les autres annoncer au gouverneur l'approche de l'ennemi qui, d'après leurs calculs, devait arriver pendant la nuit même devant le presidio de San-Lucar.

Le nombre des Indiens croissait à chaque instant. Leurs hordes couvraient toute la campagne; ils venaient avec une rapidité effrayante, semblant concentrer toutes leurs forces sur le malheureux pueblo.

Le gouverneur fit tirer les trois coups de canon d'alarme ; alors on vit les pauvres rancheros de la plaine arriver en foule dans la ville, traînant avec eux leurs bestiaux, leurs meubles, et versant des larmes de désespoir et de rage à l'aspect de leurs moissons détruites en quelques instants.

Ces pauvres gens campèrent comme ils le purent dans les carrefours de la ville, et, après avoir conduit leurs femmes et leurs enfants dans le fort, tous ceux auxquels leur âge permettait de porter les armes s'élancèrent aux barrières et aux barricades, résolus à faire payer cher leur ruine à ceux qui l'avaient causée.

La terreur et la consternation régnaient dans la ville; on n'entendait partout que des pleurs et des sanglots étouffés; la nuit vint sur ces entrefaites ajouter encore à l'horreur de la situation en enveloppant la terre de ses épaisses ténèbres.

Des patrouilles nombreuses sillonnaient incessamment les rues, et par intervalles de hardis vaqueros, se glissant comme des serpents dans l'obscurité, allaient à cent ou deux cents pas au dehors s'assurer qu'aucun danger imminent ne menaçait le presidio.

Les choses restèrent en cet état jusque vers deux heures du matin; à ce moment, au milieu du silence lugubre qui pesait sur la ville, on entendit un bruit léger, presque insaisissable d'abord, mais qui augmentait de minute en minute, et tout à coup, comme par enchantement, et sans que l'on pût deviner comment ils y étaient arrivés, les Apaches couronnèrent le sommet des barricades du presidio en agitant des torches embrasées et en poussant leur cri de guerre.

Un instant, les habitants crurent la ville prise; mais le major Barnum, qui commandait ce poste, était un trop vieux soldat et depuis trop longtemps habitué à faire la guerre aux Indiens pour se laisser ainsi tromper par leurs ruses. Au moment où les Apaches se préparaient à escalader les barricades, une fusillade bien nourrie et surtout bien dirigée éclata tout à coup et les rejeta en bas des retranchements plus vite qu'ils n'y étaient montés.

Les Mexicains s'élancèrent à la baïonnette; il y eut un intant de mêlée affreuse d'où s'échappaient des cris d'agonie, des malédictions; et ce sourd cliquetis du fer froissant le fer, puis ce fut tout : les blancs regagnèrent leur position, les Indiens disparurent; la ville, un instant illuminée par la lueur fulgurante des torches, retomba dans l'obscurité, et le silence troublé quelques minutes par le bruit du combat régna de nouveau.

Cette tentative fut la seule de la nuit; les Indiens savaient à quoi s'en tenir, leur hardi coup de main avait échoué, ils allaient, selon toutes probabilités, convertir l'attaque en blocus, s'ils s'acharnaient à prendre la ville, ou se retirer définitivement si leur insuccès les avait fait désespérer de s'en emparer.

Mais au point du jour toutes les illusions des habitants se dissipèrent, les Indiens ne semblaient pas le moins du monde disposés à se retirer.

La campagne offrait un spectable des plus affligeants: tout était désolé et dans un affreux désordre. Là, une troupe de cavaliers apaches chassaient devant eux des chevaux et des bestiaux volés; plus près, et faisant face à la ville, une forte troupe de guerriers, la lance debout, épiaient les mouvements des habitants du presidio, afin de repousser une sortie, si on la tentait; derrière eux des femmes et des enfants chassaient des bestiaux qui, fâchés d'abandonner leurs gras pâturages, poussaient de longs beuglements; puis çà et là des prisonniers, hommes, femmes et enfants, conduits à coups de bois de lance, tendaient les bras en suppliant, et se traînaient à peine au milieu de leurs féroces ravisseurs; enfin, aussi loin que la vue pouvait s'étendre, on voyait de longues files d'Indiens qui arrivaient en hâte de tous les côtés ; d'autres plantaient les piquets et établissaient de nombreux callis, enfin la ville était complètement investie.

Chose inouïe, jusqu'alors, et que les plus anciens soldats du fort ne se rappelaient pas avoir remarquée dans leurs guerres précédentes avec les Indiens, c'est l'ordre qui présidait à tout ce désordre, c'est-à-dire la façon dont les callis étaient groupés, la marche serrée et martiale de l'infanterie indienne, la précision de ses mouvements, et surtout, ce qui confondit toutes les prévisions du colonel et du major, ce fut de voir les Apaches tirer une parallèle autour de la place et élever presque instantanément un retranchement en terre qui les mit à l'abri du canon.

— Sangre de Dios! s'écria le colonel en frappant du pied, avec colère, ces misérables ont un traître parmi eux ; jamais ils n'ont fait la guerre ainsi.

— Hum! murmura le major en mordant sa moustache, nous aurons, je le crains, affaire à de rudes jouteurs.

— Oui, reprit le colonel, et, s'il ne nous arrive pas un secours de la Ciudad, je ne sais pas trop comment cela finira.

— Mal, colonel! Caraï! je crains bien que nous n'y laissions notre peau. Voyez, ils sont plus de trois mille.

— Sans compter, reprit don José avec tristesse, ceux qui arrivent encore et qui noircissent la plaine dans toutes les directions. Mais que signifie ce bruit? ajouta-t-il en regardant du côté où les sons d'une trompette venaient de retentir.

Quatre sachems, précédés d'un Indien qui portait un drapeau blanc, étaient arrêtés à demi-portée de canon de la première barrière du vieux presidio.

— Que veut dire cela? fit le colonel; ils semblent demander à parlementer. Croient-ils que je serai assez niais pour donner dans le piège? Major, un coup de canon à mitraille dans ce groupe de païens, pour leur apprendre à nous prendre pour des imbéciles.

— Je crois que nous aurions tort, colonel, et que nous ferions mieux de nous aboucher avec eux : de cette façon nous connaîtrions leurs intentions.

— Vous avez peut-être raison, mon ami, mais qui de nous sera assez fou pour risquer sa peau au milieu de ces bandits sans foi ni loi?

— Moi, si vous le permettez, colonel, répondit simplement le major.

— Vous? s'écria don José avec étonnement.

— Oui, n'est-il pas de notre devoir de ne laisser échapper aucune chance de sauver les malheureux confiés à notre garde et à notre honneur? Je ne suis qu'un homme, ma vie importe peu à la défense du pueblo, la démarche que je vais tenter peut le sauver.

Le colonel étouffa un soupir, serra affectueusement la main de son vieil ami, et d'une voix entrecoupée par l'émotion que vainement il cherchait à contraindre :

— Allez, puisque vous le voulez absolument, dit-il.

— Merci! répondit le major avec un mouvement de joie.

Et il se dirigea d'un pas ferme du côté de la barrière.

VII

L'ATTAQUE DU PRESIDIO

Le major Barnum était sans armes, il avait fait le sacrifice de sa vie, il n'avait pas voulu prendre son épée, pour ne pas avoir, en cas probable de conflit, de prétexte pour se défendre.

Arrivé à portée de voix, il s'arrêta, et comme dans ses guerres précédentes souvent il avait eu l'occasion de se rencontrer avec les Apaches, il avait fini par entendre assez bien leur langue pour ne pas avoir besoin d'interprète.

— Que voulez-vous, chefs? Pourquoi avez-vous franchi le Rio-Grande del Norte et envahi nos frontières au mépris de la paix qui existe entre nous? demanda-t-il d'une voix haute et ferme en ôtant cérémonieusement son chapeau, qu'après cet acte de courtoisie il replaça immédiatement sur sa tête.

— Êtes-vous l'homme que les Visages-Pâles appellent don José Kalbris, demanda un des chefs, et auquel ils donnent le titre de gouverneur?

— Non. D'après nos lois, un gouverneur ne peut quitter son poste, mais je suis le major Barnum, celui qui commande dans la place après lui ; je suis chargé de le remplacer auprès de vous : ainsi vous pouvez me dire ce qui vous amène.

Les Indiens semblèrent se consulter un instant, puis laissant leurs longues lances plantées dans le sable à la place qu'ils occupaient, ils firent bondir leurs chevaux et se trouvèrent en un instant aux côtés du vieil officier.

Celui-ci, qui ne les perdait pas de vue, avait deviné leur intention, mais il n'en laissa rien paraître et les vit auprès de lui sans témoigner la moindre surprise.

Les Indiens, qui comptaient sans doute sur la brusquerie de leur mouvement pour étonner et peut-être effrayer le parlementaire, furent intérieurement froissés de cette impassibilité qu'ils ne purent s'empêcher d'admirer.

— Mon père est brave, dit le chef qui parlait au nom de tous.

— A mon âge on ne craint plus la mort, répondit mélancoliquement le vieillard, souvent même on la considère comme un bienfait.

— Mon père porte sur son front la neige de bien des hivers, il doit être un des plus sages chefs de sa nation ; les jeunes hommes l'écoutent avec respect autour du feu du conseil.

Le major s'inclina avec modestie.

— Ne parlons pas de moi, dit-il : un sujet plus grave nous réunit. Pourquoi avez-vous demandé cette entrevue?

— Est-ce que mon père ne nous conduira pas au feu du conseil de sa nation? dit le guerrier d'une voix insinuante. Est-il convenable que des grands sachems, des chefs redoutés, traitent de graves affaires ainsi à cheval entre deux armées prêtes à en venir aux mains?

— Je comprends où vous en voulez venir, chef, mais je ne puis me rendre à vos désirs : quand une ville est investie, aucun chef ennemi ne peut y être introduit pour parlementer.

— Mon père a-t-il donc peur qu'à nous quatre nous prenions la ville? dit l'Apache en riant, mais intérieurement vexé de voir avorter le projet qu'il avait de s'entendre avec les amis qu'il avait probablement dans la place.

— J'ai pour habitude de ne rien craindre, reprit le major, seulement je vous apprends une chose que vous ignoriez, voilà tout; maintenant, si vous voulez vous servir de ce prétexte pour rompre l'entrevue, vous en êtes les maîtres; je n'ai plus qu'à me retirer.

— Oh! oh! mon père est vif pour son âge! Pourquoi rompre l'entrevue, puisque nous n'avons pas encore parlé de ce qui en fait le sujet?

— Parlez donc et dites-moi ce qui vous amène.

Les sachems se consultèrent du regard, et échangèrent quelques mots à voix basse.

Enfin le chef reprit la parole :

— Mon père a vu la grande armée des Apaches et de toutes les nations alliées, dit-il.

— Oui, répondit le major avec indifférence.

— Et mon père, qui est un Visage-Pâle et a beaucoup de science, a-t-il compté les guerriers qui la composent?

— Oui, autant que cela m'a été possible.

— Ah! combien sont-ils, d'après le calcul de mon père?

— Mon Dieu! chef, répondit le major avec un laisser-aller des mieux joués, je vous avoue que leur nombre nous importe fort peu, à nous autres.

— Mais, cependant, quelle peut être l'évaluation faite par mon père? insista l'Indien.

— Que sais-je? huit ou neuf mille tout au plus.

Les chefs furent frappés de l'indifférence avec laquelle le major triplait du premier coup la force de leur armée.

Le guerrier apache reprit :

— Et mon père n'est pas effrayé du nombre de ces guerriers réunis sous les ordres d'un seul chef?

L'étonnement des sachems n'avait pas échappé au major.

— Pourquoi en serais-je effrayé? ma nation n'en a-t-elle pas vaincu de plus nombreuses?

— C'est possible, répondit le chef en se mordant les lèvres, mais celle-ci ne sera pas vaincue.

— Qui sait? Est-ce pour me dire cela que vous avez voulu parlementer, chef? Alors vous pouviez parfaitement vous en dispenser.

— Non, ce n'est pas pour cela; que mon père soit patient.

— Parlez alors, et finissons-en ; avec toutes vos circonlocutions indiennes, on ne sait jamais à quoi s'en tenir avec vous.

— L'armée des grandes nations est campée devant le presidio, afin d'obtenir la satisfaction de tous les maux que les Visages-Pâles ont fait souffrir aux Indiens depuis qu'ils ont mis le pied sur la terre rouge.

— Où voulez-vous en venir? expliquez-vous clairement, et d'abord, quel prétexte avez-vous pour envahir ainsi nos frontières sans déclaration de guerre préalable? Avons-nous manqué aux engagements que nous avions pris avec vous? N'avons-nous pas toujours été bons pour les Indiens qui réclamaient notre secours et notre protection? Répondez.

— Pourquoi mon père feint-il d'ignorer les justes motifs de guerre que nous avons contre les Visages-Pâles? répondit l'Apache feignant d'être mécontent des paroles du major; mon père sait que nous sommes depuis des siècles en guerre continuelle avec *les longs couteaux* [1] qui habitent de l'autre côté des montagnes. Pourquoi la nation de mon père, qui dit avoir de l'amitié pour nous, a-t-elle traité avec eux?

— Chef, vous nous cherchez là une querelle qui ne signifie rien; j'aimerais mieux que vous nous disiez franchement que vous avez envie de piller nos bestiaux et de voler nos chevaux, que de nous donner un prétexte qui n'a pas le sens commun; nous serions en guerre avec les Comanches que vous agiriez absolument comme vous le faites; ainsi, chef, faites-moi le plaisir de ne pas vous moquer plus longtemps de moi et de venir au fait : que voulez-vous?

Le chef se mit à rire.

— Mon père est malin, dit-il; écoutez : voici ce que disent les chefs : cette terre est à nous, nous la voulons, les ancêtres blancs de mon père n'avaient pas le droit de s'y établir.

— Ceci est au moins spécieux; car ce territoire, mes ancêtres l'ont acheté à un sachem de votre nation, fit le major.

— Les chefs réunis autour de l'arbre du Maître de la vie ont résolu de rendre au grand chef blanc, sans en conserver un seul, tous les objets donnés jadis à ce sachem en échange de la terre, et de reprendre la contrée qui leur appartient et dans laquelle ils ne veulent plus voir de Visages-Pâles.

— Est-ce tout ce que vous êtes chargé de me dire?

— C'est tout, dit l'Indien en s'inclinant.

— Et combien de temps, répondit le major, les chefs laissent-ils au gouverneur du presidio pour discuter ces propositions?

— Deux heures.

— Fort bien, dit ironiquement le major, et, si le gouverneur refuse, que feront mes frères?

— Les sachems, répondit l'Apache avec emphase, ont résolu de rentrer dans la propriété de leur territoire; si les Visages-Pâles refusent de le rendre, leur village sera incendié, leurs guerriers mis à mort, leurs femmes et leurs enfants emmenés en esclavage.

— Ah! fit le major : avant que vous obteniez un pareil résultat, tous les blancs du presidio se seront fait tuer en le défendant, mais je ne dois pas discuter avec vous, je transmettrai vos demandes au gouverneur telles que vous les avez posées; et demain au lever du soleil vous aurez notre réponse, seulement vous suspendrez les hostilités jusque-là.

1. Habitants des États-Unis.

— Non : c'est à vous de nous arrêter, nous ne pouvons rester sans agir : ainsi tenez-vous sur vos gardes.

— Merci de votre franchise, chef, dit le major, je suis heureux de rencontrer un Indien qui ne soit pas complètement un coquin. A demain.

— A demain, dirent les chefs avec courtoisie, frappés malgré eux de la noblesse du vieil officier.

Le major se retira lentement comme il était venu, sans témoigner la moindre appréhension.

Le colonel l'attendait aux barrières avec la plus grande anxiété; cette longue entrevue l'avait rempli d'inquiétude; il avait tout préparé afin de venger les insultes que l'on aurait faites à son envoyé.

Dès que le major arriva, il se hâta de le joindre.

— Eh bien? lui dit-il avec une impatience fébrile.

— Ils ne cherchent qu'à gagner du temps afin de nous jouer quelqu'une de leurs diableries.

— Que demandent-ils, en somme?

— Leurs prétentions sont absurdes, et ils le savent bien, car ils avaient l'air de se moquer de nous en me les soumettant; ils prétendent que le sachem qui, il y a deux cents ans, a cédé ce territoire aux Espagnols, n'avait pas le droit de vendre la terre; ils exigent que nous la leur rendions sous vingt-quatre heures; sans cela, vous le savez, les menaces habituelles... Ah! ajouta le major avec un sourire ironique, j'oubliais de vous dire, colonel, qu'ils prétendent être prêts à rembourser tout ce que ce sachem a reçu pour la vente de cette terre. Voilà tout ce que j'étais chargé de vous transmettre.

Le colonel haussa les épaules avec mépris.

— Ces démons sont fous, dit-il, ou bien ils essaient de nous endormir, afin de nous tromper plus facilement.

— Que comptez-vous faire? reprit le major.

— Redoubler de vigilance, mon ami, car je crois que nous ne tarderons pas à avoir maille à partir avec eux de nouveau; c'est surtout le vieux presidio qui m'inquiète.

— Retournez au fort, moi je demeurerai à ce poste avancé dont je prendrai le commandement; il est surtout important qu'en cas d'échec nos communications ne soient point coupées avec la place et que nous puissions effectuer notre retraite sans trop de pertes.

— Je vous laisse liberté de manœuvre, mon cher major, certain que vous agirez pour le mieux.

Les deux vieux soldats se séparèrent après un chaleureux serrement de main.

La garnison du vieux presidio se composait en grande partie de vaqueros et de leperos, gens sur la fidélité desquels, nous devons l'avouer, le major ne comptait que médiocrement. Mais le vieil officier renferma au fond de son cœur les appréhensions qui le tourmentaient et feignit au contraire de témoigner à ces individus plus que suspects la plus entière confiance.

La journée s'écoula assez tranquillement; les Apaches, blottis comme des taupes derrière leurs retranchements en terre, semblaient déterminés à ne

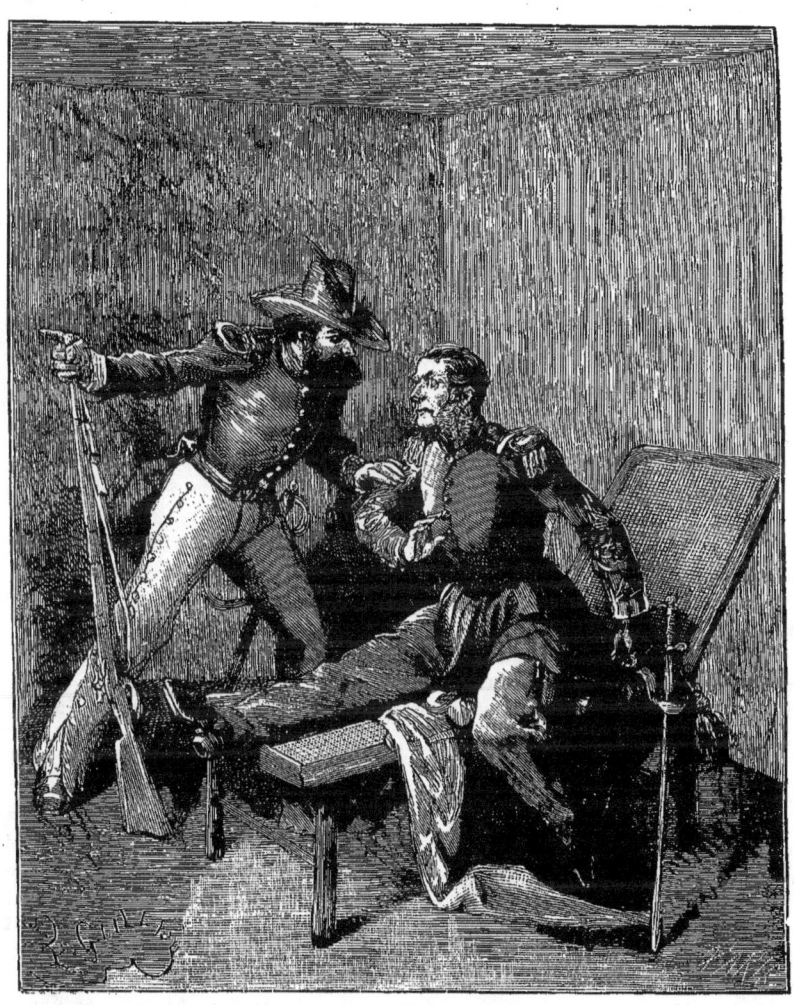

— Levez-vous! major, levez-vous! Nous sommes trahis.

pas en sortir; les sentinelles veillaient activement aux barrières et aux barricades qui fermaient le faubourg. Le major, rassuré par cette apparente tranquillité, espéra que les Indiens ne prendraient pas l'offensive avant le terme qu'ils avaient proposé pour recevoir la réponse du gouverneur, et, accablé de fatigue par suite des occupations sans nombre qui l'avaient obligé à surveiller attentivement les moindres détails de la défense, il se retira dans une maison assez rapprochée des barrières afin de prendre quelques instants d'un repos indispensable.

Parmi les défenseurs du faubourg se trouvaient certaines de nos connaissances : Pablito, el Verado, Tonillo et Carlocho. Les dignes vaqueros avaient, depuis l'apparition des Indiens, donné des preuves de fidélité tellement irrécusables, que sur leur demande et pour récompenser leur belle conduite, le major leur avait confié la garde de la barrière la plus avancée, qui était pour ainsi dire la clef du faubourg.

Quelques instants après le coucher du soleil, les quatre hommes se trouvaient réunis au pied de la barrière et se parlaient oreille à oreille; une douzaine d'autres chenapans de leur espèce, groupés à quelques pas d'eux, attendaient évidemment le résultat de leur mystérieux conciliabule.

Enfin, ils se levèrent, l'entretien était terminé.

— Ainsi, dit Carlocho en forme de péroraison, c'est convenu, à dix heures.

— A dix heures, répondit péremptoirement el Zapote, un homme n'a que sa parole : nous avons été grassement payés, nous devons accomplir la promesse que nous avons faite, d'autant plus que nous n'avons reçu que la moitié de la somme.

— C'est juste, reprirent les autres d'un air convaincu, la perte serait trop grande.

— Je crois bien ! s'écria el Zapote ; songez donc, quéridos, vingt-cinq onces chacun !

Les bandits se pourléchèrent comme des hyènes qui éventent un cadavre et leurs yeux brillèrent de convoitise.

Le major, à demi étendu sur une butacca, dormait de ce sommeil inquiet de l'homme dont l'esprit est préoccupé par de graves intérêts, lorsque tout à coup il se sentit secouer avec force pendant qu'une voix étranglée par l'émotion criait à son oreille :

— Levez-vous ! major, levez-vous ! Nous sommes trahis : les vaqueros ont livré la barrière aux Apaches, les Indiens sont dans la place.

L'officier bondit sur pied, saisit son épée et s'élança au dehors sans répondre, suivi de près par l'homme qui l'avait si brusquement éveillé et qui n'était autre qu'un soldat mexicain.

D'un coup d'œil le major reconnut la vérité de la désastreuse nouvelle qu'il venait de recevoir; el Zapote et ses compagnons avaient non seulement livré la barrière aux Apaches, mais encore ils s'étaient mêlées avec eux, suivis des quelques misérables dont nous avons parlé plus haut.

La position était des plus critiques ; les Mexicains, découragés par la défection honteuse des vaqueros, combattaient mollement et sans ordre, ne sachant si d'autres trahisons n'étaient pas à redouter, et n'osant par conséquent faire bravement face à l'ennemi.

Les Apaches et les vaqueros hurlaient comme des démons et poussaient des charges à fond de train sur les défenseurs démoralisés du presidio qu'ils massacraient impitoyablement.

C'était un horrible spectacle que celui qu'offrait cette lutte homicide aux reflets blafards des flammes de l'incendie allumé par les Indiens pour éclairer leur victoire; les hurlements des Apaches se mêlaient aux cris de douleur et de détresse des Mexicains qu'ils égorgeaient, et aux mugissements sinistres de l'incendie avivé par de violentes rafales.

Le major se jeta résolument au plus fort du combat, appelant autour de lui les défenseurs du faubourg et les excitant du geste et de la voix à une résistance désespérée.

L'apparition du commandant du presidio produisit un effet électrique sur les Mexicains : animés par son exemple, ils se groupèrent autour de lui et répondirent par une fusillade bien dirigée aux attaques de leurs féroces ennemis.

Les vaqueros, acculés sur la pointe des baïonnettes, tournèrent honteusement bride, poursuivis par une grêle de balles.

Grâce à l'énergique action du major, le combat était rétabli, mais le major Barnum était un soldat trop expérimenté pour se laisser tromper par un succès factice; il comprit que toute tentative pour défendre plus longtemps le faubourg serait folie; il ne songea, en conséquence, qu'à opérer sa retraite dans le meilleur ordre possible, et à sauver les femmes et les enfants.

Appelant à lui ses soldats les plus résolus et les plus dévoués, il en forma un détachement chargé de maintenir les Indiens pendant que les non combattants s'embarqueraient et traverseraient le fleuve.

Les Apaches devinèrent son projet et redoublèrent d'efforts pour en empêcher l'exécution.

La mêlée devint alors effroyable, un épouvantable combat corps à corps s'engagea entre les Blancs et les Peaux-Rouges, les uns combattant pour le salut de leurs familles, les autres dans l'espoir de gagner un riche butin.

Mais les Mexicains, électrisés par l'héroïque dévouement de leur chef, ne reculaient que pas à pas, résistant avec cette énergie du désespoir qui enfante des prodiges, et qui, dans les circonstances suprêmes, décuple les forces de l'homme.

Cette poignée de braves, à peine composée de cent cinquante hommes, tint en échec pendant plus de trois heures près de deux mille Indiens sans se laisser entamer, tombant les uns après les autres au poste qui leur était assigné, afin que leurs femmes et leurs enfants pussent être sauvés.

Enfin les dernières barques de blessés et de combattants quittèrent le faubourg; les Mexicains poussèrent un cri de joie, s'élancèrent une fois encore contre les Apaches, et, sous l'ordre du major qui, tel qu'un vieux lion blessé, ne semblait qu'à regret abandonner le combat, ils commencèrent leur retraite, harcelés continuellement par les Apaches.

Bientôt ils atteignirent la rive du fleuve : alors les Apaches furent contraints de reculer à leur tour, écrasés par les paquets de mitraille que le fort lançait au plus épais de leurs rangs pressés.

Cette heureuse diversion permit aux survivants en petit nombre de l'héroïque phalange mexicaine de monter dans des barques et de s'éloigner sans être inquiétés, avec deux ou trois prisonniers dont ils avaient réussi à s'emparer.

Le combat était terminé; il avait duré cinq heures.

Les Apaches n'avaient été vainqueurs que grâce à la trahison des vaqueros.

Le colonel attendait son ami sur la plage; il le félicita de sa belle défense et le consola de sa défaite qui, à ses yeux et pour les résultats, équivalait presque à une victoire, à cause des pertes énormes que l'ennemi avait dû subir.

Puis, sans perdre un instant, les deux officiers se mirent en mesure de compléter les moyens de défense de la place en donnant l'ordre de construire de forts retranchements sur la rive du fleuve et en faisant établir deux batteries de six canons chaque dont les feux se croisaient.

La prise du vieux presidio par les Indiens, arrivée par la trahison des vaqueros, était un échec immense pour les Mexicains, dont les communications avec les nombreuses haciendas situées sur cette rive se trouvaient coupées. Heureusement que dans la prévision de ce résultat, presque inévitable avec le peu de forces dont disposait le colonel, celui-ci avait fait complètement émigrer dans le haut de San-Lucar toute la population de ce faubourg; les maisons avaient été démeublées, les chevaux et les bestiaux enlevés, et les embarcations avaient toutes été mouiller sous les batteries du fort où elles se trouvaient en sûreté, provisoirement du moins.

Les Indiens étaient maîtres du faubourg, il est vrai, mais ce succès leur avait coûté des pertes immenses que l'avantage de sa possession était loin de racheter pour eux. Les Mexicains n'avaient, en définitive, perdu qu'un espace de terrain insignifiant et difficile à défendre, car le vieux presidio n'était aucunement la clef de la place, dont il ne dépendait que d'une manière incertaine, et qui en était séparée par toute la largeur du fleuve.

Aussi l'effet produit par ce combat dans les deux camps fut tout le contraire de ce qu'on devait le supposer.

Les Mexicains se félicitaient presque de ne plus être obligés de défendre un poste qui leur était presque inutile dans leur position et leur coûtait un sang précieux, tandis que les Apaches se demandaient tristement à quoi leur servirait ce faubourg si chèrement conquis et à la prise duquel plus de cinq cents de leurs plus braves guerriers avaient été tués sans résultats positifs.

Deux vaqueros jetés à bas de leurs chevaux pendant la retraite des Mexicains avaient été faits prisonniers par eux.

Le colonel rassembla un conseil de guerre, fit planter deux hautes potences un peu en dehors du retranchement qu'on élevait sur le bord du fleuve et les fit pendre à la vue de toute la population réunie et de leurs compagnons qui, groupés de l'autre côté dans le faubourg, poussaient des cris de rage impuissante en les voyant exécuter.

Don José Kalbris n'était pas un homme cruel, mais dans cette circonstance il pensa avec raison qu'il devait faire un exemple afin d'effrayer ceux qui dans la suite pourraient avoir la velléité de les imiter. Un *bando* affiché au pied de chaque potence disait qu'il en serait fait autant à tous les vaqueros révoltés qui tomberaient aux mains des troupes mexicaines.

La nuit vint sur ces entrefaites, et les Indiens, comme pour narguer les Blancs, se divertirent à incendier le faubourg qu'ils avaient conquis la nuit précédente. La lueur énorme produite par les flammes de l'incendie donnait à la malheureuse ville de San-Lucar et au camp des Indiens des reflets fantastiques qui plongeaient les habitants dans la tristesse et la stupeur ; ils comprenaient qu'ils n'avaient rien à attendre de tels ennemis.

Le colonel semblait de fer ; il ne prenait pas un instant de repos, visitant continuellement les postes et cherchant par tous les moyens à augmenter la défense de la ville.

Les deux officiers venaient de rentrer au fort après avoir fait une dernière tournée ; la nuit était presque passée, et les Indiens, qui, deux ou trois fois, avaient en vain essayé de surprendre le presidio, s'étaient enfin retirés dans leur camp.

— Eh ! major, dit le colonel, vous le voyez, entre nous nous n'avons pas d'illusions à nous faire ; pour nous, ce n'est qu'une question de temps : serons-nous pris demain ou dans huit jours, voilà ce que personne ne peut prévoir, quoique chacun soit assuré du résultat.

— Hum ! quand le dernier moment sera venu, dit le major, nous aurons toujours la ressource de nous renfermer dans le fort et de l'envoyer à tous les diables avec nous.

— Malheureusement, mon ami, cette ressource même nous est enlevée.

— Comment cela ?

— Dame ! nous autres vieux soldats, nous pouvons fort bien nous faire sauter, nous le devons même, mais nous ne pouvons condamner les femmes et les enfants renfermés avec nous à une mort aussi cruelle.

— C'est vrai, dit le major d'un air rêveur, nous ne le pouvons pas ; mais j'y songe, j'aurai toujours la ressource de me faire sauter la cervelle.

— Pas même cette dernière consolation, mon ami : ne devons-nous pas donner l'exemple aux pauvres gens qui sont ici et que notre devoir est de protéger jusqu'à la fin ? ne faut-il pas que nous restions les derniers debout sur la brèche ?

Le major ne répondit pas à ce dernier argument qu'il trouvait intérieurement sans réplique.

— Mais, dit-il au bout d'un instant, comment se fait-il que nous n'ayons pas encore reçu de nouvelles de la capitale de l'État ?

— Eh ! mon ami, ils ont probablement là-bas bien autre chose à faire qu'à penser à nous.

— Oh ! je ne puis le croire.

En ce moment un assistente entr'ouvrit la porte et annonça :

— Don Torribio Quiroga !

Les deux hommes tressaillirent sans pouvoir se rendre compte de la raison qui leur causait cette émotion subite.

Don Torribio Quiroga entra.

Il était revêtu d'un magnifique uniforme de colonel de l'armée mexicaine et portait au bras gauche l'écharpe d'aide de camp.

Il salua les deux officiers avec déférence.

— Est-ce donc vous, don Torribio ? murmura le colonel.

— Mais je le suppose, répondit don Torribio en souriant.

— Vous deviez, la dernière fois que j'eus le plaisir de vous voir, faire un long voyage?

— J'en arrive à l'instant.

— Mais cet uniforme?

— Mon Dieu! caballeros, fatigué de me voir toujours traité dans la province comme un être insignifiant, une espèce de fou inutile, que sais-je? j'ai dépouillé tout ce qui en moi pouvait attirer l'attention pour redevenir un homme comme tout le monde.

— Ainsi vous êtes? demanda don José.

— Officier comme vous, comme vous colonel, et de plus aide de camp du gouverneur de l'État.

— C'est prodigieux! fit le colonel.

— Pourquoi donc? Rien de plus simple, au contraire.

Le major ne s'était en aucune façon mêlé à la conversation. A l'entrée imprévue de don Torribio, un étrange soupçon l'avait mordu au cœur.

— Je vous avoue, reprit le colonel, que j'étais à cent lieues de supposer...

— Quoi donc? que je fusse officier? Vous le voyez, vous auriez eu tort, et d'autant plus tort que je suis chargé par le général commandant la province d'un message qui, j'en suis certain, vous rendra en ce moment un grand service.

Et il tira de son uniforme un large pli cacheté aux armes mexicaines qu'il présenta au colonel.

Don José le prit avec empressement.

— Vous permettez? dit-il.

— Comment donc! faites, je vous en prie.

Le gouverneur décacheta la missive qu'il lut avec empressement.

— Oh! oh! fit-il avec joie, quatre cent cinquante hommes, je ne comptais pas sur un renfort aussi considérable.

— Le général tient beaucoup à ce presidio, dit don Torribio; il n'épargnera aucun sacrifice pour le conserver.

— Vive Dieu! don Torribio, avec ce secours je me moque des Indiens comme d'un fétu de paille.

— Il paraît qu'il n'était pas trop tôt que j'arrivasse, dit don Torribio avec un sourire narquois.

— Canarios! il n'était temps que tout juste, mais à présent nous allons nous divertir.

— Je le crois, fit le jeune homme, sur les lèvres duquel passa un sourire indéfinissable.

— Et vos hommes? reprit le gouverneur.

— Ils arriveront dans une heure au plus.

— A quel corps appartiennent-ils?

— A aucun en particulier, ce sont des guérilleros.

— Hum! dit le colonel avec une teinte de mécontentement, j'eusse préféré d'autres troupes : c'est égal, si vous le voulez, nous irons au-devant d'eux.

— Je suis à vos ordres, colonel.

— Irai-je avec vous? demanda le major.

— Mais cela n'en vaudrait que mieux, fit vivement don Torribio.
Le colonel hésita pendant une seconde.
— Non, dit-il enfin, restez ici, on ne sait ce qui peut arriver, et pendant mon absence, il faut que quelqu'un puisse me remplacer. Venez, don Torribio.
Le major se laissa retomber avec un sourire de satisfaction sur le divan duquel il s'était levé.
Les deux hommes sortirent; au moment où ils montèrent à cheval ils croisèrent un cavalier qui arrivait à toute bride.
— Estevan Diaz ! murmura à part lui don Torribio ; pourvu qu'il ne m'ait pas reconnu !

VIII

INFAMIE

Ainsi que nous l'avons dit, don Torribio s'était éloigné rapidement de l'hacienda del Cormillo, en compagnie du mystérieux inconnu qu'il avait rencontré d'une façon si extraordinaire.

Leur course ne fut pas longue; au bout d'un quart d'heure au plus, l'étranger arrêta son cheval en disant d'une voix brève :

— Il est inutile que je vous conduise plus loin avant de savoir ce que je dois attendre de vous.

Don Torribio s'était arrêté en même temps que lui.

— Je crois que vous confondez, caballero, répondit-il sèchement.

— De quelle façon, s'il vous plaît, señor? fit l'autre d'un ton de raillerie.

— Je vais établir les faits et remettre ainsi chacun de nous à sa place.

— Voyons donc cela, caballero, je vous écoute.

— D'abord, reprit don Torribio d'une voix ferme, avant d'aller plus loin, laissez-moi vous donner un avis.

— Un avis est toujours utile; si le vôtre est bon, j'en profiterai, soyez-en certain.

— Vous aurez raison. Je ne sais pas si vous me connaissez, mais retenez bien ceci, c'est que je ne suis pas facile à épouvanter, et, comme il est possible que, dans un but que j'ignore, vous m'ayez amené dans un guet-apens, je vous préviens qu'au moindre mouvement suspect que je vous verrai faire, comme je ne sais ni qui vous êtes, ni quelles sont vos intentions, je n'hésiterai pas à vous faire sauter la cervelle!

— Bien ! vous êtes un homme comme je les aime ; je vois que nous nous entendrons.

— Peut-être. Mais, comme ce n'est pas moi qui suis allé vous chercher que je n'ai en aucune façon réclamé votre assistance, j'exige avant tout que vous vous expliquiez clairement, sans ambages ni détours.

L'inconnu haussa les épaules.

— Ne vous suffit-il pas de savoir que je suis en mesure de servir efficacement les projets de vengeance que vous méditez?

— Je ne sais ce que vous voulez dire, ni à quoi vous faites allusion, répondit le jeune homme avec hauteur.

— Ah! ah! fit l'autre avec un ricanement sinistre, c'est ainsi que vous me répondez!

— Pourquoi vous répondrais-je autrement? quel titre avez-vous à ma confiance, de quel droit, en supposant que j'aie un secret, cherchez-vous à le connaître?

— Parce que votre ennemi est le mien, qu'en vous vengeant je me venge : me comprenez-vous maintenant?

— Pas plus que tout à l'heure; si vous n'avez pas autre chose à me dire, mieux vaut que nous brisions là cet entretien inutile, et que nous nous séparions.

L'inconnu fit un geste d'impatience, il ne s'était pas attendu à rencontrer tant de raideur.

— Un mot encore, don Torribio Quiroga, dit-il; l'homme que vous haïssez, dont déjà vous avez tramé la mort, se nomme don Fernando Carril; cet homme, que depuis quelque temps vous rencontrez partout sur votre passage, contrecarrant vos projets et ruinant vos espérances, cet homme vous a battu dans toutes les rencontres; votre vie même lui appartient; il vous a enlevé jusqu'au cœur de celle que vous aimez. Suis-je bien informé? Aurez-vous confiance en moi maintenant?

Don Torribio avait écouté avec un mélange de tristesse et de colère la révélation de l'être singulier qui lui parlait :

— Oui, dit-il en serrant le poing avec rage, oui, vous êtes bien instruit; que ces renseignements vous viennent du ciel ou de l'enfer, peu m'importe, ils sont exacts; cet homme est mon mauvais génie, partout et toujours je l'ai rencontré sur mes pas, me barrant le passage et renversant comme en se jouant mes plus chères espérances. Oh! pour me venger de lui, pour le tenir haletant et désespéré en mon pouvoir, je sacrifierais ma fortune entière.

— Je savais bien que nous finirions par nous entendre.

— Ne raillez pas, señor, ma douleur est immense. J'aurais tout pardonné à cet homme, son bonheur insolent, ses succès dans le monde où il brille à mes dépens, les monceaux d'or qu'il gagne avec une si superbe indifférence, je lui aurais tout pardonné, vous dis-je, s'il n'avait détruit ma plus chère espérance en me ravissant le cœur de celle que j'aime, car, bien que rien de positif ne soit venu corroborer mes soupçons, j'ai acquis ce soir même une certitude morale que rien ne saurait détruire; le cœur d'un amant ne se trompe pas, la jalousie rend clairvoyant; dès l'apparition de don Fernando dans le salon de don Pedro de Luna, j'ai deviné en lui un rival, et un rival préféré.

— Si vous le voulez, je vous vengerai de don Fernando, et je livrerai doña Hermosa entre vos mains.

— Vous feriez cela! s'écria le jeune homme avec un vif mouvement de joie.

— Je vous le jure, señor, parlez en toute confiance.

— Je le ferai, répondit nettement l'inconnu; avant deux jours vous serez vengé de l'un et de l'autre, cela ne dépend que de votre volonté.

— Oh! alors, fit-il avec une expression de rage inexprimable, quoi que vous exigiez, je vous le donnerai, si cela est en mon pouvoir.

— Prenez-y garde, don Torribio, c'est un pacte que nous allons faire, un pacte dont il vous faudra, coûte que coûte, accomplir les conditions.

— Quelles qu'elles soient, je les accomplirai, vous dis-je, s'écria-t-il, si vous assurez ma double vengeance.

— Bien! jurez-moi par ce qu'il y a de plus sacré au monde que, quoi qu'il arrive, quelle que soit votre détermination ultérieure, rien de ce qui va se passer entre nous ne sera répété par vous.

— Je vous le jure *á fé de caballero* [1], señor, parlez en toute confiance.

— Vous m'avez demandé qui je suis il y a un instant : je suis le Chat-Tigre!

Le jeune homme tressaillit involontairement en entendant ce nom redouté; mais se remettant aussitôt :

— Fort bien! dit-il, ce nom que vous me révélez est pour ma vengeance une garantie de succès.

— Oui, n'est-ce pas? répondit le bandit en ricanant; ma réputation est faite de longue date sur la frontière. Maintenant, voici ce que j'exige de vous; pesez bien ce que vous allez entendre, réfléchissez sérieusement à ce que je vous propose, avant de me répondre, car, je vous le répète, je vous contraindrai à exécuter toutes les conditions que vous aurez acceptées.

— Parlez! fit-il avec impatience, ne vous ai-je pas dit que je voulais me venger?

— Écoutez donc alors, et souvenez-vous de votre serment. Je prépare en ce moment une expédition formidable contre le presidio de San-Lucar, dont je veux m'emparer à tout prix; pour certaines raisons qu'il est inutile que vous sachiez, j'ai réuni plusieurs tribus apaches et un grand nombre de vaqueros qui, embusqués à quelques pas d'ici, n'attendent qu'un signe de moi pour fondre comme des tigres altérés de sang et de carnage sur ce pueblo qui regorge de richesses; un allié actif et intelligent sur le concours duquel je comptais pour exécuter ce hardi coup de main m'a abandonné au dernier moment. Cet allié, vous seul pouvez le remplacer, le voulez-vous?

— Mais, s'écria le jeune homme en tressaillant, c'est une trahison que vous me proposez?

— Non, répondit-il d'une voix profonde, c'est une vengeance! une vengeance éclatante dans laquelle se confondront vos ennemis et ceux qui ont applaudi à leurs succès en riant de pitié à chacune de vos défaites.

— Comment! moi, don Torribio Quiroga, appartenant à une des anciennes familles du pays, je m'associerais à des...

Il s'interrompit avec hésitation. Le Chat-Tigre sourit avec mépris.

— A des bandits et des Peaux-Rouges pour faire la guerre à vos compatriotes, dit-il. Pourquoi hésiter à prononcer ce mot? Pour moi, ces qualifications n'ont aucune valeur : je vous offre de vous venger de ces compatriotes qui pour vous sont devenus des ennemis, puisqu'ils se sont rangés du côté de votre adversaire; c'est un duel que vous allez engager : dans un duel toutes les feintes sont bonnes pour tuer son ennemi; du reste, voilà mes conditions : je n'y changerai rien. Vous avez vingt-quatre heures pour y réfléchir.

1. Sur ma foi de gentilhomme.

Il y eut un assez long silence entre les deux hommes. La nuit était sombre; le vent sifflait tristement à travers les branches des arbres; des bruits sans nom passaient, emportés sur l'aile de la brise.

Don Torribio répondit enfin d'une voix sourde :

— Vous me donnez vingt-quatre heures, je vous en demande quarante-huit avant de prendre une détermination quelconque. Je veux faire une dernière tentative auprès de celle que je devais épouser; vous voyez que je suis franc avec vous. Du résultat de cette démarche dépendra la ligne de conduite que j'adopterai.

— Soit! fit le Chat-Tigre, mieux vaut qu'il en soit ainsi; votre concours sera plus efficace et votre volonté plus ferme lorsque votre dernière illusion vous aura été ravie. Allez donc, de mon côté je ne demeurerai pas inactif.

— Merci! Au cas où je doive vous faire connaître ma détermination, en quel endroit vous trouverai-je?

— Je vous attendrai à la baranca del Frayle.

— C'est convenu. Dieu veuille, ajouta-t-il avec un soupir, que la fatalité ne me contraigne pas à m'y rendre!

Le Chat-Tigre ricana en haussant les épaules, et, sans répondre autrement, il éperonna son cheval et disparut dans les ténèbres.

Nous avons rendu compte plus haut de la façon dont le vieux partisan avait agi ainsi qu'il l'avait promis à don Torribio.

La défection opérée parmi les Apaches, grâce à l'influence de l'amantzin, la nuit où le Chat-Tigre avait quitté les Indiens pour aller au rendez-vous qu'il avait donné au Cœur-de-Pierre, n'avait pas obtenu le succès qu'en espérait le sorcier; le retour imprévu du vieux chef avait suffi pour lui rendre toute son autorité sur les Apaches, accoutumés depuis de longues années à lui obéir, et dont les courses sur la frontière avaient toujours été fructueuses depuis qu'il les commandait.

Le Chat-Tigre n'avait même pas eu besoin de faire justice du sorcier, le Zopilote s'était chargé de ce soin; cette exécution sommaire avait produit un excellent effet sur ces natures abruptes et sauvages, que la force brutale pouvait seule dompter.

Cependant le Chat-Tigre n'avait pas voulu laisser refroidir la recrudescence de dévouement que lui témoignaient les Peaux-Rouges, et, bien que ses dernières dispositions ne fussent pas prises et que la défection du Cœur-de-Pierre lui créât de sérieux embarras pour la réussite de ses projets, il avait compris la nécessité de brusquer son expédition, au risque de la voir échouer, comptant exploiter à son profit la haine de don Torribio, dont la haute position dans la province était pour lui extrêmement avantageuse. Il avait réuni tous les Indiens en état de porter les armes dont il pouvait disposer, avait traversé le Rio-Grande del Norte, et cette troupe d'oiseaux de proie s'était abattue comme un ouragan dévastateur sur la malheureuse frontière indienne, brûlant, pillant, massacrant, et passant comme un horrible fléau sur ces magnifiques campagnes qu'ils changeaient en d'effrayants déserts.

Don Torribio Quiroga fut un des premiers à apprendre l'invasion indienne; cette nouvelle lui causa une émotion indéfinissable, mélangée de douleur et de joie ; il devina que le Chat-Tigre, en agissant avec rapidité, voulait lui donner une preuve de la franchise de sa conduite à son égard, et de la façon dont il comptait tenir la promesse qu'il lui avait faite.

Le jeune homme, qui jusqu'à ce moment avait été en proie à mille sentiments contraires, résolut de fixer enfin ses doutes et de savoir positivement ce qu'il devait craindre ou espérer de doña Hermosa et de son père ; vers neuf heures du matin il monta à cheval, et, malgré les dangers qu'il aurait sans doute à courir pendant le court trajet du presidio à l'hacienda, il réussit à quitter inaperçu San-Lucar, dont les Indiens approchaient rapidement, et se dirigea à toute bride vers le Cormillo.

A moitié chemin à peu près de l'hacienda son cheval se cabra devant plusieurs cadavres étendus, criblés de blessures, en travers du chemin ; mais don Torribio était trop préoccupé par ses propres pensées pour accorder grande attention à cette rencontre de mauvaise augure ; il jeta en passant un regard indifférent sur les cadavres, et continua sa route sans se préoccuper davantage de cet incident.

Soit à dessein, soit qu'ils eussent reconnu l'inutilité d'une attaque contre l'hacienda, les Apaches l'avaient tournée dans leur course furibonde sans en approcher. Lorsque don Torribio y arriva, il la trouva en parfait état de défense : les portes étaient fermées et barricadées avec soin, les fenêtres crénelées, et au-dessus des murailles on voyait briller aux rayons du soleil les baïonnettes de ses nombreux défenseurs.

Les soldats du poste placé à l'entrée principale livrèrent passage à don Torribio; non pas cependant avant de l'avoir, au préalable, rconnu et interrogé.

Un peon précéda le jeune homme, et après l'avoir annoncé l'introduisit dans le salon.

Trois personnes s'y trouvaient.

Don Pedro de Luna, Ña Manuela et don Esteva Diaz qui était étendu pâle et ensanglanté sur un lit de repos et semblait dormir ; sa mère, assise auprès de lui, surveillait son sommeil avec cette tendre sollicitude qui est l'apanage des mères.

Le jeune homme fit quelques pas d'un air contraint, il s'arrêta avec hésitation en voyant que personne ne paraissait s'apercevoir de sa présence.

Enfin don Pedro leva les yeux et, fixant sur lui un regard froid :

— Ah ! c'est vous, mon cousin, lui dit-il ; par quel hasard êtes-vous par ici aujourd'hui ?

— Faute d'autres motifs, répondit le jeune homme troublé par cette réception à laquelle il était loin de s'attendre et prévoyant un orage, le vif intérêt que je porte à votre famille m'aurait fait un devoir d'accourir ici en ce moment.

— Je vous remercie, mon cousin, de ce témoignage de sympathie que vous avez bien voulu nous donner, reprit don Pedro de plus en plus froidement, mais vous auriez dû vous souvenir que le Cormillo est en parfait état de défense et que nous ne courons aucun danger derrière ses murailles, avant de vous exposer au risque d'être assassiné sur la route, ainsi que cela a failli arriver à ce pauvre Estevan.

— A-t-il donc été attaqué? demanda le jeune homme.

— Oui! répondit sèchement l'haciendero, lui et une autre personne qui, moins heureuse que lui, est morte probablement; ne le saviez-vous pas?

— Moi! s'écria don Torribio avec un accent de vérité auquel il était impossible de se méprendre, comment le saurais-je?

— Pardonnez-moi, mon cousin; je suis tellement troublé par tout ce qui arrive, que je ne sais plus ce que je dis.

Le jeune homme s'inclina, puis il reprit :

— N'aurai-je pas le bonheur de présenter mes respects à ma charmante cousine? dit-il.

— Vous l'excuserez, elle est retirée dans ses appartements : la pauvre enfant est si bouleversée par les événements extraordinaires qui ont tout à coup fondu sur nous, qu'elle ne peut voir personne, pas même vous.

— Je suis d'autant plus peiné de ce contre-temps que j'aurais désiré avoir avec vous une conversation sur un sujet fort grave.

— Tant pis! mon cousin, tant pis, le moment est assez mal choisi, vous en conviendrez, pour causer d'affaires, lorsque les Indiens sont à nos portes, dévastent nos campagnes et incendient nos demeures.

— C'est vrai, mon cousin, je reconnais la justesse de votre observation; malheureusement, je me trouve placé dans des circonstances si extraordinaires par le hasard, que, s'il m'était permis d'insister...

— Ce serait inutile, mon cher don Torribio, interrompit l'haciendero avec une certaine raideur, j'ai eu l'honneur de vous dire que ma fille ne peut avoir le plaisir de vous voir.

— Excusez alors, je vous prie, mon cousin, ce que ma présence a d'intempestif, peut-être serai-je plus heureux un autre jour.

— C'est cela, un autre jour, quand nous serons délivrés de ces païens maudits et que nous n'aurons plus une mort horrible en perspective.

— Et maintenant, continua le jeune homme avec une colère mal contenue, comme je remarque que par distraction sans doute vous n'avez pas songé à m'offrir un siège, mon cousin, il ne me reste plus qu'à former des vœux pour votre sûreté et à prendre congé de vous.

L'haciendero n'eut pas l'air de remarquer le ton de mauvaise humeur avec lequel le jeune homme avait prononcé ces paroles.

— Alors adieu, don Torribio, dit-il; bon voyage; surtout soyez prudent, et ne marchez que la barbe sur l'épaule; les routes sont infestées de brigands; je serais désespéré qu'il vous arrivât malheur.

— Je suivrai votre conseil dont je vous remercie sincèrement, répondit le jeune homme, qui se détourna pour sortir.

En ce moment, don Estevan, qui, ainsi que nous l'avons dit, semblait dormir, ouvrit les yeux. En apercevant don Torribio, un éclair passa dans son regard.

— Ma mère, dit-il d'une voix faible, et vous, don Pedro, soyez assez bons pour me laisser un instant seul avec ce caballero auquel j'ai quelques mots à dire en particulier.

— A moi, señor? demanda don Torribio d'un ton de hauteur approchant du dédain.

— A vous-même, señor don Torribio Quiroga, reprit le blessé, dont la voix, sous l'influence des sentiments qui l'agitaient, s'affermissait de plus en en plus.

— Vous êtes bien faible, mon fils, dit Manuela, pour avoir un entretien avec quelqu'un.

— Peut-être serait-il plus prudent d'attendre quelques jours, mon ami, appuya don Pedro.

— Non, reprit-il, c'est aujourd'hui, à l'instant même que je dois lui parler.

— Fais donc comme tu voudras, entêté, répondit don Pedro, nous nous retirons dans la chambre à côté, de façon à pouvoir accourir à ton premier appel; venez, Manuela.

Ils sortirent.

Don Estevan demeura les yeux fixés sur la porte jusqu'à ce qu'elle se fût refermée sur eux, puis, se tournant vers don Torribio, toujours immobile au milieu du salon :

— Approchez, señor caballero, fit-il, afin que vous puissiez bien entendre ce que j'ai à vous dire.

— Je vous écoute, señor, tout en vous priant de ne pas tarder davantage à vous expliquer.

— M'y voilà : caballero, je vous avertis que j'ai enlevé le masque de l'un des bandits qui nous ont attaqués et que je l'ai reconnu.

— Je ne vous comprends pas, señor, répondit don Torribio.

— Ah! ah! vous ne me comprenez pas, señor! je m'attendais à ce que vous me répondriez ainsi; sans doute vous ignorez de même le nom de la personne qui m'accompagnait et sur laquelle les vaqueros s'acharnaient avec une rage indicible?

— Je l'ignore, en effet, caballero, reprit don Torribio toujours impassible.

— De mieux en mieux! apprenez alors que c'était don Fernando Carril, dit-il en lui lançant un regard empreint d'une ironie poignante.

— Don Fernando Carril, tué! s'écria le jeune homme avec un double étonnement.

Don Estevan sourit avec mépris.

— Écoutez encore ceci, ajouta-t-il d'un ton de menace : si don Fernando n'est pas amené dans cette hacienda sous vingt-quatre heures, je révélerai à don Pedro et à sa fille le nom de son assassin : vous m'avez compris cette fois, n'est-ce pas?

Et, vaincu par la douleur, il se laissa aller à demi évanoui sur sa couche.

Don Torribio demeura un instant anéanti par ce qu'il venait d'entendre; mais, recouvrant presque aussitôt sa présence d'esprit, il sortit rapidement de l'hacienda, et se mit en selle, et s'élança à toute bride dans la campagne en murmurant avec rage :

— Le Chat-Tigre avait raison : je n'ai plus qu'à me rendre à la baranca del Frayle.

IX.

LE PRISONNIER

Nous devons maintenant expliquer au lecteur ce qui s'était passé après la chute de don Fernando Carril, lors du guet-apens dont il avait été victime.

Aussitôt que son épée eut échappé à sa main mourante, et qu'il fut tombé aux côtés de son compagnon, les hommes masqués, qui jusqu'alors ne s'étaient risqués qu'avec une certaine défiance à s'approcher de lui, tant sa fine épée leur imposait de respect, comme le témoignaient les corps des quatre bandits dont elle avait percé la poitrine et qui gisaient sur le sable, se précipitèrent tous à la fois sur lui.

Don Fernando Carril était étendu sur le dos ; il ne donnait plus signe de vie : une pâleur mortelle couvrait son noble et beau visage ; ses lèvres entr'ouvertes laissaient voir des dents serrées ; le sang coulait à flots de plusieurs blessures qu'il avait reçues, et sa main crispée serrait encore l'arme avec laquelle il avait si longtemps lutté contre les assassins.

— Caspita ! dit l'un d'eux en le regardant attentivement, voilà un jeune seigneur qui est bien malade ; que dira le maître !

— Que voulez-vous qu'il dise, señor Carlocho ? répondit un autre ; il se défendait comme un lion : c'est sa faute ! il aurait dû se laisser prendre gentiment, et rien de tout cela ne serait arrivé. Voyez, nous avons perdu quatre hommes.

— Belle perte, sur ma foi, que ces quatre gaillards-là ! J'aurais préféré qu'il en eût tué six, et qu'il ne se trouvât pas dans cet état-là.

— Diable ! murmura le bandit, ce n'est pas aimable pour nous, ce que vous dites là, savez-vous ?

— C'est bon ! c'est bon ! aidez-moi à panser ses blessures tant bien que mal et filons au plus vite, il ne fait pas bon pour nous ici ! D'ailleurs on nous attend autre part ; ainsi faites vite.

Sans plus discuter les bandits se hâtèrent d'obéir aux ordres de Carlocho ; les blessures du jeune homme ayant été pansées tant bien que mal, son corps fut jeté en travers sur le cheval du gaucho qui semblait diriger l'expédition et toute la troupe partit au galop, sans s'occuper davantage de ceux qui avaient succombé dans la lutte, et dont les corps restaient abandonnés aux bêtes fauves.

Après une course d'une rapidité extrême et qui dura près de deux heures, ils arrivèrent enfin à un rancho abandonné.

Deux hommes s'y trouvaient, attendant leur venue avec impatience.

Ces deux hommes étaient don Torribio et le Chat-Tigre.

— Eh bien? leur cria celui-ci du plus loin qu'il les aperçut.

— C'est fait, répondit laconiquement Carlocho en mettant pied à terre, et prenant dans ses bras don Fernando qu'il porta sur un lit de feuilles.

Le jeune homme ne donnait plus signe de vie.

— Serait-il mort? demanda le Chat-Tigre en grommelant.

Carlocho secoua la tête.

— Il n'en vaut guère mieux! dit-il.

— Misérable! s'écria le chef indien avec colère, est-ce ainsi que vous exécutez mes ordres? Ne vous avais-je pas recommandé de le prendre vivant?

— Hum! fit Carlocho, j'aurais voulu vous y voir! un démon incarné qui, armé seulement d'une fine épée de parade, nous a résisté pendant plus de vingt minutes, et n'a succombé qu'après avoir tué quatre de nos plus braves compagnons.

Le Chat-Tigre sourit avec mépris.

— Vous êtes des lâches! dit-il.

Et tournant le dos au vaquero en haussant les épaules, il s'approcha du jeune homme.

Don Torribio était déjà près de lui.

— Est-il mort? lui demanda-t-il.

— Non, répondit le Mexicain au bout d'un instant, mais peu s'en faut.

— Tant pis! murmura le vieux chef, je donnerais beaucoup pour qu'il en réchappât.

Don Torribio le regarda avec étonnement.

— Que nous importe la vie de cet homme, lui dit-il, n'était-il pas votre ennemi?

— Voilà justement pourquoi je ne voudrais pas qu'il mourût.

— Je ne vous comprends pas.

— J'ai voué ma vie à l'accomplissement d'une idée, je ne m'appartiens donc plus, je dois faire à cette idée le sacrifice de mes haines et de mes amitiés.

— J'admets cela jusqu'à un certain point, mais alors pourquoi avez-vous tendu un piège à cet homme qui, d'après ce que vous m'avez dit vous-même, est un traître?

— Les hommes seront-ils donc toujours mal jugés, même par ceux qui les voient de plus près? dit le vieux partisan avec un sourire amer. Que m'importe que cet homme soit un traître? En le supprimant sans attenter à sa vie, j'atteignais le but que je me proposais en m'assurant votre alliance, puis après l'avoir pendant quelques jours retenu prisonnier pour l'empêcher d'agir contre vous et de s'opposer à votre mariage avec doña Hermosa, je l'aurais rendu à la liberté.

— Malheureusement, il est trop tard maintenant; ce qui est fait est fait; la mort de cet homme, tué obscurément dans une embuscade, nuira plus que vous ne le supposez à vos projets.

— Que son sang retombe sur votre tête, car c'est vous qui avez ordonné ce meurtre.

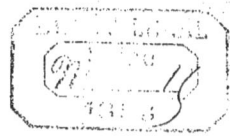

Il y eut une seconde d'attente suprême; tous les regards étaient fixés sur le blessé.

— Moi! allons donc, vous êtes fou! répondit le jeune homme.

Le Chat-Tigre regarda son nouvel allié avec des yeux agrandis par la surprise et haussa les épaules en sifflotant une seguedilla mexicaine. Il était évident que cet homme qui ne se plaisait que dans le meurtre n'avait pas compris un mot de ce que lui avait dit don Torribio.

— Bah! fit celui-ci, qu'importe un de plus ou de moins!

Le chef indien se pencha à son tour sur le corps du jeune homme et l'examina avec soin.

Les yeux étaient fermés, les traits du visage avaient la pâleur et la rigidité de la mort.

Deux ou trois vaqueros, aidés par Carlocho, lui frottaient sans relâche les tempes et la poitrine avec du rhum.

Après avoir attentivement considéré le jeune homme, le chef indien tira un couteau de sa ceinture et en approcha la lame de la bouche du blessé, puis, après l'avoir tenue ainsi deux ou trois minutes, il la regarda.

Il lui sembla qu'elle était légèrement ternie ; alors il s'agenouilla auprès de don Fernando, saisit son bras gauche, dont il releva la manche, et, après avoir cherché la veine, il la piqua avec la pointe effilée du couteau

Il y eut une seconde d'attente suprême ; tous les regards étaient fixés sur le blessé. Cette tentative était la dernière ; si elle ne réussissait pas, tout était dit : il ne savait plus d'autres moyens de le rappeler à la vie.

Les vaqueros continuaient toujours leurs frictions.

A la lèvre de la blessure faite par le couteau du chef indien, on vit peu à peu paraître et grandir un point noir qui finit par former une espèce de perle de jais qui hésita un instant et finit par tomber et couler sur le bras, poussée par une seconde qui la remplaça immédiatement pour céder la place à une troisième, puis le sang devint moins noir, moins épais, et sortit enfin en un long jet vermeil.

Le Chat-Tigre ne put réprimer un cri de triomphe : don Fernando était sauvé !

En effet, au bout de quelques minutes, le jeune homme fit un mouvement imperceptible et poussa un profond soupir.

Le chef indien se releva après avoir bandé le bras de don Fernando, et d'un signe il commanda à Pablito de le suivre dans un autre compartiment du rancho, après avoir prié don Torribio de demeurer un instant à l'endroit où il se trouvait.

Sans attendre la question que le vaquero se préparait à lui faire et qu'il voyait déjà errer sur ses lèvres fines et railleuses, le chef prit la parole avec une certaine vivacité fébrile qui montrait l'agitation intérieure de son âme.

— Vous voyez ce qui arrive, dit-il.

— Eh ! mais c'est vous qui l'avez voulu, il me semble, interrompit Pablito surpris au dernier point.

— Oui, je l'ai voulu, reprit le chef, et je remercie Dieu qui a exaucé ma prière et m'a épargné un crime odieux.

— Si vous êtes satisfait, tout va bien.

— Mais maintenant il y a autre chose ; seulement souvenez-vous que don Torribio ne doit rien savoir : pour tout le monde, pour cet homme surtout, don Fernando doit mourir.

— Parlez, je crois vous comprendre.

— Les blessures de don Fernando, quoique nombreuses, ne sont pas graves ; la perte seule du sang et la rapidité avec laquelle on l'a transporté ici ont causé l'espèce de léthargie dans laquelle il est tombé et dont il ne tardera pas à sortir.

— Bon, bon! alors que ferai-je?
— Il ne faut pas qu'il me voie.
— Très bien! ceci est la moindre des choses.
— Il ne faut pas non plus qu'il vous reconnaisse.
— Hum! c'est plus difficile, cela : il me connaît beaucoup.
— C'est important!
— On tâchera.
— Voici ce que vous allez faire.
— J'écoute.
— Je vais vous quitter à l'instant; ma présence est nécessaire ailleurs; pour vous, vous allez, sans qu'il sache par qui, faire transporter don Fernando au présidio.
— Au présidio! s'écria Pablito avec surprise.
— Oui, c'est l'endroit le plus sûr, dit le chef en tirant un papier taillé d'une certaine façon; vous le conduirez chez moi; sous aucun prétexte il ne doit en sortir; surtout il faut qu'il ignore qu'il est au présidio.
— Voilà tout?
— Oui, seulement souvenez-vous que vous me répondez de lui.
— Fort bien! A votre commandement je vous le représenterai mort ou vif.
— Vif, sa vie m'est précieuse.
— Enfin je tâcherai.
— Voyons, Pablito, soyez franc avec moi. Puis-je, oui ou non, compter sur vous?
— Enfin, dit Pablito, puisque vous tenez tant à cette misère! soyez tranquille, je vous réponds de votre prisonnier.
— Alors adieu et merci, dit le Chat-Tigre, surtout souvenez-vous bien de m'annoncer ce soir devant don Torribio la mort de son ennemi.
— Rapportez-vous-en à moi pour cela.
— Ah! murmura le vieux partisan, non, non, je ne veux pas qu'il meure, sa vie m'est trop nécessaire pour l'accomplissement de ma vengeance.

Il rejoignit don Torribio qui l'attendait avec impatience.

Tous deux montèrent sans échanger une parole sur de magnifiques mustangs qui les attendaient et disparurent bientôt dans les détours de la route.

Pablito revint auprès du blessé d'un air de mauvaise humeur en se tordant la moustache; évidemment la mission qui lui était confiée ne lui convenait que médiocrement, cependant comme le vaquero était honnête à sa façon, et que parmi les nombreuses qualités qu'il se flattait de posséder, la fidélité de sa parole était de celles dont il se piquait le plus, la pensée ne lui vint pas un seul instant d'y manquer.

— Comment va-t-il? demanda-t-il à voix basse à Carlocho.
— Mais beaucoup mieux, répondit celui-ci; c'est étonnant comme la saignée lui a fait du bien : il a déjà ouvert les yeux deux fois; il a même essayé de parler.
— Hum! nous n'avons pas de temps à perdre alors, vous allez bander les

yeux à ce gaillard-là, puis, comme il pourrait chercher à enlever son bandeau avec ses mains, vous aurez soin de les lui attacher le long du corps. Seulement, comme c'est simplement une mesure de prudence que je vous recommande, vous y mettrez toute la douceur et la délicatesse dont vous êtes susceptible : vous m'avez bien compris?

— Oui, canarios! il ne faut pas être sorcier pour cela.

— Eh bien! dépêchons! il faut que mes ordres soient exécutés dans cinq minutes, et que dans dix nous soyons partis.

Le blessé avait en effet repris des forces, car, ainsi que l'avait dit le chef, ses blessures, quoique nombreuses, étaient loin d'être graves; la perte de sang avait seule causé la prostration dans laquelle il était tombé.

Peu à peu il avait recouvré assez de connaissance pour savoir en quelles mains il se trouvait et, quoique trop faible encore pour faire le moindre geste ou opposer une résistance quelconque aux bandits qui l'entouraient, la présence d'esprit lui était assez revenue pour qu'il comprît qu'il devait agir avec la plus grande prudence et éviter d'éveiller sur son état les soupçons de gens qui n'auraient pas un instant hésité à le sacrifier à leur sûreté.

Aussi, lorsque Carlocho, d'après les injonctions de Pablito, lui mit une cravate roulée sur les yeux et lui attacha les mains, il feignit la plus grande insensibilité et se prêta à tout ce qu'on voulut de lui, intérieurement rassuré par ces précautions qui lui indiquaient que sa vie était provisoirement en sûreté.

— Maintenant que faut-il faire? demanda Carlocho.

— Prenez le blessé entre deux ou trois et portez-le avec précaution dans la barque qui m'attend à quelques pas d'ici; surtout faites attention, drôles, répondit Pablito, qu'au moindre cahot un peu dur je vous fais sauter la cervelle.

— Caraï! ne put s'empêcher d'observer le vaquero en le regardant avec surprise.

— Dame! fit Pablito en haussant les épaules, puisque vous avez été assez bêtes pour ne pas le tuer quand vous le pouviez, tant pis pour vous! maintenant vous le soignerez : cela vous apprendra une autre fois à mettre de la courtoisie, ou, si vous l'aimez mieux, de la maladresse dans un guet-apens.

Carlocho ouvrit de grands yeux à cette boutade, qu'il lui fut impossible de comprendre, mais il se hâta d'obéir.

Don Fernando fut conduit ainsi dans un canot par Pablito, Carlocho et un troisième vaquero, tandis que les autres s'éloignaient par terre, en emmenant avec eux les chevaux de leurs compagnons.

Trois heures plus tard le prisonnier, auquel ses conducteurs n'avaient pas adressé une parole pendant la route, était rendu au présidio, et enfermé dans une maison louée depuis quelques jours, sous un faux nom, par le Chat-Tigre, circonstance qu'ignorait le jeune homme.

Le bandeau lui avait été enlevé, la liberté de ses membres, rendue. Mais un homme masqué, placé dans sa chambre et muet comme un catafalque, ne le quittait pas des yeux.

Le blessé, fatigué des émotions sans nombre de la journée, plus encore affaibli par le sang qu'il avait perdu, s'en rapporta provisoirement au hasard du soin de le tirer de la position fâcheuse et incompréhensible dans laquelle il se trouvait, et, fermant les yeux après avoir jeté autour de lui ce regard en apparence distrait, mais auquel rien n'échappe, propre aux prisonniers, il s'endormit d'un sommeil profond qui dura plusieurs heures et qui rendit à son esprit tout son calme et toute sa lucidité primitive.

Les gens attachés à son service, quoique muets et masqués, avaient pour lui les plus grands soins et semblaient prendre à tâche de satisfaire tous ses désirs et de contenter ses moindres caprices.

Dans le fait, la position était tolérable : au fond, elle ne manquait pas d'une certaine originalité; don Fernando, convaincu au bout de deux jours que, loin d'en vouloir à sa vie, on cherchait au contraire à guérir ses blessures le plus tôt possible, finit par prendre bravement son parti en attendant des temps meilleurs.

Le troisième jour de sa captivité, don Fernando, dont les blessures, qui n'étaient que des estafilades, se trouvaient presque cicatrisées, s'était levé, un peu pour essayer ses forces et un peu afin de tâcher, en jetant des regards au dehors, de reconnaître où il était en cas d'une tentative d'évasion qu'il mûrissait tout doucement dans son esprit.

Le temps était magnifique, un chaud rayon de soleil entrait joyeusement par les fenêtres et venait tracer de larges raies sur le plancher de la chambre à coucher qui servait de prison au jeune homme.

Il se sentit tout ragaillardi et essaya quelques pas sous le regard de son inévitable gardien, dont les yeux flamboyants ne le quittaient pas d'une seconde.

Tout à coup une clameur formidable se fit entendre et une volée de canon fit vibrer les vitres.

— Qu'est cela? demanda le jeune homme.

Le gardien haussa les épaules sans répondre.

Le pétillement sec de la fusillade se mêla en ce moment au bruit du canon; il était évident qu'un combat acharné se livrait à peu de distance.

Le gardien, toujours impassible, ferma les fenêtres.

Don Fernando s'approcha de lui. Les deux hommes se considérèrent un instant; maintes fois le jeune homme avait adressé la parole à cette sentinelle de granit sans parvenir à en tirer une réponse; il hésita une seconde avant de tenter un nouvel effort.

— Ami, dit-il enfin d'une voix douce, que se passe-t-il au dehors?

L'homme resta muet.

— Répondez-moi, au nom du ciel ! reprit-il en insistant; ce que je vous demande est peu de chose, vous ne manquerez pas aux instructions qui vous ont été données, en m'instruisant.

En ce moment le bruit sembla se rapprocher; des pas pressés mêlés à des cris résonnèrent à peu de distance.

Le gardien se leva avec inquiétude, tira son machette du fourreau, sortit un pistolet de sa ceinture et se dirigea vers la porte, mais elle s'ouvrit subitement avec force et un homme s'élança dans la salle, le visage bouleversé et en proie à la plus grande frayeur.

— Alerte! alerte! cria-t-il, nous sommes perdus!

Le gardien fit reculer d'un geste don Fernando et se plaça résolument devant la porte, sur le seuil de laquelle parurent au même instant quatre hommes masqués et armés jusqu'aux dents.

— Arrière! dit le gardien. Nul n'entre ici, s'il n'a le mot d'ordre.

— Le voici, dit un des arrivants. Et d'un coup de pistolet, il lui fit sauter le crâne.

Celui-ci tomba lourdement sur la face en poussant un hurlement de rage.

Les quatre hommes lui passèrent sur le corps, attachèrent solidement son compagnon, qui, réfugié dans un coin, tremblait de terreur, et, s'avançant vers don Fernando, qui ne comprenait rien à cette scène étrange, l'un d'eux lui dit :

— Vous êtes libre, caballero; venez, il vous faut quitter à l'instant cette maison.

— Qui êtes-vous d'abord, répondit le jeune homme, vous qui prétendez être mes libérateurs?

— Nous ne pouvons vous l'expliquer ici, venez, hâtez-vous de nous suivre, répondit l'homme masqué.

— Non, pas avant de savoir qui vous êtes.

L'autre fit un geste d'impatience et, se penchant à son oreille :

— Insensé! lui dit-il, vous ne voulez donc pas revoir doña Hermosa?

Don Fernando rougit d'espoir.

— Je vous suis, dit-il avec émotion.

— Tenez, reprit l'homme masqué, prenez ces pistolets et cette épée, tout n'est pas fini encore, peut-être aurons-nous besoin de combattre.

— Oh! fit le jeune homme avec joie, je vois à présent que vous êtes envoyé réellement pour me sauver : je vous suivrai où vous voudrez.

Et il s'empara des armes qu'il passa dans sa ceinture.

Ils sortirent à pas précipités des appartements.

— Eh quoi! dit don Fernando en mettant le pied dans la cour, suis-je donc dans le présidio de San-Lucar?

— Vous l'ignoriez? lui demanda son guide.

— Comment l'aurai-je appris? on m'a conduit ici les yeux bandés.

Plusieurs chevaux étaient attachés tout sellés à des anneaux.

— Pourrez-vous vous tenir à cheval? reprit l'inconnu.

— Je l'espère, répondit le jeune homme.

— Il le faut, dit péremptoirement l'inconnu.

— Alors je m'y tiendrai, quand je devrais en mourir.

— C'est bien! en selle et partons.

Au moment où ils débouchaient dans la rue, une troupe de dix ou douze cavaliers arrivait à toute bride sur eux ; elle n'était éloignée que de vingt pas au plus.

— Voici l'ennemi! dit l'inconnu d'une voix basse et ferme; bride aux dents et chargeons! il faut leur passer sur le ventre ou mourir!

Les cinq hommes se rangèrent sur une seule ligne et s'élancèrent à fond de train sur les arrivants, contre lesquels ils déchargèrent leurs pistolets à bout portant et qu'ils sabrèrent au passage.

— Caraï! s'écria Pablito avec rage, — car c'était lui qui commandait les arrivants, — mon prisonnier s'échappe!

Et, faisant faire un écart à son cheval, il s'élança sur don Fernando.

Celui-ci, sans ralentir sa course, déchargea son pistolet, et le cheval du vaquero, frappé d'une balle à la tête, roula sur le sol en entraînant son cavalier.

Pablito se releva tout meurtri de sa chute; ceux qui l'avaient si brusquement assailli avaient disparu.

— Oh! je les retrouverai! s'écria-t-il avec rage.

Cependant les fugitifs avaient gagné le bord du fleuve et étaient arrivés à un endroit où une barque les attendait.

— C'est ici que nous nous séparons, dit l'inconnu à don Fernando en se démasquant.

— Estevan? s'écria le jeune homme.

— Moi-même, ami, répondit le mayordomo. Cette barque va vous conduire à l'hacienda del Cormillo; partez sans retard, et, ajouta-t-il en se penchant à son oreille et en lui remettant un papier plié en quatre, lisez ceci avec attention, peut-être pourrez-vous nous venir en aide à votre tour.

— Oh! soyez tranquille, il me faut une vengeance.

— Adieu, ou plutôt au revoir, mon ami!

— Merci! Doña Hermosa, la reverrai-je?

— Il m'est défendu de vous rien dire à ce sujet.

— Autre chose alors : quel est l'homme qui me retenait prisonnier, le savez-vous?

— Oui, seulement ils étaient deux : le Chat-Tigre et don Torribio Quiroga.

— Ah! fit-il en fronçant les sourcils, je m'en souviendrai, merci encore une fois, Estevan!

Et faisant un signe aux rameurs, il s'assit dans la barque, qui partit avec rapidité et se confondit bientôt dans les premières ombres de la nuit qui envahissaient la terre.

Trois personnes restaient sur la plage, suivant d'un regard inquiet les mouvements de la frêle embarcation.

Ces trois personnes étaient don Estevan Diaz, doña Hermosa et Ña Manuela.

X

LE CAMP DES PEAUX-ROUGES

Grâce aux soins empressés de don Pedro et de sa fille, don Estevan n'avait pas tardé à revenir à la santé.

Son premier soin avait été de révéler à l'haciendero, ainsi qu'il en avait fait la menace à don Torribio, le nom de l'homme qui l'avait si lâchement attaqué et entre les mains duquel don Fernando était tombé.

De ce moment, don Torribio avait été perdu dans l'esprit de don Pedro et de sa fille.

Après ce commencement de vengeance, le mayordomo s'était mis en campagne afin d'apprendre des nouvelles de son ami; le hasard lui avait été favorable en lui faisant rencontrer el Zapote. Le digne et consciencieux vaquero était alors dans les meilleures dispositions pour donner tous les renseignements qu'on lui demanderait, ayant été le matin même, par suite d'une veine funeste qui s'était acharnée sur lui, complètement décavé au *monte* et laissé sans un ochavo. Au moyen de quelques onces adroitement données, le mayordomo parvint à apprendre dans les plus grands détails tout ce qui s'était passé et le lieu dans lequel était caché don Fernando.

Aussitôt qu'il eut appris ce qu'il désirait savoir, don Estevan se hâta de laisser là le vaquero et de retourner à l'hacienda.

Doña Hermosa n'était pas une femme ordinaire : elle était douée d'une grande énergie; de plus, elle aimait don Fernando : elle résolut de le délivrer, mais elle garda le silence, craignant d'inquiéter son père; seulement elle manifesta le désir d'aller passer un jour ou deux à l'hacienda de las Norias, ce à quoi consentit facilement don Pedro, à la condition qu'elle prendrait avec elle une escorte nombreuse de peones résolus et bien armés.

Au lieu de se rendre à l'hacienda, la jeune fille était venue au présidio, dans lequel elle était parvenue à s'introduire sans être aperçue par les Indiens.

Une fois dans le pueblo, elle avait révélé son projet à don Estevan.

Celui-ci fut effrayé du sang-froid avec lequel la jeune fille lui détailla le plan qu'elle avait conçu, plan dans lequel non seulement elle, mais encore la mère du mayordomo, devait jouer un rôle.

Tous les efforts que tenta le jeune homme pour la faire renoncer à son projet furent inutiles; bon gré mal gré il fallut qu'il lui obéît.

Lorsque la barque qui emportait don Fernando eut disparu, don Estevan se tourna vers doña Hermosa.

— Et maintenant, lui dit-il, señorita, que voulez-vous faire?

— Maintenant, répondit-elle d'une voix brève, je veux m'introduire dans le camp des Apaches et voir don Torribio.

Le mayordomo ne put s'empêcher de tressaillir.

— C'est le déshonneur et la mort qui vous y attendent! dit-il d'une voix sourde.

— Non, reprit-elle résolument, c'est la vengeance!

— Vous le voulez?

— Je l'exige.

— Très bien, dit-il, je vous obéirai. Allez vous habiller, je vous conduirai moi-même au camp des Indiens.

Les trois personnes retournèrent à la maison de don Pedro, où elles logeaient, sans échanger une parole.

La nuit était complètement venue. Les rues étaient désertes. Un silence de mort pesait sur la ville, illuminée par les sinistres lueurs du vieux présidio,

Les trois personnages marchaient d'un pas ferme au milieu des décombres.

que depuis deux jours les Indiens brûlaient, après l'avoir livré au pillage, et dont on voyait les diaboliques silhouettes se dessiner au milieu des ruines et des décombres.

Arrivé a la maison, Estevan s'arrêta dans la cour.

— Réfléchissez à ce que vous allez faire, señorita, dit-il : à quoi bon vous venger? celui que vous préférez n'est-il pas en sûreté à présent?

— Oui, mais il a failli être tué ; ce qui a manqué une première fois peut réussir une seconde. Don Torribio m'a frappé dans mes plus chères affections, ma résolution est prise, il saura ce qu'est la vengeance d'une femme.

— Rien ne pourra vous faire changer de résolution ?

— Rien, dit-elle d'une voix ferme.

— Allez donc vous préparer, señorita, je vous attends ici.

Les deux femmes entrèrent dans la maison tandis qu'Estevan s'asseyait pensif sur une des marches du perron.

Son attente ne fut pas longue. Au bout de dix minutes les deux femmes sortirent.

Elles avaient revêtu le costume complet des Apaches ; les peintures dont elles avaient recouvert leur visage complétaient l'illusion et les rendaient méconnaissables.

Estevan ne put retenir un cri d'admiration, tant la transformation était entière.

— Oh ! dit-il, vous êtes bien réellement des Indiennes ainsi.

— Croyez-vous donc, reprit doña Hermosa avec un sourire ironique, que don Torribio seul ait le privilège de changer à volonté et de se transformer à sa guise ?

— Qui peut lutter avec une femme? fit Estevan en secouant la tête. Et maintenant que voulez-vous de moi? continua-t-il.

— Peu de chose, répondit doña Hermosa, votre protection jusqu'aux premières lignes indiennes.

— Et ensuite ?

— Ensuite, le reste nous regarde.

— Mais vous ne comptez pas rester ainsi seules au milieu des païens ?

— Au contraire, il faut que nous y restions.

— Ma mère ! dit tristement le jeune homme, voulez-vous donc tomber aux mains de ces barbares païens ?

— Rassurez-vous, mon fils, dit la vieille dame avec un doux regard, je ne cours aucun danger.

— Mais cependant...

— Estevan ! interrompit doña Hermosa d'une voix brève, je vous réponds de votre mère.

Le mayordomo baissa la tête avec découragement.

— Enfin, dit-il d'un air peu convaincu, à la grâce de Dieu !

— Partons, dit doña Hermosa en s'enveloppant avec soin dans les plis d'un manteau.

Le jeune homme marchait en avant.

La nuit était épaisse, çà et là des feux mourants, autour desquels dormaient étendus les défenseurs du présidio, ne jetaient qu'une lueur pâle et incertaine, insuffisante pour se guider dans les ténèbres qu'ils augmentaient au lieu de les dissiper.

Une lugubre tristesse pesait sur la ville, au-dessus de laquelle planait un silence de plomb, qui n'était interrompu par intervalles que par les cris rauques des vautours, des urubus et des caracaras, qui se disputaient les cadavres de ceux qui avaient succombé dans le dernier combat, et dont ils traînaient çà et là de larges lambeaux de chair saignante.

Les trois personnages marchaient d'un pas ferme au milieu des décombres, trébuchant contre les pans de murs qui jonchaient la terre, enjambant les cadavres, et troublant l'horrible festin des oiseaux de proie qui s'envolaient avec de sourds glapissements de colère.

Ils traversèrent ainsi la ville presque dans toute sa longueur et arrivèrent enfin, après des détours sans nombre et avec des difficultés inouïes, à l'une des barrières placées en face du camp des Indiens, dont on voyait scintiller à peu de distance les nombreuses lumières, et dont on entendait les cris et les chants. Les sentinelles, après avoir échangé quelques mots avec le guide, laissèrent passer les trois personnages; à quelques pas en dehors, Estevan s'arrêta, ses compagnes l'imitèrent.

— Doña Hermosa, dit-il d'une voix basse et entrecoupée, voici le camp des Indiens devant vous; si je vous accompagnais plus loin, mon escorte pourrait vous être fatale, je dois donc m'arrêter ici; du reste, quelques pas à peine vous séparent du but que vous voulez atteindre.

— Merci, et au revoir, Estevan, dit la jeune fille en lui tendant la main.

Le jeune homme retint cette main dans la sienne.

— Señorita, dit-il d'une voix profonde, un mot encore.

— Parlez, mon ami.

— Au nom de ce que vous avez de plus cher au monde, renoncez à votre funeste projet; croyez-en mon expérience, il en est temps encore, et retournez à l'hacienda del Cormillo; vous ne savez pas quels dangers vous menacent.

— Estevan, répondit résolument la jeune fille, quels que soient ces dangers, je les brave; rien ne pourra me faire changer de résolution. Ainsi donc, au revoir!

— Au revoir! murmura tristement le digne jeune homme.

Doña Hermosa se retourna et s'avança d'un pas ferme du côté du camp des Indiens, Na Manuela hésita une seconde avant de la suivre, et tout à coup elle se jeta dans les bras de son fils.

— Ah! s'écria celui-ci avec une émotion terrible, surtout chez un pareil homme, reste avec moi, ma mère, je t'en supplie!

— Oh! répondit la digne femme avec noblesse en désignant la jeune fille, la laisserai-je donc se sacrifier seule?

Estevan ne répondit pas.

Manuela l'embrassa une dernière fois, puis faisant un effort suprême, elle s'échappa des bras de son fils, qui cherchait en vain de la retenir, et d'un bond elle rejoignit doña Hermosa.

Le mayordomo les suivit avec anxiété des yeux autant qu'il lui fut possible de les distinguer dans les ténèbres, avec lesquelles elles ne tardèrent pas à se confondre.

Alors il poussa un soupir qui ressemblait à un rugissement, et il reprit à grands pas la route qu'il venait de parcourir en murmurant à voix basse :

— Pourvu que j'arrive à temps, et qu'il ne se soit pas encore présenté à don José Kalbris.

Au moment où Estevan arrivait au fort, le gouverneur en sortait en compagnie de don Torribio Quiroga : mais le Mexicain, absorbé par les idées qui bourrelaient son cerveau, ne remarqua pas les deux cavaliers qui passèrent à le toucher sans attirer son attention.

Ce funeste hasard fut la cause d'un malheur irréparable.

Après avoir quitté le jeune homme, les deux femmes marchèrent pendant quelques instants au hasard, se dirigeant vers les lumières qui se trouvaient devant elles.

Arrivées à une certaine distance, elles s'arrêtèrent pour reprendre haleine et afin de calmer les mouvements de leur cœur qui battait à se rompre dans leur poitrine.

A présent que quelques pas à peine les séparaient des toldos des Indiens, leur projet leur apparaissait avec tout ce qu'il avait de hasardeux et de téméraire, et, quelque résolution qui les animât, les pauvres femmes sentaient malgré elles leur courage les abandonner, et leur cœur se glacer d'effroi à la pensée de l'horrible drame dans lequel elles allaient jouer le principal rôle.

Chose étrange! ce fût Manuela qui rendit à sa compagne la fermeté qui l'abandonnait.

— Señorita, lui dit-elle, à mon tour de vous servir de guide; à présent, si vous consentez à suivre mes conseils, j'espère que nous parviendrons à conjurer les nombreux dangers qui nous menacent.

— Parle, répondit doña Hermosa, je t'écoute, nourrice.

— Il nous faut d'abord laisser ici ces manteaux qui cachent nos vêtements et nous feraient immédiatement reconnaître pour des blanches.

En disant ces mots, elle se dépouilla de son manteau qu'elle jeta loin d'elle, doña Hermosa l'imita sans hésiter.

— Maintenant, reprit-elle, marchez près de moi; quoi qu'il arrive, ne témoignez aucune crainte et surtout ne prononcez pas un seul mot, sans quoi nous serions perdues sans rémission.

— Bien, fit la jeune fille.

— Nous sommes, continua Manuela, deux Indiennes qui ont fait au Wacondah un vœu pour la guérison de leur père blessé. Vous m'avez bien comprise. Surtout pas un mot !

— Allons! et que Dieu nous protège.

— Ainsi soit-il, répondit Manuela en faisant dévotement le signe de la croix.

Elles se remirent en marche.

Cinq minutes plus tard elles entraient dans le camp.

Les Indiens, enivrés des faciles succès qu'ils avaient obtenus sur les Mexicains, se livraient à la joie la plus vive.

Ce n'était que chants et danses de toutes parts.

Quelques barils d'aguardiente, découverts dans le vieux présidio et dans les haciendas pillés aux environs, avaient été traînés dans le camp et défoncés.

Aussi un désordre inouï, un tohu-bohu étrange et sans nom régnait parmi les Indiens, que l'ivresse rend fous furieux et capables des plus grands excès.

Le pouvoir des sachems était méconnu ; du reste, la plupart d'entre eux étaient dans le même état que les guerriers, et nul doute que, si les habitants de San-Lucar avaient eu des forces suffisantes pour tenter une surprise, ils eussent fait un massacre épouvantable de ces créatures abruties par les liqueurs fortes et incapables de se défendre en ce moment.

Grâce au désordre, les deux femmes purent escalader la ligne du camp sans être remarquées : alors, le cœur palpitant, les membres frissonnants de terreur, mais le visage calme et impassible, elles glissèrent comme des couleuvres parmi les groupes, passant inaperçues au milieu des buveurs, qui les heurtaient à chaque pas, cherchant au hasard, s'en rapportant à la Providence ou à leur bonne étoile du soin de leur faire trouver parmi tous ces toldos construits pêle-mêle celui qui servait d'habitation au grand visage pâle.

Depuis assez longtemps déjà elles erraient ainsi, au hasard, sans avoir fait aucune mauvaise rencontre; enhardies par le succès, leur terreur s'était presque entièrement dissipée, et elles échangeaient parfois entre elles un regard d'encouragement, lorsque tout à coup un Indien d'une taille athlétique saisit doña Hermosa par la ceinture, et, l'enlevant de terre, lui appliqua un vigoureux baiser sur le cou.

A cette insulte inattendue, la jeune fille poussa un cri de frayeur et, faisant un effort surhumain, elle se dégagea des bras de l'Indien, qu'elle repoussa loin d'elle avec force.

Le sauvage recula en trébuchant sur ses jambes avinées et roula sur le sol avec un cri de rage, mais se relevant presque aussitôt il bondit comme un jaguar sur la jeune fille.

Ña Manuela se jeta vivement devant elle.

— Arrière! dit-elle en posant résolument sa main sur la poitrine de l'Indien, cette femme est ma sœur.

— El Zopilote est un guerrier qui ne supporte pas une insulte, répondit le sauvage en fronçant les sourcils et en dégainant son couteau.

— Veux-tu donc la tuer! fit la vieille dame avec effroi.

— Oui, je veux la tuer, reprit-il, si elle ne consent pas à me suivre dans mon toldo; elle sera la femme d'un chef.

— Tu es fou, reprit Manuela, ton toldo est plein, il n'y a pas place pour un autre feu dedans.

— Il y a place pour deux encore, répondit l'Indien en ricanant. Et, puisque cette femme est ta sœur, tu la suivras.

Au bruit de cette discussion, un groupe d'Indiens s'était formé autour des deux femmes, qui se trouvaient être le centre d'un cercle qu'il leur était impossible de franchir.

Manuela mesura d'un coup d'œil la gravité de la position dans laquelle elle se trouvait; elle se vit perdue.

— Eh bien! reprit el Zopilote en saisissant de la main gauche la chevelure de doña Hermosa, qu'il enroula autour de son poignet, et en brandissant son couteau, ta sœur et toi, me suivrez-vous dans mon toldo?

Doña Hermosa s'était affaissée sur elle-même; à demi renversée sur le sol, les yeux fermés, elle attendait le coup mortel.

Manuela se redressa, ses yeux lancèrent un éclair, et, arrêtant résolument le bras du Zopilote :

— Puisque tu le veux, chien! dit-elle d'une voix forte, que ton destin s'accomplisse! Regarde-moi, le Wacondah ne laisse pas impunément insulter ses esclaves.

Jusqu'à ce moment la vieille dame avait tâché, autant que possible, de se tenir de façon à ce que son visage restât dans l'ombre et que nul ne pût distinguer ses traits; mais alors elle se plaça tout à coup en pleine lumière.

En apercevant les bizarres peintures de son visage, les Indiens poussèrent un cri de surprise et se reculèrent avec effroi.

Manuela sourit de son triomphe, elle voulut le compléter.

— Le pouvoir du Wacondah est immense, dit-elle : malheur à qui voudrait s'opposer à ses desseins! C'est lui qui m'envoie. Arrière tous!

Et, saisissant le bras de doña Hermosa, à peine remise de l'émotion terrible qu'elle venait d'éprouver, elle s'avança vers un des côtés du cercle.

Les Indiens hésitèrent un instant. Manuela étendit le bras avec un geste de suprême commandement : les sauvages, vaincus, s'écartèrent à droite et à gauche et lui livrèrent passage,

— Je me sens mourir! murmura doña Hermosa.

— Courage! lui dit Manuela à voix basse, nous sommes sauvées!

— Oh! oh! dit une voix goguenarde, que se passe-t-il donc ici? et un homme se plaça devant les deux femmes en leur lançant un regard moqueur.

— L'amantzin! murmurèrent les Indiens, et, rassurés par la présence de leur sorcier, ils se pressèrent de nouveau contre les prisonnières.

Manuela tressaillit intérieurement et sentit le désespoir s'emparer d'elle en voyant perdu le résultat de sa ruse; cependant la courageuse femme voulut tenter un dernier effort.

— Le Wacondah aime les Indiens, dit-elle, c'est lui qui m'envoie vers l'amantzin des guerriers apaches.

— Ah! répondit le sorcier d'un accent railleur, et que me veut-il?

— Nul autre que toi ne doit l'entendre.

— Ooah! dit l'amantzin en s'approchant de la vieille dame, sur l'épaule de laquelle il posa la main en la regardant fixement; quelle preuve me donnes-tu de la mission dont t'a chargé l'esprit tout-puissant?

— Veux-tu me sauver? lui dit rapidement et à voix basse Ña Manuela.

— C'est selon, répondit l'autre, dont les yeux étincelèrent, en se fixant sur la jeune fille, cela dépend d'elle.

Doña Hermosa réprima un geste de dégoût.

— Tiens, reprit Ña Manuela en lui présentant les riches bracelets en or incrustés de perles fines qui ornaient ses bras.

— Och! fit le sorcier en les cachant dans sa poitrine, c'est beau, que veut ma mère?

— Être débarrassée de ces hommes d'abord.

— Et ensuite?

— Délivre-nous premièrement.
— Il sera fait ainsi que tu le veux.

Les Indiens étaient restés immobiles, spectateurs impassibles de cette courte conversation, qu'ils n'avaient pu entendre ; le sorcier se tourna vers eux, et, leur montrant un visage bouleversé par la frayeur :

— Fuyez ! dit-il avec un accent terrible : cette femme porte un mauvais sort ; le Wacondah est irrité ; fuyez ! fuyez !

Les Indiens, que la présence seule de leur sorcier rassurait, le voyant en proie à cette terreur pour eux indéfinissable, se jetèrent les uns sur les autres et se dispersèrent de tous les côtés, sans en demander davantage.

Dès qu'ils eurent disparu derrière les toldos :

— Eh bien ! dit l'amantzin aux deux femmes, croyez-vous que je puisse vous protéger ?

— Oui, répondit Manuela, et je remercie mon père, il est aussi puissant qu'il est sage.

Un sourire d'orgueil satisfait se dessina sur les lèvres minces du cauteleux Indien.

— Je puis me venger de ceux qui me trompent, dit-il.

— Aussi n'essaierai-je pas de tromper mon père, répondit la Mexicaine.

— D'où vient ma fille blanche ? demanda-t-il.

— De l'arche du premier homme, répondit-elle avec assurance en le regardant bien en face.

Le sorcier rougit.

— Ma fille a la langue fourchue du cougouar, dit-il, me prend-elle pour un iguane que l'on trompe comme une vieille femme ?

— Voici un collier, dit-elle en présentant un riche collier de perles à l'Indien, que le Wacondah m'a remis pour l'homme inspiré des Apaches.

— Och ! fit le sorcier, ma mère ne peut pas mentir, elle est sage ; quel service puis-je encore lui rendre ? ajouta-t-il en envoyant, après y avoir jeté les yeux, le collier rejoindre les bracelets.

— Je veux que mon père me conduise au toldo du grand chef blanc qui combat dans les rangs des guerriers apaches.

— Ma fille désire parler au visage pâle ?

— Je le désire.

— Ce guerrier est un chef sage, recevra-t-il des femmes ?

— Que cela n'embarrasse pas mon père, il faut que cette nuit je parle au grand chef.

— Bon ! ma mère lui parlera, mais cette femme ? ajouta-t-il en désignant doña Hermosa.

— Cette femme, répondit Manuela, est une amie du Chat-Tigre, elle aussi est chargée d'une mission auprès du sachem.

Le sorcier secoua la tête.

— Les guerriers fileront la laine des vigognes, dit-il, puisque les femmes font la guerre et s'assoient au feu du conseil.

— Mon père se trompe, reprit la vieille dame, le sachem aime ma sœur.

— Non, répondit l'Indien.

— Voyons, dit la Mexicaine impatientée des tergiversations du sorcier, et craignant le retour de ses persécuteurs, mon père refuse-t-il de me conduire au toldo du grand chef ? Qu'il y prenne garde, il nous attend.

Le sorcier lui lança un regard perçant, la vieille dame le supporta sans baisser les yeux.

— Bon ! dit-il, ma mère n'a pas menti, qu'elle me suive.

Et, se plaçant entre les deux femmes, qu'il saisit chacune par un poignet, il les guida à travers le dédale inextricable du camp.

Les Indiens qu'ils rencontraient sur leur passage s'éloignaient avec des signes non équivoques d'une grande frayeur.

L'Amantzin n'était pas fâché de ce qui était arrivé, car, à part le profit qu'il avait retiré de cette rencontre, l'incident qui en avait été la suite avait servi à raffermir son pouvoir aux yeux des crédules et superstitieux Indiens, qui le supposaient réellement inspiré par le Wacondah : aussi son visage rayonnait de joie.

Après un quart d'heure à peu près de marches et de contre-marches, ils arrivèrent à un toldo devant lequel était planté le *totem* des tribus réunies entouré de lances frangées d'écarlate et gardé par quatre guerriers.

— C'est ici, dit le sorcier à Manuela.

— Bon ! répondit la Mexicaine ; que mon père nous fasse entrer seules.

— Dois-je vous quitter ?

— Oui, mais mon père peut nous attendre au dehors.

— J'attendrai, répondit brièvement le sorcier en jetant un regard soupçonneux sur les deux femmes.

A un geste de l'Amantzin, les sentinelles placées devant le toldo livrèrent passage à celles qu'il conduisait.

Elles entrèrent le cœur palpitant ; le toldo était vide.

Elles ne purent réprimer un soupir de satisfaction ; l'absence de don Torribio leur donnait le temps de se préparer à l'entrevue que doña Hermosa désirait avoir avec lui.

L'Amantzin était demeuré debout à l'entrée du toldo ; cet homme, élevé depuis peu à cette dignité par l'influence du Chat-Tigre, était son âme damnée et lui servait d'espion.

XI

LE RENÉGAT

Don Torribio Quiroga et don José Kalbris pressaient leurs chevaux afin de sortir le plus promptement possible de l'enceinte du présidio.

Le gouverneur était heureux du secours que le commandant de la province lui envoyait.

Il ne doutait pas qu'avec les vaqueros qui lui arrivaient, il lui fût facile d'obliger les Indiens à lever le siège du présidio ; il comptait même profiter

Le gouverneur gisait le crâne horriblement fracassé.

de l'occasion pour donner aux Apaches, ces éternels ravageurs des frontières mexicaines, une si rude leçon, que de longtemps ils ne tenteraient d'envahir le territoire de la Confédération.

Ils arrivèrent à une barrière gardée par un poste considérable composé en partie de vaqueros et d'habitants bien armés.

— C'est par ici qu'il nous faut sortir, dit don Torribio au gouverneur.

— A vos ordres.

— La nuit est noire, continua le jeune homme, des bandes de vagabonds indiens se sont répandues dans tout le pays : nous allons probablement faire une ou deux lieues au-devant de nos hommes ; je crois qu'il n'est pas prudent que nous nous aventurions seuls.

— Ce que vous dites est on ne peut plus juste, répondit don José.

— Vous comprenez, vous êtes le gouverneur du présidio, reprit don Torribio avec un sourire indéfinissable ; si les Peaux-Rouges nous attaquaient et qu'ils vous fissent prisonnier, cela pourrait avoir pour la ville des conséquences on ne peut plus graves ; je ne parle pas de moi, dont la prise serait d'un mince avantage pour les Indiens, mais vous, c'est autre chose ; je vous engage à y réfléchir sérieusement avant que nous nous aventurions plus loin. Qu'en dites-vous ?

— Ma foi ! je dis que vous avez raison, colonel, et que ce serait une imprudence impardonnable.

— Ainsi...

— Ainsi, je crois que le mieux que nous ayons à faire est de prendre une escorte.

— Oui, appuya don Torribio, de cette façon nous serons tranquilles, n'est-ce pas ? Combien prenons-nous d'hommes ?

— Oh ! une dizaine tout au plus.

— Bah ! prenons-en vingt, on ne sait pas qui on peut rencontrer sur la route à cette heure de nuit ; qui sait si nous ne tomberons pas au milieu d'une centaine d'Indiens ? Il faut pouvoir leur tenir tête.

— Va pour vingt, puisque vous le désirez, répondit don José d'un ton de bonne humeur, et soyez assez complaisant, puisque c'est ainsi, pour les choisir vous-même.

— Soyez tranquille, répondit don Torribio avec un sourire sardonique.

Alors il s'avança vers les défenseurs du poste, qui à l'arrivée du gouverneur s'étaient mis sous les armes, et sépara vingt cavaliers qui sur son ordre vinrent immédiatement se ranger derrière lui.

— Maintenant, lorsque vous le voudrez, gouverneur, nous partirons.

— En route, alors, répondit celui-ci en piquant son cheval.

L'escorte s'ébranla en même temps. Don José Kalbris et don Torribio Quiroga marchaient à quelques pas en avant de ceux qui les accompagnaient.

Tout alla bien pendant trois quarts d'heure environ. Au bout de ce temps, le gouverneur, malgré l'attrayante causerie de don Torribio, dont la conversation était un feu roulant de reparties spirituelles et qui jamais ne s'était autant mis en frais pour plaire à don José, celui-ci commença à ressentir une vague inquiétude.

— Pardon ! colonel, dit-il à son compagnon en l'arrêtant subitement, mais ne trouvez-vous pas comme moi qu'il soit étrange que ceux au-devant desquels nous allons ne se présentent pas encore ?

— Pas le moins du monde, señor, répondit don Torribio, peut-être le capitaine qui les commande n'a-t-il pas osé s'engager avant mon retour dans des routes qu'il ne connaît pas.

— Cela est possible, dit au bout d'un instant le gouverneur.

— Je le crois probable, reprit Torribio, et en ce cas nous avons encore une lieue à peu près à faire avant de les rencontrer.

— Marchons donc alors.

Ils reprirent leur marche, mais cette fois elle était silencieuse; nos deux personnages semblaient absorbés dans de profondes méditations.

Parfois, don Torribio relevait la tête et jetait autour de lui un regard investigateur.

Tout à coup le hennissement lointain d'un cheval traversa l'espace.

— Qu'est cela? demanda don Torribio.

— Eh! mais, répondit le gouverneur, ce sont probablement ceux que nous cherchons.

— Qui sait? reprit l'autre : dans tous les cas, soyons prudents.

Et après avoir fait signe au gouverneur de l'attendre à l'endroit où il se trouvait, il piqua des deux et ne tarda pas à disparaître dans l'ombre.

Dès qu'il fut loin et seul, don Torribio descendit de cheval et appliquant son oreille sur le sol, il écouta :

— Demonios! murmura-t-il en se relevant en toute hâte et en se remettant en selle. On nous poursuit, il n'y a pas un instant à perdre; ce bandit de don Estevan m'aurait-il reconnu?

— Eh bien! lui demanda le gouverneur dès que don Torribio fut de retour, que se passe-t-il?

— Rien, répondit don Torribio d'une voix brève, rien qui doive vous intéresser.

— Alors?...

— Alors, repartit le jeune homme en lui posant la main gauche sur le bras et avec un accent terrible : Don José Kalbris, rendez-vous, vous êtes mon prisonnier!

— Que voulez-vous dire? répondit le vieux soldat en tressaillant; êtes-vous fou, don Torribio?

— Ne m'appelez plus don Torribio, señor, dit le jeune homme d'une voix sombre. Je suis maintenant un misérable sans nom et sans patrie que la soif de la vengeance a poussé parmi les Apaches.

— Trahison! s'écria le gouverneur. A moi, soldats! défendez votre colonel!

— Ces hommes ne vous défendront pas, don José, ils me sont dévoués; rendez-vous, vous dis-je!

— Non, je ne me rendrai pas! reprit résolument le gouverneur; don Torribio ou qui que vous soyez, vous êtes un lâche!

Et, faisant faire un écart à son cheval, il se débarrassa de l'étreinte du jeune homme et mit le sabre à la main.

Le galop rapide de plusieurs chevaux se fit entendre au loin.

— Ah! ah! dit le gouverneur en armant un pistolet, serait-ce un secours qui m'arrive?

— Oui, répondit don Torribio froidement, mais il viendra trop tard.

Sur son ordre les vaqueros entourèrent le gouverneur, sur lequel il se précipitèrent tous à la fois.

De deux coups de pistolets don José en renversa deux.

Alors il y eut une mêlée terrible dans les ténèbres.

Don José, sachant que tout moyen de salut lui manquait, résolu à vendre chèrement sa vie, accomplissait des prodiges ; faisant cabrer son cheval à droite et à gauche, il parait les coups qui lui étaient portés et ripostait en frappant dans la masse confuse qui s'agitait autour de lui avec des hurlements sauvages.

Cependant le bruit des cavaliers qui arrivaient augmentait à chaque instant, le galop des chevaux résonnait avec un bruit semblable à celui du tonnerre.

Don Torribio vit qu'il fallait en finir, s'il ne voulait pas que sa proie lui échappât : d'un coup de pistolet il cassa la tête du cheval du gouverneur.

Don José roula sur le sol, mais se relevant vivement, il porta au renégat un coup de sabre que celui-ci para en faisant un bond de côté, et, appuyant le canon d'un pistolet sur sa tempe :

— Un homme comme moi ne se rend pas à des chiens comme vous, dit don José ; tenez, bêtes fauves, disputez-vous mon cadavre.

Et il se fit sauter la cervelle.

Au même instant plusieurs coups de feu retentirent et une troupe de cavaliers bondit comme un tourbillon sur les vaqueros.

Le major Barnum et Estevan guidaient les arrivants.

La lutte ne dura que quelques secondes. A un coup de sifflet de don Torribio, les vaqueros tournèrent bride et se mirent à fuir dans toutes les directions.

Ils eurent bientôt disparu dans les ténèbres.

Sept ou huit cadavres restèrent étendus sur le terrain.

— Que faire? demanda le major Barnum.

— Nous sommes arrivés trop tard, répondit tristement Estevan, don José se sera fait tuer plutôt que de se laisser enlever.

— Oui, dit le major, c'était un brave soldat : mais comment rejoindre ces démons à présent, afin de savoir à quoi nous en tenir?

— Ne nous occupons pas d'eux, major, ils sont déjà dans leur camp ; je me trompe fort, ou nous aurons bientôt le mot de l'énigme, laissez-moi faire.

Le mayordomo mit pied à terre et coupa avec son machete une branche de ces pins résineux qui croissent si abondamment dans ce pays ; il alluma du feu, et au bout de quelques minutes il eut une torche.

Alors à la lueur de la flamme rougeâtre et incertaine, il commença, suivi du major, à examiner les corps étendus sans vie sur la terre.

Leur recherche ne fut pas longue. Le gouverneur gisait, le crâne horriblement fracassé ; il tenait encore à la main l'arme fatale ; son visage avait conservé une expression de défi hautain et de courage indomptable.

— Le voilà ! dit don Estevan.

Le major ne put retenir une larme qui coula silencieusement sur son visage hâlé.

— Oui, murmura-t-il, il est mort en soldat, en faisant face à l'ennemi, mais, hélas ! il est tombé dans une embuscade, victime d'une trahison, tué par un homme de sa couleur. Mon vieil ami devait-il donc finir ainsi !

— Dieu l'a voulu, répondit philosophiquement le jeune homme.

— Oui, dit le major, à nous d'accomplir notre devoir comme il a accompli le sien.

Ils relevèrent le cadavre, le placèrent en travers sur un cheval, et la petite troupe regagna tristement le présidio.

Cependant don Torribio était en proie à un violent dépit ; son projet n'avait pas réussi. Ce n'était pas la mort du gouverneur de la colonie qu'il voulait, car cette mort, loin de lui être utile, lui était, au contraire, préjudiciable, en inspirant aux Mexicains le désir de la vengeance et en les engageant à résister jusqu'au dernier soupir, et à s'ensevelir sous les ruines du présidio plutôt que de se rendre à leurs féroces ennemis. Ce qu'il avait voulu, c'était s'emparer de don José, de le tenir prisonnier entre ses mains, et par ce moyen arriver à traiter avec les habitants.

Mais la résistance énergique du vieux soldat et le parti qu'il avait pris de se brûler la cervelle plutôt que de se rendre avaient dérangé tous ses plans. Aussi, pendant que ses compagnons se réjouissaient entre eux de ce qu'ils regardaient comme un succès, mais qui pour lui était une défaite, rentrait-il sombre et mécontent.

Manuela et doña Hermosa avaient profité de l'absence du chef pour quitter leur déguisement indien et reprendre leur costume.

Lorsque don Torribio arriva à son toldo, le sorcier, qui ne s'était pas éloigné depuis qu'il y avait introduit les deux femmes, s'avança vers lui.

— Que veux-tu ? lui demanda-t-il.

— Que mon père me pardonne, répondit respectueusement le sorcier ; deux femmes se sont cette nuit introduites dans le camp.

— Que m'importe cela ? interrompit le chef avec impatience.

— Ces femmes, quoique revêtues du costume indien, sont blanches, dit l'amantzin en appuyant sur ses paroles.

— Que me fait cela ? ce sont probablement des femmes de vaqueros.

— Non, répondit le sorcier en secouant la tête, leurs mains sont trop blanches et leurs pieds trop petits pour cela.

— Ah ! fit le chef que ces mots commençaient à intéresser, et qui les a faites prisonnières ?

— Personne, elles sont venues seules.

— Seules ?

— Oui, elles ont, disent-elles, d'importantes communications à faire à mon père.

— Ah ! fit le chef en lançant un regard profond au sorcier, et comment mon père sait-il cela ?

— C'est moi qui les ai protégées et les ai introduites dans le toldo de mon père.

— Elles sont donc là ?

— Oui, depuis près d'une heure.

Don Torribio prit quelques onces qu'il remit au sorcier.

— Je remercie mon frère de ce qu'il a fait, dit-il avec agitation, il a bien agi.

L'amantzin s'inclina avec une grimace de singe.

Le jeune homme s'élança vers le toldo, dont il souleva vivement le rideau ; il ne put retenir un cri de joie et d'étonnement en reconnaissant doña Hermosa.

Celle-ci sourit.

— Que signifie cela ? dit-il à part lui.

Et il s'inclina gracieusement devant la jeune fille.

Doña Hermosa ne put s'empêcher d'admirer le jeune homme : son riche costume militaire lui allait à ravir ; en faisant ressortir tous les mâles avantages de son visage et de sa taille, il lui donnait quelque chose de majestueux dont l'attrait était indéfinissable.

— Quel nom dois-je vous donner, caballero? lui dit-elle en lui faisant signe de prendre place à ses côtés.

— Donnez-moi le nom qui vous conviendra le plus, señorita, répondit-il respectueusement : si vous vous adressez à l'Espagnol, nommez-moi don Torribio ; au contraire, si c'est à l'Indien que vous voulez parler, les Apaches ne me connaissent que sous le nom de *Maudit*, ajouta-t-il avec tristesse.

— Pourquoi cette redoutable qualification ? dit-elle.

Il y eut un moment de silence.

Les deux interlocuteurs s'examinaient avec soin.

Doña Hermosa cherchait une transition pour arriver à parler du but de sa visite. Lui, il se demandait intérieurement quelle raison avait pu déterminer la jeune fille à se rendre auprès de lui.

Ce fut don Torribio qui, le premier, reprit la parole.

— Est-ce bien moi que vous cherchiez en venant ici, señorita? dit-il.

— Et qui donc? répondit-elle.

— Vous excuserez cette insistance de mauvais goût, reprit-il, mais ce qui m'arrive en ce moment me semble tellement extraordinaire, que j'ai peine encore, quoique je vous voie, quoique je vous entende, à ajouter foi à un si grand bonheur : tout cela me semble un rêve, je crains de me réveiller.

Cette espèce de madrigal fut prononcé avec l'accent qu'aurait employé don Torribio Quiroga en visite chez don Pedro de Luna, accent qui ajoutait encore à l'étrangeté de cette scène, tant il était en désaccord avec les objets intérieurs et le lieu dans lequel se trouvaient les deux interlocuteurs.

— Mon Dieu! dit doña Hermosa du même ton léger que le jeune homme employait avec elle, je veux faire cesser votre peine, et me dépouiller à vos yeux de cette apparence de sorcière dont vous n'êtes pas loin de me croire douée.

— Vous n'en resterez pas moins une enchanteresse pour moi, interrompit-il avec un sourire.

— Vous êtes un flatteur; dans toute cette affaire, s'il existe un sorcier, c'est le pauvre Estevan, qui, sachant que je voulais absolument vous voir, m'a dit en quel lieu je vous rencontrerais : ainsi, si vous avez un brevet de sorcier à accorder, donnez-le à Estevan, car lui seul y a droit.

— Je ne l'oublierai pas dans l'occasion, dit le jeune homme, sur le front duquel passa un nuage : mais revenons à vous, je vous prie, car vous seule m'intéressez; après le bonheur de vous voir, bonheur dont je vous serai éternellement reconnaissant, m'est-il permis de vous demander à quelle circonstance extraordinaire je dois cette faveur dont je jouis et que je ne puis m'expliquer?

— Oh! à une cause bien simple, fit la jeune fille en lui lançant un regard acéré.

Le jeune homme s'inclina sans répondre, doña Hermosa continua :

— Une jeune fille de mon âge et surtout de mon rang, dit-elle d'une voix profondément accentuée, ne tente pas une démarche aussi... tranchons le mot, aussi singulière que celle que je fais en ce moment, sans y être poussée par des motifs graves.

— J'en suis convaincu.

— Quels motifs peuvent être assez graves pour déterminer une femme à mettre de côté la modestie instinctive de son sexe et à faire bon marché de sa réputation? Il n'en est qu'un. Lorsque les intérêts de son cœur sont en jeu, lorsque son amour est intéressé à la question... Trouvez-vous que je parle clairement, don Torribio? commencez-vous à me comprendre?

— Oui, señorita, répondit-il avec émotion.

— La dernière fois que nous nous sommes rencontrés, mon père vous reçut un peu brusquement peut-être, vous mon fiancé; fou de jalousie, croyant notre mariage rompu, furieux contre mon père et contre moi, quelques minutes plus tard vous preniez congé et vous vous retiriez la rage et la haine dans le cœur.

— Ma cousine, je vous jure...

— Je suis femme, don Torribio; nous autres femmes, nous possédons un instinct qui ne nous trompe jamais : croyez-vous donc que moi, qui allais vous épouser, je n'avais pas deviné l'amour que vous aviez pour moi?

Le jeune homme la regarda avec une expression indéfinissable.

— Quelques jours plus tard, continua-t-elle, don Fernando Carril tombait dans un guet-apens et était laissé pour mort sur la place. Pourquoi avez-vous fait cela, don Torribio?

— Je ne nierai pas, señorita, que j'ai cherché à me venger de celui que je considérais comme un rival : mais, je vous le jure, je n'avais pas ordonné sa mort.

— Je le savais, dit-elle avec une expression adorable; il est inutile de vous disculper.

Don Torribio la regardait sans comprendre.

Elle continua en souriant :

— Celui que vous croyiez votre rival ne l'était pas; à peine aviez-vous quitté l'hacienda que j'avouais à mon père que je n'aimais que vous, et que jamais je ne consentirais à en épouser un autre.

— Il serait possible! s'écria le jeune homme en se levant avec impétuosité : oh! si je l'avais su!

— Rassurez-vous, le mal que vous avez fait est en partie réparé : don Fernando, enlevé par mes ordres des mains de Pablito, est en ce moment à l'hacienda de las Norias, d'où il ne tardera pas à partir pour Mexico ; mon père, qui n'a jamais rien su me refuser, m'a permis d'aller rejoindre celui que je préfère.

Et elle lança au jeune homme un regard chargé d'une indicible expression d'amour.

Don Torribio était confondu ; une foule de sentiments opposés se combattaient dans son cœur ; il n'osait croire aux paroles de la jeune fille ; un doute lui restait, doute cruel : si elle se jouait de lui ?

— Eh quoi ! dit-il, vous m'aimeriez encore ?

— Ma présence n'est-elle pas assez significative ? répondit-elle. Pourquoi serais-je venue ici ? quelle raison pouvait m'y obliger ?

— C'est vrai, s'écria-t-il en tombant à ses genoux ; pardonnez-moi, señorita, je suis fou, je ne sais ce que je dis, oh ! c'est trop de bonheur !

Un sourire de triomphe éclaira le visage de la jeune fille.

— Si je ne vous aimais pas, dit-elle, ne pouvais-je pas épouser don Fernando, puisque maintenant il est près de nous à l'hacienda ?

— Oui, oui, vous avez raison, cent fois, mille fois raison ! O femmes ! créatures adorables, qui peut jamais sonder vos cœurs ?

Doña Hermosa réprima un sourire sardonique : elle avait abattu le lion à ses pieds ; cet homme si fort était vaincu ; elle était sûre désormais de sa vengeance.

— Que répondrai-je à mon père ? dit-elle.

Le jeune homme se releva, ses yeux lancèrent des éclairs, son front s'éclaira, et, d'une voix profonde :

— Señorita, répondit-il avec une expression de bonheur inexprimable, dites à votre père que ma vie entière ne suffira pas pour payer le doux instant que je viens de passer près de vous. Dès que le présidio de San-Lucar sera pris, j'aurai l'honneur de me présenter à l'hacienda de don Pedro de Luna.

XII

VOLONTÉ FÉMININE.

Toute situation extrême, lorsqu'elle est arrivée à son point culminant, doit immédiatement avoir une réaction en sens opposé : ce fut ce qui arriva aussitôt après la scène que nous avons rapportée dans le précédent chapitre.

Don Torribio, ivre de bonheur, ne se livrait qu'avec une instinctive défiance aux assurances d'amour que lui donnait doña Hermosa.

Cependant l'invraisemblance même de la démarche tentée auprès de lui

A peine Manuela avait-elle fait quelques pas qu'une main vigoureuse saisit la bride de son cheval.

par la jeune fille épaississait encore sur ses yeux le bandeau qu'elle y avait tendu avec tant d'adresse.

Les hommes d'une haute intelligence sont tous malgré eux atteints d'une faiblesse qui souvent cause leur perte, ils ne peuvent croire que les personnes qui les environnent ou qui flattent leurs penchants soient assez fortes pour les tromper.

Ce fut ce qui arriva dans cette circonstance. Comment se méfier d'une jeune fille, d'une enfant de vingt ans à peine, dont les manières paraissaient si naïves, dont le regard était chargé de tant de langueur et qui avouait si franchement son amour?

Quel intérêt pouvait-elle avoir à le tromper, puisque don Fernando Carril était sauvé? Dans quel but serait-elle venue se livrer entre ses mains, sans possibilité de lui échapper?

Cela lui paraissait absurde et l'était en effet jusqu'à un certain point.

Cela prouvait seulement que don Torribio, un homme d'État avant tout, doué de qualités éminentes et qui toute sa vie n'avait eu qu'un but, l'accomplissement des rêves de son ambition, s'était constamment absorbé dans ses hautes combinaisons politiques et n'avait pas étudié cet être pétri de malice, de grâce et de perfidie, que l'on appelle la femme, et qu'il ne la connaissait pas.

La femme, — la femme américaine surtout, — ne pardonne jamais une insulte faite à celui qu'elle aime : c'est l'arche sainte à laquelle nul ne doit toucher.

Et puis, disons-le, doña Hermosa avait été le seul, l'unique amour de don Torribio; c'était une croyance, une religion pour lui, et toute considération disparaissait à ses yeux devant cette preuve que la jeune fille venait de lui donner.

— Maintenant, lui dit-elle, puis-je rester dans votre camp jusqu'à ce que mon père vienne, sans craindre d'être insultée?

— Commandez, señorita, vous n'avez ici que des esclaves, répondit-il en s'inclinant.

— Cette femme, grâce à la protection de laquelle j'ai pu parvenir jusqu'à vous, va se rendre à l'hacienda de las Norias.

Don Torribio s'avança vers le rideau du toldo et frappa deux fois dans sa main.

Un guerrier indien parut.

— Qu'un toldo soit préparé pour moi : je cède celui-ci à ces deux femmes des visages pâles, dit le jeune homme en langue apache; une troupe de guerriers choisis que mon frère commandera veillera incessamment à leur sûreté; malheur à celui qui n'aura pas pour elles le plus profond respect! Ces femmes sont sacrées, libres d'aller, de venir et de recevoir qui bon leur semblera. Mon frère m'a compris?

Le guerrier s'inclina sans répondre.

— Que mon frère fasse préparer deux chevaux.

L'Indien sortit.

— Vous le voyez, señorita, continua-t-il en s'inclinant devant la jeune fille, vous êtes reine ici.

— Je vous remercie, répondit doña Hermosa. Tirant alors de sa poitrine une lettre préparée d'avance et qui n'était pas cachetée : J'étais, continua-t-elle, certaine du résultat de l'entretien que je voulais avoir avec vous; aussi, vous le voyez, je l'annonçais à mon père avant même de vous voir. Tenez, ajouta-t-elle avec un charmant sourire sur les lèvres, mais avec un tremblement intérieur, lisez, don Torribio, ce que j'écris à mon père.

— Oh! señorita, dit-il en repoussant la lettre du geste, ce qu'une fille écrit à son père est sacré; nul autre que lui ne doit le lire.

Doña Hermosa referma lentement la lettre sans témoigner la moindre émotion du péril immense qu'elle venait de courir, et la remettant à Manuela :

— Ma mère, lui dit-elle, vous ne donnerez ce billet qu'à mon père seul, et vous lui expliquerez ce que je ne puis lui marquer sur ce papier.

— Permettez-moi de me retirer, señorita, interrompit don Torribio; je ne veux rien savoir des instructions que vous avez à donner à votre suivante.

— Je m'y oppose, fit-elle d'une voix mutine, je ne dois plus avoir rien de caché pour vous; désormais vous connaîtrez mes plus secrètes pensées.

Le jeune homme sourit avec bonheur; en ce moment on amena les chevaux.

Doña Hermosa profita des quelques paroles que don Torribio échangea avec l'Apache pour dire rapidement à Manuela :

— Il faut que ton fils soit ici dans une heure, s'il est possible.

La vieille femme lui fit un signe d'intelligence.

Le jeune Mexicain rentra dans le toldo.

— Je vais accompagner moi-même Na Manuela jusqu'auprès des retranchements du présidio, dit-il : de cette façon vous serez sûre que votre émissaire n'aura couru aucun danger.

— Je vous remercie, répondit doña Hermosa.

Les deux femmes se jetèrent dans les bras l'une de l'autre, et s'embrassèrent comme si elles ne devaient plus se revoir.

— N'oublie pas! murmura doña Hermosa.

— Soyez tranquille, répondit Manuela.

— Vous êtes ici chez vous, señorita, dit don Torribio, personne n'y pénétrera sans votre assentiment.

Doña Hermosa le remercia d'un sourire et l'accompagna jusqu'à la sortie du toldo; Manuela et le jeune homme montèrent à cheval et partirent.

La jeune Américaine les suivit des yeux dans la nuit, et lorsque le pas de leurs chevaux se fut confondu aux autres bruits du camp elle rentra dans le toldo en murmurant :

— La partie est engagée, maintenant il faut qu'il me dévoile ses projets.

Un quart d'heure plus tard, Manuela et son guide arrivèrent à cinquante pas au plus du pueblo.

Les deux voyageurs n'avaient pas échangé une parole.

— Ici vous n'avez plus besoin de moi, dit don Torribio; gardez ce cheval, il pourra vous servir; que Dieu vous conduise!

Sans ajouter une parole, il tourna bride et regagna le camp, laissant la vieille dame seule.

Celle-ci ne s'effraya pas, elle jeta un regard autour d'elle afin de s'orienter, puis elle s'avança résolument du côté de la ville dont la masse sombre s'élevait devant elle à une légère distance.

A peine Manuela avait-elle fait quelques pas dans cette direction qu'une main vigoureuse saisit la bride de son cheval, tandis qu'un pistolet était appuyé sur sa poitrine, et qu'une rude voix lui disait à voix basse en espagnol :

— Qui vive?
— Ami! répondit-elle en réprimant un cri d'effroi.
— Ma mère! reprit la voix avec la joie la plus vive.
— Estevan, mon fils chéri! s'écria-t-elle avec bonheur, et elle se laissa aller dans les bras de son fils, qui la tint un instant serrée contre sa vigoureuse poitrine.
— D'où viens-tu donc ainsi? reprit-il au bout d'un instant.
— Du camp des Peaux-Rouges.
— Déjà? fit-il avec étonnement.
— Oui, ma maîtresse m'envoie vers toi.
— Et qui était l'homme qui t'accompagnait, petite mère?
— Don Torribio lui-même.
— Malédiction! murmura le mayordomo. Je l'ai laissé échapper, et depuis cinq minutes je le tenais au bout de mon fusil... Enfin! Mais ne restons pas ici. Viens avec moi; lorsque tu seras en sûreté, tu me rapporteras ce que ta maîtresse t'a chargé de me dire.

Lorsqu'ils furent au présidio, Estevan se fit raconter par sa mère ce qui leur était arrivé pendant leur expédition.

— Oh! dit-il plusieurs fois, les femmes sont des démons, les hommes ne sont que des niais à côté d'elles.

Lorsque Manuela eut terminé son récit:

— Il n'y a pas un instant à perdre, lui dit-il, ma mère; il faut absolument que don Pedro reçoive sa lettre cette nuit. Le pauvre père doit être dans une inquiétude mortelle.

— Je vais partir, dit Manuela.

— Non, reprit-il, tu as besoin de repos. J'ai avec moi un homme qui s'acquittera parfaitement de cette commission.

— Comme tu voudras, fit-elle en lui remettant la lettre.

— Oui, cela vaudra mieux ainsi; entre dans cette maison, la digne femme à qui elle appartient me connaît et elle aura soin de toi.

— Iras-tu trouver doña Hermosa?

— Pardieu! pauvre demoiselle, penses-tu que je veuille la laisser ainsi sans protection au milieu des païens, et puis, qui sait! peut-être ce qu'elle a à me dire est-il important pour nous.

— Merci, Estevan! toujours dévoué! Je te reconnais bien là.

— Que veux-tu, mère? dit le mayordomo en riant, il paraît que c'est ma vocation.

Il embrassa sa mère, la fit entrer dans la maison, et, après l'avoir chaudement recommandée à la propriétaire, il ressortit et se mit à la recherche de l'émissaire qu'il voulait expédier à don Pedro de Luna.

Autour d'un feu brillant allumé au milieu d'une rue, plusieurs hommes reposaient enveloppés dans leurs manteaux.

Estevan secoua rudement du pied l'un des dormeurs.

— Allons, allons, Tonillo! lui dit-il, debout, mon garçon, il faut partir pour l'hacienda de las Norias.

— Mais j'en arrive il y a à peine une demi-heure, murmura le lepero encore à moitié endormi en se frottant les yeux.

— Je le sais bien, répondit le jeune homme, c'est pour cela que je t'y renvoie, tu dois en bien connaître la route ; d'ailleurs, c'est de la part de doña Hermosa.

— De la part de doña Hermosa ! s'écria le lepero, que ce nom réveilla subitement ; et se levant avec vivacité : parlez, que faut-il faire ?

— Bien, mon ami, voilà comme je vous aime ; vous allez monter à cheval sans délai et porter cette lettre à don Pedro ; elle est de sa fille, c'est vous dire combien elle est importante.

— Très bien, je pars à la minute.

— Je n'ai pas besoin de vous avertir que vous ne devez pas vous laisser enlever ce griffonnage.

— Je le vois bien, canarios !

— Vous vous ferez tuer plutôt que de le livrer.

— Oui, soyez tranquille, mayordomo.

— Et, même après votre mort, on ne le trouvera pas ?

— Je le mangerai plutôt, rayo de Dios !

Le Zapote, un quart d'heure après, s'élançait au galop sur la route de l'hacienda.

— A mon tour, maintenant, murmura le jeune homme dès qu'il fut seul. Comment parvenir jusqu'à doña Hermosa ?

Il paraît qu'il trouva facilement le moyen qu'il cherchait, car ses sourcils, qui s'étaient froncés, s'écartèrent, et il se dirigea gaîment vers le fort.

Après une conférence avec le major Barnum, qui, depuis la mort du gouverneur, avait pris le commandement de la ville, Estevan quitta son costume ; il se déguisa en Indien et se dirigea vers le camp des Apaches.

Quelques minutes avant le lever du soleil, il était de retour à la ville.

— Eh bien ? lui demanda sa mère.

— Tout est pour le mieux, répondit-il. Vive Dios ! je crois que doña Hermosa fera payer cher à ce démon maudit l'enlèvement de don Fernando Carril.

— Dois-je aller la rejoindre ?

— Non, ce n'est pas nécessaire.

Et, sans entrer dans de plus grands détails, le jeune homme, qui tombait de fatigue, alla prendre quelques heures de repos.

Quelques jours se passèrent sans que les Indiens attaquassent de nouveau la ville, ils se contentèrent de la resserrer de plus en plus, sans chercher à s'en emparer ; leur projet semblait être de ne pas tenter un nouvel assaut, mais d'affamer ses habitants et de les obliger ainsi à se rendre.

La ville était si étroitement bloquée qu'il était impossible aux assiégés de faire un pas au dehors ; toutes leurs communications étaient coupées, et les vivres commençaient à leur manquer ; tous les bestiaux rentrés dans la ville au commencement du siège avaient été tués les uns après les autres ; les Mexicains en étaient réduits à en manger les cuirs.

Le projet des Indiens aurait sans doute réussi, et les Mexicains, réduits à la dernière extrémité, n'auraient pas tardé à se rendre sans coup férir, mais une idée d'Estevan, communiquée au major Barnum et mise immédiatement à exécution, vint tout à coup renverser les plans du Chat-Tigre, et l'obliger à donner l'assaut, pour empêcher la révolte des tribus qui l'accompagnaient.

L'assaut était ce que désiraient le plus les Mexicains, que les angoisses de la faim réduisaient au désespoir.

Estevan fit confectionner deux cent cinquante pains de froment qu'il satura d'arsenic; il fit charger ces pains sur quelques mules qui restaient dans la ville, en les accompagnant de quatre-vingts barils d'eau-de-vie mélangée de vitriol; puis, avec dix hommes sûrs qui le suivirent, il sortit en escortant cet effroyable chargement, et alla passer à quelques pas des retranchements des Peaux-Rouges.

Ce qu'il avait prévu arriva : les Indiens, qui adorent l'eau-de-vie, alléchés à la vue des barils, se précipitèrent au-devant de la caravane dans l'intention de s'en emparer.

Don Estevan ne perdit pas de temps; il jeta pains et barils sur le sable, et, piquant des deux, il rentra dans la ville avec ses mules, que ses compagnons l'aidèrent à rassembler.

Les Indiens transportèrent les barils dans leur camp, les défoncèrent, et commencèrent une orgie qui ne se termina que lorsque tous les pains et toute l'eau-de-vie eurent disparu.

Plus de deux mille Indiens moururent des suites de cette ingénieuse idée du mayordomo, dans des tortures inouïes [1]; les autres, frappés de terreur, commencèrent à se débander dans toutes les directions.

Les Indiens, exaspérés dans le premier moment d'effervescence, et malgré les efforts de leur grand chef, massacrèrent sans pitié, avec des raffinements horribles, les hommes, les femmes et les enfants tombés en leur pouvoir au commencement de la guerre, et que, depuis cette époque, ils gardaient prisonniers dans le camp.

Doña Hermosa elle-même, malgré le respect qui l'entourait et le soin extrême qu'elle mettait à sortir le moins possible de son toldo, fut sur le point de tomber victime de la fureur des Indiens; le hasard seul la sauva.

Le grand chef résolut d'en finir.

Il donna par le Zopilote l'ordre à tous les sachems de se réunir en conseil dans son toldo.

Lorsque tous furent arrivés, il annonça que le lendemain à l'*endit'ha* (point du jour), l'assaut serait donné au présidio de tous les côtés à la fois.

Don Torribio, lui aussi, avait, en qualité de chef, assisté au conseil; aussitôt qu'il fut libre, il se rendit au toldo de doña Hermosa, à laquelle il fit demander un entretien.

Depuis l'arrivée de la jeune fille au camp, bien que le Chat-Tigre fût parfaitement au courant de tout ce qui s'était passé entre elle et don Torribio, il

---

1. Historique. Un fait identiquement semblable s'est passé au Carmen de Patagonie, lors d'une attaque des Indiens Pampas. — G. AIMARD.

avait évité avec le plus grand soin de se rencontrer avec elle, tout en félicitant don Torribio de l'amour que la jeune fille paraissait avoir pour lui.

Cependant un observateur se serait facilement aperçu que le Chat-Tigre cachait au fond de son cœur une arrière-pensée fatale, mais don Torribio était trop aveuglé par son amour, pour chercher à lire sur le visage impénétrable du vieux partisan.

La force de sa passion et la fureur avec laquelle il s'y abandonnait, l'étourdissaient sur la honte et le remords qui le brûlaient, lorsqu'il réfléchissait à l'infamie dont il s'était rendu coupable en trahissant lâchement les siens, pour se mêler aux hordes féroces et sanguinaires des Apaches.

La jeune fille, en apprenant que don Torribio désirait lui parler, donna ordre qu'il fût immédiatement introduit.

Doña Hermosa causait en ce moment avec son père; don Pedro de Luna, aussitôt qu'il avait reçu la lettre de sa fille, s'était hâté de se rendre auprès d'elle; depuis plusieurs jours déjà il se trouvait au camp.

L'intérieur du toldo n'était plus reconnaissable; don Torribio l'avait fait garnir de meubles précieux enlevés par les Indiens dans diverses haciendas. Des séparations avaient été construites, des cloisons placées, enfin la métamorphose était complète, et, quoique l'extérieur fût resté le même, l'intérieur était devenu, grâce aux changements qu'on lui avait fait subir, une véritable habitation européenne.

Avec don Pedro était aussi revenue Manuela, la nourrice de doña Hermosa, ce qui avait été fort agréable à la jeune fille, d'abord à cause de la confiance qu'elle avait en elle, ensuite parce que Manuela lui était indispensable pour ces mille petits services et ces soins qu'une femme du monde est habituée à se faire rendre, et qui lui sont devenus un besoin impérieux. En outre, la présence de la vieille femme, toujours en tiers lorsque don Torribio venait visiter doña Hermosa, mettait celle-ci à l'abri de toute tentative audacieuse que la violence de sa passion aurait poussé le jeune homme à commettre, et le contraignait peut-être malgré lui à ne jamais sortir des bornes d'un profond respect.

Quel que fût l'étonnement des Peaux-Rouges à la vue des changements opérés par don Torribio, la vénération et le dévouement qu'ils professaient pour le Chat-Tigre étaient si grands, qu'avec cette délicatesse innée chez les hommes de leur race ils avaient feint de ne rien voir, puisque leur chef ne jugeait pas à propos de se formaliser de la conduite du chef pâle; du reste, comme en toutes circonstances celui-ci leur prêtait un concours énergique, qu'il était toujours le premier au combat et le dernier à la retraite, ils trouvaient juste qu'il arrangeât son bonheur comme bon lui semblait, sans que personne y trouvât à redire.

— Eh bien! lui demanda doña Hermosa dès qu'elle l'aperçut, le Chat-Tigre est-il parvenu à calmer l'effervescence qui s'était emparée des tribus?

— Oui, grâce au ciel! señorita, répondit-il, mais l'action commise par le major Barnum est indigne, et plutôt le fait d'une bête fauve que d'un être civilisé!

— Peut-être le major n'est-il pas coupable, dit la jeune fille.

— Oh! les blancs sont habitués à traiter ainsi les Indiens! N'ai-je pas entendu mille fois répéter que les Peaux-Rouges ne sont pas des hommes? Toute arme qui les tue est bonne, le poison est une des plus sûres; ce crime affreux suffirait seul pour me justifier d'avoir abandonné les rangs de tels monstres.

— Ne parlons plus de cela, je vous prie; vous me faites frissonner; malgré moi je suis contrainte de vous donner raison; en voyant de telles horreurs on est près de regretter d'appartenir à la race des hommes capables de les inventer.

— Qu'a-t-on résolu dans le conseil? demanda don Pedro pour détourner la conversation.

— Demain, au lever du soleil, répondit don Torribio, un assaut général sera donné au présidio de San Lucar.

— Demain! s'écria la jeune fille avec effroi.

— Oui, reprit-il, demain, je l'espère, je me serai vengé de ceux qui furent mes frères et qui m'ont forcé à les renier! demain je serai vainqueur ou mort.

— Dieu protégera la bonne cause, don Torribio, dit doña Hermosa avec un accent indéfinissable.

— Merci! ma cousine, répondit le jeune homme, qui se méprit sur le sens de ses paroles.

Don Pedro réprima avec peine un geste de douleur.

— Pendant la bataille, qui sera rude, reprit don Torribio, je vous en conjure, señorita, ne sortez pas de ce toldo : je ne serai pas là pour vous protéger; nul ne sait, en cas de revers, jusqu'où la rage des Apaches pourrait les entraîner; je laisserai vingt hommes résolus, des vaqueros sur lesquels je puis compter, pour vous défendre; du reste, aussitôt que l'action sera terminée je vous enverrai prévenir.

— Nous quittez-vous donc déjà, don Torribio? demanda la jeune fille, à un mouvement qu'elle lui vit faire.

— Il le faut, señorita, je suis un des chefs de l'armée indienne, en cette qualité j'ai des devoirs à remplir, je dois tout préparer pour demain : je vous supplie donc de m'excuser.

— Adieu! puisqu'il le faut, don Torribio, reprit la jeune fille.

Après s'être respectueusement incliné devant doña Hermosa et son père, don Torribio se retira.

— Tout est perdu! murmura don Pedro; il est impossible que les Mexicains résistent à un assaut.

La jeune fille regarda un instant son père avec une expression étrange, et, se penchant à son oreille :

— Père, lui demanda-t-elle doucement, avez-vous lu la Bible?

— Pourquoi cette question, petite folle? répondit don Pedro.

— Parce que, reprit-elle en souriant d'un air câlin, vous avez oublié l'histoire de Dalila.

— Eh! mais, fit-il de plus en plus étonné, voudrais-tu donc lui couper les cheveux?

Un autre homme, penché en avant, semblait écouter avec anxiété les bruits de la nuit.

— *Quien sabe?* — qui sait? — dit-elle en hochant sa tête mutine, avec une délicieuse expression de bravade, et en posant un de ses doigts mignons sur ses lèvres rosées.

Don Pedro fit le geste d'un homme qui ne comprend plus du tout, et qui renonce à chercher le mot d'une énigme indéchiffrable.

XIII

BLANCS CONTRE ROUGES

Les Peaux-Rouges en général, et surtout les Apaches, lorsqu'ils sont sur le *sentier de la guerre*, ou quand ils se préparent à une expédition hasardeuse, deviennent d'une prudence extrême; les meilleures armées de nos peuples civilisés ne sauraient alors lutter avec eux de finesses et de précautions, tant ils mettent de soins à se garder et à dissimuler leurs mouvements.

Vers trois heures après minuit, au moment où le *mawkawis* blotti sous la feuillée lançait dans l'air les notes perlées de son premier chant, le Chat-Tigre et don Torribio quittèrent leurs couches et, complètement armés en guerre, sortirent de leurs toldo suivis de plusieurs guerriers apaches, et se dirigèrent, silencieux et rapides, vers le centre du camp où, autour d'un immense brasier, les principaux sachems de l'armée, accroupis sur leurs talons, fumaient leurs calumets de guerre en attendant leur grand chef.

A l'arrivée du Chat-Tigre tous les Indiens se levèrent respectueusement pour lui faire honneur.

Le Chat-Tigre, après leur avoir rendu leur salut, leur ordonna d'un signe de se rasseoir, et se tournant vers l'amantzin ou sorcier, qui était venu avec lui et marchait à ses côtés :

— Le Maître de la vie sera-t-il neutre? lui demanda-t-il; le Wacondah sera-t-il favorable aux guerriers apaches, ou bien sera-t-il contraire à la querelle que ses fils indiens réunis devant l'*atepetl* en pierre des Visages-Pâles, vont aujourd'hui vider avec leurs oppresseurs?

— Puisque les chefs le désirent, répondit le sorcier, j'interrogerai le maître de la vie.

Alors il redressa sa haute taille, se drapa dans sa robe de bison et s'avança vers le feu, dont il fit trois fois le tour en marchant de gauche à droite, tout en murmurant des paroles que personne ne pouvait comprendre, mais qui semblaient avoir un sens mystérieux; au troisième tour il emplit un *couï* d'eau, sucré de smilax, contenue dans un récipient en roseaux tressés, si serrés, qu'ils n'en laissaient pas échapper une goutte, puis, après avoir trempé une touffe d'absinthe dans le couï, il aspergea l'assemblée et vida trois fois l'eau dans la direction du soleil levant.

Penchant ensuite le corps en avant, il avança la tête et écarta les bras, paraissant écouter attentivement des bruits perceptibles pour lui seul.

Au bout de quelques secondes le mowkawis se fit de nouveau entendre à deux reprises différentes, à la droite du sorcier.

Alors son visage se décomposa et devint horrible, ses yeux injectés de sang parurent sur le point de sortir de leur orbite, une écume blanchâtre suinta aux coins de ses lèvres minces, une pâleur livide envahit ses traits, ses membres se raidirent, et son corps fut agité de mouvements convulsifs.

— L'esprit vient!... l'esprit vient! murmurèrent les Indiens avec une terreur superstitieuse.

— Silence! dit le Chat-Tigre, le sage va parler!

En effet, de la bouche contractée du sorcier sortait un sifflement pénible qui, peu à peu, se changea en paroles indistinctes d'abord, mais qui bientôt furent assez clairement prononcées pour que chacun pût les comprendre.

— L'esprit marche! dit-il, il a dénoué ses longs cheveux qui flottent au vent! son souffle donne la mort... le ciel est rouge de sang... les victimes ne manqueront pas au Wacondah, le génie du mal... Qui peut lui résister?... Seul il est maître!... la poitrine des blancs sert de gaine aux couteaux des Apaches!... Les vautours et les urubus se réjouissent... quelle ample pâture! Poussez le cri de guerre! courage, guerriers! c'est le Wacondah qui vous guide... la mort n'est rien; la gloire est tout!

L'amantzin, après avoir prononcé quelques autres paroles, dont il fut impossible de saisir le sens, roula sur le sol en proie à une violente attaque de nerfs et à des convulsions atroces.

Chose étrange! ces hommes qui, jusqu'à ce moment, avaient été pour ainsi dire suspendus à ses lèvres, écoutant avec anxiété ce qu'il disait, n'eurent pas un regard de pitié ou d'intérêt pour lui dès qu'il fut étendu sur le sol, et ils le laissèrent sans s'en occuper davantage.

C'est que l'homme assez téméraire pour toucher au sorcier lorsque l'esprit le possède, serait immédiatement frappé de mort; telle est la croyance indienne.

Quoi qu'il en soit, aussitôt que l'amantzin eut cessé de parler, le Chat-Tigre prit la parole à son tour.

— Chefs des grandes tribus apaches, dit-il d'une voix profonde, vous le voyez, le Dieu de vos pères sourit à nos efforts qu'il encourage : n'hésitons pas, guerriers; confondons par un dernier coup l'orgueil de nos tyrans; notre terre est libre à présent; un seul point est encore au pouvoir de nos oppresseurs; conquérons-le aujourd'hui, et qu'au coucher du soleil, qui, dans quelques heures, va nous éclairer, le drapeau espagnol, dont l'ombre fatale nous a si longtemps donné la misère et la mort, soit abattu pour jamais sur nos frontières! Courage! frères; les Indiens, vos ancêtres, qui chassent dans les prairies bienheureuses, recevront avec joie parmi eux ceux qui tomberont dans la bataille! Que chacun se rende au poste que je lui ai désigné; le cri rauque de l'urubus, répété trois fois à intervalles égaux, donnera le signal de l'attaque.

Les chefs s'inclinèrent devant le sachem et se retirèrent dans différentes directions. Le Chat-Tigre demeura seul, plongé dans de profondes réflexions.

Un calme imposant régnait dans la nature; il n'y avait plus un souffle dans l'air, pas un nuage au ciel; l'atmosphère était d'une transparence et d'une limpidité qui permettaient de distinguer les objets les plus éloignés. Le ciel, d'un bleu sombre, laissait voir une multitude d'étoiles étincelantes, la lune répandait à profusion ses rayons argentés, nul bruit ne troublait le majestueux silence de cette nuit splendide, si ce n'est, par intervalles, ce grondement sourd et sans cause connue, qui semble être la respiration puissante de la nature endormie.

Le chef blanc, sur le point de tenter l'effort suprême qui devait affranchir la race indienne, et préparer le succès de ses mystérieuses machinations, se laissait aller avec délices au monde de pensées qui bouillonnaient dans son cerveau; seul vis-à-vis de lui-même, il jugeait ses actes et demandait avec ferveur à Celui qui peut tout et qui, d'un regard, sonde les cœurs, de ne pas l'abandonner, si la cause pour laquelle il combattait était juste.

Une main se posa lourdement sur son épaule.

Ramené brutalement au sentiment de sa position, le Chat-Tigre tressaillit; il passa sa main sur son front moite de sueur et il se retourna. Le sorcier était près de lui, le regardant avec ses yeux de tigre et grimaçant un sinistre sourire.

— Que veux-tu, lui dit-il sèchement.

— Mon père est-il content de moi? répondit le sorcier; le Wacondah a-t-il bien parlé aux sachems?

— Oui, dit le chef en réprimant un geste de dégoût, tu peux te retirer.

— Mon père est grand et généreux, reprit le sorcier, l'esprit me fait horriblement souffrir lorsqu'il me possède.

Le Chat-Tigre prit un collier de perles dans sa poitrine, il le jeta au misérable, qui le reçut avec un cri de joie.

— Va-t'en! lui dit-il avec un geste de mépris.

L'amantzin, qui sans doute avait obtenu tout ce qu'il désirait, se retira sans ajouter un mot.

Don Torribio s'était éloigné avec les autres chefs pour se rendre à son poste, mais, arrivé à quelque distance, il leva les yeux vers le ciel et sembla calculer mentalement l'heure qu'il était par la position des étoiles.

— J'ai le temps, murmura-t-il à voix basse.

Et il se dirigea en toute hâte vers le toldo qui servait d'abri à doña Hermosa; de nombreuses et vigilantes sentinelles l'entouraient.

— Elle repose, dit-il en se parlant à demi-voix, elle repose bercée par des rêves d'enfant. Mon Dieu! vous qui savez la grandeur de mon amour et ce que je lui ai sacrifié, faites qu'elle soit heureuse!

Il s'approcha alors d'un vaquero qui, appuyé contre un arbre, fumait silencieusement sa mince cigarette, les yeux fixés sur le toldo.

— Verado, lui dit-il avec une certaine émotion qu'il ne put entièrement réprimer, je t'ai deux fois sauvé la vie au risque de la mienne. T'en souviens-tu?

— Je m'en souviens, répondit laconiquement le vaquero.

— Aujourd'hui, je viens à mon tour te demander un service : puis-je compter sur toi?

— Parlez, don Torribio : tout ce qu'un homme peut faire, je le ferai pour vous servir.

— Merci, mon bon compagnon. Ma vie, mon âme, tout ce que j'ai de plus cher au monde, enfin, est renfermé dans ce toldo; je te le confie. Me jures-tu de le défendre, quoi qu'il arrive?

— Je vous le jure, don Torribio ; ce qui est dans ce toldo est sacré ; nul, ennemi ou ami n'en approchera. Moi et les quelques hommes que vous avez mis sous mes ordres, nous nous ferons tuer à cette place, sans reculer d'une ligne, plutôt qu'une insulte soit faite à ceux ou à celles que vous aimez.

— Merci ! dit don Torribio en serrant affectueusement la main du vaquero.

Celui-ci saisit le bas du manteau de son chef et le baisa respectueusement.

Après avoir jeté un dernier regard d'amour sur le toldo qui renfermait, comme il venait de le dire, tout ce qu'il aimait au monde, le jeune homme s'éloigna à grands pas.

— Maintenant, dit-il, soyons homme, c'est contre des hommes que nous avons à combattre.

Aussitôt que le sachem les eut renvoyés à leurs postes, les chefs, dont tous les guerriers n'attendaient qu'un mot pour commencer leur mouvement, s'étaient rendus aux divers endroits où leurs tribus étaient échelonnées.

Alors les hommes, se couchant à plat ventre sur le sol, avaient commencé une de ces marches impossibles, comme les Indiens seuls sont capables d'en faire; glissant et rampant comme des serpents dans les hautes herbes, ils étaient parvenus, au bout d'une heure, à se poster, sans avoir été aperçus, au pied même des retranchements occupés par les Mexicains.

Ce mouvement avait été exécuté avec tant d'ensemble et de bonheur, que le silence de la prairie n'avait été troublé en aucune façon, et que rien ne semblait avoir bougé dans le camp, qui paraissait plongé dans le sommeil.

Cependant, quelques minutes à peine avant que les sachems reçussent les derniers ordres du Chat-Tigre, un homme revêtu du costume des Apaches avait, avant tous les autres, quitté le camp, et s'était dirigé vers la ville en s'aidant des mains et des genoux.

Arrivé à la première barricade, un autre homme qui, penché en avant, semblait écouter avec anxiété les bruits de la nuit, lui avait tendu la main pour entrer dans la ville en lui disant :

— Eh bien ! Estevan ?

— Avant une heure nous serons attaqués, major, répondit le mayordomo.

— Est-ce une attaque sérieuse ?

— Un assaut : les Indiens veulent en finir, ils ont peur d'être empoisonnés comme des rats, s'ils attendent davantage.

— Que faire ? murmura l'officier avec inquiétude.

— Nous faire tuer, répondit résolument don Estevan.

— Pardieu ! le beau conseil que tu me donnes là ! ce sera toujours notre dernière ressource.

— On peut tenter encore une autre chose.

— Laquelle ? parle, au nom du ciel !

— Tout est-il préparé comme nous en sommes convenus ?

— Oui, mais qu'avais-tu à me proposer ?

— Donnez-moi vingt-cinq vaqueros dont vous soyez sûr.

— Prends-les, et puis, où les conduiras-tu ?

— Laissez-moi faire, major, je ne vous réponds pas du succès, car les diables rouges sont aussi nombreux que les mouches, mais je puis vous assurer que j'éclaircirai leurs rangs.

— Cela ne peut pas nuire, mais les femmes et les enfants ?

— Les femmes et les enfants, major, j'ai réussi à les faire tous entrer dans l'hacienda de las Norias.

— Dieu soit loué ! nous pourrons nous battre comme des hommes ; les êtres qui nous sont chers sont en sûreté.

— Provisoirement, oui, murmura-t-il sourdement.

— Que veux-tu dire ? que crains-tu encore ?

— Dame ! quand les Indiens auront pris le présidio, il est probable qu'ils attaqueront l'hacienda.

— Tu es un niais, Estevan, dit le major en souriant, et doña Hermosa...

— C'est vrai, fit gaîment le mayordomo, je n'y pensais plus, moi, à doña Hermosa.

— Tu n'as pas autre chose à me dire ?

— Si, major, un mot encore, reprit-il vivement.

— Parle, et sois bref, le temps presse.

— Le signal de l'attaque sera trois cris d'urubus à intervalles égaux.

— Bon ! je vais me préparer alors, car ils nous attaqueront avant le jour.

Le major d'un côté et le mayordomo de l'autre allèrent de poste en poste réveiller les défenseurs de la ville et les avertir de se tenir sur leurs gardes.

La veille même de ce jour, le major Barnum avait réuni tous les habitants, et dans une harangue aussi brève qu'énergique, il leur avait appris avec la plus grande franchise la situation précaire dans laquelle se trouvait la ville, le projet qu'il avait formé pour sa défense, et il avait terminé en disant que les embarcations mouillées sous les canons du fort étaient prêtes à recueillir les femmes, les enfants, les vieillards et tous ceux des colons qui ne voudraient pas se joindre à lui dans l'état désespéré où il se trouvait, ajoutant que tous ceux qui s'embarqueraient seraient, aussitôt la nuit venue, conduits à l'hacienda de las Norias où on leur donnerait l'hospitalité.

Quelques habitants, en petit nombre, nous devons le constater, effrayés des mesures énergiques prises par le major, avaient reculé devant l'idée d'y prendre part et avaient été conduits à l'hacienda ; il ne restait donc dans la ville que des hommes résolus à vendre chèrement leur vie, et sur lesquels on pouvait absolument compter.

Aussi, lorsqu'on les réveilla, en leur annonçant l'attaque prochaine des Apaches, se placèrent-ils fièrement derrière leurs barricades, l'œil et l'oreille au guet, prêts à faire feu au premier signal.

Une heure se passa sans que rien vînt troubler la tranquillité de la nuit ; déjà les Mexicains croyaient que, de même que cela leur était arrivé plusieurs fois déjà, ils en seraient quittes pour une fausse alerte, et que les Peaux-Rouges ne les attaqueraient pas.

Tout à coup le cri de l'urubus s'éleva rauque et sinistre dans le silence.

Une seconde fois il se fit entendre, et un frémissement indicible courut dans les veines de tous ces hommes pour lesquels c'était le signal de la mort, et qui savaient que pour eux il n'existait pas de salut.

Une troisième fois le cri de l'urubus s'éleva dans l'air, plus rauque et plus sinistre. A peine la dernière note avait-elle fini de vibrer qu'une clameur effroyable éclata de tous les côtés à la fois, et les Indiens se précipitèrent en tumulte sur les retranchements extérieurs qu'ils cherchèrent à escalader.

Les Mexicains, qui les attendaient, les reçurent vigoureusement et en hommes qui, certains de succomber, veulent au moins, avant de mourir, sacrifier le plus possible de victimes.

Les Indiens, étonnés de cette résistance, à laquelle ils étaient loin de s'attendre, car leurs mesures avaient été prises si secrètement qu'ils se croyaient certains de surprendre ceux qu'ils attaquaient, reculèrent malgré eux : alors les canons chargés à mitraille les balayèrent et semèrent parmi eux le désordre et la mort.

Estevan, profitant habilement de la panique qui s'était emparée des Peaux-Rouges, s'élança à la tête de ses vaqueros au milieu d'eux et commença à les sabrer vigoureusement.

Deux fois il revint à la charge avec un courage de lion, et deux fois les Indiens reculèrent devant lui.

Tant que dura la nuit, le combat se soutint avec assez d'avantage du côté des blancs, dont le petit nombre échappait à l'œil des Apaches, et qui, abrités derrière les barricades, tiraient à coup sûr dans la masse compacte de leurs ennemis.

Au bout de deux heures à peu près de cette bataille de géants, le soleil se leva majestueusement à l'horizon et répandit sur le champ de carnage la magnifique splendeur de ses rayons.

Les Indiens saluèrent son apparition par des cris de joie, et se précipitèrent avec une frénésie nouvelle sur les retranchements dont ils n'avaient pu s'emparer jusque-là.

Leur choc fut irrésistible.

Les blancs, après une défense calculée, abandonnèrent un poste qu'ils ne pouvaient plus longtemps défendre.

Les Indiens s'élancèrent au pas de course à leur poursuite.

Mais alors une effroyable détonation se fit entendre, le sol manqua sous leurs pieds, et les malheureux, lancés dans l'espace, retombèrent en lambeaux de toutes parts.

Le sol avait été miné sous leurs pas, et le major venait de donner l'ordre de mettre le feu à la mèche.

Le résultat de cette explosion fut horrible. Les Indiens, épouvantés, commencèrent à fuir dans toutes les directions, en proie à une terreur folle, sourds à la voix de leurs sachems et ne voulant pas retourner au combat.

Un instant les blancs se crurent sauvés.

Mais le Chat-Tigre, monté sur un magnifique cheval noir comme la nuit et faisant flotter au vent le *totem* sacré des tribus unies, s'élança en avant, presque seul, bravant les coups que les Mexicains dirigeaient sur lui et criant d'une voix formidable :

— Lâches ! puisque vous ne voulez pas vaincre, au moins voyez-moi mourir !

Cette voix résonna aux oreilles des Indiens comme un sanglant reproche ; les plus poltrons eurent honte d'abandonner leur chef qui se sacrifiait si généreusement pour eux ; ils tournèrent la tête et revinrent à l'assaut avec une nouvelle ardeur.

Le Chat-Tigre paraissait invulnérable : il faisait caracoler son cheval, le lançant au plus fort de la mêlée, parant tous les coups qui lui étaient portés avec la hampe de son *totem*, qu'il élevait constamment au-dessus de sa tête, et ne cessant pas une seconde d'exciter les siens.

Les Apaches, électrisés par la téméraire audace de leur sachem, se pressaient à ses côtés et se faisaient tuer résolument en criant :

— Le Chat-Tigre ! le sachem des Apaches ! mourons pour le grand chef.

— Eh ! s'écria-t-il avec enthousiasme en montrant l'astre du jour, voyez, voyez, votre père sourit à notre valeur. En avant ! en avant !

— En avant ! répétaient les Indiens ; et ils redoublaient de furie.

Cependant cette lutte horrible ne pouvait durer longtemps encore, le major le comprenait : les Indiens avaient escaladé toutes les barricades, la ville était entièrement envahie ; on se battait de maison en maison, n'en quittant une pour passer dans une autre que lorsqu'il était impossible de s'y défendre plus longtemps.

Les Indiens, formés en masse serrée, escaladaient au pas de charge, guidés par don Torribio, la rue assez raide qui conduit au vieux présidio et au fort qui le domine.

Malgré le ravage incessant causé dans leurs rangs par les canons du fort chargés à mitraille, ils avançaient sans broncher, car ils apercevaient toujours, après chacune des décharges qui semaient la mort parmi eux, le Chat-Tigre à dix pas en avant, monté sur son cheval noir et brandissant le *totem*, et don Torribio marchant à leur tête l'épée à la main.

— Allons ! dit tristement le major à Estevan, le moment est venu d'exécuter ce que nous avons dit.

— Vous le voulez, major ? lui demanda-t-il.

— Je l'exige, Estevan, mon ami !

— Il suffit, major ; il ne sera pas dit que j'aurai désobéi à votre dernier ordre. Adieu, major, ou au revoir là-haut, car je n'échapperai pas plus que vous !

— Qui sait, mon ami ? Adieu ! adieu !

— Je ne le souhaite pas, répondit le jeune homme d'une voix sombre.

Les deux hommes se serrèrent la main, étreinte suprême, car ils savaient qu'à moins d'un miracle ils ne devaient pas se revoir.

Après ce dernier adieu, Estevan rassembla une quarantaine de cavaliers, les forma en troupe serrée, et, entre deux décharges, il se précipita à fond de train, suivi de ses hommes, sur les Indiens qui montaient.

Les Peaux-Rouges ne purent résister à cette avalanche, qui, du haut de la montagne, s'abattait sur eux : ils s'ouvrirent à droite et à gauche.

Une détonation terrible se fit entendre, le géant de pierre oscilla sur sa base.

Lorsqu'ils furent revenus de leur stupeur, ils aperçurent les cavaliers qui les avaient si fort maltraités, dans deux barques sur le fleuve et faisant force de rames dans la direction de l'hacienda de las Norias. Estevan et ceux qui l'avaient suivi étaient sauvés, trois ou quatre à peine étaient tombés en route.

Le major avait profité de la charge exécutée par les cavaliers pour se jeter avec les blancs qui restaient dans le fort, dont les portes avaient immédiatement été fermées sur lui.

Don Torribio fit signe aux Indiens de s'arrêter et il s'avança seul auprès du fort.

— Major, cria-t-il d'une voix forte, rendez-vous, vous et la garnison aurez la vie sauve.

Le major parut.

— Vous êtes un traître, un lâche et un chien ! répondit-il; vous avez assassiné mon ami, un homme qui s'était fié à votre loyauté; je ne me rendrai pas.

— C'est la mort pour vous et pour tous ceux qui vous accompagnent, reprit-il, par humanité rendez-vous, vous ne pouvez vous défendre.

— Vous êtes un lâche! vous dis-je, cria le major, voilà ma réponse.

— En arrière! en arrière! hurla le Chat-Tigre en enfonçant les éperons dans le ventre de son cheval qui fit un bond prodigieux, et partit avec la rapidité d'une flèche.

Les Indiens se précipitèrent du haut en bas de la rampe en courant comme des fous, et en proie à une terreur panique, indescriptible, mais pas assez vite pour éviter complètement le malheur qui les menaçait; le major avait mis le feu aux poudres renfermées dans le fort.

Une détonation terrible se fit entendre. Le géant de pierre oscilla deux ou trois secondes sur sa base comme un mastodonte ivre, puis, brusquement arraché du sol, il s'éleva dans l'espace, éclatant comme une grenade trop mûre.

Aux cris répétés de : *Vive la patrie !* poussés par ses défenseurs, une pluie de pierres et de cadavres horriblement mutilés tomba sur les Indiens terrifiés de cette épouvantable catastrophe, puis ce fut tout. Le Chat-Tigre était maître du présidio de San-Lucar, mais, ainsi que le major Barnum se l'était juré, le vieux bandit ne s'était emparé que de ruines et de décombres.

Ce fut avec des larmes de rage que don Torribio planta le *totem* des Apaches sur un pan de mur chancelant, seul vestige qui indiquât la place où dix minutes auparavant s'élevait le magnifique fort de San-Lucar.

XIV

PÉRIPÉTIE

Quelques jours s'étaient écoulés depuis la prise du présidio de San-Lucar.

Le pueblo avait été livré au pillage avec des raffinements de barbarie impossible à décrire.

Les principales maisons avaient seules échappé, grâce au moyen employé par le Chat-Tigre qui, pour sauver les immenses richesses qu'elles renfermaient, les avait adjugées aux sachems les plus puissants de son entourage.

Le vieux partisan avait établi son quartier général dans l'ancienne demeure que don Torribio Quirogea possédait dans le vieux faubourg, et que le jeune homme avait gracieusement fait disposer pour le recevoir.

Doña Hermosa et son père avaient repris possession de leur maison.

La ville, entièrement habitée par les Indiens, avait un aspect lugubre : plus de commerce, plus de chants joyeux, plus rien de ce qui animait jadis l'insouciante colonie mexicaine ; à chaque pas des décombres, des ruines ; çà et là abandonnés dans les rues, des cadavres, sur lesquels s'acharnaient les oiseaux de proie, empestaient l'air.

Enfin, partout on retrouvait l'aspect de la désolation qu'entraîne à sa suite une guerre acharnée entre deux races ennemies depuis des siècles.

Huit jours environ après les événements que nous avons rapportés dans le précédent chapitre, vers dix heures du matin, trois personnes, réunies dans le salon de la maison de don Pedro de Luna, causaient à voix basse.

Ces trois personnes étaient don Pedro lui-même, doña Hermosa, et le digne capataz Luciano Pedralva qui, grâce au costume hétéroclite de vaquero dont il s'était affublé, ressemblait à un affreux bandit, ce qui faisait rire malgré elle Na Manuela, placée en vedette auprès d'une fenêtre, chaque fois qu'elle jetait les yeux sur lui, au grand désespoir du capataz qui, du profond de son cœur, donnait au diable ce déguisement maudit.

— Ainsi, voilà qui est convenu, Luciano, mon ami, disait don Pedro, il faut ajuster vos flûtes et vous préparer à entrer en danse.

— C'est donc pour aujourd'hui la cérémonie ?

— Sans faute, oui, mon ami : j'avoue que nous vivons dans de singuliers temps et surtout dans de singuliers pays ; j'ai vu bien des révolutions, mais celle-là les passe toutes.

— Moi je la trouve on ne peut plus logique au point de vue des Indiens, dit doña Hermosa.

— C'est possible, mon enfant, je ne veux pas discuter avec toi, mais tu conviendras qu'il y a un mois nous étions loin de nous attendre à un si prompt rétablissement du pouvoir apache sur cette frontière.

— Vous comprenez, don Pedro, que moi je ne vois goutte à tout cela, seulement il me semble que pour un futur souverain, le Chat-Tigre n'est guère magnanime.

— Qu'entends-tu par là, Luciano, mon ami ?

— Dame ! j'entends ce que tout le monde doit entendre sans doute ; la lettre qu'il a adressée avant-hier à don Fernando est assez explicite, je suppose car il lui dit bel et bien que si, dans cinq jours, il est encore dans la colonie, il le fera pendre.

— S'il peut s'en emparer ! dit vivement doña Hermosa.

— C'est entendu, señorita, fit le capataz.

— Pourquoi t'étonner de cela, Luciano ? répondit don Pedro avec bonhomie ; mon Dieu ! l'on voit tant de choses extraordinaires dans ce monde ! Ainsi moi je connais une foule de personnes auxquelles pareilles menaces ont été faites et qui ne s'en portent pas plus mal.

— Cet égal, malgré cela je ne m'y fierais pas.

— Mais il ne s'agit pas de tout cela : vous allez retourner à l'hacienda, don Luciano, et surtout n'oubliez pas mes recommandations.

— Rapportez-vous-en à moi, seigneurie, mais un mot encore.

— Dites, mon ami, mais hâtez-vous.

— Je suis on ne peut plus inquiet de don Estevan, fit-il à demi-voix pour ne pas être entendu de Manuela; depuis six jours il a disparu sans que nous ayons eu de ses nouvelles.

Doña Hermosa sourit finement.

— Estevan n'est pas homme à se perdre sans laisser de traces ; rassurez-vous, le moment venu, vous le reverrez, dit-elle.

— Tant mieux ! señorita, car c'est un homme sur lequel on peut compter.

— Don Torribio ! fit Manuela en se retournant.

— Hum ! dit le capataz, il est temps que je disparaisse alors.

— Venez, venez, dit la mère du mayordomo.

Après s'être incliné devant doña Hermosa et don Pedro, le capataz suivit Manuela.

A peine la porte par laquelle sortait le capataz était-elle refermée, qu'une autre s'ouvrait pour livrer passage à don Torribio.

Le jeune homme portait un magnifique costume indien ; son front était soucieux et son regard triste ; il s'inclina devant la jeune fille, serra amicalement la main de don Pedro, et sur un geste muet de doña Hermosa prit un siège.

Après les premiers compliments, la fille de l'haciendero, que l'apparence sombre du jeune homme inquiétait plus qu'elle ne voulait le laisser paraître, se pencha gracieusement vers lui, et d'un air d'intérêt parfaitement joué :

— Qu'avez-vous, don Torribio ? lui demanda-t-elle, vous semblez triste : auriez-vous reçu de mauvaises nouvelles ?

— Non, señorita, je vous remercie de l'intérêt que vous voulez bien prendre à ce qui me regarde ; si j'étais un ambitieux, tous mes souhaits seraient comblés, puisqu'en recevant votre main dans quelques jours, le rêve de toute ma vie sera satisfait; vous voyez, señorita, ajouta-t-il avec un sourire triste, que je vous fais lire jusqu'au plus profond de mon cœur.

— Je vous en sais gré, don Torribio, cependant, ces jours passés vous n'étiez pas ainsi, il faut qu'il soit arrivé...

— Rien, je vous assure, qui me touche personnellement, interrompit-il ; mais, plus le moment approche où doit avoir lieu la cérémonie de prise de possession de cette terre que nous avons reconquise, plus le découragement s'empare de moi ; je n'approuve nullement la résolution du Chat-Tigre de se faire proclamer chef indépendant d'une manière officielle, c'est une folie à laquelle je ne puis rien comprendre ; le Chat-Tigre sait aussi bien que qui que ce soit qu'il lui est impossible de se soutenir ici ; les Apaches, malgré leur bravoure, ne sauraient résister aux troupes disciplinées que le gouvernement mexicain enverra contre nous dès qu'il recevra la nouvelle de cette échauffourée.

— Est-il donc impossible de faire changer le Chat-Tigre d'avis à ce sujet ?

— Oui, j'ai employé tous les moyens, je lui ai fait les observations les plus sensées, il n'a voulu rien entendre : cet homme poursuit un but que lui seul connaît, le désir qu'il manifeste hautement de régénérer la race indienne n'est pour moi qu'un prétexte.

— Vous m'effrayez, don Torribio ; s'il en est ainsi, pourquoi ne pas abandonner cet homme ?

— Le puis-je ? répondit-il avec accablement ; ne suis-je pas un renégat, maintenant ? Vous l'avouerai-je, señorita ? bien que tout soit calme en apparence, que l'avenir semble me sourire, eh bien, depuis quelques jours, un découragement invincible s'est emparé de moi, je vois tout en noir, je me sens fatigué de la vie, j'ai, enfin, le pressentiment que je suis à la veille d'un horrible malheur.

Doña Hermosa lui jeta à la dérobée un regard perçant.

— Chassez ces tristes pensées, lui dit-elle avec intention, votre avenir est assuré désormais, rien ne peut le changer.

— Je le crois, mais, vous le savez, señorita, entre la coupe et les lèvres, il y a place pour un malheur.

— Allons, allons ! don Torribio, dit gaiement don Pedro, mettons-nous à table, voici probablement le dernier repas que nous ferons avec vous avant la prise de possession, car c'est pour aujourd'hui, n'est-ce pas ?

— Oui, répondit don Torribio en offrant la main à doña Hermosa pour passer dans la salle à manger.

Un splendide déjeuner était servi.

Les premiers moments furent silencieux ; les convives semblaient gênés, mais peu à peu, grâce aux efforts de doña Hermosa et de son père pour égayer le jeune homme, la glace se rompit, et la conversation prit une tournure plus gaie : on voyait que don Torribio se faisait violence pour renfermer dans son cœur un flot de pensées qui lui montaient aux lèvres et qu'il ne voulait pas laisser échapper.

Vers la fin du repas, le chef se tourna vers doña Hermosa.

— Señorita, lui dit-il, ce soir tout sera dit pour moi : en assistant en costume de chef indien à la cérémonie d'aujourd'hui, j'aurai franchement jeté le gant à mes compatriotes, en leur faisant comprendre que je me suis franchement rallié à la cause des Peaux-Rouges, et que, grâce au Chat-Tigre et à moi, ce qu'ils ont pris dans le principe pour une course indienne était le soulèvement d'un peuple tout entier ; je connais l'orgueil des blancs : quoiqu'ils ne puissent parvenir à féconder les immenses territoires qu'ils possèdent, ils ne voudront pas nous laisser jouir en paix de l'héritage que nous nous sommes taillé à la pointe de nos lances, le gouvernement mexicain nous fera une guerre acharnée. Puis-je compter sur vous ?

— Avant de vous répondre, don Torribio, j'attends que vous vous expliquiez plus clairement.

— C'est ce que je vais faire. Ce que les Espagnols redoutent surtout dans une insurrection indienne, ce sont les représailles, c'est-à-dire le massacre des blancs. Mon mariage avec une Mexicaine est un gage de paix que nous donnons aux Espagnols et une sécurité pour l'avenir de leur commerce et la sûreté des relations que nous établirons avec eux ; quelles que soient les objections des chefs de nos tribus, notre route est tracée ; le Chat-Tigre et moi, nous n'en dévierons pas d'une ligne. Je vous adresse donc cette franche et loyale question, señorita : « Voulez-vous m'accorder votre main ? »

— Qui nous presse en ce moment de traiter une si grave matière, don Torribio ? répondit-elle. N'êtes-vous pas sûr de moi ?

Le jeune homme fronça le sourcil.

— Toujours la même réponse ! dit-il. Enfant qui jouez avec le lion ; si je ne vous avais pas soutenue depuis huit jours, vous auriez été massacrée déjà. Croyez-vous donc que j'ignore vos petites manœuvres et que je n'aie pas vu clair dans vos combinaisons ? Vous avez voulu jouer un jeu qui tue ; imprudente ! vous vous êtes laissé prendre dans les filets que vous m'aviez tendus. Vous êtes en mon pouvoir ; à moi maintenant à vous dicter mes conditions : demain, vous m'épouserez : la tête de votre père et celle de don Fernando me répondront de votre obéissance.

Et, saisissant une carafe en cristal pleine d'une eau limpide, il remplit son verre et le vida d'un trait, tandis que doña Hermosa fixait sur lui un regard étrange.

— Dans une heure, ajouta-t-il en posant sur la table son verre, qui se brisa, je veux que vous assistiez à la cérémonie auprès de moi.

— J'y serai, répondit-elle.

— Adieu ! dit-il d'une voix sombre ; et il sortit en lui lançant un dernier regard.

La jeune fille se leva vivement, saisit la carafe et en vida le contenu en murmurant :

— Don Torribio, don Torribio, tu me l'as dit toi-même, entre la coupe et les lèvres il y a la mort !

— Il faut en finir, dit don Pedro.

Sur un signe de sa fille il sortit sur la terrasse de la maison et plaça deux jardinières chargées de fleurs auprès de la balustrade.

Il paraît que cela était un signal : car ces jardinières étaient placées depuis quelques minutes à peine, lorsque Manuela entra vivement dans le salon en disant :

— Il est là.

— Qu'il entre ! s'écrièrent à la fois don Pedro et sa fille.

Don Estevan entra dans la salle à manger.

L'haciendero, après avoir recommandé à Na Manuela la plus grande vigilance, ferma les portes avec soin et vint s'asseoir auprès du jeune homme auquel il dit à demi-voix :

— Eh bien, Estevan, mon ami, quoi de nouveau ?

. . . .

La plaza mayor du pueblo présentait ce jour-là un aspect innaccoutumé : un large échafaud, recouvert d'un tapis de velours rouge, s'élevait au centre.

Sur cet échafaud était placée une butacca en bois de mahogany ou bois acajou; à droite de ce fauteuil, il s'en trouvait un autre plus bas et plus simple, plusieurs équipales étaient rangés en demi-cercle derrière ces deux sièges.

A midi précis, au moment où le soleil arrivé à son zénith fait rayonner ses chauds et éclatants rayons, cinq coups de canon tirés à intervalles égaux éclatèrent majestueusement.

Au même instant, par chacune des entrées de la place, débouchèrent les diverses tribus apaches qui composaient l'armée du Chat-Tigre, conduites par leurs principaux sachems et revêtues de leurs habits de cérémonies.

Ces guerriers étaient peu nombreux et formaient un effectif de quinze cents hommes tout au plus, car, suivant la coutume indienne, aussitôt après la prise du présidio, le butin avait été envoyé sous bonne escorte dans les villages, et la plus grande partie des Indiens s'étaient débandés pour rejoindre leurs atepelts; ceux qui restaient étaient les fidèles, des guerriers expérimentés et dévoués de cœur au Chat-Tigre.

Celui-ci, après la défaite des Mexicains, n'avait pas cru nécessaire de conserver plus de monde près de lui, d'autant plus qu'il savait qu'au premier signal les déserteurs le rejoindraient immédiatement.

Au fur et à mesure que les tribus arrivaient sur la place, elles se rangeaient en bon ordre sur trois côtés, laissant vide le quatrième, qui du reste fut presque immédiatement occupé par une troupe de deux cents vaqueros à peu près qui, de même que les Indiens, restèrent immobiles à l'endroit qui leur était assigné.

Seulement, les Indiens étaient à pied et presque sans armes, n'ayant conservé que leurs machetes à la ceinture, au lieu que les vaqueros étaient à cheval et armés jusqu'aux dents.

Quelques rares curieux, Anglais, Français ou Allemands, qui étaient restés dans la ville à la suite de l'occupation, montraient çà et là leurs visages effarés aux fenêtres des maisons de la place.

Les femmes indiennes, groupées en désordre derrière les guerriers, avançaient curieusement la tête par-dessus l'épaule de ceux-ci pour voir ce qui allait se passer.

Le centre de la place était libre.

Devant l'échafaud se tenait, au pied d'un autel grossier en forme de table, avec une profonde rainure, et surmonté d'un soleil, le grand amantzin des Apaches, accompagné de cinq sorciers d'un ordre inférieur. Tous avaient les bras croisés sur la poitrine et les regards dirigés vers la terre.

Lorsque chacun eut pris place, cinq autres coups de canon retentirent.

Alors une brillante cavalcade arriva en caracolant sur la place.

En tête venait le Chat-Tigre, l'air fier et l'œil étincelant, tenant en main le *totem*, et ayant à sa droite don Torribio, portant le grand calumet sacré.

Derrière eux venaient don Pedro, sa fille et plusieurs des principaux habitants de la ville.

Le Chat-Tigre descendit de cheval, monta sur l'échafaud, et se plaça devant le premier fauteuil, mais sans s'y asseoir.

Don Torribio, après avoir aidé doña Hermosa à mettre pied à terre, vint se placer devant le second fauteuil.

Les traits du jeune homme, ordinairement pâles, étaient enflammés, ses yeux caves semblaient rougis par les veilles ; il essuyait incessamment la sueur qui perlaient sur son front, il paraissait en proie à une vive agitation intérieure qui parfois se révélait sur son visage malgré les violents efforts qu'il faisait pour la maîtriser.

Doña Hermosa s'était placée derrière son père, à quelques pas à peine de l'échafaud ; elle aussi était sous le coup d'une forte émotion intérieure, elle était pâle, ses lèvres étaient serrées, parfois un tressaillement nerveux agitait tous ses membres et une rougeur fébrile envahissait son visage, qui presque aussitôt redevenait d'une pâleur livide ; elle tenait ses regards obstinément fixés sur don Torribio.

Les sachems apaches se groupèrent au pied de l'échafaud qu'ils entourèrent.

Le canon retentit une troisième fois : alors les sorciers s'écartèrent et laissèrent voir un homme étroitement garrotté qui gisait sur le sol au milieu d'eux.

L'amantzin se tourna vers la foule.

— Vous tous qui m'écoutez, dit-il, vous savez pourquoi nous sommes réunis ici : notre grand-père le Soleil a souri à nos succès ; le Wacondah a combattu pour nous, nous sommes vainqueurs, ainsi que nous le promettait, il y a un mois à peine, un chef illustre. Cet atepelt est à nous ; ce chef élu par nous, pour nous commander et nous défendre, est le Chat-Tigre ; nous allons en son nom et au nôtre offrir au Maître de la vie le sacrifice qui lui est le plus agréable, afin qu'il nous continue sa toute-puissante protection ; sorciers, apportez la victime.

Les amantzins saisirent le malheureux qu'ils gardaient et l'étendirent sur l'autel : c'était un Mexicain fait prisonnier à la prise du vieux présidio ; le pulquero dans la maison duquel se passe une des premières scènes de ce récit, poussé par l'avarice, malgré les représentations qui lui avaient été faites, n'avait pas voulu abandonner sa misérable pulqueria et il était tombé entre les mains des Indiens.

Cependant don Torribio se sentait de plus en plus mal ; ses yeux s'injectaient de sang, ses oreilles bourdonnaient, ses tempes battaient avec force, il fut obligé de s'appuyer sur un des bras de son fauteuil.

— Qu'avez-vous? lui demanda doña Hermosa.

— Je ne sais, répondit-il, la chaleur, l'émotion peut-être, j'étouffe. Cependant j'espère que cela ne sera rien.

Le pulquero, étendu sur l'autel, était dépouillé de ses vêtements ; on ne lui avait laissé que son pantalon ; le misérable poussait des cris effroyables.

L'amantzin s'approcha de lui en brandissant son couteau.

— Ah ! c'est affreux ! s'écria doña Hermosa en se cachant le visage avec les mains.

Le sorcier lui arracha le cœur tout palpitant.

— Silence ! murmura don Torribio, il le faut !

Le sorcier, sans tenir compte des cris de la victime, choisit froidement la place où il voulait frapper, tandis que le malheureux, les yeux démesurément ouverts, le regardait avec une expression d'épouvante impossible à rendre.

Tout à coup l'amautzin leva le couteau, et, l'enfonçant dans la poitrine de la victime, il la lui fendit dans toute sa longueur.

Le misérable poussa un hurlement effroyable.

Alors le sorcier, plongeant sa main dans la poitrine béante du malheureux, lui arracha le cœur tout palpitant, pendant que ses aides recueillaient avec soin le sang qui coulait à flots. La victime se tordait avec des cris atroces et des efforts surhumains. En ce moment, les sachems montèrent en foule sur l'échafaud, et, asseyant le Chat-Tigre sur la butacca, ils l'élevèrent sur leurs épaules en criant avec enthousiasme :

— Vive le vainqueur des visages pâles, le grand sachem des Apaches !

Les sorciers aspergeaient la foule avec le sang de la victime.

Les Indiens, en proie à un véritable délire, trépignaient avec des cris assourdissants.

— Enfin ! s'écria le Chat-Tigre avec orgueil, j'ai tenu ma promesse, j'ai chassé à jamais les blancs de ce pays.

— Pas encore ! lui dit don Pedro d'une voix incisive : regarde !

Un véritable coup de théâtre venait d'avoir lieu.

Les vaqueros, jusque-là spectateurs impassibles de cette scène, s'étaient tout à coup précipités au galop sur les Indiens sans défense, tandis que par toutes les issues de la place entraient au pas de charge des troupes mexicaines, et que toutes les fenêtres se garnissaient de blancs armés de fusils, et qui faisaient impitoyablement feu sur la foule.

Au milieu de la place on distinguait don Fernando Carril, Luciano Pedralva et don Estevan, qui massacraient impitoyablement les Indiens éperdus en criant :

— Sus ! sus ! à mort ! à mort !

— Oh ! s'écria don Torribio en brandissant le *totem*, quelle affreuse trahison !

Et il s'élança pour voler au secours des Indiens, mais il chancela, un voile sanglant s'étendit sur ses yeux, et il tomba à genoux.

— Mon Dieu ! s'écria-t-il avec désespoir, qu'ai-je donc ?

— Tu as que tu vas mourir ! lui dit à l'oreille don Estevan en lui saisissant le bras avec force.

— Tu mens, chien, fit-il en cherchant à se relever : je veux sauver mes frères !

— Tes frères sont massacrés ; ne devais-tu pas tuer demain don Pablo, sa fille, don Fernando et moi-même ! Meurs, misérable, avec la rage de voir ta lâche trahison punie ! C'est moi qui t'ai fait boire du *leche de palo* : tu es empoisonné !

— Oh ! s'écria-t-il avec désespoir, en se traînant sur les genoux pour gagner le bord de la plate-forme, malheur ! malheur ! Dieu est juste.

Sur la place les Mexicains faisaient un carnage horrible des Indiens !

— Souvenez-vous de don José Kalbris ! criaient-ils ; vengez le major Barnum !

Ce n'était plus un combat, c'était une effroyable boucherie.

Plusieurs chefs, fuyant devant don Fernando, Luciano et don Estevan, se précipitèrent sur la plate-forme, comme dans un dernier refuge.

— Ah ! s'écria don Torribio en bondissant comme un jaguar, et saisissant don Fernando à la gorge, au moins je ne périrai pas sans vengeance !

Il y eut un moment d'anxiété terrible.

— Non, ajouta le jeune homme en lâchant son ennemi et en retombant, ce serait lâche, ma vie appartient à cet homme, il me l'a gagnée !

Les assistants ne purent retenir un cri d'admiration.

Don Estevan épaula froidement son fusil et le déchargea à bout portant dans la poitrine du jeune homme étendu à ses pieds.

— Ainsi périssent tous les traîtres ! dit-il.

— Mon Dieu, s'écria don Torribio en se relevant sur les genoux, par un effort suprême, et levant au ciel un regard brillant d'espoir, mon Dieu ! je vous remercie, vous m'avez pardonné !

Son visage prit une expression de joie radieuse et, retombant en arrière, il expira.

Doña Hermosa avait disparu !

Quand le Chat-Tigre, qui longtemps avait combattu comme un lion au plus fort de la mêlée, avait reconnu que tout était perdu et qu'il ne lui restait plus qu'à échapper par une prompte fuite au sort que lui réservaient les Mexicains, s'il tombait entre leurs mains, il avait rallié autour de lui une poignée de ses braves guerriers, s'était emparé de doña Hermosa malgré ses cris et ses prières, l'avait jetée en travers sur sa selle, et, poussant son cheval au milieu des combattants, il s'était ouvert un passage, et, suivi des guerriers qui lui étaient restés fidèles, il avait réussi à sortir de la ville et à gagner la campagne.

Lorsque les Mexicains s'aperçurent de sa fuite, il était trop tard pour le poursuivre : comme l'aigle emportant sa proie dans ses serres, le vieux bandit était déjà hors de toute atteinte.

XV

UN MOIS APRÈS

Il était environ quatre heures du soir, les rayons du soleil, de plus en plus obliques, allongeaient démesurément l'ombre des arbres. Les oiseaux regagnaient à tire-d'ailes leurs gîtes de nuit et se blottissaient à qui mieux mieux sous la feuillée avec des cris et des piaillements assourdissants ; quelques troupes de loups rouges commençaient à apparaître au loin, prenant le vent, et préparant leur chasse nocturne ; au-dessus des grandes herbes on voyait çà et là surgir les hautes ramures des elkes et des chevreuils, qui soudain rejetaient leur tête en arrière et se remettaient à fuir avec une rapidité vertigineuse ; le soleil, presque au niveau de la ligne d'horizon, n'apparaissait plus entre les troncs des arbres que sous la forme d'un énorme globe de feu.

Tout annonçait l'approche rapide de la nuit.

Dans une forêt vierge éloignée de deux cents milles environ du présidio de San-Lucar, où se sont passés les derniers et terribles épisodes de notre histoire, au centre d'une vaste clairière, deux hommes recouverts du costume des gambucinos mexicains étaient assis sur des crânes de bisons desséchés, devant un feu clair qui ne produisait aucune fumée.

Ces deux hommes étaient don Estevan Diaz, le mayordomo de don Pedro de Luna, et Luciano Pedralva, le capataz. Le fusil appuyé sur la cuisse, afin probablement de pouvoir s'en servir à la première alerte, ils fumaient leurs pajillos de paille de maïs sans échanger une parole.

Plusieurs peones et arrieros étaient couchés à quelques pas de là, auprès de plusieurs mules de charge qui mangeaient à pleine bouche la ration de blé indien placée sur des mantas étendues devant elles sur le sol; huit ou dix chevaux étaient entravés à l'amble, non loin d'un *jacal* en branchages devant l'entrée duquel, en guise de porte, était attaché un zarapé. Un peon immobile sur le bord d'un étroit ruisseau qui coulait à l'extrémité de la clairière veillait, le fusil sur l'épaule, à la sûreté commune.

Il était facile de reconnaître, aux débris de toute sorte qui jonchaient le sol, dont l'herbe avait entièrement disparu, et aux quartiers de venaison pendus aux basses branches d'un mahogany, que le campement que nous avons décrit n'était pas une de ces haltes provisoires que les coureurs de bois choisissent pour une nuit, et qu'ils abandonnent au lever du soleil, mais bien un de ces campements sérieux comme les chasseurs en établissent souvent dans les prairies pour leur servir de lieu de rendez-vous pendant la saison du trappage.

Le zarapé fut soulevé de l'intérieur du jacal, et don Pedro parut.

Ses traits étaient pâles, son visage triste et pensif; il jeta autour de lui un regard investigateur, et s'approchant des deux hommes :

— Eh bien? leur demanda-t-il avec inquiétude.

— Rien encore, répondit Estevan.

— Cette absence est incompréhensible, jamais jusqu'à présent don Fernando n'était demeuré aussi longtemps dehors, reprit don Pedro avec agitation.

— C'est vrai, depuis bientôt trente heures il nous a quittés, fit le capataz : pourvu qu'il ne lui soit pas arrivé malheur!

— Non, dit Estevan, don Fernando connaît trop bien le désert, il l'a parcouru trop longtemps pour qu'une pareille éventualité soit possible.

— Songez où nous sommes, objeta don Pedro : cette contrée presque inexplorée est infestée des plus dangereux serpents, les bêtes fauves y pullulent.

— Qu'importe, don Pedro? répondit Estevan avec force. Vous oubliez que don Fernando et le Cœur-de-Pierre sont le même homme; que la région où nous sommes est celle où s'est écoulée la plus grande partie de sa vie; que c'est là que pendant de longues années il a chassé l'abeille et récolté la cascarilla! Non, vous dis-je, notre ami n'a été victime d'aucun accident.

— Mais alors expliquez-moi la cause de cette absence incompréhensible.

— Vous savez, don Pedro, avec quelle abnégation notre ami nous a offert son concours lorsque, désespérés de la subite disparition de doña Hermosa, fous de douleur et réduits à l'impuissance, nous ne savions quel moyen employer pour retrouver celle que nous avons perdue; du présidio jusqu'ici, nous sommes venus guidés par une piste invisible à nos yeux, mais que ceux de don Fernando, accoutumés à lire dans les pages sublimes du désert, distinguaient avec une facilité et une exactitude singulières. Arrivés ici, la piste a subitement disparu sans qu'il fût possible, après les recherches les plus minutieuses et les efforts les plus opiniâtres, de la retrouver. Depuis huit jours nous sommes campés ici. Chaque matin avant le lever du soleil, don Fernando, que les obstacles semblent plutôt exciter que rebuter, monte à cheval et recommence une recherche demeurée jusqu'à présent infructueuse. Hier, selon son habitude, il nous a quittés un peu avant le lever du soleil : eh bien ! qui sait si la cause de cette longue absence qui vous inquiète n'est pas la réapparition, à un point peut-être fort éloigné de l'endroit où nous sommes, de ces traces si longtemps et si vainement cherchées ?

— Dieu le veuille, mon ami ! cette pensée que vous émettez en ce moment m'est venue aussi à moi, mais quelle apparence que cela soit possible, après toutes les infructueuses tentatives que nous avons faites !

— Vous oubliez, don Pedro, que nous avons affaire à des Indiens Apaches, c'est-à-dire aux plus rusés pillards des prairies, à ceux qui savent le mieux dissimuler leur traces.

— Eh ! dit le capataz en leur faisant signe de prêter l'oreille, j'entends les pas d'un cheval.

— En effet, s'écria don Pedro avec un mouvement de joie.

— Oui, fit don Estevan, moi aussi j'entends du bruit, seulement ce bruit, au lieu d'être produit par le pas d'un seul animal, l'est évidemment par deux ou peut-être par trois.

— Mais don Fernando est parti seul du camp ! fit vivement don Pedro.

— Il aura probablement rencontré quelqu'un sur sa route, répondit don Estevan.

— C'est mal, reprit tristement l'haciendero, de plaisanter dans des circonstances telles que celles où nous nous trouvons, c'est presque insulter à ma douleur.

— Dieu me préserve d'avoir une telle pensée ! don Pedro; le bruit se rapproche rapidement. Nous saurons bientôt à quoi nous en tenir; je ne vois rien d'extraordinaire à ce que don Fernando se soit emparé de quelque rôdeur indien au moment où celui-ci, blotti dans un buisson, espionnait notre campement et surveillait nos démarches.

— Canarios ! c'est en effet ce qui est arrivé ! s'écria joyeusement le capataz : regardez.

En ce moment la voix sonore et accentuée de don Fernando répondit au qui vive ! de la sentinelle, et deux cavaliers émergèrent des épais taillis qui enveloppaient la clairière et lui formaient une espèce de retranchement naturel.

C'était, en effet, don Fernando qui arrivait; seulement il était accompagné d'un homme que, probablement dans la crainte qu'il n'essayât de lui échapper, il avait solidement attaché sur un cheval.

Le prisonnier paraissait prendre du reste son mal en patience, il se dandinait agréablement sur sa monture, portait la tête aussi haute et avait l'air aussi effronté que si de rien n'était.

En arrivant auprès du feu où se tenaient nos personnages, il les salua poliment et ne parut pas le moins du monde inquiet de la froideur avec laquelle on le recevait.

Il est vrai que cet homme n'était autre que Tonillo el Zapote, le digne vaquero que déjà plusieurs fois nous avons eu occasion de présenter au lecteur.

La réception faite à don Fernando fut des plus chaudes et des plus amicales; ses amis, dont la curiosité était excitée au plus haut degré, brûlaient de l'interroger, d'autant plus que l'expression ouverte et presque joyeuse de sa physionomie leur donnait à supposer qu'il était porteur de bonnes nouvelles.

Don Fernando, après avoir pressé les trois mains qui lui avaient été spontanément tendues, mit pied à terre, dénoua la sangle qui attachait, sous le ventre du cheval, les jambes du prisonnier, et lui rendit la liberté de ses membres.

— Ouf! dit le vaquero, je vous remercie, don Fernando; caspita! je commençais à en avoir assez, je vous jure; les jambes me piquent comme si l'on y avait enfoncé un millier d'épingles.

Et il sauta à terre, mais il avait dit vrai : ses jambes engourdies ne purent supporter le poids de son corps, et il tomba lourdement sur le sol.

Le capataz s'empressa de le relever.

— Ce n'est rien, dit-il en lui souriant gracieusement; je vous remercie, caballero, dans cinq minutes la circulation du sang sera rétablie et il n'y paraîtra plus; c'est égal, don Fernando, ajouta-t-il, une autre fois, je vous prie, serrez un peu moins fort.

— Cela dépendra de vous, Zapote; jurez-moi de ne pas chercher à vous échapper, et je vous laisserai libre.

— S'il ne s'agit que de cela, dit gaîment le vaquero, ce sera bientôt terminé entre nous : je vous jure, sur l'espoir que j'ai d'aller après ma mort en paradis, de ne pas m'échapper.

— C'est bien, je me fie à vous, faites-y attention.

— Un honnête homme n'a que sa parole, répondit el Zapote; vous n'aurez aucun reproche à m'adresser; je suis esclave de ma parole.

— Tant mieux pour vous, si cela est vrai, mais j'en doute beaucoup, surtout d'après votre manière d'agir à mon égard dans ces derniers temps, après les protestations dont vous m'aviez accablé et vos offres de service.

Le vaquero ne fut nullement embarrassé par cette attaque directe.

— C'est le sort des hommes doués de certaines qualités de cœur d'être méconnus, dit-il d'une voix pateline, je n'ai jamais manqué à la promesse que je vous ai faite.

— Même lorsque, après avoir introduit par trahison les Indiens dans le présidio avec d'autres drôles de votre espèce, vous me tendiez un piège infâme et me faisiez tomber dans un hideux guet-apens?

Le vaquero sourit avec finesse.

— Oui, señor don Fernando, répondit-il, même dans les circonstances auxquelles vous faites allusion, je vous étais fidèle.
— Rayos de Dios! s'écria le jeune homme avec un commencement d'impatience, je serais curieux d'apprendre de quelle façon vous m'étiez fidèle alors.
— Dame! seigneurie, je vous étais fidèle à ma manière.
Cette réponse était si extraordinaire et si peu attendue des assistants, qu'un fou rire les gagna, et que malgré la gravité de la situation ils éclatèrent.
El Zapote les salua modestement avec cette humilité orgueilleuse si propre aux hommes d'une valeur contestable qui se considèrent dans leur for intérieur comme des génies incompris.
— Enfin, reprit don Fernando en haussant insoucieusement les épaules, nous verrons bientôt. Je saurai jusqu'où peut s'étendre cette élastique fidélité.
El Zapote ne répondit pas; il leva les yeux au ciel comme pour le prendre à témoin de l'injustice qui lui était faite, et il croisa les bras sur la poitrine.
— Avant de rien dire, permettez-moi de prendre un peu de nourriture, dit don Fernando, je tombe d'inanition : depuis mon départ du camp je n'ai bu ni mangé.
Estevan se hâta de placer devant lui quelques vivres auxquels le jeune homme et son prisonnier, sur son invitation, firent vigoureusement honneur. Cependant le repas fut court, bientôt l'appétit de don Fernando fut apaisé, il poussa un soupir de soulagement; après avoir étanché sa soif à l'eau limpide du ruisseau, il revint s'asseoir, et, sans mettre à une plus longue épreuve la curiosité de ses amis, il leur expliqua dans les plus grands détails la cause de sa longue absence.
Don Estevan avait deviné juste, don Fernando avait en effet retrouvé la piste si longtemps et si infructueusement cherchée, cette piste s'enfonçait dans la direction du sud-ouest vers les régions les plus inexplorées du Far-West.
Le jeune homme l'avait suivie pendant plusieurs heures avec cette patience particulière aux chasseurs, afin de bien s'assurer qu'il n'était pas le jouet d'une ruse indienne, et que cette piste était bien la véritable.
Les Peaux-Rouges, lorsqu'ils craignent d'être poursuivis, enchevêtrent si bien leurs traces les unes dans les autres quand ils ne peuvent les faire disparaître, ils jettent une si grande confusion dans leurs pistes, qu'il devient matériellement impossible de reconnaître la bonne de la mauvaise; cette fois ils avaient employé ce moyen avec une habileté et une dextérité telles que, s'ils avaient eu affaire à tout autre chasseur que le Cœur-de-Pierre, ils auraient réussi à lui donner le change et à le complètement dévoyer : mais don Fernando, habitué à leurs fourberies, ne se laissa pas tromper, du moins à ce qu'il crut reconnaître à quelques indices certains qui, aux yeux d'un homme moins expérimenté que lui, auraient passé inaperçus.
Le jeune homme, heureux de cette découverte, revenait rapidement vers le camp sans cependant négliger aucune des précautions que réclame la prudence, dans une contrée où chaque arbre et chaque buisson peuvent receler l'embuscade d'un ennemi invisible, lorsqu'il lui parut distinguer dans les

hautes herbes un froissement et une agitation qui n'avaient rien de naturel ; il se laissa doucement glisser à bas de son cheval et se dirigea vers l'endroit suspect en rampant sur les mains et les genoux, avec la rapidité silencieuse d'un serpent qui file dans l'herbe.

Après un quart d'heure de cette marche insolite, le jeune homme atteignit l'endroit suspect ; il lui fallut toute sa présence d'esprit et toute sa puissance de volonté pour retenir le cri de joie et de surprise qui lui vint aux lèvres en apercevant el Zapote commodément assis à terre, la bride de son cheval passée dans le bras gauche et achevant un copieux déjeuner.

Don Fernando se rapprocha de quelques pas encore, afin de ne pas manquer son homme, puis, après avoir avec soin calculé la distance, il bondit comme un jaguar, saisit le vaquero à la gorge et, avant que celui-ci fût revenu de l'étonnement causé par cette attaque si brusque et si inattendue, il fut garrotté et mis dans l'impossibilité d'essayer la moindre résistance.

— Eh, fit alors don Fernando en s'asseyant auprès de son prisonnier, quel singulier hasard ! comment vous portez-vous, Zapote, mon ami ?

— Vous êtes bien bon, répondit gravement celui-ci, je tousse un peu.

— Oh ! pauvre caballero, j'espère que cela n'aura pas de suite.

— Je l'espère aussi, seigneurie ; cependant je vous avoue que cela m'inquiète.

— Bah ! tranquillisez-vous, je me charge de vous guérir.

— Ah ! vous connaissez un remède, seigneurie ?

— Oui, un excellent, que je me propose de vous donner.

— Vous êtes mille fois bon, mais peut-être cela vous gênerait-il.

— En aucune façon, reprit le chasseur. Jugez-en. Je vous propose de vous casser la tête d'un coup de pistolet.

Le vaquero sentit un frisson de terreur courir dans ses veines, cependant il ne se démonta pas.

— Vous pensez que ce remède me guérira ? dit-il.

— Radicalement, j'en suis convaincu.

— Hum ! c'est singulier, seigneurie : malgré toute la déférence que je vous dois, je suis contraint de vous avouer que je ne partage aucunement votre avis à ce sujet.

— Vous avez tort, répondit le chasseur en armant froidement un pistolet, bientôt vous en reconnaîtrez l'efficacité.

— Et vous croyez, seigneurie, qu'il n'y a pas d'autre remède que celui que vous me proposez ?

— Ma foi ! je n'en vois pas d'autre.

— C'est que celui-là me semble un peu violent.

— Bah ! c'est une idée que vous vous faites ; bientôt vous reconnaîtrez que vous avez tort.

— C'est possible, je ne me permettrai pas de discuter avec vous, seigneurie : est-ce que vous tenez beaucoup à m'administrer ici votre remède ?

— Moi ? pas le moins du monde ; est-ce que vous connaîtriez un lieu plus convenable ?

LES CHASSEURS D'ABEILLES 343

Il bondit comme un jaguar, saisit le vaquero à la gorge.

— Je crois que oui, seigneurie.
— Ah! ah! ah! et quel est cet endroit, compagnon?
— Mon Dieu! seigneurie, peut-être me trompé-je, mais à mon sens il serait malheureux que, faute de témoins, un secret aussi merveilleux que celui de ce remède se perdît. En conséquence, je désirerais vous conduire à un endroit où nous en trouverions.

— Très bien. Et vous connaissez un lieu pareil non loin d'ici?
— Oui, caballero, je crois même que vous serez charmé de voir les personnes auxquelles je vous présenterai.
— C'est selon quelles sont ces personnes.
— Oh! vous les connaissez parfaitement, seigneurie : l'une d'elles est le Chat-Tigre, un bien aimable seigneur.
— Et vous vous engagez à m'y conduire?
— Quand il vous plaira, tout de suite, si vous l'exigez.
Le chasseur repassa son pistolet à sa ceinture.
— Tout de suite, non, dit-il; il nous faut d'abord nous rendre au campement où m'attendent mes amis; je ne vous trouve pas si malade qu'il soit urgent de vous administrer à l'instant mon remède, nous pourrons toujours en venir là, si le besoin l'exige.
— Oh! cela ne presse nullement, caballero, je vous assure, répondit le vaquero en faisant l'agréable.
L'affaire avait été ainsi conclue entre les deux hommes, qui se connaissaient de longue date et qui par conséquent savaient parfaitement ce qu'ils pouvaient attendre l'un de l'autre.
Don Fernando n'avait pas la moindre confiance en Tonillo : aussi il se garda bien de lui donner la tentation de lui fausser compagnie en lui rendant la liberté de ses membres, ce dont le lepero ne se formalisa en aucune façon.
Cependant, comme la nuit était venue pendant leur entretien, ils s'accommodèrent du mieux qu'ils purent pour dormir là où ils se trouvaient, renonçant à gagner le campement avant le lendemain.
A deux ou trois reprises différentes, pendant la nuit, le lepero essaya sournoisement de se débarrasser des liens qui le retenaient, mais chaque fois qu'il voulut mettre ce projet à exécution, il vit le grand œil bleu du chasseur fixé sur lui.
— Est-ce que vous vous sentez indisposé, cher seigneur? lui dit d'un air narquois le chasseur, au dernier essai qu'il tenta.
— Nullement, répondit-il, nullement, seigneurie.
— Ah! alors excusez-moi : je vous croyais malade, cette longue insomnie m'inquiétait pour vous, reprit-il avec intention.
Le lepero se le tint pour dit; il ferma incontinent les yeux et ne les rouvrit qu'au lever du soleil.
Le chasseur était déjà debout, les chevaux avaient été sellés par lui.
— Ah! vous voilà réveillé, dit-il; avez-vous passé une bonne nuit?
— Excellente, seulement je me sens un peu engourdi; je crois qu'un peu d'exercice me ferait du bien pour rétablir la circulation du sang.
— C'est l'effet de la rosée, répondit imperturbablement le chasseur, les nuits sont très fraîches.
— Diable! pourvu que je n'attrape pas des rhumatismes! dit en ricanant le lepero.
— Oh! j'espère que non, le cheval vous fera du bien.
Tout en disant cela, don Fernando avait chargé son compagnon sur ses épaules et l'avait jeté en travers sur le cheval, mais, après réflexion faite, il lui

avait détaché les jambes, ne voulant pas, par de mauvais traitements inutiles, indisposer contre lui un homme qui pouvait, à un moment donné, lui fournir d'utiles renseignements.

Le lepero, qui craignait de faire route attaché comme un ballot sur le dos du cheval, fut reconnaissant de la demi-liberté qui lui était rendue et ne fit aucune objection à la précaution prise par le chasseur de lui assujettir les jambes sous le ventre du cheval.

Ce fut de cette façon que les deux hommes voyagèrent jusqu'à leur arrivée au camp, causant entre eux de choses indifférentes et en apparence les meilleurs amis du monde.

XVI

AVANT LA CHASSE

Tout le temps que le récit de don Fernando avait duré, el Zapote avait affecté la pose nonchalante d'un homme parfaitement satisfait de soi-même, hochant affirmativement la tête à certains passages et souriant à d'autres d'un air de contentement modeste ; lorsque le jeune homme se tut enfin, il jugea à propos de prendre à son tour la parole.

— Vous voyez, señores, dit-il d'un accent conciliant, que je n'ai aucunement fait difficulté de suivre cet estimable caballero ; c'est dire que je suis prêt à vous obéir en tout ce qu'il vous plaira de m'ordonner.

Don Fernando sourit d'un air narquois.

— Voilà, répondit-il, cher seigneur, un compliment dont la surprise d'hier a changé évidemment l'adresse.

— Oh ! seigneurie ! fit le lepero avec un geste de dénégation indignée.

— Mais, reprit le jeune homme, je ne vous chicanerai pas là-dessus, peu m'importent vos dispositions secrètes à mon égard ; je crois vous avoir déjà suffisamment prouvé, depuis longtemps déjà, que je ne vous redoute en aucune façon ; je me contenterai pour mémoire de vous faire observer que, plus généreux que vous, plusieurs fois j'ai tenu votre vie entre mes mains, sans avoir jamais tenté de vous la ravir.

— Aussi, je vous en garde une profonde reconnaissance, seigneurie.

— Allons donc, señor Zapote, répondit don Fernando en haussant les épaules, vous me prenez pour un autre sans doute ; je ne crois pas plus à votre reconnaissance qu'à vos bonnes dispositions pour moi, aussi ne vous ai-je dit cela que pour vous donner à réfléchir, en ce sens que, si jusqu'à présent j'ai bien voulu vous pardonner, la somme de mansuétude que je pouvais dépenser à votre profit est complètement épuisée, et qu'à la prochaine occasion les choses se passeraient tout autrement entre nous.

— Je comprends parfaitement ce que vous me faites l'honneur de me dire, seigneurie, mais, grâce à Dieu, cette occasion, j'en ai la certitude, ne se présentera pas ; je vous répéterai une fois pour toutes que je vous ai donné ma parole, et vous savez, un honnête homme...

— C'est bien, interrompit le jeune homme, je souhaite pour vous qu'il en soit ainsi ; dans tous les cas écoutez-moi avec la plus grande attention.

— Je suis tout oreilles, seigneurie, je ne perdrai pas un mot de ce que vous me direz, soyez-en persuadé.

— Bien que fort jeune encore, señor Tonillo, reprit don Fernando, j'ai remarqué une chose fort importante, bien que malheureusement peu consolante pour l'humanité : c'est que, lorsqu'on veut s'attacher un homme et s'assurer de son dévouement, on doit s'attaquer, non pas à une de ses vertus, mais le prendre par un de ses vices : vous êtes un des hommes les plus richement doués, sous tous les rapports, que je connaisse.

A ce compliment, le lepero s'inclina avec modestie.

— Seigneurie, dit-il, vous me rendez confus ; un tel éloge...

— Est mérité, continua don Fernando ; j'ai vu peu d'hommes posséder une aussi formidable collection de vices que vous, cher seigneur : je n'ai donc eu que l'embarras du choix avec vous, mais parmi ces vices, vous en avez certains qui sont plus dessinés que d'autres. L'avarice, par exemple, a acquis chez vous des proportions réellement phénoménales : c'est donc à l'avarice que je suis résolu de m'adresser.

Les yeux du lepero pétillèrent de convoitise.

— Que voulez-vous de moi ? fit-il.

— Laissez-moi d'abord vous dire ce que je vous donnerai, puis après je vous expliquerai ce que j'exige de vous. Écoutez-moi donc attentivement ; je vous le répète, l'affaire en vaut la peine.

Le visage de fouine du bandit prit une expression sérieuse et il se pencha vers don Fernando, les coudes appuyés sur les genoux et les yeux à demi fermés.

Le jeune homme reprit, en appuyant sur les mots :

— Vous savez, n'est-ce pas, que je suis riche ? Je suis donc parfaitement à même de tenir les engagements que je prendrai envers vous ; pourtant, afin d'éviter une perte de temps et pour vous ôter tout prétexte de me trahir, je vais immédiatement déposer entre vos mains trois diamants chacun de la valeur de dix mille cinq cents piastres ; vous vous connaissez trop bien en pierres précieuses pour ne pas les estimer au premier coup d'œil ; ces diamants sont à vous, je vous en fais cadeau ; pourtant je m'engage, si cela vous plaît davantage, à vous en compter la valeur, c'est-à-dire à vous remettre sept mille cinq cents piastres [1] à votre première réquisition aussitôt notre arrivée au présidio de San-Lucar, contre la remise des pierres.

— Et vous avez les diamants sur vous ! demanda le lepero d'une voix étranglée par l'émotion.

— Les voici, répondit le jeune homme en tirant de son sein un petit sachet en peau de daim qu'il ouvrit et dans lequel il prit trois pierres assez grosses qu'il remit au bandit.

1. Environ 37,500 francs en monnaie française.

Celui-ci les saisit avec un mouvement de joie qu'il ne chercha pas à dissimuler, les considéra un instant avec des yeux étincelants de plaisir, puis il les serra précieusement dans sa poitrine.

— Un instant! dit en souriant don Fernando, je ne vous ai pas dit encore mes conditions.

— Quelles qu'elles soient, je les accepte, seigneurie! s'écria-t-il vivement; caspita! sept mille cinq cents piastres, c'est une fortune pour un pauvre diable comme moi; jamais une *navajada*, si bien qu'on me la paie, ne me rapportera autant.

— Ainsi, vos réflexions sont faites?

— Canarios! je le crois bien; qui faut-il *couper?*

— Personne, répondit sèchement le jeune homme; écoutez-moi, il s'agit simplement de me conduire à l'endroit où s'est réfugié le Chat-Tigre.

Le lepero secoua la tête d'un air mécontent à cette proposition.

— Je ne puis faire cela, seigneurie, dit-il, sur mon salut éternel, cela m'est impossible.

— Ah! ah! très bien! reprit le jeune homme, j'avais oublié de vous dire quelque chose.

— Quoi donc, seigneurie? répondit le lepero assez inquiet de la tournure que prenait l'entretien.

— Simplement ceci : que si vous n'acceptez pas mes propositions, je vous fais immédiatement sauter la cervelle.

El Zapote considéra un instant son interlocuteur avec la plus sérieuse attention; il reconnut, avec ce flair que possèdent les bandits, que l'heure de plaisanter était passée et que la conversation menaçait de tourner au tragique.

— Laissez-moi au moins m'expliquer, seigneurie, dit-il.

— Faites, je ne demande pas mieux; je ne suis pas pressé, répondit froidement le jeune homme.

— Je ne puis pas vous conduire où s'est retiré le Chat-Tigre, c'est vrai, mais je puis vous indiquer l'endroit et vous dire son nom.

— C'est déjà quelque chose. Allons, il y a progrès. Je suis convaincu que nous finirons par nous entendre; je suis désespéré d'être contraint d'en venir avec vous à des extrémités toujours désagréables.

— Malheureusement, seigneurie, je vous ai dit la vérité. Voici ce qui s'est passé : le Chat-Tigre, après sa fuite du présidio, avait réuni une vingtaine d'hommes résolus, au nombre desquels je me trouvais, qui, comprenant que d'ici à quelque temps le territoire de la confédération mexicaine serait trop brûlant pour eux, étaient déterminés à s'enfoncer dans le désert pour donner à l'orage le temps de se calmer. Les choses allèrent bien pendant quelque temps, mais au bout de trois semaines à peu près le Chat-Tigre changea soudain de direction, et, au lieu de continuer à parcourir l'apacheria, il nous conduisit du côté des abeilles et de la cascarilla.

— Il a fait cela! s'écria le jeune homme avec un bond de surprise et d'épouvante.

— Oui, seigneurie; vous comprenez que je me soucie fort peu d'aller jouer ma vie à pair ou non, dans des régions infestées de bêtes féroces et surtout de serpents dont la blessure est mortelle. Voyant que le Chat-Tigre était bien résolu à se réfugier dans ces régions affreuses, ma foi! je vous l'avoue, seigneurie, la peur s'empara de moi et, au risque de mourir de faim dans le désert ou d'être scalpé par les Indiens, je suis tout doucement demeuré en arrière, et j'ai profité de la première occasion qui s'est présentée à moi pour fausser compagnie au Chat-Tigre.

Don Fernando fixa sur le bandit un regard qui semblait vouloir lire jusqu'au plus profond de son cœur, et que le lepero supporta sans sourciller.

— C'est bien? dit-il, tu ne m'as pas menti, je le sais; depuis combien de temps as-tu abandonné le Chat-Tigre?

— Depuis quatre jours seulement, seigneurie. Comme je ne connais pas cette partie du désert, j'errais à l'aventure, lorsque j'ai eu le bonheur de vous rencontrer.

— Hum! maintenant, quel est le nom de l'endroit où le Chat-Tigr evoulait vous conduire?

— *El Voladero de las Animas*, répondit sans hésiter le lepero.

Une pâleur mortelle envahit soudainement le visage du jeune homme, à cette révélation à laquelle cependant il s'attendait presque, à cause du caractère cruel et implacable de l'homme qui l'avait élevé.

— Oh! s'écria-t-il, la malheureuse est perdue, ce misérable l'a conduite dans un véritable repaire de serpents.

Un frisson de terreur fit tressaillir les assistants.

— Quel est donc cet endroit terrible? demanda don Pedro avec inquiétude.

— Hélas! répondit don Fernando, le Voladero de las Animas est un lieu maudit où les plus intrépides chasseurs d'abeilles et les cascarilleros les plus hardis ne se hasardent qu'en tremblant; ce voladero est une montagne élevée qui surplombe à une grande distance sur des marécages infestés de cobras capels, de serpents corails et de serpents rubans dont la piqûre la plus légère donne, en moins de dix minutes, la mort à l'homme le plus robuste; à dix lieues autour de cette redoutable montagne vivent des myriades de reptiles et d'insectes venimeux contre lesquels il est presque impossible de se défendre.

— Mon Dieu! et c'est dans cet enfer que ce monstre a conduit ma fille! s'écria don Pedro avec désespoir.

— Rassurez-vous, répondit le jeune homme, qui reconnut la nécessité de rendre quelque courage au pauvre père, le Chat-Tigre connaît trop bien ce lieu maudit pour s'y être hasardé sans avoir pris les précautions nécessaires; les marécages seuls sont à redouter; le Voladero, par sa position élevée et la raréfaction de l'air qu'on y respire, est à l'abri de ces animaux malfaisants, dont pas un seul ne rampe jusqu'à son sommet; si votre fille, comme je l'espère, a atteint saine et sauve le Voladero, elle est en sûreté.

— Mais, hélas! répondit don Pedro, comment traverser cette barrière infranchissable, comment parvenir jusqu'à ma fille, sans s'exposer à une mort certaine?

Un sourire indéfinissable se dessina sur les lèvres du jeune homme.

— J'y parviendrai, moi, don Pedro, dit-il d'une voix ferme et assurée : ne vous souvenez-vous donc plus que je suis le Cœur-de-Pierre, le plus renommé chasseur d'abeilles des prairies? Les secrets que possède le Chat-Tigre, il me les a révélés, à l'époque où lui et moi, non seulement nous chassions les abeilles, mais encore nous allions à la recherche de la cascarilla. Prenez courage, tout n'est pas perdu encore.

L'homme qu'un soudain et épouvantable malheur vient de frapper, quelle que soit l'intensité de sa douleur, s'il rencontre près de lui un ami au cœur fort qui lui laisse entrevoir une lueur d'espoir, si lointaine et si fugitive qu'elle soit, se sent tout à coup réconforté, son courage abattu lui revient et, confiant dans les paroles qui lui ont été dites, il se retrouve plus fort pour la lutte qui s'apprête. Ce fut ce qui arriva à don Pedro ; les paroles de don Fernando, que depuis un mois il avait vu à l'œuvre, qu'il avait appris à aimer et dans lequel il avait une foi entière, lui rendirent comme par enchantement le courage et l'espoir qui l'avaient abandonné.

— Maintenant, reprit don Fernando en s'adressant au lepero, dites-moi de quelle façon le Chat-Tigre traitait sa prisonnière : vous êtes demeuré assez longtemps auprès de lui pour me renseigner sûrement à cet égard.

— Quant à cela, seigneurie, je vous répondrai franchement qu'il avait pour la señorita les soins les plus assidus, s'inquiétant d'elle à chaque instant avec la plus grande sollicitude et faisant souvent ralentir la marche, de crainte de trop la fatiguer.

Les auditeurs respirèrent : ces ménagements de la part de cet homme pour qui rien n'était respectable semblaient indiquer des intentions meilleures que celles qu'on était en droit d'attendre de lui.

Don Fernando reprit son interrogatoire.

— N'avez-vous jamais entendu le Chat-Tigre, dit-il, causer avec doña Hermosa?

— Une seule fois, répondit le lepero ; la pauvre señorita était bien triste ; elle n'osait pleurer tout haut pour ne pas indisposer le chef, mais ses yeux étaient constamment pleins de larmes, et des sanglots étouffés soulevaient péniblement sa poitrine. Un jour que pendant une halte elle s'était assise à l'écart au pied d'un arbre et que, les yeux fixés sur la route que nous venions de parcourir, de grosses larmes coulaient sur ses joues en y laissant un long sillon humide, le Chat-Tigre s'approcha d'elle, et, après l'avoir un instant considérée avec un mélange de pitié et de colère, il lui dit à peu près ceci :

« — Enfant, c'est vainement que vous regardez en arrière : ceux que vous attendez ne viendront pas ; nul ne vous arrachera de mes mains jusqu'au jour où je jugerai à propos de vous rendre la liberté. C'est à vous seule que je dois la ruine de mon projets et le massacre de mes amis au présidio de San-Lucar ; je le sais ; je me suis emparé de vous par vengeance, mais, si cela peut vous consoler et vous rendre le courage, sachez que cette vengeance sera douce, puisque, avant un mois d'ici, je vous réunirai à celui que vous aimez. »

« La jeune señorita le regarda d'un air incrédule.

« Il s'en aperçut, et continua avec une expression de méchanceté implacable :

« — Mon désir le plus vif est de vous voir un jour l'épouse de don Fernando Carril ; je n'ai jamais eu d'autre but que celui-là. Ainsi, reprenez courage et séchez des larmes qui ne peuvent que vous enlaidir sans vous être d'aucune utilité, car ce que je vous annonce arrivera ainsi que je l'ai résolu, au jour et à l'heure marqués par moi. »

« Puis il la quitta sans attendre la réponse que la jeune fille se préparait à lui faire. J'étais couché dans l'herbe, à quelques pas de doña Hermosa. Le Chat-Tigre ne m'aperçut pas probablement, ou, s'il me vit, il me crut endormi. Voilà comment il m'a été facile d'entendre cet entretien. Du reste, à ma connaissance, cette fois fut la seule que le chef causa avec sa prisonnière, bien qu'il continuât à la traiter de son mieux.

Après ces paroles du lepero, il y eut un assez long silence causé par l'étrangeté de cette révélation.

Don Fernando se creusait vainement la tête pour chercher à deviner les motifs de la conduite du Chat-Tigre ; il se rappelait les paroles qu'un jour le chef avait prononcées devant lui, paroles qui se rapportaient à ce qu'il venait d'entendre, car déjà à cette époque le vieux partisan semblait caresser le même projet. Mais dans quel but agissait-il ainsi? voilà ce que le jeune homme se demandait sans qu'il lui fût possible de se répondre.

Sur ces entrefaites, le soleil s'était couché, et la nuit était venue avec cette rapidité particulière aux zones intertropicales où le crépuscules n'existe pas.

Il faisait une de ces délicieuses nuits américaines pleines d'âcres senteurs et de mélodies aériennes ; le ciel, d'un bleu profond, était émaillé d'un nombre infini d'étoiles brillantes ; la lune, alors dans son plein, répandait une clarté éblouissante qui permettait de distinguer, grâce à la limpidité de l'atmosphère, les objets à une grande distance ; la brise du soir en se levant avait tempéré l'écrasante chaleur du jour, les voyageurs groupés devant le jacal respiraient à pleins poumons cet air vivifiant qui frissonnait dans le feuillage et se laissaient aller à l'influence de cette nuit chargée de si séduisantes langueurs.

Lorsque don Pedro et ses deux mayordomos de confiance s'étaient, sous la conduite de don Fernando, mis à la recherche de doña Hermosa, Ña Manuela, cette femme au cœur si pur et au dévouement si vrai, n'avait voulu abandonner ni son maître ni son fils ; elle avait hautement revendiqué sa part de périls et des risques qu'ils allaient courir, en disant que, nourrice de la jeune fille, son devoir exigeait qu'elle les accompagnât ; la vieille dame avait insisté auprès de don Pedro et d'Estevan avec tant d'opiniâtreté que l'haciendero, touché plus qu'on ne saurait dire d'une si complète abnégation, n'avait pas eu la force de résister à ses prières, et elle les avait suivis.

C'était Ña Manuela qui s'occupait de tous les détails du ménage des voyageurs, surveillant avec soin leurs besoins matériels, soignant les malades, jouant en quelque sorte le rôle d'une mère de famille de ces quinze ou vingt hommes qui avaient pour elle le plus grand respect, et auxquels son âge lui permettait de donner des avis, sans que cependant elle essayât jamais de s'initier dans leurs projets autrement que pour essayer de les consoler ou de soutenir leur courage.

Grâce à l'ardeur que tous deux mettaient à dépouiller la liane, une grande quantité de fouilles joncha la terre.

La digne femme avait la surveillance des provisions de campagne. Aussitôt que la nuit fut complètement tombée, elle sortit du jacal avec des rafraîchissements pris dans les caisses particulières de l'haciendero, et elle les distribua avec la plus complète impartialité à tous les voyageurs, maîtres et serviteurs.

La digne femme, bien qu'invisible, avait assisté à l'interrogatoire du lepero; son cœur s'était serré au récit du Zapote, mais elle avait renfermé sa douleur dans son cœur pour ne pas augmenter l'angoisse de don Pedro, et ce fut les yeux secs et le visage riant qu'elle vint se mêler aux voyageurs.

Cependant le temps se passait, l'heure du repos était arrivée, les peones s'étaient les uns après les autres roulés dans leurs zarapés et s'étaient endormis, moins les sentinelles chargées de veiller au salut commun.

Don Fernando, la tête appuyée sur la paume de la main droite, était depuis longtemps déjà plongé dans de sérieuses réflexions ; ses amis n'échangeaient qu'à de longs intervalles de courtes paroles entre eux à voix basse, pour ne pas le troubler ; ils soupçonnaient que le chasseur mûrissait quelque hardi projet ; seul, le lepero, avec cette insouciance qui le caractérisait, s'était allongé sur le sol, et assez indifférent à ce qui se passait autour de lui, il se préparait à dormir ; déjà ses paupières s'alourdissaient ; il se trouvait arrivé à ce degré de somnolence qui n'est plus la veille sans être complètement le sommeil, lorsqu'il fut brusquement tiré de cette demi-léthargie par don Fernando qui le secouait vigoureusement :

— Holà ! seigneurie, que me voulez-vous ? dit-il en se redressant brusquement et en se frottant les yeux.

— Es-tu capable d'un véritable dévouement ? lui dit brusquement le chasseur.

— Déjà vous m'avez une fois adressé cette question, seigneurie, répondit-il ; je vous ai répondu oui, si je suis bien payé : or vous m'avez payé royalement ; un seul homme aurait pu prendre dans mon esprit la priorité sur vous : cet homme était don Torribio Quiroga ; il est mort ; vous restez seul, parlez : jamais chien ne vous aura obéi plus fidèlement que je le ferai à votre moindre signe.

— Je ne veux pas mettre à une trop rude épreuve, quant à présent, cette fidélité de fraîche date : Je me bornerai donc à vous laisser ici ; seulement souvenez-vous d'agir franchement et sans arrière-pensée avec moi, car de même que je n'ai pas hésité à vous donner des arrhes du marché que je consens faire avec vous, de même, je n'hésiterai pas, soyez-en bien sûr, à vous tuer raide, si vous me trompez, et soyez bien persuadé que nul endroit, si caché qu'il soit, ne pourra, le cas échéant, vous soustraire à ma vengeance.

Le lepero s'inclina et répondit avec un accent de franchise rare chez un pareil bandit :

— Señor don Fernando, sur la croix de Notre-Seigneur, qui est mort pour la rédemption de nos péchés, je vous jure que je me donne loyalement à vous.

— Bien ! fit le chasseur, je vous crois, Zapote, maintenant vous pouvez dormir, si bon vous semble.

Le lepero ne se fit pas répéter l'autorisation, cinq minutes plus tard il dormait effectivement à poings fermés.

— Señores, dit don Fernando en s'adressant à ses amis, vous êtes libres de vous livrer au repos ; quant à moi, je veillerai une partie de la nuit ; don Pedro, ayez bon courage, la position est loin d'être désespérée ; plus j'y réfléchis, plus je crois que nous réussirons à enlever au Tigre la proie qui palpite sous sa griffe et qu'il se prépare à dévorer ; ne soyez pas inquiet, et si demain vous ne me voyez pas, — du reste, mon excursion ne sera pas longue, — sous aucun prétexte ne quittez ce campement avant mon retour. Bonsoir à tous!

Après ces quelques mots, le chasseur laissa de nouveau retomber sa tête sur sa loyale poitrine et se replongea dans ses méditations.

Ses amis respectèrent le désir qu'il manifestait ainsi de demeurer seul, et ils se retirèrent silencieusement.

Quelques minutes plus tard, tout le monde, excepté don Fernando et les sentinelles, dormait ou semblait dormir dans le camp.

XVII

EN CHASSE

Un majestueux silence planait sur le désert; on n'entendait à de longs intervalles que les miaulements des jaguars à l'abreuvoir ou les glapissements des coyotes; le chasseur, depuis que ses amis l'avaient quitté, n'avait pas changé de position, son immobilité était si complète que, si parfois on n'avait vu briller dans l'ombre l'éclair de son regard, on l'aurait cru plongé dans un profond sommeil; soudain une lourde main s'appesantit sur son épaule. Don Fernando se releva subitement.

Don Estevan était près de lui.

Le chasseur lui sourit doucement.

— Vous voulez me parler, mon ami? lui dit-il.

— Oui, répondit le jeune homme en prenant place à ses côtés.

— Que me voulez-vous, Estevan? Je vous écoute.

— J'ai laissé tout le monde s'endormir dans le camp et je suis revenu vous trouver, mon ami; vous méditez quelque expédition hardie; peut-être avez-vous la pensée de vous rendre au camp du Chat-Tigre?

Le chasseur sourit sans répondre autrement.

— J'ai deviné, n'est-ce pas? reprit le mayordomo, qui surprit au passage ce fugitif sourire.

— Peut-être, mon ami, répondit le chasseur, mais qu'est-ce que cela peut vous faire?

— Plus que vous ne supposez, Fernando, dit le jeune homme : cette expédition est des plus périlleuses, vous-même l'avez dit; la tenter seul, ainsi que vous en avez l'intention, est une folie que je ne vous laisserai pas commettre. Souvenez-vous que, dès notre première rencontre, nous nous sommes sentis entraînés l'un vers l'autre d'une façon irrésistible; nous sommes liés irrévocablement par une de ces amitiés que rien ne doit pouvoir rompre : tout doit être commun entre nous; qui sait les dangers que vous aurez à courir pendant l'expédition désespérée que vous vous préparez à tenter? Ami, je viens vers vous et je vous dis ceci : la moitié de ces dangers m'appartient; je viens vous réclamer la part que vous n'avez pas le droit de me ravir.

— Ami, répondit don Fernando avec émotion, je craignais ce qui arrive, je redoutais cette demande que vous m'adressez en ce moment. Hélas! vous l'avez deviné, cette expédition que je prépare est bien réellement désespérée : qui sait si je réussirai? pourquoi vouloir vous associer à mon mauvais destin? Ma vie tout entière n'a été qu'une longue douleur, je suis heureux d'en faire le sacrifice à ce pauvre père qui pleure l'enfant qui lui a été ravie. Chaque homme a sa destinée en ce monde ; la mienne est d'être malheureux. Laissez-la-moi accomplir ; tout vous sourit, à vous ; vous avez une mère que vous chérissez et qui vous adore ; moi, je suis seul : si je succombe, nul, excepté vous, ne me regrettera ; ne me donnez pas la douleur, si vous succombiez à mes côtés, d'avoir causé votre mort : ce serait pour moi à mon heure suprême un trop cruel remords.

— Ma résolution est irrévocable, mon ami. Quoi que vous me puissiez dire, je vous suivrai ; le dévouement, vous le savez, est dans ma famille une tradition, je dois faire aujourd'hui ce que mon père n'a pas hésité à faire à une autre époque pour la famille à laquelle nous sommes attachés ; encore une fois mon ami, je vous le répète, mon devoir exige que je vous accompagne.

— N'insistez pas, Estevan, je vous en supplie ; pensez à votre mère, songez à sa douleur !

— Je ne songe en ce moment qu'à ce que l'honneur m'ordonne ! s'écria le jeune homme avec chaleur.

— Non, encore une fois, je ne puis consentir à ce que vous m'accompagniez, mon ami ; songez à la douleur de votre mère, si elle vous perdait.

— Ma mère, Fernando, serait la première à m'ordonner de vous suivre, si elle était là.

— Bien parlé, mon fils ? dit une voix douce derrière les jeunes gens.

Ceux-ci se retournèrent en tressaillant : Ña Manuela était debout, à deux pas d'eux ; elle souriait.

— J'ai tout entendu, reprit-elle ; merci ! don Fernando, d'avoir parlé ainsi que vous l'avez fait : l'écho de vos paroles a doucement résonné dans mon cœur ; mais Estevan a raison, son devoir exige qu'il vous suive : cessez donc de l'en dissuader ; il appartient à une race qui ne transige jamais avec ce qu'elle croit être le devoir. Qu'il parte avec vous, il le faut ; s'il succombe, je le pleurerai, je mourrai peut-être, mais je mourrai en le bénissant, car il sera tombé pour le service de ceux que, depuis cinq générations, nous avons juré de servir fidèlement.

Don Fernando contempla avec admiration cette mère qui, malgré l'amour sans bornes qu'elle avait pour son fils, n'hésitait pas cependant à le sacrifier à ce qu'elle croyait son devoir ; il se sentit sans force devant cette héroïque abnégation, les paroles lui manquèrent pour rendre ce qu'il éprouvait, il ne put acquiescer que d'un signe de tête à une volonté si énergiquement exprimée.

— Allez, mes enfants, continua-t-elle en levant les yeux au ciel avec un mouvement rempli d'une sainte exaltation, Dieu, à qui rien n'échappe, voit votre dévouement, il vous en tiendra compte ; le règne des méchants est court sur la terre, la protection du Tout-Puissant vous suivra, elle vous défendra contre les dangers que vous allez affronter : allez sans crainte, quoi que vous entrepreniez, j'ai la conviction intime que vous réussirez. Au revoir !

— Merci ! ma mère, répondirent les deux jeunes gens émus jusqu'aux larmes.

La pauvre femme les tint un instant étroitement réunis sur sa poitrine, puis se dégageant enfin par un effort suprême :

— Souvenez-vous, dit-elle, de cette maxime tirée du code de l'honneur : Fais ce que dois, arrive que pourra ! Au revoir, au revoir !

Elle se détourna brusquement et rentra précipitamment dans le jacal, car, malgré d'énergiques efforts, elle sentait les larmes la gagner et ne voulait pas pleurer devant eux, de crainte d'affaiblir leur résolution.

Les jeunes gens demeurèrent un instant pensifs, les yeux fixés sur le jacal.

— Vous le voyez, ami, dit enfin don Estevan, ma mère elle-même est venue m'ordonner de vous suivre.

— Que votre volonté soit faite, Estevan, répondit le jeune homme avec un soupir étouffé, je ne dois pas m'opposer plus longtemps à votre désir.

— Enfin ! s'écria le mayordomo avec joie.

Le chasseur examina attentivement le ciel.

— Il est deux heures du matin, dit-il : à trois heures et demie il fera jour ; il faut nous mettre en route.

Sans répondre, le jeune homme alla chercher le cheval du chasseur et le sien ; les selles furent mises en un instant. Ils sortirent du camp et, enfonçant les éperons dans les flancs de leurs montures, ils partirent à fond de train.

Au lever du soleil, ils avaient fait six lieues. Ils côtoyaient alors les rives verdoyantes d'un de ces nombreux cours d'eau ignorés qui sillonnent le désert dans tous les sens et vont, après un parcours plus ou moins long, se perdre dans un grand fleuve.

— Arrêtons-nous quelques instants, dit le chasseur, d'abord pour laisser souffler nos chevaux et ensuite pour prendre quelques précautions indispensables à la réussite de nos projets.

Ils mirent pied à terre et, ôtant la bride à leurs montures afin qu'elles puissent paître à leur aise, ils les laissèrent brouter en liberté les hautes herbes du bord de la rivière.

— Le moment est venu, mon ami, dit alors don Fernando à son compagnon, que je vous initie à une opération indispensable pour éviter les plus grands dangers qui nous menacent, et que je vous révèle un secret dont nous autres, les Chasseurs d'Abeilles, sommes possesseurs. A dix lieues d'ici à peine, nous entrerons dans la région habitée par les serpents, nous devons nous précautionner contre leurs morsures mortelles, car nous ne rencontrerons sur notre route que des reptiles de l'espèce la plus dangereusement venimeuse.

— Diable ! fit le jeune homme en pâlissant légèrement.

— Je vais vous instruire : lorsque nous aurons endossé notre cuirasse, nous pourrons impunément marcher sur la tête des serpents les plus redoutables.

— Caraï! s'écria don Estevan, c'est un secret précieux que vous possédez là.

— Vous en jugerez bientôt. Suivez-moi. Vous connaissez le *guaco*, évidemment?

— Certes, j'ai plusieurs fois assisté à ses combats contre des serpents.

— Bien. Vous ignorez sans doute quel moyen cet intelligent oiseau emploie pour guérir les blessures qu'il reçoit dans ces combats acharnés qui se terminent toujours par la mort du serpent?

— Je vous avoue, mon ami, que jamais je n'ai songé à approfondir cette question.

— Alors, répondit en riant don Fernando, il est heureux que j'y aie songé pour nous deux. Venez, j'aperçois à quelques pas d'ici plusieurs tiges de *mikania* enroulées après ces chênes-lièges et ces mezquites, voilà ce qu'il nous faut, nous allons faire provision de feuilles de la liane du guaco.

Don Estevan, sans chercher à comprendre le but que se proposait son ami, suivit son exemple, et se mit à récolter les feuilles de la liane que celui-ci lui avait indiquée. Bientôt, grâce à l'ardeur que tous deux mettaient à dépouiller la liane, une assez grande quantité de feuilles joncha la terre. Lorsque don Fernando jugea qu'il y en avait une quantité suffisante, il les entassa dans son zarapé, et regagna l'endroit où les chevaux avaient été laissés.

Et sans plus d'explication le chasseur se mit à hacher les feuilles sur une pierre plate qu'il avait ramassée à cet effet au bord de l'eau.

Don Estevan, intéressé malgré lui par cette mystérieuse opération, se mit en devoir d'exprimer dans un *couï* le jus des feuilles au fur et à mesure que le chasseur les lui passait.

Ce travail dura une heure environ; au bout de ce temps le *couï* ou moitié de calebasse se trouva rempli jusqu'au bord d'une liqueur verdâtre.

— Et maintenant qu'allons-nous faire? dit don Estevan de plus en plus intrigué.

— Ah! répondit en riant don Fernando, voici où la question devient délicate, mon ami; nous allons nous déshabiller, puis, avec la pointe de notre navaja, nous nous ferons sur la poitrine, sur les bras, sur les cuisses, entre les doigts et les orteils, des incisions longitudinales assez profondes pour laisser jaillir légèrement le sang, ensuite nous introduirons avec soin dans ces incisions la liqueur verdâtre que nous avons récoltée. Vous sentez-vous le courage de vous inoculer ce jus de mikania?

— Certes, mon ami, bien que l'opération doive être, je le suppose, assez douloureuse; mais quel bien nous en reviendra-t-il?

— Oh! la moindre des choses, nous serons tout simplement invulnérables, nous pourrons impunément fouler aux pieds des myriades de serpents dont les morsures seront alors pour nous aussi inoffensives que des piqûres d'épingle.

Le chasseur se déshabilla sans plus de discussion, et il commença froidement à se faire des incisions sur le corps; don Estevan n'hésita plus à suivre son exemple.

Lorsqu'ils se furent ainsi tailladés à qui mieux mieux, ils frottèrent leurs blessures avec le jus de la liane, demeurèrent nus quelques instants pour donner à la liqueur le temps de pénétrer et de s'infiltrer complètement dans les chairs, puis ils reprirent leurs habits.

— Là, voilà qui est fait, dit don Fernando. Il est inutile de garder nos chevaux, les pauvres bêtes périraient infailliblement, car ils ne sont pas comme nous garantis des morsures : laissons-les ici, nous les prendrons en revenant, seulement nous ferons bien de les entraver, afin qu'ils ne s'éloignent pas trop.

Les harnais furent cachés avec soin sous les buissons, puis les deux hardis aventuriers se mirent en route à pied, le fusil jeté en bandoulière, et ne tenant à la main qu'une branche de mezquite mince et flexible destinée à couper en deux les reptiles qui se dresseraient sur leur passage.

L'aspect du paysage avait complètement changé : au lieu des sentes assez larges qu'ils avaient suivies jusqu'à ce moment, ils côtoyaient d'interminables marécages au-dessus desquels bourdonnaient des millions de moustiques, et dont les eaux verdâtres exhalaient des miasmes pestilentiels; plus ils s'avançaient dans cette direction, plus ces marais devenaient nombreux.

Les deux jeunes gens marchaient rapidement, l'un derrière l'autre, agitant les herbes à droite et à gauche avec leurs baguettes, afin d'effrayer les reptiles de toutes sortes, et suivant une trace laissée par le passage d'une troupe assez nombreuse de cavaliers.

Tout à coup ils se trouvèrent devant un cadavre horriblement enflé et putréfié, par-dessus lequel il leur fallut enjamber.

— Eh! fit don Fernando, voilà un pauvre diable qui probablement ne connaissait pas la liane du guaco.

Au même instant un sifflement aigu se fit entendre, un charmant petit serpent, gros tout au plus comme le petit doigt, et long de sept ou huit pouces, sortit de dessous le cadavre, et, se dressant sur sa queue, il bondit avec une rapidité extrême et s'attacha à la cuisse droite du chasseur.

— Pardon! cher ami, dit froidement celui-ci, vous vous trompez. Et, le saisissant par la queue, il le fit tournoyer et lui écrasa la tête. C'est un *ruban*, ajouta-t-il : quand on est piqué par lui, on en a juste pour onze minutes; on devient jaune, puis vert; on enfle, et tout est dit, on est mort; seulement, on a la consolation de changer une dernière fois de couleur et de passer du vert au noir; c'est particulier, n'est-ce pas, Estevan?

— Caraï! répondit celui-ci avec un certain effroi dont il ne fut pas le maître, savez-vous que vous avez eu une bien heureuse idée, Fernando?

— Je le crois bien, répondit-il, sans cela nous serions déjà morts tous deux.

— Vous croyez, cher ami?

— Pardieu! c'est évident : écrasez donc ce corail qui vous grimpe après la jambe.

— Tiens, tiens, tiens! c'est vrai; voilà un gaillard qui n'est pas gêné, par exemple! Tout en disant cela, le jeune homme saisit le serpent et l'écrasa.

— Quel délicieux pays, hein! reprit don Fernando; comme c'est divertissant de voyager par ici! Bon! encore des cadavres; cette fois l'homme et le cheval sont tombés de compagnie. Pauvre bête! ajouta-t-il avec un sourire ironique.

Ils marchèrent ainsi toute la journée. Plus ils avançaient, plus les serpents devenaient nombreux ; ils les rencontraient par trois et par quatre ensemble. De loin en loin, les cadavres étendus en travers de la sente qu'ils suivaient leur prouvaient qu'ils étaient toujours sur la bonne piste et que le Chat-Tigre avait laissé la plupart de ses compagnons en route. Malgré tout leur courage, les jeunes gens ne pouvaient s'empêcher de frissonner au spectacle affreux que depuis le matin ils avaient sous les yeux en traversant cette effroyable région.

Tout à coup le chasseur s'arrêta, pencha le corps en avant, et, faisant signe à son compagnon de demeurer immobile, il prêta attentivement l'oreille.

— Je ne m'étais pas trompé, dit-il au bout d'un instant d'une voix contenue : quelqu'un vient vers nous.

— Quelqu'un? répondit avec étonnement don Estevan, c'est impossible!

— Pourquoi donc? reprit le chasseur, nous sommes bien ici, nous ; pourquoi d'autres n'y seraient-ils pas?

— C'est juste, fit le jeune homme! Qui cela peut-il être?

— Nous le saurons bientôt; venez. Et il entraîna son ami vers un épais buisson derrière lequel ils se blottirent.

— Armez votre fusil, Estevan, dit-il, nous ne savons pas en face de qui nous allons nous trouver.

Le mayordomo obéit sans répondre, les deux hommes demeurèrent immobiles, attendant l'arrivée de l'individu dont ils entendaient maintenant les pas résonner à peu de distance.

Depuis une heure environ, le sentier que suivaient nos explorateurs montait d'une façon assez rapide en formant des coudes fréquents, signe infaillible qu'ils ne tarderaient pas à quitter la région des marécages pour atteindre la zone où les serpents ne s'élèvent pas.

Bientôt le chasseur vit une ombre se dessiner à quelques pas de lui, à l'angle de la sente, et un homme parut : don Fernando le reconnut immédiatement à sa haute taille et à sa longue barbe blanche : c'était le Chat-Tigre.

Le chasseur se pencha vivement à l'oreille de son compagnon, lui dit quelques mots, et, se ramassant sur lui-même, il bondit au milieu de la sente, à dix pas au plus du Chat-Tigre.

A cette apparition imprévue, celui-ci ne témoigna aucune surprise.

— J'allais te chercher, dit-il d'une voix calme en s'arrêtant.

— Alors, votre voyage est terminé, répondit sèchement le jeune homme, puisque me voilà.

— Non, pas encore, car, pendant que tu monteras à mon campement, je me rendrai au tien.

— Vous croyez? fit le chasseur en ricanant.

— Certes : aurais-tu la prétention de me barrer le passage, par hasard? dit le Chat-Tigre d'une voix railleuse.

— Pourquoi non? Ne trouvez-vous pas qu'il soit temps que nous ayons une explication?

Plus ils avançaient, plus les serpents devenaient nombreux.

— Je n'en vois nullement la nécessité pour ma part; ce n'est pas moi que tu cherchais, je suppose?

— Vous vous trompez, Chat-Tigre, c'est vous que je cherchais, au contraire.

— Moi et une autre personne, reprit-il avec un sourire narquois.

— Vous d'abord, insista le chasseur, car nous avons un compte assez long à régler.

— Ne perdons pas davantage notre temps, dit le Chat-Tigre avec impatience ; écoute-moi et tâche de me comprendre : Doña Hermosa est près d'ici ; elle t'attend, je lui ai promis de vous réunir, je suis chargé par elle de dire certaines choses à son père : il faut donc que je me rende à ton campement ; je vais d'abord te conduire au mien. Triste campement, ajouta-t-il avec un soupir, de tous mes fidèles, il ne me reste que quatre hommes, les autres sont morts.

— Oui, j'ai rencontré leurs cadavres sur la route, c'est vous qui êtes cause de leur mort : pourquoi les avez-vous amenés ici ?

— Peu importe, ce qui est fait est fait ; voyons, le temps presse : veux-tu me suivre ? j'agis franchement avec toi.

— Non, je ne vous crois pas : pour quelle raison vous êtes-vous retiré dans cette effroyable contrée ?

— Ne l'as-tu pas deviné, enfant ? Parce que là seulement j'étais certain que ma proie ne me serait pas ravie.

— Vous vous êtes trompé, puisque me voilà !

— Peut-être ! répondit le Chat-Tigre avec un sourire indéfinissable. Finissons-en ! tiens ! prends mon rifle, dis à ton ami, dont je vois à travers les branches briller le canon du fusil, de te rejoindre ; à présent que vous serez deux contre un homme désarmé, tu ne craindras pas de me suivre, peut-être.

Le chasseur demeura un instant silencieux.

— Venez, Estevan, dit-il au bout d'un instant.

Le jeune homme le rejoignit aussitôt.

— Gardez votre rifle, continua don Fernando en s'adressant au Chat-Tigre, nul ne doit marcher désarmé au désert.

— Merci ! Fernando, répondit le vieux chef, tu as compris qu'un coureur des bois ne devait pas quitter son rifle, merci ! Suivez-moi et ne craignez rien.

Le Chat-Tigre se mit immédiatement en route, suivi pas à pas par les deux jeunes gens.

Au bout d'une heure ils atteignirent le campement du chef, établi à mi-côte du Voladero, dans une grotte assez spacieuse.

Le Chat-Tigre n'avait pas menti : de tous ses compagnons quatre seulement avaient survécu.

— Avant d'aller plus loin, dit en s'arrêtant le chef, voici ce que j'exige de toi.

— Vous exigez ? répondit le chasseur en scandant les mots avec ironie.

Le Chat-Tigre haussa les épaules.

— Sur un signe de moi, ces hommes poignarderont sans pitié doña Hermosa ; tu vois que je puis exiger.

Le jeune homme se sentit frissonner dans tous les membres.

— Parlez, dit-il d'une voix étranglée par la colère.

— Je vais te laisser seul ici avec doña Hermosa. Moi, ton compagnon et les quatre hommes qui me restent, nous quitterons à l'instant le Voladero ; dans deux jours, pas avant, tu abandonneras la montagne et tu te rendras à ton camp, où je t'attendrai.

— Pourquoi me posez-vous cette condition? demanda le jeune homme avec défiance.

— Cela ne te regarde pas : cette condition est-elle donc si dure que tu ne veuilles pas t'y soumettre? Du reste, je n'ai pas d'explications à te donner, réponds-moi oui ou non, sans cela tu ne reverras pas doña Hermosa.

— Qui m'assure qu'elle est vivante? reprit le jeune homme.

— A quoi m'aurait servi de la tuer?

Don Fernando hésita un instant.

— Soit! dit-il enfin, j'accepte, je demeurerai ici deux jours.

— C'est bien! maintenant, va; nous, nous partons.

— Un instant encore : me répondez-vous de la sûreté de mon compagnon? Je sais que je puis me fier à votre parole.

— Je te jure que, tant qu'il demeurera avec moi, je le considérerai comme un ami, et que tu le trouveras sain et sauf au campement.

— C'est bien! Au revoir, Estevan, tranquillisez don Pedro et dites-lui à quelle condition on m'a rendu sa fille.

— C'est moi qui le lui dirai, fit le Chat-Tigre avec un sourire d'une expression étrange.

Don Estevan et don Fernando s'embrassèrent, puis le chasseur se dirigea rapidement vers la grotte pendant que le Chat-Tigre, ses quatre compagnons et le mayordomo, reprenaient le chemin de la plaine.

Arrivé aux premiers arbres, le Chat-Tigre s'arrêta un instant et se tourna vers la grotte dans laquelle entrait en ce moment don Fernando.

— Ah! murmura-t-il avec un sourire sinistre, en se frottant les mains, je crois que cette fois je tiens enfin ma vengeance!

Il se remit en marche et disparut sous le couvert.

XVIII

EL VOLADERO DE LAS ANIMAS

Nous avons dit que don Fernando Carril, ou le Cœur-de-Pierre, avait passé la plus grande partie de sa vie dans les déserts. Élevé par le Chat-Tigre dans le périlleux métier de chasseur d'abeilles, le hasard l'avait à différentes reprises conduit, bien que contre son gré, dans les régions où il se trouvait en ce moment. Aussi connaissait-il jusque dans ses repaires les plus cachés le Voladero de las Animas. Plusieurs fois déjà il avait cherché un abri dans la grotte où se trouvait cachée doña Hermosa : aussi ne lui fut-il nullement difficile de la trouver, bien que l'accès en fût, à une certaine distance, tellement bien dissimulé par des accidents naturels de terrain, que tout autre que lui aurait perdu un temps infini à la chercher.

Cette grotte, une des curiosités les plus extraordinaires de cette contrée, se divise en plusieurs parties qui s'étendent à une grande distance sous la montagne, et dont deux corridors débouchent, comme deux fenêtres géantes, juste au-dessous du Voladero, à une hauteur de plus de mille pieds de la plaine sur laquelle elles planent sans que, vu la conformation singulière de la montagne, il soit possible d'apercevoir au-dessous de soi autre chose que la cime des arbres.

Le chasseur était entré dans la grotte qui, autre particularité remarquable, reçoit dans toute son étendue le jour par un nombre infini de fissures qui permettent de distinguer facilement les objets à une distance de vingt et vingt-cinq pas.

Le jeune homme était inquiet, la condition que lui imposait le Chat-Tigre le tourmentait malgré lui.

Il se demandait pour quelle raison le vieux chef avait exigé qu'il demeurât deux jours seul avec la jeune fille dans la montagne avant de regagner le campement.

Il soupçonnait que cette condition qui lui était imposée cachait un piège, mais quel était ce piège? voilà ce que don Fernando cherchait vainement à comprendre.

Il s'avançait lentement dans la grotte, regardant à droite et à gauche pour tâcher d'apercevoir celle qu'il cherchait, sans que depuis près d'une demi-heure qu'il était entré aucun indice lui eût révélé la présence de la jeune fille.

Lorsqu'il avait atteint la limite du couvert de la forêt, le soleil sur son déclin était sur le point de disparaître à l'horizon; la grotte, déjà passablement sombre pendant le jour, était maintenant plongée dans une obscurité presque complète; le chasseur retourna sur ses pas pour se procurer de la lumière afin de continuer ses recherches que l'ombre rendait impossibles.

Arrivé à l'entrée de la grotte, il profita d'une dernière lueur de jour pour jeter un regard autour de lui; plusieurs torches de bois d'*ocote* étaient rangées avec soin sur le seuil même de la caverne; le jeune homme s'empressa de battre le briquet afin de se procurer du feu; puis, une torche allumée à la main, il s'enfonça résolument dans l'intérieur.

Au moment où, après avoir parcouru sans résultat plusieurs corridors, il commençait à soupçonner le Chat-Tigre de l'avoir trompé, il aperçut à une assez grande distance devant lui une lueur d'abord incertaine, qui grandit peu à peu en se rapprochant et finit par jeter une clarté assez brillante pour lui permettre de reconnaître doña Hermosa.

La jeune fille tenait, elle aussi, une torche à la main, elle marchait d'un pas lent et incertain, la tête baissée comme une personne en proie à une vive douleur.

Doña Hermosa avançait de plus en plus, déjà elle ne se trouvait plus qu'à une cinquantaine de pas du jeune homme. Ne sachant comment attirer son attention, il se préparait à jeter un cri d'appel, lorsque le hasard voulut qu'elle relevât la tête. En apercevant un homme devant elle, elle s'arrêta, et l'interpellant avec une certaine hauteur :

— Pourquoi entrez-vous dans cette galerie? lui dit-elle; ne savez-vous donc pas que votre chef a défendu que personne vienne m'y troubler?

— Pardonnez-moi, señorita, répondit le jeune homme avec émotion, j'ignorais cette défense.

— Ciel! s'écria la jeune fille, cette voix! mon Dieu, est-ce un rêve!

Et, laissant tomber sa torche, elle se mit à courir vers le chasseur; celui-ci, de son côté, se hâta de se rapprocher d'elle.

— Don Fernando! s'écria-t-elle en le reconnaissant, don Fernando ici, dans cet horrible repaire! Mon Dieu! quel malheur me menace encore! Oh! n'ai-je donc pas assez souffert?

La jeune fille, accablée par l'émotion, perdit connaissance et tomba évanouie entre les bras de don Fernando.

Celui-ci, désespéré de ce qui arrivait, et ne sachant comment rappeler la jeune fille à la vie, se hâta de la transporter à l'entrée de la grotte, dans l'espoir que l'air lui ferait du bien; il l'assit doucement sur un amas de feuilles sèches, et se retira discrètement à quelques pas.

Don Fernando était un homme doué d'un courage qui allait jusqu'à la témérité ; vingt fois il avait en souriant regardé la mort en face; pourtant, en apercevant la pâle silhouette de la jeune fille immobile et comme morte devant lui, il se sentit trembler de tous ses membres, une sueur froide perla à ses tempes et des larmes brûlantes, les premières qu'il eût versées, inondèrent son visage.

— Mon Dieu! mon Dieu! s'écria-t-il avec un sanglot déchirant, je l'ai tuée!

— Qui parle? répondit faiblement la jeune fille, que l'air qui s'engouffrait dans la grotte commençait peu à peu à ranimer, me suis-je trompée en croyant reconnaître don Fernando, est-ce réellement lui qui est là?

Le chasseur s'approcha doucement de la jeune fille.

— Oui, c'est moi, c'est bien moi, Hermosa, répondit-il d'une voix brisée : revenez à vous, je vous en supplie, pardonnez-moi de vous avoir causé cette douloureuse émotion.

— Hélas! dit-elle, je me réjouirais, au contraire, de vous savoir auprès de moi, don Fernando, si votre présence dans ce lieu maudit ne m'annonçait pas un nouveau malheur.

— Rassurez-vous, señorita, reprit-il, ma présence ici n'a rien qui doive vous effrayer, au contraire.

— Pourquoi chercher à me tromper, mon ami? dit-elle avec un pâle sourire; ne sais-je pas bien que vous êtes prisonnier de ce monstre à face humaine qui depuis si longtemps me tient captive?

Elle s'était redressée; un léger incarnat avait reparu sur son visage; elle tendit au jeune homme sa main que celui-ci, toujours agenouillé, pressa tendrement dans les siennes et couvrit de baisers brûlants.

— Maintenant nous serons deux à souffrir, lui dit-elle avec un long regard.

— Ma chère Hermosa, reprit-il, vous ne souffrirez plus, vos malheurs sont finis, je vous le répète, vous serez heureuse, au contraire.

— Que voulez-vous dire, don Fernando? je ne vous comprends pas, vous me parlez de bonheur dans ce lieu maudit, lorsque vous et moi nous sommes au pouvoir du Chat-Tigre!

— Non, señorita, vous n'êtes plus au pouvoir du Chat-Tigre, vous êtes libre.

— Libre! s'écria-t-elle avec explosion en se relevant tout à fait, est-ce possible, cela? Oh! mon père! mon bon père, vous reverrai-je donc un jour?

— Vous le reverrez bientôt, Hermosa, votre père est près d'ici avec don Estevan, Na Manuela, tous ceux que vous aimez enfin!

— Oh! fit-elle avec une expression impossible à rendre; et, tombant à genoux, elle joignit les mains et adressa au ciel une longue et fervente prière.

Don Fernando la regardait avec une admiration respectueuse; cette joie immense qui débordait sur le visage tout à l'heure si morne et maintenant si radieux de la jeune fille lui causait une émotion d'une douceur infinie; il se sentait heureux comme jamais il ne l'avait été jusqu'à ce jour.

Doña Hermosa demeura longtemps en prière; lorsqu'elle se releva ses traits étaient calmes.

— Maintenant, don Fernando, dit doña Hermosa d'une voix doucement timbrée, puisque, dites-vous, nous sommes libres, allons nous asseoir là, au dehors, et racontez-moi, dans tous ses détails, ce qui est arrivé depuis le jour où j'ai été si brusquement ravie à mon père.

Ils sortirent; la nuit était douce et embaumée; ils s'assirent côte à côte sur un tertre de gazon, et don Fernando commença le récit que lui demandait la jeune fille.

Ce récit fut long, car souvent il fut interrompu par doña Hermosa, qui faisait répéter plusieurs fois certains détails se rapportant à son père; lorsque don Fernando se tut, le soleil se levait, la nuit entière s'était écoulée ainsi dans une douce causerie.

— A votre tour, señorita, dit en terminant don Fernando, à me raconter ce qui vous est arrivé.

— Oh! moi, dit-elle avec un sourire enchanteur, ce mois s'est écoulé pour moi à souffrir en pensant aux absents que j'aime tant; l'homme qui m'a si odieusement enlevée, je suis contrainte de lui rendre cette justice, m'a constamment traitée avec respect; je n'ai eu à me plaindre d'aucune insulte, et même à plusieurs reprises, ajouta-t-elle en baissant les yeux sous le regard ardent du jeune homme, lorsqu'il me voyait trop triste, il cherchait à me consoler en me faisant espérer que bientôt peut-être je reverrais les personnes que j'aime et que je serais réunie à elles.

— La conduite de cet homme me semble incompréhensible, répondit don Fernando devenu rêveur; pourquoi vous a-t-il enlevée si audacieusement, s'il devait vous rendre quelques jours après aussi facilement qu'il l'a fait?

— Oui, répondit-elle, tout cela est étrange. Quel but se proposait-il en agissant ainsi? Enfin, me voilà libre; grâce au ciel, bientôt je reverrai mon père.

— Demain nous partirons pour l'aller rejoindre.

Doña Hermosa le regarda avec un étonnement mêlé d'inquiétude.

— Demain! dit-elle; pourquoi pas aujourd'hui, ce matin, à l'instant même?

— Hélas! répondit-il, j'ai juré de ne quitter ce lieu que demain; ce n'est qu'à cette condition que le Chat-Tigre a consenti à vous rendre la liberté.

— C'est étrange! murmura-t-elle : quelle raison peut avoir cet homme pour nous retenir ici?

— Cette raison, je vais vous la dire, moi! fit don Estevan paraissant tout à coup devant eux.

— Estevan !... s'écrièrent-ils ensemble en se levant et s'élançant vers lui.

— Quel heureux hasard vous ramène, mon ami? lui demanda le chasseur.

— Ce n'est pas le hasard, mon ami, c'est Dieu qui m'a permis d'entendre une parole prononcée imprudemment par le Chat-Tigre, parole qui m'a révélé ses projets aussi facilement que s'il avait pris la peine de me les dévoiler.

— Expliquez-vous, mon ami, lui dirent-ils ensemble.

— Hier, après nous être embrassés, vous, don Fernando, vous vous dirigeâtes vers cette grotte, tandis que nous autres, au contraire, nous reprenions le chemin de la forêt. Je ne sais pourquoi, mais j'avais le cœur serré en vous quittant. Je ne m'éloignais de vous qu'à regret; je me figurais que cette mansuétude du Chat-Tigre cachait un piège odieux dont vous deviez être victime. Je ne descendais donc que lentement, avec hésitation, lorsque, arrivé sous les premiers arbres de la forêt, je m'aperçus que le chef ne nous suivait plus; il s'était arrêté à quelques pas de moi, il se frottait les mains avec une expression de joie méchante, il fixait sur la grotte un regard ardent, et je l'entendis distinctement prononcer ces paroles : « Je crois que cette fois je tiens enfin ma vengeance ! » Ces mots furent pour moi un trait de lumière : le plan diabolique de ce monstre m'apparut alors dans toute sa hideur et se déroula complètement à mes yeux. Vous vous rappelez, don Fernando, de quelle façon vous et moi nous avons fait connaissance?

— Certes, mon ami, ce souvenir m'est trop cher pour que jamais il sorte de ma mémoire.

— Vous rappelez-vous votre conversation dans l'île avec le Chat-Tigre, conversation surprise par moi, les insinuations de cet homme, sa haine implacable contre don Pedro, haine hautement avouée?

— Oui, oui, mon ami, tout cela est présent à ma pensée, mais je ne comprends pas encore où vous voulez en venir.

— A ceci, mon ami : le Chat-Tigre, désespérant d'atteindre don Pedro, a cherché à le frapper dans sa fille; pour cela un plan longuement ourdi, plan dans lequel malgré vous il vous faisait son complice ; vous aimez doña Hermosa, vous avez tout fait pour la sauver, il vous propose de vous la rendre, mais à la condition que vous demeurerez ici pendant quarante-huit heures seul avec elle : me comprenez-vous, maintenant?

— Oh! c'est affreux! s'écria le jeune homme avec la plus vive indignation.

Doña Hermosa cacha son visage dans ses mains et fondit en larmes.

— Pardonnez-moi la douleur que je vous ai causée, mes amis! reprit don Estevan, mais j'ai voulu vous sauver de vous-mêmes, je ne pouvais y parvenir qu'en vous révélant brutalement l'odieuse machination de cet homme. Maintenant, pourquoi cette haine acharnée contre don Pedro? C'est ce que Satan seul pourrait dire. Mais, peu nous importe, à présent! ses projets sont démasqués ; nous n'avons plus rien à redouter de lui.

— Merci ! Estevan, dit doña Hermosa en lui tendant la main.

— Mais comment avez-vous pu revenir sur vos pas, mon ami? demanda le chasseur.

— Oh! bien facilement; je suis allé tout simplement trouver le Chat-Tigre, auquel j'ai signifié qu'il ne me plaisait pas de voyager plus longtemps en sa compagnie. Notre homme fut étourdi de cette déclaration énergique, il ne trouva rien à répondre; moi, je n'avais rien de plus à lui dire, au premier angle du chemin je le laissai là, et me voilà.

— Vous avez eu une excellente idée, mon ami, dont je vous remercie sincèrement; maintenant, à votre avis, que devons-nous faire? j'ai donné ma parole.

— Allons donc, cher ami, vous êtes fou, est-ce que l'on est obligé, avec des gens de cette espèce, à tenir une parole qui n'a été extorquée que dans le but de nuire? Si vous m'en croyez, vous partirez à l'instant, au contraire, afin de déjouer par votre présence inattendue les nouvelles machinations que cet homme pourra ourdir.

— Oui, oui! s'écria vivement doña Hermosa, Estevan a raison; suivons son conseil : partons, partons!

— Partons, puisque vous le voulez, dit don Fernando; pour ma part, je ne demande pas mieux que de m'éloigner de cette grotte maudite, mais comment ferons-nous traverser la forêt à doña Hermosa?

— De la façon dont je l'ai traversée déjà, répondit-elle résolument.

— Expliquez-vous, dit Estevan.

— Sur une espèce de brancard qui doit être ici encore, et que deux hommes portaient : vous savez que les serpents, surtout ceux de la petite espèce, ne s'élancent pas bien haut.

— C'est vrai : du reste, nous aurons le soin de vous envelopper dans une robe de bison, de cette façon vous serez à l'abri de tout danger.

Don Estevan se mit immédiatement en quête du brancard, qu'il retrouva facilement. Pendant ce temps-là, don Fernando préparait, de son côté, la robe de bison : tout fut prêt en quelques minutes.

— Nous sommes dans les conditions du traité, dit en souriant Estevan à son ami.

— Comment cela, répondit celui-ci, que voulez-vous dire?

— N'êtes-vous pas convenu de vous trouver aujourd'hui seulement à votre campement?

— C'est vrai, répondit don Fernando, cela nous aurait été impossible, si nous n'étions partis qu'à l'heure fixée.

— Hum! qui sait si le Chat-Tigre ne comptait pas un peu là-dessus, répondit don Estevan.

Cette observation donna à réfléchir à nos trois personnages, qui continuèrent leur voyage sans reprendre la conversation si promptement interrompue.

LES CHASSEURS D'ABEILLES

Les deux hommes traversèrent Doña Hermosa sur une espèce de brancard.

XIX

LE DOIGT DE DIEU

Nous retournerons maintenant auprès de l'haciendero, dans le campement des Mexicains.

Lorsque don Pedro s'éveilla le matin, Na Manuela lui apprit le départ de don Fernando en compagnie de son fils.

— Je me doutais qu'il en serait ainsi, répondit-il en étouffant un soupir, lorsque hier au soir j'ai vu don Fernando aussi préoccupé ; je suis heureux que votre fils l'ait accompagné, ma bonne Manuela, car, si mes prévisions sont justes, don Fernando va tenter une périlleuse expédition : Dieu veuille qu'il réussisse à me rendre ma fille ! Hélas ! mieux aurait valu peut-être qu'il me consultât avant son départ : nous sommes ici une vingtaine d'hommes résolus qui aurions pu obtenir sans doute un résultat plus décisif que deux hommes seuls, malgré toute leur bravoure et tout leur dévouement.

— Ce n'est pas mon opinion, répondit Na Manuela. Dans le désert on ne fait généralement qu'une guerre de surprise, et deux hommes font souvent davantage à cause de leur apparente faiblesse, qui leur permet de glisser inaperçus, qu'un nombre considérable d'individus ; dans tous les cas, ils ne seront pas longtemps dehors, je le suppose, et nous aurons bientôt des nouvelles certaines de la niña.

— Plaise à Dieu que ces nouvelles soient bonnes, Manuela, car, après les douleurs qui m'ont assailli, si je perdais ma fille aussi malheureusement, je ne lui survivrais pas !

— Chassez ces noires pensées de votre esprit, señor ; tout dépend de la Providence : j'ai l'espoir qu'elle ne nous abandonnera pas dans notre affliction.

— Enfin, soupira don Pedro, nous sommes forcément contraints à l'inaction, il nous faut prendre patience jusqu'au retour de nos batteurs d'estrade.

La journée se passa sans incident digne d'être rapporté ; el Zapote, parti pour la chasse au lever du soleil, avait tué un elk.

Le lendemain, vers dix heures du matin, un Indien sans armes se présenta aux sentinelles en demandant à parler à don Pedro ; celui-ci ordonna qu'il fût introduit.

Cet Indien était un Apache à la figure cauteleuse et aux manières sournoises ; amené en présence de l'haciendero, qui en ce moment causait avec le capataz, il se tint immobile et les yeux baissés, attendant, avec cette froide impassibilité qui caractérise la race rouge, qu'on lui adressât la parole.

L'haciendero l'examina un instant attentivement.

L'Indien supporta sans se troubler l'examen dont il était l'objet.

— Que désire mon frère ? lui demanda don Pedro, qui est-il ?

— Le Zopilote est un guerrier apache, répondit le Peau-Rouge ; le sachem de sa tribu l'envoie vers le chef des visages pâles.

— C'est moi qui suis le chef des visages pâles, vous pouvez vous acquitter de votre mission.

— Voici ce que dit le Chat-Tigre, reprit l'Apache toujours impassible.

— Le Chat-Tigre ! s'écria don Pedro avec un mouvement de surprise qu'il ne put maitriser : que me veut-il ?

— Si mon père écoute, le Zopilote le lui dira.

— C'est juste. Parlez donc, Peau-Rouge !

— Voici ce que dit le Chat-Tigre : Un nuage s'est élevé entre le Chat-Tigre et le chef des visages pâles qui sont entrés sur les territoires de chasse de ma nation; de même que les rayons bienfaisants du soleil font évaporer les nuages pour laisser apercevoir l'azur du ciel, de même, si le visage pâle veut fumer le calumet de paix avec le Chat-Tigre, le nuage qui s'est élevé disparaîtra et la hache de guerre sera enterrée si profondément en terre, qu'on ne pourra la retrouver dans mille lunes et dix davantage. J'ai dit ; j'attends la réponse de mon père à la barbe de neige.

— Indien, répondit don Pedro avec tristesse, celui que vous nommez votre chef m'a fait bien du mal sans que je connaisse la cause de la haine qu'il me porte; cependant, s'il désire avoir avec moi une entrevue pour mettre fin au différend qui nous divise en ce moment, Dieu me garde de repousser ses avances! dites-lui que je l'attends et que si, contre ma volonté et sans le savoir, je lui ai causé quelque préjudice, je suis prêt à lui accorder la réparation qu'il me demandera.

L'Apache avait prêté la plus grande attention aux paroles de l'haciendero. Lorsqu'il se tut, il répondit :

— Ooah! mon père a bien parlé; la sagesse réside en lui; le chef viendra, mais qui lui garantira la sûreté de sa personne lorsqu'il sera dans le camp des visages pâles, seul contre vingt guerriers *yorris* (espagnols)?

— Ma parole d'honneur! Peau-Rouge ; ma parole d'honneur qui vaut plus que tout ce que votre chef me pourrait donner, répondit l'haciendero avec hauteur.

— Oh! la parole de mon père est bonne, sa langue n'est pas fourchue; le Chat-Tigre n'en demande pas davantage : il viendra.

Après avoir prononcé ces paroles avec toute l'emphase indienne, le guerrier apache s'inclina cérémonieusement devant l'haciendero et se retira du même pas tranquille dont il était venu.

— Que pensez-vous de cela, Luciano ? demanda don Pedro au capataz, dès qu'il se trouva seul avec lui.

— Ma foi! seigneurie, je pense que cela cache quelque fourberie indienne; je redoute cent fois plus un blanc qui change de peau et se fait Indien qu'un véritable Peau-Rouge, je n'ai jamais aimé les caméléons.

— Oui, vous avez raison, Luciano; cependant notre position est difficile, il s'agit avant tout de tâcher de me faire restituer ma fille; je dois, pour obtenir ce résultat, passer sur bien des choses.

— C'est vrai, seigneurie; cependant vous savez aussi bien que moi que ce Chat-Tigre est un affreux scélérat sans foi ni loi : croyez-moi, ne vous fiez pas trop à lui.

— J'y suis contraint : n'ai-je pas donné ma parole?

— C'est juste, grommela le capataz, mais je n'ai pas donné la mienne, moi!

— Soyez prudent, Luciano, surtout évitez d'éveiller les soupçons de cet homme.

— Soyez tranquille, seigneurie, votre honneur m'est aussi cher que le mien, mais je ne dois pas, s'il vous plaît de vous fier à un scélérat aussi déterminé que celui-là, vous laisser sans défense.

Sur ces derniers mots, pour couper court sans doute aux observations de son maître, le capataz sortit du jacal.

— Eh! dit-il au Zapote qu'il rencontra sur sa route, justement je vous cherchais, mon brave.

— Moi! capataz? Eh bien, cela se trouve bien, alors. De quoi s'agit-il donc? répondit joyeusement le lepero.

— Venez un peu par ici, compagnon, répondit don Luciano en l'emmenant à l'écart, afin que je vous conté l'affaire sans craindre les oreilles inutiles.

Une heure plus tard, c'est-à-dire vers onze heures du matin, le Chat-Tigre arriva au camp ainsi que le Zopilote l'avait annoncé.

Le chef portait le costume des gambucinos, il n'avait pas d'armes ou du moins il n'en laissait voir aucune.

Dès qu'il se fut fait reconnaître par les sentinelles, elles lui livrèrent passage et l'amenèrent au capataz, qui se promenait de long en large à quelques pas.

Le Chat-Tigre jeta un regard investigateur autour de lui en entrant dans le camp; tout y semblait dans son état normal, le chef ne vit rien de suspect; suivant l'indication qui lui avait été donnée, il s'approcha du capataz.

— Que demandez-vous ici? lui dit rudement don Luciano.

— Je désire parler à don Pedro de Luna, répondit simplement le Chat-Tigre.

— C'est bon. Suivez-moi; il vous attend.

Et, sans plus de cérémonie, le capataz le conduisit à l'entrée du jacal.

— Entrez, lui dit-il, c'est là que vous trouverez don Pedro.

— Qui est là? demanda une voix de l'intérieur.

— Seigneurie, répondit le capataz, c'est l'Indien qui a demandé la faveur d'un entretien avec vous. Allons, venez, ajouta-t-il en s'adressant au chef.

Celui-ci le suivit sans observation et entra avec lui dans le jacal.

— Vous avez demandé à m'entretenir, dit don Pedro.

— Oui, répondit le chef d'une voix sombre, mais vous seul.

— Cet homme est un de mes anciens serviteurs, il a toute ma confiance.

— Ce que j'ai à vous dire ne doit pas entrer dans une autre oreille que la vôtre.

— Retirez-vous, Luciano, dit don Pedro, mais ne vous éloignez pas, mon ami.

Le capataz lança un regard furieux au Chat-Tigre et sortit en grommelant.

— Maintenant, nous sommes seuls, reprit don Pedro, vous pouvez vous expliquer franchement avec moi.

— Je suis dans cette intention, répondit sourdement le chef.

— Est-ce de ma fille que vous me voulez parler?

— D'elle et d'autres encore, reprit le Chat-Tigre du même ton.

— Je ne vous comprends pas, chef, je vous serais obligé de vous expliquer plus clairement.

— C'est ce que je vais faire sans tarder davantage, car il y a bien longtemps que j'ai le désir de me trouver face à face avec vous : regardez-moi, don Pedro, est-ce que vous ne me reconnaissez pas?

— Je crois ne vous avoir jamais vu avant le jour où vous m'avez donné l'hospitalité dans votre teocalli.

Le chef reprit avec un ricanement sauvage :

— Les années m'ont donc bien changé, ce nom de Chat-Tigre a donc bien fait oublier mon nom véritable, que je sois devenu méconnaissable à ce point ?

Le Zopilote, guerrier apache.

De même que don Gusman de Ribeyra est devenu don Pedro de Luna, pourquoi don Leoncio de Ribeyra ne serait-il pas devenu le Chat-Tigre, mon frère ?

— Que voulez-vous dire ? s'écria don Pedro en se levant avec épouvante ; quel nom venez-vous de prononcer ?

— J'ai dit ce qui est, répondit froidement le chef, j'ai prononcé un nom qui est le mien.

Don Pedro lui jeta un regard rempli d'une douloureuse pitié.

— Malheureux! dit-il avec tristesse, comment êtes-vous descendu si bas!

— Vous vous trompez, mon frère, répondit en ricanant le chef, je suis monté, au contraire, puisque je suis le sachem d'une tribu indienne. J'ai longtemps, bien longtemps, poursuivi ma vengeance, ajouta-t-il avec un rire féroce, voilà vingt ans que je la guette, mais enfin je la tiens aujourd'hui, et elle est complète.

— Votre vengeance, malheureux! répondit avec indignation don Pedro; quelle vengeance avez-vous à tirer de moi, vous qui avez voulu séduire ma femme, qui avez cherché à me donner la mort, et qui, aujourd'hui, après si longtemps, avez eu l'infamie d'enlever ma fille!

— Vous oubliez votre fils que j'ai enlevé aussi, votre fils don Fernando Carril, que je suis parvenu à rendre amoureux de sa sœur, et qui, depuis deux jours, est en tête à tête avec elle au Voladero de las Animas. Ah! ah! don Gusman, que dites-vous de cette vengeance?

— Malheur! malheur! s'écria don Pedro en se frappant le front avec désespoir.

— Le frère et la sœur amoureux l'un de l'autre, protégés par vous, don Gusman, et mariés par moi; ah! ah! reprit-il avec ce ricanement sinistre qui ressemblait au glapissement de l'hyène.

— Oh! c'est horrible! s'écria don Pedro au comble du désespoir. Tu as menti, misérable! quelque bandit que tu sois, tu n'aurais osé commettre un crime aussi horrible! tu te vantes, scélérat! tu es un fanfaron de crime, ce que tu dis là n'est pas, cela ne peut pas être, ce serait douter de la justice de Dieu!

— Tu n'ajoutes pas foi à mes paroles, mon frère? reprit le bandit d'un ton de sarcasme; à ton aise, justement je crois les entendre, tes enfants, ils entrent dans le camp, interroge-les toi-même.

Don Pedro, à moitié fou de douleur, se précipita vers l'entrée du jacal, mais, au même instant, don Fernando, doña Hermosa et don Estevan entrèrent: le malheureux père demeura immobile et sans force.

— Eh bien! fit en ricanant le Chat-Tigre, c'est ainsi que tu reçois tes enfants? toi, un père modèle, tu n'es guère tendre.

Doña Hermosa, sans remarquer le Chat-Tigre, s'était jetée dans les bras de son père, qu'elle embrassait en pleurant.

— Mon père! mon père! s'écriait-elle, Dieu soit béni! enfin je vous revois!

— Qui parle de Dieu ici? dit don Pedro d'une voix sourde en repoussant la jeune fille, qui recula en chancelant.

Doña Hermosa jetait autour d'elle des regards effarés, ne comprenant rien à ce qui lui arrivait; pâle et tremblante, elle serait tombée, si don Fernando ne s'était empressé de la soutenir.

— Vois comme ils s'aiment! reprit le Chat-Tigre. N'est-ce pas touchant? Don Fernando, ajouta-t-il en lui désignant don Pedro, jetez-vous dans les bras de votre père.

— Mon père ! s'écria le jeune homme avec élan... lui ! oh ! ce serait trop de bonheur !

— Oui, don Pedro est votre père, reprit le Chat-Tigre, et voilà votre sœur, ajouta-t-il en lui désignant du doigt doña Hermosa d'un air moqueur.

Les deux jeunes gens étaient atterrés ; don Pedro, en proie à un commencement de crise nerveuse, sentait sa raison l'abandonner ; il semblait ne plus rien entendre et demeurait en apparence complètement étranger à cette scène terrible.

Le Chat-Tigre jouissait de son triomphe. Don Estevan, effrayé de l'état dans lequel il voyait l'haciendero, jugea qu'il était temps d'intervenir.

— Don Pedro, dit-il d'une voix forte en lui appuyant fortement la main sur l'épaule, revenez à vous, ce misérable a menti, vos enfants sont dignes de vous, j'étais avec eux, moi, au Voladero.

Don Pedro parut faire un puissant effort pour ressaisir le fil de ses idées qui lui échappaient ; tout son corps fut agité d'un mouvement nerveux ; il tourna la tête vers don Fernando, le considéra un instant, puis un sanglot déchira sa poitrine. Les larmes sortirent enfin de ses yeux brûlés de fièvre, et il s'écria d'une voix vibrante, en se laissant aller sur la loyale poitrine du jeune homme :

— Oh ! c'est vrai ! c'est vrai ! n'est-ce pas, Estevan ?

— Je vous le jure ! don Pedro, dit-il d'un ton de conviction profonde.

— Merci ! merci ! Oh ! je savais bien qu'il mentait, le misérable ! Mes enfants ! mes enfants !

Les deux jeunes gens se jetèrent dans ses bras en l'accablant de caresses.

Le Chat-Tigre, les bras croisés sur la poitrine et le regard ironique, s'écria avec son ricanement sinistre :

— Ils s'aiment, te dis-je, mon frère ! marie-les !

— Ils ont le droit de s'aimer ! dit une voix éclatante.

Chacun se retourna avec étonnement : Ña Manuela venait d'entrer dans le jacal.

— Ah ! dit-elle en jetant un regard railleur au Chat-Tigre, effrayé malgré lui, sans savoir pourquoi, de cette apparition subite, le jour de la justice est venu enfin ! il y a longtemps que je l'attendais ; mais justice sera rendue à tous ; et c'est moi que Dieu a choisie pour manifester sa puissance !

Tous les assistants considéraient avec un mélange d'admiration et de respect cette femme qui semblait subitement transfigurée ; son regard rayonnait, il lançait des éclairs ; elle s'avança calme et imposante vers l'haciendero :

Don Pedro, mon maître chéri, dit-elle avec une voix profondément accentuée par l'émotion qui la maîtrisait, pardonnez-moi ; je vous ai fait longtemps souffrir, mais c'est Dieu qui m'inspirait ; c'est lui, lui seul qui a dicté ma conduite : don Fernando n'est pas votre fils, il est le mien ; votre fils, ajouta-t-elle en lui présentant don Estevan, le voici !

— Lui ! s'écrièrent tous les assistants.

— Mensonge ! hurla le Chat-Tigre.

— Vérité ! répondit péremptoirement Ña Manuela. La haine est aveugle, don Leoncio : en croyant enlever le fils de votre frère, c'est de celui de la pauvre nourrice que vous vous êtes emparé : regardez Estevan, vous tous qui avez connu sa mère, et dites, si vous l'osez, qu'il n'est pas son fils !

En effet, cette ressemblance frappante, mais à laquelle jusqu'à ce jour, à cause de la position du jeune homme, nul n'avait fait attention, dès qu'on fut averti de sa véritable origine, dissipa tous les doutes.

— Oh ! vous serez toujours ma mère ! s'écria le jeune homme avec âme.

— Ma mère ! dit don Fernando avec bonheur en se jetant dans ses bras.

Don Pedro, après une si grande douleur, éprouvait une joie immense.

Le Chat-Tigre, forcé de s'avouer vaincu, poussa un rugissement de bête fauve.

— Ah ! s'écria-t-il avec rage, c'est ainsi ? Mais tout n'est pas dit encore !

Et, tirant rapidement un poignard de dessous ses vêtements, il se précipita à corps perdu sur don Pedro, qui, tout à son bonheur, avait oublié sa présence.

Mais un homme veillait. Don Luciano s'était sournoisement glissé dans le jacal et s'était placé derrière le bandit, dont il surveillait attentivement tous les mouvements. Au geste qu'il lui vit faire, il lui jeta les bras autour du corps et le maintint immobile, malgré les efforts désespérés du misérable pour lui échapper.

Au même instant le lepero bondit dans le jacal, le couteau à la main, et, avant qu'on eût le temps de s'y opposer, il l'enfonça jusqu'à la garde dans la gorge du bandit.

— Tant pis ! dit-il, l'occasion était trop belle, jamais ma navaja n'aurait rencontré si juste, j'espère que ce coup me fera pardonner les autres !

Le Chat-Tigre demeura un instant debout, vacillant à droite et à gauche comme un chêne à demi-déraciné qui tremble sur sa base ; il roula autour de lui des yeux dans lesquels la fureur luttait encore contre l'agonie qui déjà les rendait hagards ; il fit un effort suprême pour prononcer une dernière malédiction, mais sa bouche se contracta horriblement, un flot de sang noir jaillit de sa gorge ouverte, il tomba de son haut sur le sol, se tordit un instant comme un reptile aux yeux des assistants de cet épouvantable spectacle, et demeura immobile ; il était mort, mais sur son visage bouleversé par l'agonie l'expression d'une haine implacable survivait encore à la vie qui l'avait abandonné.

— Justice est faite, dit Ña Manuela d'une voix vibrante : là est le doigt de Dieu !

— Prions pour lui, dit don Pedro en tombant à genoux auprès du cadavre.

Les assistants, subjugués par cette action si noble et si simple, suivirent son exemple et s'agenouillèrent à ses côtés.

Le lepero, une fois son rôle terminé, avait jugé prudent de disparaître, non cependant sans avoir échangé un regard d'intelligence avec le digne capataz, qui souriait sournoisement dans sa moustache grise.

Voir la FORÊT VIERGE.

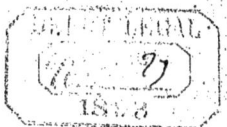

LE

CŒUR DE PIERRE

(Les Chasseurs d'Abeilles, 2º volume.

TABLE DE MATIÈRES

		Pages
I.	Sympathie	185
II.	La forêt vierge	194
III.	Don Torribio Quiroja	202
IV.	La tertulia	214
V.	Le guet-apens	220
VI.	San-Lucar	228
VII.	L'attaque du Presidio	237
VIII.	Infamie	247
IX.	Le prisonnier	255
X.	Le camp des Peaux-Rouges	263
XI.	Le renégat	272
XII.	Volonté féminine	280
XIII.	Blancs contre Rouges	290
XIV.	Péripétie	298
XV.	Un mois après	307
XVI.	Avant la chasse	315
XVII.	En chasse	323
XVIII.	El voladero de las Animas	331
XIX.	Le doigt de Dieu	337

FIN DE LA TABLE

Sceaux. — Imprimerie Charaire et Cie.

LES CHASSEURS D'ABEILLES

CŒUR DE PIERRE

PAR

GUSTAVE AIMARD

PARIS
ROY et GEFFROY, LIBRAIRES-ÉDITEURS,
222, BOULEVARD SAINT-GERMAIN, 222

1893

TABLE DES MATIÈRES

PREMIER VOLUME

PROLOGUE

UNE SOMBRE HISTOIRE.

		Pages.
I.	Les Masques Noirs.	1
II.	Où les explications du docteur sont brusquement interrompues.	12
III.	De quelle façon le comte de Manfredi-Labaume comprenait la vengeance.	22
IV.	La loi du talion	34

PREMIÈRE PARTIE

L'OLONNAIS.

I.	Comment un fantôme apparut à l'équipage de la pirogue espagnole le *San Juan de Dios*, et ce qui en advint.	48
II.	De quelle façon le capitaine Vent-en-Panne se présenta à M. de Lartigues.	64
III.	Comment et pourquoi l'Olonnais s'embarqua pour la côte.	75
IV.	Comme quoi le comte Horace tomba de fièvre en chaud mal.	90
V.	Comment la justice était rendue à bord des vaisseaux.	102
VI.	Où l'Olonnais et Pitrians sont comblés d'honneurs	113
VII.	Ce que les Frères de la Côte nommaient l'amatelotage et en quoi il consistait.	124
VIII.	Détails rétrospectifs sur le duc de la Torre et sa famille	136
IX.	Dans lequel reparaissent d'anciens personnages.	147
X.	Plusieurs physionomies de démons complétées par une tête d'ange.	157
XI.	Quel fut le résultat de la conversation de Bothwell avec les deux boucaniers espagnols	168
XII.	Quels étaient les lois du duel chez les Frères de la Côte de Saint-Domingue.	181

TABLE DES MATIÈRES

XIII.	Dans lequel l'Olonnais raconte son histoire à son matelot Vent-en-Panne...	194
XIV.	Comment Vent-en-Panne et l'Olonnais eurent une explication et ce qui s'en suivit.................................	205
XV.	Comment Vent-en-Panne et le Chat-Tigre se trouvèrent en présence et ce qui se passa entre eux........................	218
XVI.	Où, tout en se promenant au clair de la lune, Vent-en-Panne apprend certaines choses intéressantes......................	230

FIN DE LA TABLE DES MATIÈRES.

Sceaux. — Imp. Charaire et fils.

Contraste insuffisant
NF Z 43-120-14

Texte détérioré — reliure défectueuse

NF Z 43-120-11

Reliure serrée

www.ingramcontent.com/pod-product-compliance
Lightning Source LLC
Chambersburg PA
CBHW050750170426
43202CB00013B/2366